2023年版 弁理士試験

体系別 短答過去問

条約
著作権法
不正競争防止法

はしがき

弁理士試験は、年に一度、短答式試験・論文式試験・口述試験の３段階があり、それぞれに合格しなければ次に進むことができない大変厳しいものです。

特に短答式試験は、出題範囲が広く、必要とされる知識量も相当なものとなります。さらに、近年、難化傾向にあると言われており、新作・新傾向問題も出題されています。このような短答式試験に確実に合格を果たすためには、どのような出題にも対応できる柔軟な思考力が必要となりますが、その土台となるのは条文の真の理解です。それを身につけるには、難問・奇問のたぐいを深く追究していくのではなく、基本的な問題を繰り返し解きつつ、正誤の結論を導く根拠を理解していくようにすることが重要です。

本書は、このような姿勢を身につけることができるように、さまざまな工夫を凝らしています。

① **直近の改正に完全対応**

本試験で出題された後に行われた法改正等の影響を受ける問題は、出題意図に沿う形で修正を行っています。

法改正等により修正した問題については、解法に「平成○○年法改正に対応させるため、問題文を一部修正した」等の記載をしています。

② **平成25年から令和４年までの問題を体系別に収録**

問題を体系別に並べることで、この分野ではどのような出題がなされているのか、それに対処するために何を押さえておけばよいのか、が自然と見えてきますのでメリハリのある学習が可能となります。

③ **学習進度・レベルに応じて使い分けられる解説**

解説は、枝ごとの解答に続いて「根拠」、「解法」、「チェック」の順に記載されています。

学習を始めたばかりの方は、まず「根拠」「解法」をしっかり押さえましょう。「解法」には、正解を導くために必要十分な情報を掲載していますので、解答にいたるまでのプロセスを完全に理解することができるようになっています。

少し余裕が出てきたら「チェック」を押さえていきましょう。「チェック」には、知っておいた方がよいプラスアルファの情報を掲載していますので、「解法」の理解とリンクさせることで効率的に点数アップを図ることができます。

学習が進み、理解度の確認を行いたい場合は、正誤判断された枝の「根拠」をさっと見るだけで十分です。この方法は、直前期の総ざらいにも力を発揮します。

④ 問題と解説を１問ごとに収録

問題と解説を１問ごとに収録していますので、演習→確認をスムーズに行うことができます。また、セルフファイリングを行うことも可能ですので、苦手な問題をまとめる、年度別に並べなおす等、活用してください。

⑤ 重要部分が一目瞭然の２色刷り

落としてはならない重要部分を青字で記載していますので、さらに知識の定着度がアップします。

本書の有効活用により、一人でも多くの受験生の方が短答式試験を突破されることを、心よりお祈り申し上げます。

2022年11月吉日

株式会社　東京リーガルマインド

ＬＥＣ総合研究所　弁理士試験部

[平成25～令和４年度の短答式試験の統計]

年度	弁理士試験志願者	短答受験者	短答合格者	短答合格率	短答合格者の平均受験回数	短答合格者の平均年齢
H25	7,528人	4,734人	434人	9.2%	2.70回	37.0歳
H26	6,216人	4,674人	550人	11.8%	4.41回	38.6歳
H27	5,340人	4,278人	604人	14.1%	4.68回	39.6歳
H28	4,679人	3,586人	557人	15.5%	4.78回	40.0歳
H29	4,352人	3,213人	287人	8.9%	3.87回	38.4歳
H30	3,977人	3,078人	620人	20.1%	4.56回	41.0歳
R１	3,862人	2,895人	531人	18.3%	4.85回	41.5歳
R２	3,401人	2,259人	411人	18.2%	4.02回	40.0歳
R３	3,859人	2,686人	304人	11.3%	4.51回	39.7歳
R４	3,558人	2,754人	284人	10.3%	3.67回	37.4歳

※受験回数には、その年度の試験は含まれません（初回受験者は「０回」）。

[平成28年度以降の合格基準と合格点]

合格基準	総合得点の満点に対して65%の得点を基準として、論文式筆記試験及び口述試験を適正に行う視点から工業所有権審議会が相当と認めた得点以上であること。ただし、科目別の合格基準を下回る科目が１つもないこと。なお、科目別合格基準は各科目の満点の40%を原則とする。						
年度	合格点	科目別合格基準点					免除者の合格点
		特実	意匠	商標	条約	著不	
H28	39点	8点	4点	4点	4点	4点	7点
H29	39点	8点	4点	4点	4点	4点	7点
H30	39点	8点	4点	4点	4点	4点	7点
R１	39点	8点	4点	4点	4点	4点	7点
R２	39点	8点	4点	4点	4点	4点	7点
R３	39点	8点	4点	4点	4点	4点	7点
R４	39点	8点	4点	4点	4点	4点	7点

※免除者とは、工業所有権法（特許・実用新案・意匠・商標）科目及び条約科目について免除される者をいいます。

本書の効果的活用法

問題番号

学習に便利な本試験の年度・科目・番号を表記。

〔凡例〕

H28-著不 3

年度　科目（平成28年度以降）　番号

＊上記例は、平成28年度著作権法・不正競争防止法第3問を表す。

実施日チェック欄

問題を解いたら、チェック。日付等を記入し、学習の進捗状況の把握に活用しよう。

枝別チェック欄

枝ごとにチェック欄を設定。○、×、△等を記入することで、枝ごとに弱点を克服できる。

セルフファイリング方式

自分の学習方法に合わせて切り離して使える表裏一体形式を採用。

●第3章　著作権

H28-著不3　著作権　実施日 / / /

著作権に関し、次のうち、最も適切なものは、どれか。

☐1　社内の会議用資料として新聞記事をコピーする行為は、頒布が目的でなければ、当該記事の複製権の侵害とならない。

☐2　美術館が、自己の所有する絵画を館内の展示室に展示するに際して、館内に設置した大型ディスプレイで当該絵画を収録した映像を観覧者に見せる行為は、当該絵画の紹介又は解説を目的としている場合には、当該絵画の著作権の侵害とならない。

3　削除

☐4　大学教員が、講義で使用するために、学内サーバに保存した他人の論文を、当該講義を受講している数十名の学生が自宅でダウンロードできるようにする行為は、その論文の著作権者の利益を不当に害するかどうかにかかわらず、当該論文の公衆送信権の侵害となる。

☐5　公立図書館が利用者に書籍を無償で貸し出す場合には、著作権者に相当な額の補償金を支払わなければならない。

第3章　著作権

●注意●

問題・解説における「削除」は、法改正等により問題が成立しなくなったものを意味します。また、編集時点で実務上の取扱いが未確定のため、一旦「削除」としたものもあります。（本問は実例です）

法改正等の影響を受けた問題については、「正解なし」や正解が複数ある場合があります。

LEC東京リーガルマインド　2023年版弁理士試験体系別短答過去問　条約・著作権法・不正競争防止法　275

レベル表記

問題の水準をイラストで3段階に分類。それぞれの学習時間やレベルに応じて、効果的な学習ができる。

必ず正解すべき基本的な問題。本番で間違えると致命傷になりかねない。間違った問題は、必ず復習し徹底理解しよう。

合否を左右する重要な問題。確実に正解できるように、何度も復習しよう。

難しい問題。基本的な問題と重要な問題が解けるようになってから取り組もう。

●著作権法

H28-著不3　正答率 43.9%　レベル　正解 2

最も適切なもの→○、そうでないもの→×

1 ☒ 著21条、著30条1項、中山著作P.355

解法 著作物は、私的使用を目的とするときは、所定の場合を除き、その使用する者が複製することができる（著30条1項）。しかし、企業等の内部で使用する目的で複製した場合には、たとえ頒布目的がなくとも私的使用目的には該当しないと解されている（中山著作P.355）。したがって、社内の会議用資料として新聞記事をコピーする行為は、頒布が目的でなくとも、当該記事の複製権（著21条）の侵害となり得る。よって、本枝は適切ではない。

3 削除

4 ☒ 著23条1項、著35条1項 改正

解法 学校その他の教育機関において教育を担任する者は、その授業の過程における利用に供することを目的とする場合には、その必要と認められる限度において、著作権者の利益を不当に害さない限り、公表された著…衆送信の場合にあっては、送信可能化を含む。）を…

ればならないわけではない。よって、本枝は適切で…

チェック 映画の著作物の非営利・無料の貸与…頒布権（著26条）を有する者に相当な額の補償金を…5項）。

正答率

LECが独自に集計した受験生の正答率を記載。

解法

正解を導くために必要な情報を枝ごとに解説。

2色刷り

重要部分が一目瞭然。知識が定着しやすい2色刷り。

チェック

得点力をアップできるプラスアルファの情報を掲載。

改正マーク

改正 枝の正誤が変わる等、直近に施行された法改正の影響が直接及ぶ問題。

改正 改正・新設される条文に関連するその他の問題。

Point Pickup

[映画の著作物の権利の帰属主体]

	著作権			著作者人格権
	有線放送、伝達、複製、事業者に頒布	放送、自動公衆送信	その他	
原則（著16条）	監督等			
職務著作（著15条）	映画制作者			
参加約束（著29条1項）	映画制作者			監督等
放送用映画（著29条2項）	放送事業者		監督等	
有線放送用映画（著29条3項）	有線放送事業者	監督等		

Point Pickup

制度や条文について対比する等した図表により、必要な知識を整理。

弁理士試験 体系別 短答過去問
条約・著作権法・不正競争防止法〈2023年版〉

目次

はしがき

本書の効果的活用法

条約

第１章 パリ条約 …… 3
(1) 優先権 …… 3
(2) 商標の保護 …… 15
(3) パリ条約全般 …… 21
第２章 特許協力条約 …… 41
第３章 TRIPs協定 …… 127
第４章 ジュネーブ改正協定 …… 169
第５章 国際出願法 …… 179
第６章 国際特許出願等 …… 189

著作権法

第１章 著作物、著作者 …… 205
第２章 著作者人格権 …… 227
第３章 著作権 …… 251
第４章 著作隣接権 …… 289
第５章 著作権法全般 …… 303

不正競争防止法

第１章 不正競争 …… 319
(1) 商品等表示 …… 319
(2) 商品形態 …… 333
(3) 営業秘密 …… 343
(4) 不正競争全般 …… 367
第２章 差止請求、損害賠償等 …… 419
第３章 適用除外、罰則等 …… 435

巻末付録

条文別頻出度ランク表 ……440

資料

番号対照一覧表……450
主な参考文献 ……452
凡例 ……455

【改正対応について】

本書は、2022年９月１日現在において、2023年度の短答式試験が実施される日（2023年５月中旬～下旬）に施行されていると考えられる以下の法律の内容を踏まえて、問題及び解説の改正対応を行っています。

・2022年７月１日に発効した特許協力条約に基づく規則の改正

条約

R3-条約7　(1) 優先権

実施日　/　/　/

パリ条約のストックホルム改正条約について、次のうち、正しいものは、どれか。

田1　各同盟国の国内法令により正規の国内出願と認められる出願でなければ、優先権を生じさせることはできない。

田2　正規の国内出願とは、当該国に出願した日付を確定するために十分なすべての出願であって、出願後、取り下げられ、放棄され又は拒絶の処分を受けていないものをいう。

田3　パリ条約の同盟国において、令和２年（2020年）６月１日に出願した最初の実用新案登録出願を先の出願として、他の同盟国において、令和３年（2021年）４月１日に意匠登録出願をした場合には、当該実用新案登録出願に基づく優先権の主張は認められないが、同日に特許出願をした場合には、当該実用新案登録出願に基づく優先権の主張は認められる。

田4　同盟国が、優先権の申立てをする者に対し、提出を要求することができる最初の出願に係る出願書類の謄本であって、最初の出願を受理した主管庁が認証したものは、所定の公証を必要とする。

田5　特許出願人は、その特許出願を二以上の出願に分割することができるが、これは、特許出願が複合的であることが、審査により明らかになった場合に限られる。

R3-条約7

1 ☒ パリ４条A(2)

解 法 各同盟国の国内法令又は「同盟国の間で締結された二国間若しくは多数国間の条約」により正規の国内出願とされるすべての出願は、優先権を生じさせるものと認められる（パリ４条A(2)）。したがって、各同盟国の国内法令により正規の国内出願と認められる出願でなければ、優先権を生じさせることができないわけではない。よって、本枝は誤り。

2 ☒ パリ４条A(3)、図解パリP.31

解 法 正規の国内出願とは、「結果のいかんを問わず」、当該国に出願をした日付を確定するために十分なすべての出願をいう（パリ４条A(3)）。ここで、「結果のいかんを問わず」とは、最初の出願が国内官庁によって拒絶されたり、また、出願人によって取下げ、放棄等されたときでも、正規の国内出願であることを失わないことを意味する（図解パリP.31）。したがって、正規の国内出願とは、当該国に出願した日付を確定するために十分なすべての出願であって、出願後、取り下げられ、放棄され又は拒絶の処分を受けていないものをいうわけではない。よって、本枝は誤り。

3 ◯ パリ４条C(1)・E(1)・E(2)

解 法 優先期間は最初の出願の種類によって定まり（パリ講話P.178参照）、実用新案について定められた優先期間は12月であるが（パリ４条C(1)）、その例外として、いずれかの同盟国において実用新案登録出願に基づく優先権を主張して意匠登録出願をした場合には、優先期間は、意匠について定められた優先期間、すなわち６月である（同条C(1)・E(1)）。本枝において、最初の実用新案登録出願から10月後に意匠登録出願がされている。したがって、意匠登録出願をした場合には、当該実用新案登録出願に基づく優先権の主張は認められないので、前段は正しい。一方、実用新案登録出願に基づく優先権を主張して特許出願をした場合は、優先期間の例外はなく、優先期間は12月である（同条C(1)・E(2)）。本枝において、最初の実用新案登録出願から10月後に特許出願がされている。したがって、特許出願をした場合には、当該実用新案登録出願に基づく優先権の主張は認められるので、後段も正しい。よって、本枝は正しい。

4 ☒ パリ４条D(3)第２文

解 法 同盟国は、優先権の申立てをする者に対し、最初の出願に係る出願書類の謄本の提出を要求することができるところ（パリ４条D(3)第１文）、最初の出願を受理した主管庁が認証した謄本は、「いかなる公証をも必要とされない」（同条D(3)第２文）。したがって、同盟国が、優先権の申立てをする者に対し、提出を要求することができる最初の出願に係る出願書類の謄本であって、最初の出願を受理した主管庁が認証したものは、所定の公証を必要としない。よって、本枝は誤り。

5 ☒ パリ４条G(1)第１文・(2)第１文

解 法 特許出願人は、審査により特許出願が複合的であることが明らかになった場合には、その特許出願を二以上の出願に分割することができ（パリ４条G(1)第１文）、また、「自己の発意により」、特許出願を分割することもできる（同条G(2)第１文）。したがって、特許出願人が、その特許出願を二以上の出願に分割することができるのは、特許出願が複合的であることが、審査により明らかになった場合に限られない。よって、本枝は誤り。

R1-条約8　(1)優先権

実施日 ／ ／ ／

パリ条約のストックホルム改正条約（以下「パリ条約」という。）に関し、次の(イ)～(ニ)のうち、誤っているものは、いくつあるか。

田(イ)　審査により特許出願が複合的であることが明らかになった場合には、特許出願人は、その特許出願を２以上の出願に分割することができる。この場合において、特許出願人は、その分割された各出願の日付としてもとの出願の日付を用い、優先権の利益があるときは、これを保有する。

田(ロ)　特許出願人は、自己の発意により、特許出願を分割することができる。この場合において、特許出願人は、その分割された各出願の日付としてもとの出願の日付を用い、優先権の利益があるときは、これを保有する。

田(ハ)　出願人が自己の選択により特許又は発明者証のいずれの出願をもすることができる同盟国においてされた発明者証の出願は、特許出願の場合と同一の条件でパリ条約第４条に定める優先権を生じさせるものとし、その優先権は、特許出願の場合と同一の効果を有する。

田(ニ)　出願人が自己の選択により特許又は発明者証のいずれの出願をもすることができる同盟国において、正規に発明者証の出願をした者又はその承継人は、他の同盟国において実用新案登録出願することに関し、12月の期間中、優先権を有する。

1　1つ　　2　2つ　　3　3つ　　4　4つ　　5　なし

R1-条約8

(イ) ◎ **パリ4条G(1)**

解法 **パリ4条G(1)の通り**である。すなわち、審査により特許出願が複合的であることが明らかになった場合には、特許出願人は、その特許出願を2以上の出願に分割することができる。この場合において、特許出願人は、その分割された各出願の日付としてもとの出願の日付を用い、優先権の利益があるときは、これを保有する（パリ4条G(1)）。よって、本枝は正しい。

(ロ) ◎ **パリ4条G(2)第1文・第2文**

解法 **パリ4条G(2)第1文・第2文の通り**である。すなわち、特許出願人は、自己の発意により、特許出願を分割することができる。この場合において、特許出願人は、その分割された各出願の日付としてもとの出願の日付を用い、優先権の利益があるときは、これを保有する（パリ4条G(2)第1文・第2文）。よって、本枝は正しい。

(ハ) ◎ **パリ4条I(1)**

解法 **パリ4条I(1)の通り**である。すなわち、出願人が自己の選択により特許又は発明者証のいずれの出願をもすることができる同盟国においてされた発明者証の出願は、特許出願の場合と同一の条件でパリ4条に定める優先権を生じさせるものとし、その優先権は、特許出願の場合と同一の効果を有する（パリ4条I(1)）。よって、本枝は正しい。

(ニ) ◎ **パリ4条I(1)・A(1)・C(1)・E(2)**

解法 **出願人が自己の選択により特許又は発明者証のいずれの出願をもすることができる同盟国においてされた発明者証の出願は、特許出願の場合と同一の条件でパリ4条に定める優先権を生じさせる**（同条I(1)）。また、**いずれかの同盟国において正規に特許出願をした者又はその承継人は、他の同盟国において特許出願に基づく優先権を主張して実用新案登録出願をすることに関し**（同条E(2)）、**12月の期間中**（同条C(1)）、**優先権を有する**（同条A(1)）。したがって、出願人が自己の選択により特許又は発明者証のいずれの出願をもすることができる同盟国において、正規に発明者証の出願をした者又はその承継人は、他の同盟国において実用新案登録出願することに関し、12月の期間中、優先権を有する。よって、本枝は正しい。

H30-条約7　(1) 優先権

実施日 ／　／　／

パリ条約のストックホルム改正条約に関し、次の(イ)～(ホ)のうち、誤っているものは、いくつあるか。

(イ)　いずれかの同盟国において正規に特許出願若しくは実用新案、意匠若しくは商標の登録出願をした者に限り、他の同盟国において出願をすることに関し、優先権を有する。

(ロ)　優先権の利益によって取得された特許については、各同盟国において、優先権の利益なしに特許出願がされ又は特許が与えられた場合に認められる存続期間と同一の存続期間が認められる。

(ハ)　優先権は、発明の構成部分で当該優先権の主張に係るものが最初の出願において請求の範囲内のものとして記載されていないことを理由としては、否認することができない。ただし、最初の出願に係る出願書類の全体により当該構成部分が明らかにされている場合に限る。

(ニ)　最初の出願と同一の対象について同一の同盟国においてされた後の出願は、先の出願が、優先権の主張の基礎とされた後に、公衆の閲覧に付されないで、かつ、いかなる権利をも存続させないで、取り下げられ、放棄され又は拒絶の処分を受けたことを条件として、最初の出願とみなされ、その出願の日は優先期間の初日とされる。

(ホ)　いずれの同盟国も、特許出願人が二以上の優先権を主張することを理由として、又は優先権を主張して行った特許出願が優先権の主張の基礎となる出願に含まれていなかった構成部分を含むことを理由として、当該優先権を否認し、又は当該特許出願について拒絶の処分をすることができない。ただし、当該同盟国の法令上発明の単一性がある場合に限る。優先権の主張の基礎となる出願に含まれていなかった構成部分についても、通常の条件に従い、先の出願が優先権を生じさせる。

1　1つ　　2　2つ　　3　3つ　　4　4つ　　5　なし

H30-条約７

(イ) ☒ パリ４条A(1)

解　法　いずれかの同盟国において正規に特許出願若しくは実用新案、意匠若しくは商標の登録出願をした者「又はその承継人」は、他の同盟国において出願をすることに関し、優先権を有する（パリ４条A(1)）。したがって、いずれかの同盟国において正規に特許出願若しくは実用新案、意匠若しくは商標の登録出願をした者に「限り」、他の同盟国において出願をすることに関し、優先権を有するわけではない。よって、本枝は誤り。

(ロ) ◎ パリ４条の２(5)

解　法　パリ４条の２(5)の通りである。すなわち、優先権の利益によって取得された特許については、各同盟国において、優先権の利益なしに特許出願がされ又は特許が与えられた場合に認められる存続期間と同一の存続期間が認められる（パリ４条の２(5)）。よって、本枝は正しい。

(ハ) ◎ パリ４条H

解　法　パリ４条Hの通りである。すなわち、優先権は、発明の構成部分で当該優先権の主張に係るものが最初の出願において請求の範囲内のものとして記載されていないことを理由としては、否認することができない。ただし、最初の出願に係る出願書類の全体により当該構成部分が明らかにされている場合に限る（パリ４条H）。よって、本枝は正しい。

(ニ) ☒ パリ４条C(4)

解　法　最初の出願と同一の対象について同一の同盟国においてされた後の出願は、先の出願が、公衆の閲覧に付されないで、かつ、いかなる権利をも存続させないで、後の出願の日までに取り下げられ、放棄され又は拒絶の処分を受けたこと、及びその先の出願が「まだ優先権の主張の基礎とされていない」ことを条件として、最初の出願とみなされ、その出願の日は、優先期間の初日とされる（パリ４条C(4)）。したがって、最初の出願と同一の対象について同一の同盟国においてされた後の出願は、先の出願が、「優先権の主張の基礎とされた」場合は、最初の出願とはみなされず、その出願の日が優先期間の初日とされることはない。よって、本枝は誤り。

(ホ) ☒ パリ４条F

解　法　いずれの同盟国も、特許出願人が二以上の優先権を主張することを理由として、又は優先権を主張して行った特許出願が優先権の主張の基礎となる出願に含まれていなかった構成部分を含むことを理由として、当該優先権を否認し、又は当該特許出願について拒絶の処分をすることができない。ただし、当該同盟国の法令上発明の単一性がある場合に限る。優先権の主張の基礎となる出願に含まれていなかった構成部分については、通常の条件に従い、「後の出願」が優先権を生じさせる（パリ４条F）。したがって、「先の出願」が優先権を生じさせるわけではない。よって、本枝は誤り。

H29-条約７　(1)優先権

実施日　／　／　／

パリ条約のストックホルム改正条約（以下「パリ条約」という。）における優先権に関し、次の(イ)～(ニ)のうち、正しいものは、いくつあるか。

ただし、特に文中に示した事項を除き、パリ条約による優先権主張の要件は満たされているものとする。

(イ)　いずれかの同盟国において、特許出願もしくは実用新案、意匠もしくは商標の登録出願をした者又はその承継人は、他の同盟国において出願をすることに関し、所定の期間中優先権を有するが、優先権の主張の基礎となる出願は、正規の国内出願である必要がある。したがって、出願後に当該出願が拒絶され、又は、放棄がされた場合は、優先権が消滅する。

(ロ)　出願人**甲**によるパリ条約の同盟国**X**に出願された最初の特許出願**A**と同一の対象について同盟国**X**においてされた出願人**甲**による後の特許出願**B**は、出願**A**が、公衆の閲覧に付されないで、かつ、いかなる権利をも存続させないで、出願**B**の出願の日までに取り下げられ、放棄され、又は拒絶の処分を受けたこと、及び出願**A**がまだ優先権の主張の基礎とされていないことを条件として、パリ条約第４条C(2)にいう最初の出願とみなされる。

(ハ)　優先権の利益を受けることができる者は、同盟国の国民でない場合、いずれかの同盟国の領域内に住所又は現実かつ真正の営業所を有することに限られず、いずれかの同盟国に対して何らかの関与があれば足りる。

(ニ)　同盟国**X**においてされた後の特許出願について、同盟国**Y**においてされた先の出願により、優先権の主張の効果が生じるためには、優先権の主張がされた発明の構成部分につき、当該先の出願に係る出願書類の全体により当該構成部分が明らかにされていれば足り、請求の範囲に記載されている必要はない。

1　1つ　　2　2つ　　3　3つ　　4　4つ　　5　なし

H29-条約7

(イ) ☒ **パリ４条A(1)・(3)、図解パリP.31参照**

解 法 いずれかの同盟国において正規に特許出願若しくは実用新案、意匠若しくは商標の登録出願をした者又はその承継人は、他の同盟国において出願をすることに関し、所定の期間中優先権を有する（パリ４条A(1)）。また、**正規の国内出願とは、「結果のいかんを問わず」、当該国に出願をした日付を確定するために十分なすべての出願をいう**（同条A(3)）。ここで、「結果のいかんを問わず」とは、最初の出願が国内官庁によって拒絶されたり、また、出願人によって放棄等されたときでも、正規の国内出願であることを失わないことを意味する（図解パリP.31参照）。したがって、本枝において、出願後に優先権の主張の基礎となる出願が拒絶され、又は、放棄がされた場合であっても、優先権は消滅しない。よって、本枝は誤り。

(ロ) ◎ **パリ４条C(4)**

解 法 **出願人甲によるパリ条約の同盟国Xに出願された最初の特許出願A**（パリ４条C(2)）**と同一の対象について同盟国Xにおいてされた出願人甲による後の特許出願Bは、Aが、公衆の閲覧に付されないで、かつ、いかなる権利をも存続させないで、Bの出願の日までに取り下げられ、放棄され、又は拒絶の処分を受けたこと、及びAがまだ優先権の主張の基礎とされていないことを条件として、同条C(2)にいう最初の出願とみなされる**（同条C(4)）。よって、本枝は正しい。

(ハ) ☒ **パリ３条、図解パリP.26参照**

解 法 **「優先権の利益を受けることができる者」は、同盟国の国民**（パリ２条）**又は同盟国の国民とみなされる者**（パリ３条）**であることが必要である**（図解パリP.26参照）。ここで、**同盟国の国民とみなされる者とは、同盟国に属しない国の国民であって、いずれかの同盟国の領域内に住所又は現実かつ真正の営業所を有するものをいう**（パリ３条）。したがって、優先権の利益を受けることができる者は、同盟国の国民でない場合、いずれかの同盟国の領域内に住所又は現実かつ真正の営業所を有することに限られ、いずれかの同盟国に対して何らかの関与があるだけでは足りない。よって、本枝は誤り。

(ニ) ◎ **パリ４条H**

解 法 優先権は、最初の出願に係る出願書類の全体により当該優先権の主張に係る発明の構成部分が明らかにされている場合には、当該構成部分が最初の出願において請求の範囲内のものとして記載されていないことを理由としては、否認することができない（パリ４条H）。すなわち、**第二国出願について優先権の主張の効果が生じるためには、優先権の主張がされた発明の構成部分は、第一国出願の出願書類全体により開示されていれば足り、当該出願の請求の範囲に記載されている必要はない**（茶園条約P.20～21参照）。したがって、本枝において、優先権の主張の効果が生じるためには、優先権の主張がされた発明の構成部分につき、同盟国Yにおいてされた先の出願に係る出願書類の全体により当該構成部分が明らかにされていれば足り、請求の範囲に記載されている必要はない。よって、本枝は正しい。

H26-36　(1) 優先権

実施日 ／ ／ ／

パリ条約のストックホルム改正条約に関し、次の(イ)～(ニ)のうち、正しいものは、いくつあるか。

田(イ)　いずれかの同盟国において優先権の主張を伴う出願をしたときに最初の出願の番号を明示しなかった場合には、そのことを理由に優先権が直ちに喪失する。

田(ロ)　特許出願人は自己の発意により特許出願を分割することができ、各同盟国はその分割を認める場合の条件を定めることができる。

田(ハ)　いずれの同盟国においても、特許出願に基づく優先権を主張して実用新案登録出願をすることができ、また、実用新案登録出願に基づく優先権を主張して特許出願をすることもできる。

田(ニ)　特許出願人が特許出願を分割する場合には、その分割された各出願の日付としてもとの出願の日付を用い、優先権の利益があるときは、これを保有する。

1　1つ　　2　2つ　　3　3つ　　4　4つ　　5　なし

H26-36

(イ) ✕ **パリ４条Ｄ(5)第２文、パリ講話Ｐ.187参照**

解法　最初の出願に基づいて優先権を主張する者は、その最初の出願の番号を明示するものとする（パリ４条Ｄ(5)第２文）。ここで、**最初の出願の番号の明示をしないからといって優先権が喪失することはない**（パリ講話Ｐ.187参照）。したがって、本枝において、最初の出願の番号を明示しなかった場合でも、そのことを理由に優先権が直ちに喪失するわけではない。よって、本枝は誤り。

(ロ) ○ **パリ４条Ｇ(2)第１文・第３文**

解法　**特許出願人は自己の発意により特許出願を分割することができ**（パリ４条Ｇ(2)第１文）、**各同盟国はその分割を認める場合の条件を定めることができる**（同条Ｇ(2)第３文）。よって、本枝は正しい。

(ハ) ○ **パリ４条Ｅ(2)**

解法　**パリ４条Ｅ(2)の通り**である。すなわち、いずれの同盟国においても、特許出願に基づく優先権を主張して実用新案登録出願をすることができ、また、実用新案登録出願に基づく優先権を主張して特許出願をすることもできる（パリ４条Ｅ(2)）。よって、本枝は正しい。

(ニ) ○ **パリ４条Ｇ(1)・(2)**

解法　**特許出願人は、審査により特許出願が複合的であることが明らかになった場合には、その特許出願を２以上の出願に分割することができ**（パリ４条Ｇ(1)第１文）、また、**自己の発意により、特許出願を分割することができる**（同条Ｇ(2)第１文）。**これらの場合において、特許出願人は、その分割された各出願の日付としてもとの出願の日付を用い、優先権の利益があるときは、これを保有する**（同条Ｇ(1)第２文・(2)第２文）。よって、本枝は正しい。

H25-34　(1) 優先権

実施日 ／ ／ ／

パリ条約のストックホルム改正条約（以下、「パリ条約」という。）における優先権の主張に関し、次の(イ)～(ニ)のうち、誤っているものは、いくつあるか。

ただし、特に文中に示した事項を除き、パリ条約による優先権主張の要件は満たされているものとする。また、「出願書類」とは、明細書及び図面等を含むものとする。

(イ)　パリ条約の同盟国**X**において出願された特許出願**A**を基礎とする優先権を主張してパリ条約の同盟国**Y**において出願された特許出願**B**は、出願**A**の出願の日の前に第三者が同盟国**Y**の法令に従って得た権利に、影響を与えない。

(ロ)　パリ条約の同盟国**X**において出願された特許出願**A**の出願書類に含まれていなかった発明の構成部分を、出願**A**を基礎とする優先権を主張するパリ条約の同盟国**Y**に出願された特許出願**B**の出願書類に含んだ結果、出願**B**の請求の範囲に記載された発明に、出願**A**の出願書類の全体により明らかにされた発明の構成部分以外の発明の構成部分が含まれることとなる場合は、当該構成部分については、優先権の主張の効果は認められない。

(ハ)　パリ条約の同盟国**X**において出願され公開された特許出願**A**の一部を分割して新たな特許出願とした特許出願**B**のみを基礎とする優先権を主張して、パリ条約の同盟国**Y**に特許出願**C**がされている場合には、出願**C**の出願書類の全体により明らかにされた発明の構成部分のうち、出願**A**の出願書類の全体により明らかにされた発明の構成部分については優先権の主張の効果は認められない。

(ニ)　パリ条約の同盟国**X**において出願された特許出願**A**及び特許出願**B**を基礎とする優先権を主張してパリ条約の同盟国**Y**に出願された特許出願**C**について、出願**C**の発明**イ**が出願**A**に含まれており、出願**C**の発明**ロ**が出願**B**に含まれている場合には、各発明に対応する特許出願に基づく優先権の主張の効果が認められる。ただし、出願**C**は、同盟国**Y**の法令上発明の単一性があるものとする。

1　1つ　　2　2つ　　3　3つ　　4　4つ　　5　なし

H25-34

⑴ ◎ パリ４条Ｂ第２文、ボーデンP.38参照

解法 優先権の基礎となる最初の出願の日前に第三者が取得した権利に関しては、各同盟国の国内法令の定めるところによる（パリ４条Ｂ第２文）。すなわち、優先期間は同盟国における最初の正規の出願の日に初めて存在することになるので、この最初の出願の前に国内法令に従って得られた第三者の権利に影響を与えることはできない（ボーデンP.38参照）。したがって、特許出願Ｂは、特許出願Ａの出願の日の前に第三者が同盟国Ｙの法令に従って得た権利に、影響を与えない。よって、本枝は正しい。

⑵ ◎ パリ４条Ｈ但書

解法 優先権は、最初の出願に係る出願書類の全体により当該優先権の主張に係る発明の構成部分が明らかにされていない場合には、否認することができる（パリ４条Ｈ但書）。したがって、本枝において、最初の出願Ａの出願書類の全体により明らかにされた発明の構成部分以外の発明の構成部分が含まれることとなる場合は、当該構成部分については、優先権の主張の効果は認められない。よって、本枝は正しい。

⑶ ◎ パリ４条Ｃ⑵、特実審査基準第Ⅴ部第１章5.4.1参照

解法 優先権の主張の基礎とすることができるのは、パリ条約の同盟国における最初の出願のみなので（パリ４条Ｃ⑵）、第一国出願における分割出願又は変更出願を基礎として優先権の主張をし、第二国出願がされている場合には、その分割出願又は変更出願の出願書類の全体に記載された事項のうち、原出願の出願書類の全体に記載されている事項についてはその分割出願又は変更出願が「最初の出願」とはならない（特実審査基準第Ⅴ部第１章5.4.1参照）。本枝においては、特許出願Ａの一部を分割した特許出願Ｂのみを基礎として優先権を主張し、特許出願Ｃがされている。したがって、Ｃの出願書類の全体により明らかにされた発明の構成部分のうち、Ａの出願書類の全体により明らかにされた発明の構成部分については優先権の主張の効果は認められない。よって、本枝は正しい。

⑷ ◎ パリ４条Ｆ第１文

解法 いずれの同盟国も、特許出願人が２以上の優先権（２以上の国においてされた出願に基づくものを含む。）を主張することを理由として、当該優先権を否認することができない（パリ４条Ｆ第１文）。本枝においては、特許出願Ａ及び特許出願Ｂを基礎とする優先権を主張して特許出願Ｃがされており、Ｃの発明イがＡに含まれており、Ｃの発明ロがＢに含まれている。したがって、Ｃについて、イ及びロに対応するＡ及びＢに基づく優先権の主張の効果が認められる。よって、本枝は正しい。

R3-条約8　(2) 商標の保護

実施日　／　／　／

パリ条約のストックホルム改正条約について、次の(イ)～(ホ)のうち、誤っているものは、いくつあるか。

(イ) 本国において正規に登録された商標が、他の同盟国においても、そのまま登録を認められ保護されるためには、他の同盟国への出願は、本国において正規に登録された後に行われなければならない。

(ロ) 同盟国は、出願人が他の同盟国において、現実かつ真正の工業上又は商業上の営業所を有せず、またその住所を有しない場合であっても、当該他の同盟国において正規に登録された商標について、そのままその登録を認めなければならない場合がある。

(ハ) 同盟国は、その存在が本国の法令に反しない団体に属する団体商標の登録を認めかつ保護することを約束する。その団体が工業上又は商業上の営業所を有しない場合も、同様とする。

(ニ) 同盟国が、いずれかの同盟国の領域内で開催される公の又は公に認められた国際博覧会に出品される産品に関し、国内法令に従い、特許を受けることができる発明について仮保護を与える際、後に優先権が主張される場合には、各同盟国の主管庁は、その産品を博覧会に搬入した日から優先期間が開始するものとすることができる。

(ホ) 同盟国は、一又は二以上の同盟国が加盟している政府間国際機関の略称及び名称について、使用者と当該国際機関との間に関係があると公衆に誤って信じさせるようなものと認められない場合であっても、それらの模倣と認められるものの商標又はその構成部分としての登録を拒絶し又は無効とし、また、権限のある官庁の許可を受けずにこれらを商標又はその構成部分として使用することを適当な方法によって禁止しなければならない。

1　1つ　　2　2つ　　3　3つ　　4　4つ　　5　5つ

R3-条約8

⑴ ☒ **パリ6条の5A⑴第2文、パリ講話P.410参照**

解法　本国において正規に登録された商標は、パリ6条の5で特に規定する場合を除くほか、他の同盟国においても、そのままその登録を認められかつ保護されるところ（同条A⑴第1文）、**当該他の同盟国は、「確定的な登録をする前に」、本国における登録の証明書で権限のある当局が交付したものを提出させることができる**（同条A⑴第2文）。すなわち、**本国の登録前でも出願はできるものとされている**（パリ講話P.410参照）。したがって、本枝において、他の同盟国への出願は、本国において正規に登録された後に行われなければならないわけではない。よって、本枝は誤り。

⑵ ◎ **パリ6条の5A⑴第1文・⑵**

解法　本国において正規に登録された商標は、原則として、他の同盟国においても、そのままその登録を認められかつ保護される（パリ6条の5A⑴第1文）。ここで、「本国」とは、営業所がある同盟国、住所がある同盟国、国籍がある同盟国の順に決定され（図解パリP.106）、**出願人が他の同盟国において、現実かつ真正の工業上又は商業上の営業所を有せず、またその住所を有しない場合、出願人が同盟国の国民であるときは、その国籍がある国をいう**（同条A⑵）。したがって、本枝において、同盟国は、出願人が他の同盟国の国民であれば、当該他の同盟国において正規に登録された商標について、そのままその登録を認めなければならない場合がある。よって、本枝は正しい。

⑶ ◎ **パリ7条の2⑴**

解法　**パリ7条の2⑴の通り**である。すなわち、同盟国は、その存在が本国の法令に反しない団体に属する団体商標の登録を認めかつ保護することを約束する。その団体が工業上又は商業上の営業所を有しない場合も、同様とする（パリ7条の2⑴）。よって、本枝は正しい。

⑷ ◎ **パリ11条⑴・⑵**

解法　同盟国は、いずれかの同盟国の領域内で開催される公の又は公に認められた国際博覧会に出品される産品に関し、国内法令に従い、特許を受けることができる発明等に仮保護を与えるところ（パリ11条⑴）、**同条⑴の仮保護を与える際、後に優先権が主張される場合には、各同盟国の主管庁は、その産品を博覧会に搬入した日から優先期間が開始するものとすることができる**（同条⑵）。よって、本枝は正しい。

⑸ ☒ **パリ6条の3⑴⒜・⒝第1文・⒞第2文**

解法　同盟国は、紋章学上「一又は二以上の同盟国が加盟している政府間国際機関の略称及び名称」の模倣と認められるものの商標又はその構成部分としての登録を拒絶し又は無効とし、また、権限のある官庁の許可を受けずにこれらを商標又はその構成部分として使用することを適当な方法によって禁止しなければならない（パリ6条の3⑴⒜・⒝第1文）。しかし、**同条⑴⒜に規定する使用又は登録が、当該使用者と当該国際機関との間に関係があると公衆に誤って信じさせるようなものと認められない場合には、同盟国は、同条⑴⒝の規定を適用することを要しない**（同条⑴⒞第2文）。したがって、同盟国は、一又は二以上の同盟国が加盟している政府間国際機関の略称及び名称について、使用者と当該国際機関との間に関係があると公衆に誤って信じさせるようなものと認められない場合であっても、それらの模倣と認められるものの商標又はその構成部分としての登録の拒絶等をしなければならないわけではない。よって、本枝は誤り。

R1-条約７　(2) 商標の保護

実施日　／　／　／

パリ条約のストックホルム改正条約（以下「パリ条約」という。）に関し、次の(イ)～(ニ)のうち、正しいものは、いくつあるか。

田(イ)　商標に係る権利を有する者は、その代理人又は代表者が、その者の許諾を得ないで、１又は２以上の同盟国においてその商標について自己の名義による登録の出願をした場合、その代理人又は代表者が、その行為につきそれが正当であることを明らかにしたときは、商標を使用することを阻止する権利を有しない。

田(ロ)　本国において正規に登録された商標は、他の同盟国においては、常にそのままその登録を認められかつ保護される。

田(ハ)　本国において正規に登録された商標が更新された場合、その商標が登録された他の同盟国における登録も更新しなければならない。

田(ニ)　本国において保護されている商標の構成部分に変更を加えた商標は、その変更が、本国において登録された際の形態における商標の識別性に影響を与えなければ、他の同盟国において、いかなる場合においても、登録を拒絶されることはない。

1　1つ　　2　2つ　　3　3つ　　4　4つ　　5　なし

R1-条約７

(イ) ○ **パリ６条の７(1)・(2)**

解　法　商標に係る権利を有する者は、その代理人又は代表者が、その者の許諾を得ないで、１又は２以上の同盟国においてその商標について自己の名義による登録の出願をした場合、商標を使用することを阻止する権利を有するが（パリ６条の７(1)本文・(2)）、その代理人又は代表者が、その行為につきそれが正当であることを明らかにしたときは、この限りでない（同条(1)但書・(2)、図解パリP.121参照）。よって、本枝は正しい。

(ロ) × **パリ６条の５Ａ(1)第１文**

解　法　本国において正規に登録された商標は、「この条で特に規定する場合を除くほか」、他の同盟国においても、そのままその登録を認められかつ保護される（パリ６条の５Ａ(1)第１文）。したがって、本国において正規に登録された商標は、他の同盟国においては、「常に」そのままその登録を認められかつ保護されるわけではない。よって、本枝は誤り。

(ハ) × **パリ６条の５Ｅ**

解　法　いかなる場合にも、本国における商標の登録の更新は、その商標が登録された他の同盟国における登録の更新の義務を生じさせるものではない（パリ６条の５Ｅ）。したがって、本国において正規に登録された商標が更新された場合でも、その商標が登録された他の同盟国における登録も更新しなければならないわけではない。よって、本枝は誤り。

(ニ) × **パリ６条の５Ｃ(2)**

解　法　本国において保護されている商標の構成部分に変更を加えた商標は、その変更が、①本国において登録された際の形態における商標の識別性に影響を与えず、かつ、②「商標の同一性を損なわない場合には」、他の同盟国において、その変更を唯一の理由として登録を拒絶されることはない（パリ６条の５Ｃ(2)）。したがって、本国において保護されている商標の構成部分に変更を加えた商標は、その変更が、本国において登録された際の形態における商標の識別性に影響を与えなければ、他の同盟国において、「いかなる場合においても」、登録を拒絶されることがないわけではない。よって、本枝は誤り。

H28-条約8　(2) 商標の保護

実施日　/　/　/

パリ条約のストックホルム改正条約（以下、「パリ条約」という。）第6条の5に関し、次のうち、誤っているものは、どれか。

田1　本国とは、出願人が同盟国に現実かつ真正の工業上又は商業上の営業所を有する場合にはその同盟国を、出願人が同盟国にそのような営業所を有しない場合にはその住所がある同盟国を、出願人が同盟国の国民であって同盟国に住所を有しない場合にはその国籍がある国をいう。

田2　本国において保護されている商標の構成部分に変更を加えた商標は、その変更が、本国において登録された際の形態における商標の識別性に影響を与える場合であっても、商標の同一性を損なわないときには、他の同盟国において、その変更を唯一の理由として登録を拒絶されることはない。

田3　パリ条約第4条に定める優先期間内にされた商標の登録出願は、本国における登録が当該優先期間の満了後にされた場合にも、優先権の利益を失わない。

田4　商標が保護を受けるに適したものであるかどうかを判断するに当たっては、すべての事情、特に、当該商標が使用されてきた期間を考慮しなければならない。

田5　本国において、正規に登録された商標であっても、当該商標が、識別性を有しないものである場合又は商品の種類、品質、数量、用途、価格、原産地若しくは生産の時期を示すため取引上使用されることがある記号若しくは表示のみをもって、若しくは保護が要求される国の取引上の通用語において若しくはその国の公正なかつ確立した商慣習において常用されるようになっている記号若しくは表示のみをもって構成されたものである場合は、他の同盟国において、そのままその登録を認められないことがある。

H28-条約8

1 ◎ パリ6条の5A(2)

解法 **パリ6条の5A(2)の通り**である。すなわち、本国とは、出願人が同盟国に現実かつ真正の工業上又は商業上の営業所を有する場合にはその同盟国を、出願人が同盟国にそのような営業所を有しない場合にはその住所がある同盟国を、出願人が同盟国の国民であって同盟国に住所を有しない場合にはその国籍がある国をいう（パリ6条の5A(2)）。よって、本枝は正しい。

2 ☒ パリ6条の5C(2)

解法 本国において保護されている商標の構成部分に変更を加えた商標は、その変更が、**①本国において登録された際の形態における商標の識別性に影響を与えず、「かつ」、②商標の同一性を損なわない場合には、他の同盟国において、その変更を唯一の理由として登録を拒絶されることはない**（パリ6条の5C(2)）。したがって、本枝において、その変更が、本国において登録された際の形態における商標の識別性に影響を与える場合には、商標の同一性を損なわないときであっても、他の同盟国において、その変更を唯一の理由として登録を拒絶されることがある。よって、本枝は誤り。

3 ◎ パリ6条の5F

解法 **パリ6条の5Fの通り**である。すなわち、パリ4条に定める優先期間内にされた商標の登録出願は、本国における登録が当該優先期間の満了後にされた場合にも、優先権の利益を失わない（パリ6条の5F）。よって、本枝は正しい。

4 ◎ パリ6条の5C(1)

解法 **パリ6条の5C(1)の通り**である。すなわち、商標が保護を受けるに適したものであるかどうかを判断するに当たっては、すべての事情、特に、当該商標が使用されてきた期間を考慮しなければならない（パリ6条の5C(1)）。よって、本枝は正しい。

5 ◎ パリ6条の5B2

解法 パリ6条の5に規定する商標は、**本国において正規に登録された商標**（同条A(1)）**であっても、当該商標が、識別性を有しないものである場合又は商品の種類、品質、数量、用途、価格、原産地若しくは生産の時期を示すため取引上使用されることがある記号若しくは表示のみをもって、若しくは保護が要求される国の取引上の通用語において若しくはその国の公正なかつ確立した商慣習において常用されるようになっている記号若しくは表示のみをもって構成されたものである場合は、その登録を拒絶され又は無効とされることがある**（同条B2）。したがって、本枝において、当該商標は、他の同盟国において、そのままその登録を認められないことがある。よって、本枝は正しい。

R4-条約７　(3) パリ条約全般

実施日　／　／　／

パリ条約のストックホルム改正条約（以下「パリ条約」という。）について、次の(イ)～(ホ)のうち、誤っているものは、いくつあるか。

(イ)　パリ条約における工業所有権の語は、最も広義に解釈するものとし、本来の工業及び商業のみならず、農業及び採取産業の分野並びに製造した又は天然のすべての産品(例えば、ぶどう酒、穀物、たばこの葉、果実、家畜、鉱物、鉱水、ビール、花、穀粉)についても用いられ、この条約が適用される国は、工業所有権の保護のための同盟を形成する。

(ロ)　各同盟国の国民は、他のすべての同盟国において、工業所有権に関する法令上必要とされる住所の選定又は代理人の選任について、パリ条約におけるいわゆる内国民待遇の原則による利益を享受する。

(ハ)　特許の対象である物の販売又は特許の対象である方法によって生産される物の販売が国内法令上の制限を受けることを理由として、特許を拒絶し又は無効とすることを、各同盟国の法令において定めることができる。

(ニ)　いかなる場合にも、商品について使用される商標が登録されることについて、その商品の性質は妨げとはならない。

(ホ)　同盟国は、サービス・マークを保護することを約束する。同盟国は、サービス・マークの登録について規定を設けることを要しない。

1　1つ　　2　2つ　　3　3つ　　4　4つ　　5　5つ

R4-条約7

(イ) ◯ パリ1条(1)・(3)

解法 **パリ条約における工業所有権の語は、最も広義に解釈する**ものとし、本来の工業及び商業のみならず、農業及び採取産業の分野並びに製造した又は天然のすべての産品（例えば、ぶどう酒、穀物、たばこの葉、果実、家畜、鉱物、鉱水、ビール、花、穀粉）についても用いられ（パリ1条(3)）、この条約が適用される国は、**工業所有権の保護のための同盟を形成する**（同条(1)）。よって、本枝は正しい。

(ロ) ✕ パリ2条(3)

解法 各同盟国の国民は、工業所有権の保護に関し、この条約で特に定める権利を害されることなく、他のすべての同盟国において、当該他の同盟国の法令が内国民に対し現在与えており又は将来与えることがある利益を享受する（パリ2条(1)第1文）。しかし、工業所有権に関する法令上必要とされる**住所の選定又は代理人の選任については、各同盟国の法令の定めるところによる**（同条(3)）。したがって、各同盟国の国民は、他のすべての同盟国において、工業所有権に関する法令上必要とされる住所の選定又は代理人の選任について、パリ条約におけるいわゆる内国民待遇の原則による利益を享受するわけではない。よって、本枝は誤り。

(ハ) ✕ パリ4条の4

解法 **特許の対象である物の販売又は特許の対象である方法によって生産される物の販売が国内法令上の制限を受けることを理由としては、特許を拒絶し又は無効とすることができない**（パリ4条の4）。したがって、特許の対象である物の販売又は特許の対象である方法によって生産される物の販売が国内法令上の制限を受けることを理由として、特許を拒絶し又は無効とすることを、各同盟国の法令において定めることはできない。よって、本枝は誤り。

(ニ) ◯ パリ7条

解法 いかなる場合にも、**商品の性質は、その商品について使用される商標が登録されることについて妨げとはならない**（パリ7条）。よって、本枝は正しい。

(ホ) ◯ パリ6条の6

解法 **パリ6条の6の通り**である。すなわち、同盟国は、サービス・マークを保護することを約束する。同盟国は、サービス・マークの登録について規定を設けることを要しない（パリ6条の6）。よって、本枝は正しい。

R4-条約8　(3) パリ条約全般

実施日　／　／　／

パリ条約のストックホルム改正条約（以下「パリ条約」という。）について、次の(イ)～(ホ)のうち、正しいものは、いくつあるか。

田(イ)　保護が要求される国の国内法令により商標の共有者と認められる２以上の工業上又は商業上の営業所が同一又は類似の商品について同一の商標を同時に使用しても、その使用が公共の利益に反しない限り、いずれかの同盟国において、その商標の登録が拒絶され、又はその商標に対して与えられる保護が縮減されることはない。

田(ロ)　登録商標について使用を義務づけている同盟国において、当該商標の登録の効力を失わせることができるのは、相当の猶予期間が経過しており、かつ、当事者がその不作為につきそれが正当であることを明らかにしない場合のみである。

田(ハ)　パリ条約第４条Ｃ（２）にいう最初の出願と同一の対象について同一の同盟国においてされた後の出願は、先の出願が、公衆の閲覧に付されないで、かつ、いかなる権利をも存続させないで、後の出願の日までに取り下げられ、放棄され又は拒絶の処分を受けたこと、及びその先の出願がまだ優先権の主張の基礎とされていないことを条件として、最初の出願とみなされ、その出願の日は、優先期間の初日とされる。

田(ニ)　いずれの同盟国も、特許出願人が２以上の優先権を主張することを理由として、又は優先権を主張して行った特許出願が優先権の主張の基礎となる出願に含まれていなかった構成部分を含むことを理由として、当該同盟国の法令上発明の単一性があるか否かにかかわらず、当該優先権を否認し、又は当該特許出願について拒絶の処分をすることができない。

田(ホ)　最初の出願に基づいて優先権を主張しようとする者が、その出願の日付及びその出願がされた同盟国の国名を明示した申立てをしなかった場合の効果として、各同盟国は、優先権を主張して行った特許出願を拒絶し又は無効とすることを、当該同盟国の国内法令で定めることができる。

1　1つ　　2　2つ　　3　3つ　　4　4つ　　5　5つ

R4-条約8

(イ) ☒ パリ５条C(3)但書

解　法　保護が要求される国の国内法令により商標の共有者と認められる２以上の工業上又は商業上の営業所が同一又は類似の商品について同一の商標を同時に使用しても、いずれかの同盟国において、その商標の登録が拒絶され、又はその商標に対して与えられる保護が縮減されることはないが（パリ５条C(3)本文）、**「その使用の結果公衆を誤らせることとならず」、かつ、その使用が公共の利益に反しないことが条件**とされる（同条C(3)但書）。したがって、本枝において、その使用が公共の利益に反しない「限り」、いずれかの同盟国において、その商標の登録が拒絶され、又はその商標に対して与えられる保護が縮減されることがないわけではない。よって、本枝は誤り。

(ロ) ◎ パリ５条C(1)

解　法　登録商標について使用を義務づけている同盟国においては、**相当の猶予期間が経過しており、かつ、当事者がその不作為につきそれが正当であることを明らかにしない場合**にのみ、当該商標の登録の効力を失わせることができる（パリ５条C(1)）。よって、本枝は正しい。

(ハ) ◎ パリ４条C(4)第１文

解　法　**パリ４条C(4)第１文の通り**である。すなわち、パリ４条C(2)にいう最初の出願と同一の対象について同一の同盟国においてされた後の出願は、先の出願が、公衆の閲覧に付されないで、かつ、いかなる権利をも存続させないで、後の出願の日までに取り下げられ、放棄され又は拒絶の処分を受けたこと、及びその先の出願がまだ優先権の主張の基礎とされていないことを条件として、最初の出願とみなされ、その出願の日は、優先期間の初日とされる（パリ４条C(4)第１文）。よって、本枝は正しい。

(ニ) ☒ パリ４条F第２文

解　法　いずれの同盟国も、特許出願人が２以上の優先権を主張することを理由として、又は優先権を主張して行った特許出願が優先権の主張の基礎となる出願に含まれていなかった構成部分を含むことを理由として、当該優先権を否認し、又は当該特許出願について拒絶の処分をすることができないが（パリ４条F第１文）、**当該同盟国の法令上発明の単一性がある場合に限られる**（同条F第２文）。したがって、本枝において、「発明の単一性があるか否かにかかわらず」、当該優先権を否認し、又は当該特許出願について拒絶の処分をすることができないわけではない。よって、本枝は誤り。

チェック　発明の単一性の要件を満たさなければ出願を拒絶し得るが、優先権を否認できるという積極的な規定はないため、優先権は否認できないと解される（パリ４条F第２文、図解パリP.36参照）。

(ホ) ☒ パリ４条D(4)第３文

解　法　最初の出願に基づいて優先権を主張しようとする者は、その出願の日付及びその出願がされた同盟国の国名を明示した申立てをしなければならないところ（パリ４条D(1)第１文）、各同盟国は、同条に定める手続がされなかった場合の効果を、**「優先権の喪失を限度として」**（同条D(4)第３文）、定めることができる（同条D(4)第２文）。したがって、本枝において、各同盟国は、「優先権を主張して行った特許出願を拒絶し又は無効とすることを」、当該同盟国の国内法令で定めることはできない。よって、本枝は誤り。

R2-条約７　(3) パリ条約全般

実施日 ／ ／ ／

パリ条約のストックホルム改正条約について、次の(イ)～(ニ)のうち、正しいものは、いくつあるか。

田(イ)　各同盟国の国民が工業所有権を享有するためには、保護が請求される国の国籍、住所又は営業所を有することが条件となる。

田(ロ)　各同盟国は、工業所有権に関する法令上必要とされる住所の選定及び代理人の選任を各同盟国の法令において義務付けなければならない。

田(ハ)　商号が同盟国において保護されるためには、その同盟国において、登記の申請又は登記が行われていることを必要とする。

田(ニ)　同盟国の間で締結された２国間の条約により正規の国内出願とされるすべての出願は、優先権を生じさせるものと認められる。

1　1つ　　2　2つ　　3　3つ　　4　4つ　　5　なし

R2-条約7

(イ) ✕ パリ２条(2)

解 法 **各同盟国の国民が工業所有権を享有するためには、保護が請求される国に住所又は営業所を有することが条件とされることはない**（パリ２条(2)）。したがって、各同盟国の国民が工業所有権を享有するためには、保護が請求される国の国籍、住所又は営業所を有することが条件となるわけではない。よって、本枝は誤り。

(ロ) ✕ パリ２条(3)

解 法 **司法上及び行政上の手続並びに裁判管轄権については、並びに工業所有権に関する法令上必要とされる住所の選定又は代理人の選任については、「各同盟国の法令の定めるところによる」**（パリ２条(3)）。したがって、各同盟国は、工業所有権に関する法令上必要とされる住所の選定及び代理人の選任を「各同盟国の法令において義務付けなければならない」わけではない。よって、本枝は誤り。

(ハ) ✕ パリ８条

解 法 商号は、商標の一部であるかどうかを問わず、すべての同盟国において保護されるものとし、そのためには、**登記の申請又は登記が行われていることを必要としない**（パリ８条）。したがって、商号が同盟国において保護されるためには、その同盟国において、登記の申請又は登記が行われていることを必要としない。よって、本枝は誤り。

(ニ) ○ パリ４条Ａ(2)

解 法 各同盟国の国内法令又は**同盟国の間で締結された２国間若しくは多数国間の条約により正規の国内出願とされるすべての出願は、優先権を生じさせるものと認められる**（パリ４条Ａ(2)）。したがって、同盟国の間で締結された２国間の条約により正規の国内出願とされるすべての出願は、優先権を生じさせるものと認められる。よって、本枝は正しい。

R2-条約8　(3) パリ条約全般

実施日 ／ ／ ／

パリ条約のストックホルム改正条約について、次のうち、誤っているものは、どれか。

1　同盟国の国民が各同盟国において出願した特許は、同盟国でない国において同一の発明について取得した特許からも独立したものとされる。

2　優先権の利益によって取得された特許については、各同盟国において、優先権の利益なしに特許出願がされ又は特許が与えられた場合に認められる存続期間と同一の存続期間が認められる。

3　いずれかの同盟国において正規に登録された商標は、他の同盟国（本国を含む。）において登録された商標から独立したものとする。

4　同盟国**X**の航空機又は車両が、一時的であるか否かに関わらず、同盟国**Y**に入った場合に、その航空機若しくは車両又はその附属物の構造又は機能に関する特許権者の特許の対象である発明を使用することは、同盟国**Y**において、特許権者の権利を侵害するものとは認められない。

5　同盟国の国民がいずれかの同盟国において登録出願した商標については、本国において登録出願、登録又は存続期間の更新がされていないことを理由として登録が拒絶され又は無効とされることはない。

R2-条約8

1 ○ パリ4条の2(1)

解法 **同盟国の国民が各同盟国において出願した特許は、他の国（同盟国であるかどうかを問わない。）において同一の発明について取得した特許から独立したものとする**（パリ4条の2(1)）。したがって、同盟国の国民が各同盟国において出願した特許は、同盟国でない国において同一の発明について取得した特許からも独立したものとされる。よって、本枝は正しい。

2 ○ パリ4条の2(5)

解法 **パリ4条の2(5)の通り**である。すなわち、優先権の利益によって取得された特許については、各同盟国において、優先権の利益なしに特許出願がされ又は特許が与えられた場合に認められる存続期間と同一の存続期間が認められる（パリ4条の2(5)）。よって、本枝は正しい。

3 ○ パリ6条(3)

解法 **パリ6条(3)の通り**である。すなわち、いずれかの同盟国において正規に登録された商標は、他の同盟国（本国を含む。）において登録された商標から独立したものとする（パリ6条(3)）。よって、本枝は正しい。

4 × パリ5条の3-2

解法 **各同盟国に他の同盟国の航空機又は車両が「一時的に又は偶発的に」入った場合に、その航空機若しくは車両又はその附属物の構造又は機能に関する当該特許権者の特許の対象である発明を使用することは、当該同盟国において、特許権者の権利を侵害するものとは認められない**（パリ5条の3-2）。したがって、同盟国Xの航空機又は車両が、「一時的であるか否かに関わらず」、同盟国Yに入った場合に、その航空機若しくは車両又はその附属物の構造又は機能に関する特許権者の特許の対象である発明を使用することは、Y国において、特許権者の権利を侵害するものとは認められないわけではない。よって、本枝は誤り。

5 ○ パリ6条(2)

解法 **パリ6条(2)の通り**である。すなわち、同盟国の国民がいずれかの同盟国において登録出願をした商標については、本国において登録出願、登録又は存続期間の更新がされていないことを理由として登録が拒絶され又は無効とされることはない（パリ6条(2)）。よって、本枝は正しい。

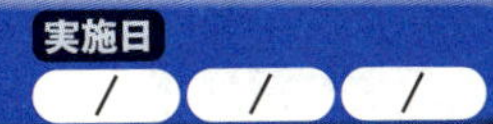

H30-条約８　(3) パリ条約全般

パリ条約のストックホルム改正条約に関し、次の(イ)～(ニ)のうち、誤っているものは、いくつあるか。

(イ)　同盟国は、一の商標が、他の一の商標でこの条約の利益を受ける者の商標としてかつ同一若しくは類似の商品について使用されているものとしてその同盟国において広く認識されているとその権限のある当局が認めるものの複製である場合、その同盟国の法令が許すときは職権をもって、又は利害関係人の請求によって、当該一の商標の登録を拒絶し又は無効とし、及びその使用を禁止することを約束する。

(ロ)　同盟国は、一の商標の要部が、他の一の商標でこの条約の利益を受ける者の商標としてかつ同一若しくは類似の商品について使用されているものとしてその同盟国において広く認識されているとその権限のある当局が認めるものの翻訳である場合、その同盟国の法令が許すときは職権をもって、又は利害関係人の請求によって、当該一の商標の登録を拒絶し又は無効とし、及びその使用を禁止することを約束する。

(ハ)　同盟国は、同盟国の国の紋章、旗章その他の記章、同盟国が採用する監督用及び証明用の公の記号及び印章ならびに紋章学上それらの模倣と認められるものの商標又はその構成部分としての登録を拒絶し、又は無効とし、また、権限のある官庁の許可を受けずにこれらを商標又はその構成部分として使用することを適当な方法によって禁止する。ただし、監督用及び証明用の公の記号及び印章の禁止に関する規定は、当該記号又は印章を含む商標が当該記号又は印章の用いられている商品と同一又は類似の商品について使用されるものである場合に限り、適用する。

(ニ)　同盟国の国民が各同盟国において、優先期間中に出願した特許は、無効又は消滅の理由についても、また、通常の存続期間についても、同盟国であるか否かを問わず他の国において、同一の発明について取得した特許から独立したものとする。

1　1つ　　2　2つ　　3　3つ　　4　4つ　　5　なし

H30-条約８

⑴ ◎ パリ６条の２⑴第１文

解　法　同盟国は、一の商標が、他の一の商標でこの条約の利益を受ける者の商標としてかつ同一若しくは類似の商品について使用されているものとしてその同盟国において広く認識されているとその権限のある当局が認めるものの複製である場合等には、その同盟国の法令が許すときは職権をもって、又は利害関係人の請求により、当該一の商標の登録を拒絶し又は無効とし、及びその使用を禁止することを約束する（パリ６条の２⑴第１文）。よって、本枝は正しい。

⑵ ☒ パリ６条の２⑴第２文

解　法　同盟国は、一の商標の要部が、他の一の商標でこの条約の利益を受ける者の商標としてかつ同一若しくは類似の商品について使用されているものとしてその同盟国において広く認識されているとその権限のある当局が認めるもの（周知商標）の「複製」である場合又は当該他の一の商標と「混同を生じさせやすい模倣」である場合には、その同盟国の法令が許すときは職権をもって、又は利害関係人の請求により、当該一の商標の登録を拒絶し又は無効とし、及びその使用を禁止することを約束する（パリ６条の２⑴第２文）。したがって、同盟国は、一の商標の要部が、周知商標の「翻訳」である場合、当該一の商標の登録を拒絶し又は無効とし、及びその使用を禁止することを約束するわけではない。よって、本枝は誤り。

⑶ ◎ パリ６条の３⑴(a)・⑵

解　法　パリ６条の３⑴(a)・⑵の通りである。すなわち、同盟国は、同盟国の国の紋章、旗章その他の記章、同盟国が採用する監督用及び証明用の公の記号及び印章並びに紋章学上それらの模倣と認められるものの商標又はその構成部分としての登録を拒絶し又は無効とし、また、権限のある官庁の許可を受けずにこれらを商標又はその構成部分として使用することを適当な方法によって禁止する（パリ６条の２⑴(a)）。ただし、監督用及び証明用の公の記号及び印章の禁止に関する規定は、当該記号又は印章を含む商標が当該記号又は印章の用いられている商品と同一又は類似の商品について使用されるものである場合に限り、適用する（同条⑵）。よって、本枝は正しい。

⑷ ◎ パリ４条の２⑴・⑵

解　法　同盟国の国民が各同盟国において出願した特許は、同盟国であるかどうかを問わず、他の国において同一の発明について取得した特許から独立したものとする（パリ４条の２⑴）。また、同条⑴の規定は、優先期間中に出願された特許が、無効又は消滅の理由についても、また、通常の存続期間についても、独立のものであるという意味に解釈しなければならない（同条⑵）。よって、本枝は正しい。

H29-条約８　(3) パリ条約全般

実施日　／　／　／

パリ条約のストックホルム改正条約（以下「パリ条約」という。）に関し、次の(イ)～(ニ)のうち、正しいものは、いくつあるか。

(イ)　同盟国の国民が各同盟国において出願した特許は、同盟国であるか否かを問わず、他の国において同一の発明について取得した特許から独立したものとされ、優先期間中に出願された特許は、無効又は消滅の理由について独立のものとされる。

(ロ)　同盟国の国民がいずれかの同盟国において登録出願した商標については、本国において登録出願、登録又は存続期間の更新がされていないことを理由として登録が拒絶され又は無効とされることはなく、いずれかの同盟国において正規に登録された商標は、他の同盟国（本国を含む。）において登録された商標から独立したものとされる。

(ハ)　パリ条約の同盟国**X**において、物の製造方法の発明についての特許権が国内で当該製造方法で製造された物の販売行為に及ぶ旨を規定した国内法令がある場合、**甲**がある物の製造方法についての同盟国**X**における特許権者であり、当該物の製造方法で**Y**国において製造され同盟国**X**に輸入された物を、**乙**が同盟国**X**で販売しているとき、**甲**の前記特許権は**乙**の販売行為についても及ぶ。

(ニ)　不法に商標又は商号を付した産品は、その商標又は商号について法律上の保護を受ける権利が認められている同盟国に輸入される際に差し押えられるが、差押えは、産品に不法に商標若しくは商号を付する行為が行われた同盟国又はその産品が輸入された同盟国の国内においても行われる。

1　1つ　　2　2つ　　3　3つ　　4　4つ　　5　なし

H29-条約8

(イ) ◯ パリ4条の2(1)・(2)

解　法　**同盟国の国民が各同盟国において出願した特許は、同盟国であるかどうかを問わず、他の国において同一の発明について取得した特許から独立したものとされる**（パリ4条の2(1)）。また、**同条(1)の規定は、優先期間中に出願された特許が、無効又は消滅の理由について独立のものであるという意味に解釈しなければならない**（同条(2)）。よって、本枝は正しい。

(ロ) ◯ パリ6条(2)・(3)

解　法　**パリ6条(2)・(3)の通り**である。すなわち、同盟国の国民がいずれかの同盟国において登録出願をした商標については、本国において登録出願、登録又は存続期間の更新がされていないことを理由として登録が拒絶され又は無効とされることはなく（パリ6条(2)）、いずれかの同盟国において正規に登録された商標は、他の同盟国（本国を含む。）において登録された商標から独立したものとされる（同条(3)）。よって、本枝は正しい。

(ハ) ◯ パリ5条の4

解　法　ある物の製造方法について特許が取得されている同盟国にその物が輸入された場合には、特許権者は、輸入国で製造された物に関して当該特許に基づきその国の法令によって与えられるすべての権利を、その輸入物に関して享有する（パリ5条の4）。すなわち、**物の製造方法の特許の効力がその方法により製造された物に及ぼされている場合、その方法により外国において製造され輸入された物にも特許の効力が及ぶ**（茶園条約P.38参照）。したがって、本枝において、Y国において製造され同盟国Xに輸入された物を、乙がXで販売しているとき、甲のXにおける当該物の製造方法についての特許権は乙の販売行為についても及ぶ。よって、本枝は正しい。

(ニ) ◯ パリ9条(1)・(2)

解　法　**パリ9条(1)・(2)の通り**である。すなわち、不法に商標又は商号を付した産品は、その商標又は商号について法律上の保護を受ける権利が認められている同盟国に輸入される際に差し押さえられるが（パリ9条(1)）、差押えは、産品に不法に商標若しくは商号を付する行為が行われた同盟国又はその産品が輸入された同盟国の国内においても行われる（同条(2)）。よって、本枝は正しい。

H28-条約７　(3) パリ条約全般

実施日　／　／　／

パリ条約のストックホルム改正条約（以下、「パリ条約」という。）第５条Ａに規定された実施権の強制的設定に関し、次の(イ)～(ニ)のうち、誤っているものは、いくつあるか。

(イ)　各同盟国は、特許に基づく排他的権利の行使から生ずることがある弊害、例えば、実施がされないことを防止するため、実施権の強制的設定について規定する立法措置をとることができる。

(ロ)　実施権の強制的設定は、実施がされず又は実施が十分でないことを理由としては、特許出願の日から４年の期間又は特許が与えられた日から３年の期間のうちいずれか遅く満了するものが満了する前には、請求することができないものとし、また、特許権者がその不作為につきそれが正当であることを明らかにした場合には、拒絶される。

(ハ)　各同盟国は、特許に基づく排他的権利の行使から生ずることがある弊害を防止するために実施権の強制的設定では十分でない場合に限り、特許の効力を失わせることについて規定することができるが、特許権の消滅又は特許の取消しのための手続は、実施権の最初の強制的設定の日から２年の期間が満了する前には、することができない。

(ニ)　不実施又は不十分な実施を理由として強制的に設定された実施権は、排他的なものであってはならないものとし、また、企業又は営業の構成部分のうち当該実施権の行使にかかるものとともに移転する場合を除くほか、当該実施権に基づく実施権の許諾の形式によっても、移転することができない。

1　1つ　　2　2つ　　3　3つ　　4　4つ　　5　なし

H28-条約7

(イ) ◎ パリ5条A(2)

解法 パリ5条A(2)の通りである。すなわち、各同盟国は、特許に基づく排他的権利の行使から生ずることがある弊害、例えば、実施がされないことを防止するため、実施権の強制的設定について規定する立法措置をとることができる（パリ5条A(2)）。よって、本枝は正しい。

(ロ) ◎ パリ5条A(4)第1文

解法 パリ5条A(4)第1文の通りである。すなわち、実施権の強制的設定は、実施がされず又は実施が十分でないことを理由としては、特許出願の日から4年の期間又は特許が与えられた日から3年の期間のうちいずれか遅く満了するものが満了する前には、請求することができないものとし、また、特許権者がその不作為につきそれが正当であることを明らかにした場合には、拒絶される（パリ5条A(4)第1文）。よって、本枝は正しい。

(ハ) ◎ パリ5条A(3)

解法 パリ5条A(3)の通りである。すなわち、各同盟国は、特許に基づく排他的権利の行使から生ずることがある弊害を防止するために実施権の強制的設定では十分でない場合に限り、特許の効力を失わせることについて規定することができる。特許権の消滅又は特許の取消しのための手続は、実施権の最初の強制的設定の日から2年の期間が満了する前には、することができない（パリ5条A(3)）。よって、本枝は正しい。

(ニ) ◎ パリ5条A(4)第2文

解法 パリ5条A(4)第2文の通りである。すなわち、不実施又は不十分な実施を理由として強制的に設定された実施権は、排他的なものであってはならないものとし、また、企業又は営業の構成部分のうち当該実施権の行使に係るものとともに移転する場合を除くほか、当該実施権に基づく実施権の許諾の形式によっても、移転することができない（パリ5条A(4)第2文）。よって、本枝は正しい。

H27-25　(3) パリ条約全般

実施日　／　／　／

パリ条約のストックホルム改正条約に関し、次の(イ)～(ニ)のうち、誤っているものは、いくつあるか。

田(イ)　発明者が自己の発明に付与された特許証に発明者として記載される権利は、発明者の人格権として認められるものであり、その権利行使の手続は各同盟国の国内法令によって定められる。

田(ロ)　意匠の保護は、当該意匠の実施をしないことにより又は保護される意匠に係る物品を輸入することによっては、失われない。

田(ハ)　同盟国の行政機関又は司法機関は、悪意で登録を受け又は使用された、周知商標と抵触する商標の登録を無効とし、又は使用を禁止することの請求については、期間を定めないものとする。

田(ニ)　実用新案は、実用新案権者がその実用新案を取得した国に、いずれかの同盟国で製造されたその実用新案に係る物を輸入する場合にも、効力を失わない。

1　1つ　　2　2つ　　3　3つ　　4　4つ　　5　なし

H27-25

⑴ ◎ **パリ４条の３、ボーデンP.59参照**

解　法　発明者は、特許証に発明者として記載される権利を有する（パリ４条の３）。**この規定は、同盟のすべての国において自己の発明に付与された特許証に発明者として記載される発明者の人格権と一般に呼ばれるものに関するもので、その権利行使の手続は、各同盟国の国内法令によって定められる**（ボーデンP.59参照）。よって、本枝は正しい。

⑵ ◎ **パリ５条B**

解　法　**パリ５条Bの通り**である。すなわち、意匠の保護は、当該意匠の実施をしないことにより又は保護される意匠に係る物品を輸入することによっては、失われない（パリ５条B）。よって、本枝は正しい。

⑶ ◎ **パリ６条の２⑶、ボーデンP.86参照**

解　法　悪意で登録を受け又は使用された商標の登録を無効とし又は使用を禁止することの請求については、期間を定めないものとする（パリ６条の２⑶）。**この規定は、周知商標の保護が要求された国の行政機関又は司法機関が、抵触する商標が悪意で登録又は使用されたか否かを判断するものである**（ボーデンP.86参照）。したがって、同盟国の行政機関又は司法機関は、悪意で登録を受け又は使用された、周知商標と抵触する商標の登録を無効とし、又は使用を禁止することの請求については、期間を定めないものとする。よって、本枝は正しい。

⑷ ◎ **パリ５条A⑴準用**

解　法　特許は、特許権者がその特許を取得した国にいずれかの同盟国で製造されたその特許に係る物を輸入する場合にも、効力を失わない（パリ５条A⑴）。**この規定は、実用新案に準用されている**（同条A⑸）。したがって、実用新案は、実用新案権者がその実用新案を取得した国に、いずれかの同盟国で製造されたその実用新案に係る物を輸入する場合にも、効力を失わない。よって、本枝は正しい。

H27-52　(3) パリ条約全般

実施日　／　／　／

パリ条約のストックホルム改正条約に関し、次の(イ)～(ニ)のうち、正しいものは、いくつあるか。

□(イ)　同盟国の国民が各同盟国において出願した特許は、他の国（同盟国であるかどうかを問わない。）において同一の発明について取得した特許から独立したものとされるが、同一でない発明について得られた特許に関しては独立性は認められない。

□(ロ)　最初の出願に基づいて優先権を主張しようとする者は、その出願の日付及びその出願がされた同盟国の国名を明示した申立てをしなければならない。そして、当該出願の日付及び当該国名は、権限のある官庁が発行する刊行物（特に特許及びその明細書に関するもの）に掲載されなければならず、当該出願の日付及び当該国名が掲載されなければ、当該優先権の主張は無効とされる。

□(ハ)　いずれかの同盟国において正規に特許出願若しくは実用新案、意匠若しくは商標の登録出願をした者又はその承継人は、他の同盟国において出願をすることに関し、特許及び実用新案については12月、意匠及び商標については６月の各期間中、優先権を有する。

□(ニ)　特許には、輸入特許、改良特許、追加特許等の同盟国の法令によって認められる各種の特許が含まれる。

1　1つ　　2　2つ　　3　3つ　　4　4つ　　5　なし

H27-52

(イ) ☒ パリ４条の２(1)、ボーデンP.57～58

解　法　同盟国の国民が各同盟国において出願した特許は、他の国（同盟国であるかどうかを問わない。）において「同一の発明」について取得した特許から独立したものとされる（パリ４条の２(1)）。もっとも、**同一でない発明について得られた特許に関して、独立性は当然に適用される**（ボーデンP.57～58）。したがって、本枝において、同一でない発明について得られた特許に関しても独立性は認められる。よって、本枝は誤り。

(ロ) ☒ パリ４条Ｄ(1)第１文・(2)、ボーデンP.44

解　法　**最初の出願に基づいて優先権を主張しようとする者は、その出願の日付及びその出願がされた同盟国の国名を明示した申立てをしなければならない**（パリ４条Ｄ(1)第１文）。したがって、前段は正しい。また、**同条Ｄ(1)の日付及び国名は、権限のある官庁が発行する刊行物に掲載される**（同条Ｄ(2)）。しかし、**この公告がなかったとしても優先権が無効にされることはない**（ボーデンP.44）。したがって、本枝において、当該出願の日付及び当該国名が掲載されなければ、当該優先権の主張は無効とされるわけではないため、後段は誤り。よって、本枝は誤り。

(ハ) ◎ パリ４条Ａ(1)・Ｃ(1)

解　法　いずれかの同盟国において正規に特許出願若しくは実用新案、意匠若しくは商標の登録出願をした者又はその承継人は、他の同盟国において出願をすることに関し、優先権を有する（パリ４条Ａ(1)）。また、優先期間は、**特許及び実用新案については12月、意匠及び商標については６月**とされる（同条Ｃ(1)）。よって、本枝は正しい。

(ニ) ◎ パリ１条(4)

解　法　**パリ１条(4)の通り**である。すなわち、特許には、輸入特許、改良特許、追加特許等の同盟国の法令によって認められる各種の特許が含まれる（パリ１条(4)）。よって、本枝は正しい。

H26-44　(3) パリ条約全般

パリ条約のストックホルム改正条約（以下「パリ条約」という。）に関し、次の(イ)～(ニ)のうち、誤っているものは、いくつあるか。

(イ)　同盟国**X**に同盟国**Y**の車両が一時的に入った場合に、その車両の構造又は機能に関する**X**国で取得された特許の対象である発明を使用することは、パリ条約に基づき当該特許の特許権者の権利を侵害するものとは認められない。

(ロ)　同盟国**X**の港湾に、同盟国**Y**の船舶が一時的に入った場合に、その船舶に附属する荷積み器機に関する**X**国で取得された特許の対象である発明を、その船舶内で専らその船舶の必要のために使用することは、パリ条約に基づき当該特許の特許権者の権利を侵害するものとは認められない。

(ハ)　同盟国**X**に同盟国**Y**の航空機が偶発的に入った場合に、その航空機の附属物の構造又は機能に関する**X**国で取得された特許の対象である発明を使用することは、パリ条約に基づき当該特許の特許権者の権利を侵害するものとは認められない。

(ニ)　同盟国**X**の領海に、拠点とする港が同盟国**Y**にある**X**国の船舶が偶発的に入った場合に、その船舶の船体に関する**X**国で取得された特許の対象である発明を、専らその船舶の必要のために使用することは、パリ条約に基づき当該特許の特許権者の権利を侵害するものとは認められない。

1　1つ　　2　2つ　　3　3つ　　4　4つ　　5　なし

H26-44

(イ) ◎ パリ5条の3-2

解 法 **各同盟国に他の同盟国の車両が一時的に入った場合に、その車両の構造又は機能に関する当該特許権者の特許の対象である発明を使用することは、当該同盟国において、特許権者の権利を侵害するものとは認められない**（パリ5条の3-2）。したがって、同盟国Xに同盟国Yの車両が一時的に入った場合に、その車両の構造又は機能に関するX国で取得された特許の対象である発明を使用することは、当該特許の特許権者の権利を侵害するものとは認められない。よって、本枝は正しい。

(ロ) ◎ パリ5条の3-1、パリ講話P.311参照、ボーデンP.77参照

解 法 同盟国Xの領水に、同盟国Yの船舶が一時的に入った場合に、その船舶の附属物に関するX国で取得された特許の対象である発明を、その船舶内で専らその船舶の必要のために使用することは、当該特許の特許権者の権利を侵害するものとは認められない（パリ5条の3-1）。ここで、**「領水」とは、その領海及びすべての内水路並びに「港湾」を含むという広い概念である**（パリ講話P.311参照）。また、**船舶の「附属物」には、航海計器、「荷積み器機」、荷おろし器械および船舶の性格に応じた多くのものが含まれる**（ボーデンP.77参照）。したがって、本枝において、当該特許の特許権者の権利を侵害するものとは認められない。よって、本枝は正しい。

(ハ) ◎ パリ5条の3-2

解 法 **各同盟国に他の同盟国の航空機が偶発的に入った場合に、その航空機の附属物の構造又は機能に関する当該特許権者の特許の対象である発明を使用することは、当該同盟国において、特許権者の権利を侵害するものとは認められない**（パリ5条の3-2）。したがって、同盟国Xに同盟国Yの航空機が偶発的に入った場合に、その航空機の附属物の構造又は機能に関するX国で取得された特許の対象である発明を使用することは、当該特許の特許権者の権利を侵害するものとは認められない。よって、本枝は正しい。

(ニ) ☒ パリ5条の3-1、ボーデンP.77参照

解 法 同盟国Xの領水に、**「他の同盟国の船舶」**が偶発的に入った場合に、その船舶の船体に関するX国で取得された特許の対象である発明を、その船舶内で専らその船舶の必要のために使用することは、当該特許の特許権者の権利を侵害するものとは認められない（パリ5条の3-1）。ここで、**本規定は、他の同盟国の船舶、すなわち他国の国旗をかかげる船舶にのみ適用されるので、「自国の船舶がどこか他に根拠港をもち、偶発的にのみその国に入った場合でも自国の船舶には適用されない」**（ボーデンP.77参照）。したがって、本枝において、「拠点とする港が同盟国YにあるX国の船舶」が偶発的に入った場合においては、本規定は適用されず、当該特許の特許権者の権利を侵害するものと認められないわけではない。よって、本枝は誤り。

R4-条約１　特許協力条約

実施日　／　／　／

特許協力条約に基づく国際出願に関し、次のうち、正しいものは、どれか。

田１　国際調査は、国際出願の請求の範囲に記載されている発明に関し、関連のある先行技術を発見することを目的として行われるが、関連のある先行技術とは、請求の範囲に記載されている発明が新規性を有するもの及び進歩性を有するものと認められるかどうか決定するにあたって役立ち得るすべてのものをいい、口頭により開示されているものを含む。

田２　国際調査機関は、国際調査報告を作成する場合は、請求の範囲に記載されている発明が新規性、進歩性及び産業上の利用可能性を有するかどうかについて及び国際出願が当該国際調査機関の点検した範囲内で条約及び規則に定める要件を満たしているかどうかについて、書面による見解を作成するが、国際調査報告を作成しない場合は、書面による見解を作成しない。

田３　国際調査機関は、国際出願が規則に定める発明の単一性の要件を満たしていないと認める場合には、出願人に対し追加手数料の支払を求めるが、必要な追加手数料が所定の期間内に支払われない場合には、全ての請求項について国際調査報告を作成しない。

田４　国際出願の願書、明細書、請求の範囲及び要約には、図を記載してはならない。

田５　国際出願が国際調査を行う国際調査機関により認められていない言語によりされた場合には、出願人は、受理官庁が国際出願を受理した日から１月以内に、その受理官庁に対して、当該国際調査機関が認める言語による翻訳文を提出しなければならないが、その言語は必ずしも国際公開の言語である必要はない。

R4-条約1

1 ☒ **PCT規則33.1(a)第1文**

解　法　国際調査は、国際出願の請求の範囲に記載されている発明に関し、関連のある先行技術を発見することを目的として行われるが（PCT15条(2)・(3)）、関連のある先行技術とは、世界のいずれかの場所において**「書面による開示によって」**公衆が利用することができるようにされており、かつ、請求の範囲に記載されている発明が新規性を有するもの及び進歩性を有するものと認められるかどうか決定するにあたって役立ち得るすべてのものをいう（PCT規則33.1(a)第1文）。したがって、国際調査における関連のある先行技術には、口頭により開示されているものは含まれない。よって、本枝は誤り。

2 ☒ **PCT規則43の2.1(a)**

解　法　国際調査機関は、国際調査報告又は**「PCT17条(2)(a)（国際調査報告を作成しない場合）の宣言」**の作成と同時に、(i)請求の範囲に記載されている発明が新規性、進歩性及び産業上の利用可能性を有するものと認められるかどうか（PCT規則43の2.1(a)(i)）について、及び(ii)国際出願が当該国際調査機関の点検した範囲内で条約及び規則に定める要件を満たしているかどうか（同規則(a)(ii)）について、書面による見解を作成する（同規則(a)柱書）。したがって、国際調査機関は、国際調査報告を作成する場合も、国際調査報告を作成しない場合も、書面による見解を作成する。よって、本枝は誤り。

3 ☒ **PCT17条(3)(a)**

解　法　国際調査機関は、国際出願が規則に定める発明の単一性の要件を満たしていないと認める場合には、出願人に対し追加手数料の支払を求める（PCT17条(3)(a)第1文）。したがって、前段は正しい。一方、**必要な追加手数料が所定の期間内に支払われなかった場合には、国際出願のうち、請求の範囲に最初に記載されている発明（主発明）に係る部分について国際調査報告を作成する**（同条(3)(a)第2文、下道・淺見P.255参照）。したがって、本枝において、全ての請求項について国際調査報告を作成しないわけではないので、後段は誤り。よって、本枝は誤り。

4 ◯ **PCT規則11.10(a)**

解　法　**PCT規則11.10(a)の通り**である。すなわち、国際出願の願書、明細書、請求の範囲及び要約には、図を記載してはならない（PCT規則11.10(a)）。よって、本枝は正しい。

5 ☒ **PCT規則12.3(a)**

解　法　国際出願が国際調査を行う国際調査機関により認められていない言語によりされた場合には、**出願人は、受理官庁が国際出願を受理した日から1月以内に、当該受理官庁に、(i)当該国際調査機関が認める言語、(ii)国際公開の言語、(iii)国際出願が国際公開の言語でされる場合を除くほか、PCT規則12.1(a)の規定に基づき受理官庁が認める言語、の「すべて」を満たす言語による翻訳文を提出する**（PCT規則12.3(a)）。したがって、本枝において、出願人は、受理官庁が国際出願を受理した日から1月以内に、その受理官庁に対して、当該国際調査機関が認める言語（同規則(a)(i)）による翻訳文を提出しなければならないが、その言語は国際公開の言語（同規則(a)(ii)）である必要もある。よって、本枝は誤り。

R4-条約2　特許協力条約

特許協力条約に基づく国際出願に関し、次のうち、誤っているものは、どれか。

□1　発明者の氏名又は名称その他の発明者に関する所定の事項が願書に表示されていないことは、指定国の国内法令がそれらの事項を表示することを定めているが国内出願をする時よりも遅い時に表示することを認めている場合には、当該指定国においていかなる影響をも及ぼすものではない。

□2　締約国の国内法令で特段の定めがあり、かつ一定の条件を満たす場合を除き、国際出願の願書の提出は、国際出願日に条約に拘束される全ての締約国の指定を構成する。

□3　出願人は、国際調査報告を国際調査機関から受け取った後、国際調査機関による国際事務局及び出願人への国際調査報告の送付の日から２月の期間又は優先日から16月の期間のうちいずれか遅く満了する期間内に国際調査機関に補正書を提出することにより、国際出願の請求の範囲について１回に限り補正することができる。

□4　国際事務局は、所定の場合を除くほか、国際出願の優先日から18月を経過した後速やかに国際出願の国際公開を行うが、出願人は上記期間の満了前であっても国際出願の国際公開を行うことを国際事務局に請求することができる。

□5　国際調査機関は、図面中のいずれの図も要約の理解に役立たないと認めた場合には、国際事務局にその旨を通知するが、この場合、国際事務局による要約の公表にいかなる図も掲載されない。

R4-条約2

1 ◎ PCT４条⑷第１文

解法 PCT４条⑷第１文の通りである。すなわち、発明者の氏名又は名称その他の発明者に関する所定の事項が願書に表示されていないことは、指定国の国内法令がそれらの事項を表示することを定めているが国内出願をする時よりも遅い時に表示することを認めている場合には、当該指定国においていかなる影響をも及ぼすものではない（PCT４条⑷第１文）。よって、本枝は正しい。

2 ◎ PCT規則4.9⒜ⅰ・⒝

解法 締約国の国内法令で特段の定めがあり、かつ一定の条件を満たす場合（PCT規則4.9⒝）を除き、国際出願の願書の提出は、国際出願日に条約に拘束される全ての締約国の指定を構成する（同規則⒜ⅰ）。よって、本枝は正しい。

チェック PCT規則4.9⒝の規定は、みなし全指定制度（同規則⒜ⅰ）の導入に伴い、日本等の国内法令は、先の当該国の国内出願に基づき優先権を主張して国際出願した場合、指定国に当該国が含まれているときには、先の国内出願は取下げと同一の効果をもって消滅することを定めているため、出願人が意図しないにも関わらず先の国内出願が取下げとなってしまう恐れがあったところ、このようなリスクを避けるため、国際出願の願書にこれらの国の指定を除外できる欄を設ける旨を規定したものである（下道P.110～111参照）。

3 ✕ PCT19条⑴第１文

解法 出願人は、国際調査報告を受け取った後、国際調査機関による国際事務局及び出願人への国際調査報告の送付の日から２月の期間又は優先日から16月の期間のうちいずれか遅く満了する期間内（PCT規則46.1本文）に「国際事務局」に補正書を提出することにより、国際出願の請求の範囲について１回に限り補正をすることができる（PCT19条⑴第１文）。したがって、本枝において、出願人は、「国際調査機関」に補正書を提出することにより、国際出願の請求の範囲について１回に限り補正することができるわけではない。よって、本枝は誤り。

4 ◎ PCT21条⑴・⑵

解法 国際事務局は、PCT21条⑵⒝及びPCT64条⑶に定める場合を除くほか、国際出願の優先日から18月を経過した後速やかに国際出願の国際公開を行うため（PCT21条⑴・⑵⒜）、前段は正しい。また、出願人は、当該期間の満了前のいずれの時においても国際出願の国際公開を行うことを国際事務局に請求することができるため（同条⑵⒝）、後段も正しい。よって、本枝は正しい。

5 ◎ PCT規則8.2⒝

解法 国際調査機関は、図面中のいずれの図も要約の理解に役立たないと認めた場合には、国際事務局にその旨を通知するが、この場合、国際事務局による要約の公表に、出願人がPCT規則3.3⒜ⅲの規定に従って図を示している場合であっても、いかなる図も掲載しない（PCT規則8.2⒝）。よって、本枝は正しい。

R4-条約３　特許協力条約

実施日　／　／　／

　特許協力条約に基づく国際出願に関し、次の(イ)～(ニ)のうち、正しいものは、いくつあるか。

□(イ)　受理官庁は、国際予備審査の請求につき、国際予備審査機関と国際事務局との間の関係取決めに従い、国際予備審査を管轄することとなる２以上の国際予備審査機関を特定することができる。

□(ロ)　出願人は、優先日から30月を経過する時までに各選択官庁に対し、例外なく国際出願の写し及び所定の翻訳文を提出し並びに、該当する場合には、国内手数料を支払わなければならない。

□(ハ)　国際予備審査報告を受領した選択官庁は、出願人に対し、他の選択官庁における当該国際出願に関する審査に係る書類の写しの提出又はその書類の内容に関する情報の提供を要求することができる。

□(ニ)　出願人は、国際予備審査の請求又は選択国の選択のいずれか若しくはすべてを優先日から30月を経過する前にいつでも、取り下げることができる。

1　1つ　　2　2つ　　3　3つ　　4　4つ　　5　なし

R4-条約3

(イ) ○ PCT32条(2)

解　法　受理官庁はPCT31条(2)(a)にいう国際予備審査の請求につき、**国際予備審査機関と国際事務局との間の関係取決めに従い、国際予備審査を管轄することとなる１又は２以上の国際予備審査機関を特定する**（PCT32条(2)）。したがって、受理官庁は、国際予備審査の請求につき、国際予備審査機関と国際事務局との間の関係取決めに従い、国際予備審査を管轄することとなる２以上の国際予備審査機関を特定することができる。よって、本枝は正しい。

(ロ) × PCT39条(1)(a)かっこ書

解　法　出願人は、優先日から30月を経過する時までに各選択官庁に対し、国際出願の写し及び所定の翻訳文を提出し並びに、該当する場合には、国内手数料を支払うが（PCT39条(1)(a)）、**「国際出願の写し」については、PCT20条の送達が既にされている場合は提出する必要がない**（PCT39条(1)(a)かっこ書）。したがって、出願人は、優先日から30月を経過する時までに各選択官庁に対し、「例外なく」国際出願の写し及び所定の翻訳文を提出し並びに、該当する場合には、国内手数料を支払わなければならないわけではない。よって、本枝は誤り。

(ハ) × PCT42条

解　法　国際予備審査報告を受領した選択官庁は、出願人に対し、**他の選択官庁における当該国際出願に関する審査に係る書類の写しの提出又はその書類の内容に関する情報の提供を要求することが「できない」**（PCT42条）。よって、本枝は誤り。

(ニ) ○ PCT37条(1)、PCT規則90の2.4(a)

解　法　**出願人は、国際予備審査の請求又は選択国の選択のいずれか若しくはすべてを優先日から30月を経過する前にいつでも、取り下げることができる**（PCT37条(1)、PCT規則90の2.4(a)）。よって、本枝は正しい。

R4-条約４　特許協力条約

実施日　／　／　／

特許協力条約に基づく国際出願に関し、次のうち、誤っているものは、どれか。

田１　国際予備審査の請求書の提出は、指定された国であって特許協力条約第２章の規定に拘束される全締約国の選択を構成する。

田２　特許協力条約第19条の規定に基づく補正書の提出の時に国際予備審査の請求書が既に管轄国際予備審査機関に提出されている場合がある。

田３　自己が選択官庁とされた旨の通知は、特許協力条約第20条（指定官庁への送達）に規定する送達とともに当該選択官庁に送付される。

田４　国際予備審査機関は、書面による見解又は国際予備審査報告の作成を開始した後に補正書、抗弁、又は明白な誤記の訂正を受理し、許可し、又は当該機関に対して通知された場合には、書面による見解又は国際予備審査報告のために当該補正書、抗弁、又は明白な誤記の訂正を考慮に入れなければならない。

田５　国際予備審査機関は、出願人の請求に応じ、当該出願人に対し、国際予備審査報告に列記された文献であって国際調査報告には列記されていないものの写しを送付するが、当該出願人の請求は、当該国際予備審査報告に係る国際出願の国際出願日から７年の期間いつでも行うことができる。

R4-条約4

1 ◎ PCT規則53.7

解法 **PCT規則53.7の通り**である。すなわち、国際予備審査の請求書の提出は、指定された国であってPCT２章の規定に拘束される全締約国の選択を構成する(PCT規則53.7)。よって、本枝は正しい。

2 ◎ PCT19条(1)第１文、PCT規則54の2.1(a)、佐々木P.267参照

解法 **PCT19条の規定に基づく補正は、国際調査報告を受け取った後、所定の期間内にすることができる**（同条(1)第１文）。一方、**国際予備審査の請求は、国際調査の開始前のような早い段階でもすることができる**（PCT規則54の2.1(a)、佐々木P.267参照）。したがって、PCT19条の規定に基づく補正書の提出の時に国際予備審査の請求書が既に管轄国際予備審査機関に提出されている場合がある。よって、本枝は正しい。

3 ◎ PCT規則61.2(c)第１文

解法 **自己が選択官庁とされた旨の通知**（PCT31条(7)、PCT規則61.2(a)）**は、PCT20条（指定官庁への送達）に規定する送達とともに当該選択官庁に送付される**(PCT規則61.2(c)第１文)。よって、本枝は正しい。

4 ☒ PCT規則66.4の2

解法 国際予備審査機関は、書面による見解又は国際予備審査報告の作成を開始した後に補正書、抗弁、又は明白な誤記の訂正を受理し、許可し、又は当該機関に対して通知された場合には、**書面による見解又は国際予備審査報告のために当該補正書、抗弁、又は明白な誤記の訂正を考慮に入れることを必要としない**（PCT規則66.4の2）。したがって、本枝において、書面による見解又は国際予備審査報告のために当該補正書、抗弁、又は明白な誤記の訂正を考慮に入れなければならないわけではない。よって、本枝は誤り。

5 ◎ PCT20条(3)準用、PCT規則71.2(a)

解法 国際予備審査機関は、出願人の請求に応じ、ＰＣＴ規則の定めるところにより、当該出願人に対し、**国際予備審査報告に列記された文献であって国際調査報告には列記されていないものの写しを送付する**ため（PCT36条(4)で準用するPCT20条(3)）、前段は正しい。また、PCT36条(4)の請求は、**当該国際予備審査報告に係る国際出願の国際出願日から７年の期間いつでも行うことができる**ため（PCT規則71.2(a)）、後段も正しい。よって、本枝は正しい。

R3-条約1　特許協力条約

実施日　/　/　/

特許協力条約に基づく国際出願に関し、次の(イ)～(ニ)のうち、誤っているものは、いくつあるか。

(イ)　受理官庁が、国際出願として提出された明細書又は図面が誤って提出されたと認める場合、出願人に対して規則4.18（引用により含める旨の陳述）の規定に基づき国際出願の明細書に明示的に引用された非特許文献に完全に記載されている要素及び部分を明細書又は図面に含める書面を、所定の期間内に、受理官庁に提出することを求める。

(ロ)　先の国際出願についての優先権の主張が国際出願に記載されていない場合には、出願人は、優先期間の満了の日から4月以内に優先権の主張を追加する書面を提出すれば優先権を回復できる。

(ハ)　いずれかの公表された出願又はいずれかの特許は、その公表の日が調査の対象となっている国際出願の国際出願日と同じ日又はその後であるがその出願の日（該当する場合には、その主張する優先日）が当該国際出願日前であるものである場合において、当該国際出願日前に公表されたとしたならば特許協力条約の国際調査に関する規定の適用上関連のある先行技術を構成したであろうとされるものであるときは、国際調査報告において特別に指摘される。

(ニ)　出願人が適正な条件に従って請求した場合において、国際調査機関の調査よりも先の調査が他の国際調査機関によって行われたとき又は国際調査機関として行動する官庁以外の官庁によって行われたときは、当該国際調査機関は、国際調査を行うに当たり当該先の調査の結果を考慮することができる。

1　1つ　　2　2つ　　3　3つ　　4　4つ　　5　なし

R3-条約1

(イ) ✕ PCT規則20.5の2(a)

解 法 受理官庁は、国際出願として提出された明細書又は図面が誤って提出されたと認める場合には、出願人の選択により、速やかに出願人に対して、①正しい要素又は部分を提出することにより、国際出願として提出されたものを補充すること（PCT規則20.5の2(a)(i)）、又は②PCT規則4.18の規定に基づき当該正しい要素又は部分を引用により含めることをPCT規則20.6(a)の規定に従って確認すること（PCT規則20.5の2(a)(ii)）のいずれかのことを求める（同規則(a)柱書）。したがって、受理官庁が、国際出願として提出された明細書又は図面が誤って提出されたと認める場合、出願人に対して「PCT規則4.18の規定に基づき国際出願の明細書に明示的に引用された非特許文献に完全に記載されている要素及び部分を明細書又は図面に含める書面を、所定の期間内に、受理官庁に提出すること」を求めるわけではない。よって、本枝は誤り。

(ロ) ✕ PCT規則26の2.3(c)・(e)第1文

解 法 先の国際出願についての優先権の主張が当該国際出願に記載されていない場合には、出願人は、PCT規則26の2.3(e)に規定する期間内に、PCT規則26の2.1(a)の規定に基づく優先権の主張を追加する書面を提出しなければ優先権を回復できない（PCT規則26の2.3(c)）。ここで、同規則(e)に規定する期間は、優先期間の満了の日から「2月」とされる（同規則(e)第1文）。したがって、先の国際出願についての優先権の主張が国際出願に記載されていない場合には、出願人は、優先期間の満了の日から「4月」以内に優先権の主張を追加する書面を提出すれば優先権を回復できるわけではない。よって、本枝は誤り。

(ハ) ◯ PCT規則33.1(c)

解 法 いずれかの公表された出願又はいずれかの特許は、その公表の日が調査の対象となっている国際出願の国際出願日と同じ日又はその後であるがその出願の日（該当する場合には、その主張する優先日）が当該国際出願日前であるものである場合において、当該国際出願日前に公表されたとしたならばPCT15条(2)の規定の適用上関連のある先行技術を構成したであろうとされるものであるときは、国際調査報告において特別に指摘される（PCT規則33.1(c)）。また、PCT15条(2)の規定は、特許協力条約の国際調査に関する規定である（同条(2)）。よって、本枝は正しい。

(ニ) ◯ PCT規則41.1(ii)

解 法 出願人が、PCT規則4.12の規定に基づき、国際調査機関に対し、先の調査の結果を考慮することを請求し、かつ、PCT規則12の2.1の規定に従った場合において、当該先の調査が他の国際調査機関によって行われたとき又は国際調査機関として行動する官庁以外の官庁によって行われたときは、当該国際調査機関は、国際調査を行うに当たり当該先の調査の結果を考慮することができる（PCT規則41.1(ii)）。したがって、出願人が適正な条件に従って請求した場合において、国際調査機関の調査よりも先の調査が他の国際調査機関によって行われたとき又は国際調査機関として行動する官庁以外の官庁によって行われたときは、当該国際調査機関は、国際調査を行うに当たり当該先の調査の結果を考慮することができる。よって、本枝は正しい。

R3-条約2　特許協力条約

特許協力条約に基づく国際出願に関し、次の(イ)～(ホ)のうち、誤っているものは、いくつあるか。

(イ)　指定官庁の国内法令は、出願人に対し、所定の翻訳文を提出するべき期間として、優先日から30月よりも遅い時に満了する期間を定めることができる。

(ロ)　国際調査は、国際特許協力同盟の総会によって選定された国際調査機関が行うものとし、国内官庁又は出願の対象である発明に関する先行技術についての資料調査報告を作成する任務を有する政府間機関を国際調査機関とすることができる。

(ハ)　国際出願は、所定の指定官庁にするものとし、指定官庁は、特許協力条約及び規則の定めるところにより、国際出願を点検し及び処理する。

(ニ)　特許協力条約の締約国の居住者は、パリ条約の締約国の国民でなくても、国際出願をすることができる。

(ホ)　指定官庁は、同一又は類似の場合における国内出願について国内法令に定める範囲内で及び手続に従い国際出願の補充をする機会をあらかじめ出願人に与えることなく、特許協力条約及び規則に定める要件を満たしていないことを理由として国際出願を却下してはならない。

1　1つ　　2　2つ　　3　3つ　　4　4つ　　5　5つ

R3-条約2

(イ) ○ PCT22条(1)第1文・(3)

解　法 出願人は、優先日から30月を経過する時までに各指定官庁に対し、所定の翻訳文を提出するところ（PCT22条(1)第1文）、**国内法令は、同条(1)に規定する行為をすべき期間として、同条(1)に定める期間よりも遅い時に満了する期間を定めることができる**（同条(3)）。したがって、指定官庁の国内法令は、出願人に対し、所定の翻訳文を提出するべき期間として、優先日から30月よりも遅い時に満了する期間を定めることができる。よって、本枝は正しい。

(ロ) ○ PCT16条(1)・(3)(a)第1文

解　法 **国際調査は、国際調査機関が行うものとし、国内官庁又は出願の対象である発明に関する先行技術についての資料調査報告を作成する任務を有する政府間機関を国際調査機関とすることができる**（PCT16条(1)）。また、**国際調査機関は、国際特許協力同盟の総会**（PCT2条(xvi)・(xvii)）**が選定する**（PCT16条(3)(a)第1文）。したがって、国際調査は、国際特許協力同盟の総会によって選定された国際調査機関が行うものとし、国内官庁又は出願の対象である発明に関する先行技術についての資料調査報告を作成する任務を有する政府間機関を国際調査機関とすることができる。よって、本枝は正しい。

(ハ) × PCT10条

解　法 **国際出願は、所定の「受理官庁」にするものとし、「受理官庁」は、ＰＣＴ及びＰＣＴ規則の定めるところにより、国際出願を点検し及び処理する**（PCT10条）。したがって、国際出願は、所定の「指定官庁」にするものとし、「指定官庁」は、ＰＣＴ及びＰＣＴ規則の定めるところにより、国際出願を点検し及び処理するわけではない。よって、本枝は誤り。

(ニ) ○ PCT9条(1)

解　法 **PCTの締約国の居住者及び国民は、国際出願をすることができる**（PCT9条(1)）。したがって、ＰＣＴの締約国の居住者は、パリ条約の締約国の国民でなくても、国際出願をすることができる。よって、本枝は正しい。

チェック 総会の決定により、パリ条約の締約国の居住者又は国民も、国際出願をすることができる（PCT9条(2)、茶園条約P.142参照）。

(ホ) ○ PCT26条

解　法 **PCT26条の通り**である。すなわち、指定官庁は、同一又は類似の場合における国内出願について国内法令に定める範囲内で及び手続に従い国際出願の補充をする機会をあらかじめ出願人に与えることなく、ＰＣＴ及びＰＣＴ規則に定める要件を満たしていないことを理由として国際出願を却下してはならない（PCT26条）。よって、本枝は正しい。

R3-条約3　特許協力条約

実施日　／　／　／

特許協力条約に基づく国際出願に関し、次の(イ)～(ホ)のうち、正しいものは、いくつあるか。

(イ)　国際予備審査機関が、国際出願について、明細書、請求の範囲若しくは図面が明瞭でないと認めた場合又は請求の範囲が明細書により十分な裏付けをされていないと認めた場合に限り、当該国際予備審査機関は、請求の範囲に記載されている発明が新規性を有するもの、進歩性を有するもの（自明のものではないもの）又は産業上の利用可能性を有するものと認められるかどうかの問題を検討することなく、出願人に対しその旨の見解及びその根拠を通知する。

(ロ)　国際予備審査機関は、国際出願の対象の全部又は一部がコンピューター・プログラムのうち当該国際予備審査機関が当該プログラムについて国際予備審査を行う態勢にある範囲外のものである場合には、当該国際出願の全部又は一部について国際予備審査を行うことを要しない。

(ハ)　国際予備審査の対象である国際出願が、先の出願に基づく優先権の主張を伴い、国際出願日が当該優先期間の満了の日の後であるが、当該満了の日から２月の期間内である場合は、当該先の出願の日が、国際予備審査における新規性及び進歩性を有するか否かの判断の基準日となることがある。

(ニ)　国際予備審査報告は、国際事務局により又はその責任において作成される所定の翻訳文、原語の附属書類とともに、国際事務局が各選択官庁に送達する。

(ホ)　国際予備審査機関は、出願人の請求により、出願人に対し、補正書又は抗弁を提出する追加の機会を与えることができる。

1　1つ　　2　2つ　　3　3つ　　4　4つ　　5　5つ

R3-条約3

⑴ ☒ **PCT34条⑷⒜**

解法 国際予備審査機関は、国際出願について、①当該国際出願の対象がＰＣＴ規則により国際予備審査機関による国際予備審査を要しないとされているものであると認め、かつ、当該国際出願について国際予備審査を行わないことを決定したこと（PCT34条⑷⒜(i)）、又は②明細書、請求の範囲若しくは図面が明瞭でないため又は請求の範囲が明細書により十分な裏付けをされていないため、請求の範囲に記載されている発明の新規性、進歩性（自明なものでないこと）又は産業上の利用可能性について有意義な見解を示すことができないと認めたこと（同条⑷⒜(ii)）のいずれかの事由がある場合には、PCT33条⑴の問題を検討することなく、出願人に対しその旨の見解及びその根拠を通知する（PCT34条⑷⒜柱書）。ここで、PCT33条⑴の問題は、請求の範囲に記載されている発明が新規性を有するもの、進歩性を有するもの（自明のものではないもの）及び産業上の利用可能性を有するものと認められるかどうかの問題である（同条⑴）。したがって、国際予備審査機関は、国際出願について、上記②の事由がある場合に限り、PCT33条⑴の問題を検討することなく、出願人に対しその旨の見解及びその根拠を通知するわけではない。よって、本枝は誤り。

⑵ ◎ **PCT規則67.1(vi)**

解法 PCT規則67.1(vi)の通りである。すなわち、国際予備審査機関は、国際出願の対象の全部又は一部がコンピューター・プログラムのうち国際予備審査機関が当該プログラムについて国際予備審査を行う態勢にある範囲外のものである場合には、当該国際出願の全部又は一部について国際予備審査を行うことを要しない（PCT規則67.1(vi)）。よって、本枝は正しい。

⑶ ◎ **PCT規則64.1⒝(iii)**

解法 国際予備審査の対象である国際出願が先の出願に基づく優先権の主張を伴い、国際出願日が当該優先期間の満了の日の後であるが、当該満了の日から２月の期間内である場合には、所定の場合を除くほか、先の出願の日が、国際予備審査におけるPCT33条⑵及び⑶に規定される新規性及び進歩性を有するか否かの判断の基準日となる（PCT規則64.1⒝(iii)）。したがって、本枝において、先の出願の日が、国際予備審査における新規性及び進歩性を有するか否かの判断の基準日となることがある。よって、本枝は正しい。

⑷ ◎ **PCT36条⑵⒝・⑶⒜、PCT規則72.2**

解法 国際予備審査報告は、所定の翻訳文及び原語の附属書類とともに、国際事務局が各選択官庁に送達する（PCT36条⑶⒜）。ここで、所定の翻訳文とは、国際事務局により又はその責任において作成される国際予備審査報告の翻訳文（同条⑵⒝）である（PCT規則72.2、橋本P.193参照）。したがって、国際予備審査報告は、国際事務局により又はその責任において作成される所定の翻訳文、原語の附属書類とともに、国際事務局が各選択官庁に送達する。よって、本枝は正しい。

⑸ ◎ **PCT規則66.4⒝**

解法 国際予備審査機関は、出願人の請求により、出願人に対し、補正書又は抗弁を提出する１又は２以上の追加の機会を与えることができる（PCT規則66.4⒝）。よって、本枝は正しい。

R3-条約４　特許協力条約

実施日　／　／　／

特許協力条約に基づく国際出願に関し、次のうち、正しいものは、どれか。

田１　国内官庁又は政府間機関が、国際予備審査機関として選定されるためには、国際調査機関として選定されている必要はない。

田２　国際予備審査機関は、発明の単一性の要件が満たされていないと認めた場合において、出願人の選択により請求の範囲を減縮し又は追加手数料を支払うことを出願人に求めるときは、その求めには、必要な手数料の額、応答期限、国際出願が発明の単一性の要件を満たしているとは認められない理由及び国際予備審査機関の見解によれば該当する要件が満たされることとなる減縮の少なくとも一の可能性を明示する。

田３　国際予備審査の実施等に係る予備審査手数料は、国際予備審査機関が政府間機関である場合には、当該国際予備審査機関が定める通貨又は当該国際予備審査機関の所在する国の通貨で、当該国際予備審査機関に直接に支払わなければならない。

田４　国際予備審査の請求をする出願人が複数である場合には、全ての出願人が、特許協力条約第２章の規定に拘束される締約国の居住者又は国民でなければ、国際予備審査の請求をすることができない。

田５　特許協力条約第22条（指定官庁に対する国際出願の写し及び翻訳文の提出並びに手数料の支払）に規定する期間の満了前に、国際予備審査の請求又は選択が取り下げられた場合、常に、国際出願が取り下げられたとみなされる。

R3-条約4

1 ☒ **PCT16条(3)(c)準用、PCT規則63.1(v)**

解　法　国内官庁又は政府間機関は、国際予備審査機関として選定される前に及び選定されている間、ＰＣＴ規則に定める最小限の要件を満たしていなければならず(PCT32条(3)で準用するPCT16条(3)(c))、**国内官庁又は政府間機関は、国際調査機関として選定されていなければならない**（PCT規則63.1(v))。したがって、国内官庁又は政府間機関が、国際予備審査機関として選定されるためには、国際調査機関として選定されている必要がある。よって、本枝は誤り。

2 ◎ **PCT規則68.2**

解　法　国際予備審査機関は、発明の単一性の要件が満たされていないと認めた場合において、出願人の選択により請求の範囲を減縮し又は追加手数料を支払うことを出願人に求めるときは、**その求めには、必要な手数料の額**（PCT規則68.2(iv)・(v))、**応答期限**（同規則(iii))、**国際出願が発明の単一性の要件を満たしているとは認められない理由**（同規則(ii)）**及び国際予備審査機関の見解によれば該当する要件が満たされることとなる減縮の少なくとも一の可能性**（同規則(i)）**を明示する**（同規則柱書)。よって、本枝は正しい。

3 ☒ **PCT規則58.1(c)**

解　法　**予備審査手数料は、国際予備審査機関が政府間機関である場合には当該政府間機関の所在する国の通貨又は「その国の通貨に自由に交換することができる通貨」で、当該国際予備審査機関に直接に支払う**（PCT規則58.1(c))。したがって、国際予備審査の実施等に係る予備審査手数料は、国際予備審査機関が政府間機関である場合には、「当該国際予備審査機関が定める通貨」又は当該国際予備審査機関の所在する国の通貨で、当該国際予備審査機関に直接に支払わなければならないわけではない。よって、本枝は誤り。

4 ☒ **PCT規則54.2**

解　法　国際予備審査の請求をする２人以上の出願人がある場合には、**「そのうちの少なくとも１人」**の出願人が、PCT２章の規定に拘束される締約国の居住者又は国民であり、かつ、同章の規定に拘束される締約国の受理官庁又はその締約国のために行動する受理官庁に国際出願した場合には、国際予備審査の請求をすることができる(PCT規則54.2)。したがって、国際予備審査の請求をする出願人が複数である場合には、「全て」の出願人が、PCT２章の規定に拘束される締約国の居住者又は国民でなければ、国際予備審査の請求をすることができないわけではない。よって、本枝は誤り。

5 ☒ **PCT37条(4)(b)第１文**

解　法　**国際予備審査の請求又は選択の取下げは、PCT22条に規定する期間の満了前に行われた場合には、国際出願の取下げとはみなされない**（PCT37条(4)(b)第１文)。したがって、PCT22条に規定する期間の満了前に、国際予備審査の請求又は選択が取り下げられた場合、常に、国際出願が取り下げられたとみなされるわけではない。よって、本枝は誤り。

R3-条約５　特許協力条約

実施日　／　／　／

特許協力条約に基づく国際出願に関し、次のうち、正しいものは、どれか。

田１　国際調査に際し、国際調査機関がいかなる場合にも調査することが義務づけられている規則に定める資料（「最小限資料」）に、非特許文献は含まれない。

田２　発明の単一性の要件を満たしていないとして国際調査機関より支払いを求められた追加手数料を出願人が支払わなかったために国際調査が行われなかった部分について、指定国の国内官庁は、当該指定国における効果に関する限り、常にこの部分は取り下げられたものとみなす。

田３　国際調査報告が英語で作成されない場合、国際調査機関は英語の翻訳文を作成し、国際調査報告とともに、国際事務局及び出願人に各一通同一の日に送付する。

田４　出願人は、特許協力条約第19条の規定に基づく補正をする場合には、最初に提出したすべての請求の範囲と差し替えるために、完全な一式の請求の範囲を含む差替え用紙を提出しなければならない。

田５　補充国際調査を希望する出願人は、優先日から22月を経過する前にいつでも、補充国際調査を管轄する国際調査機関に対して、補充調査請求を行うことができる。

R3-条約5

1 ☒ **PCT規則34.1(b)(iii)**

解　法　「最小限資料」(PCT15条(4)) には、**公表された非特許文献のうち国際調査機関が合意するものであって最初の合意の際に及び変更の都度国際事務局によって一覧表において公表されるものが含まれる** (PCT規則34.1(b)(iii))。したがって、国際調査機関がいかなる場合にも調査することが義務づけられている規則に定める資料(「最小限資料」) には、非特許文献も含まれないわけではない。よって、本枝は誤り。

2 ☒ **PCT17条(3)(b)**

解　法　指定国の国内法令は、当該指定国の国内官庁が、国際調査機関が発明の単一性の要件を満たしていないと認める場合の出願人に対する**追加手数料の支払の求め** (PCT17条(3)(a)) **を正当であると認める場合**に、出願人が追加手数料を支払わなかったために調査が行われなかった国際出願の部分は、当該指定国における効果に関する限り、**出願人が当該指定国の国内官庁に特別手数料を支払った場合を除く**ほか、取り下げられたものと**みなすことを定めることができる** (同条(3)(b))。したがって、発明の単一性の要件を満たしていないとして国際調査機関より支払いを求められた追加手数料を出願人が支払わなかったために国際調査が行われなかった部分について、指定国の国内官庁は、当該指定国における効果に関する限り、「常に」この部分は取り下げられたものとみなすわけではない。よって、本枝は誤り。

3 ☒ **PCT18条(3)、PCT規則45.1**

解　法　国際調査機関は、国際調査報告を国際事務局及び出願人に各一通同一の日に送付する (PCT規則44.1)。そして、**国際調査報告が英語で作成されていない場合には、翻訳文は、「国際事務局により又はその責任において」英語で作成される** (PCT18条(3)、PCT規則45.1)。したがって、国際調査報告が英語で作成されない場合、「国際調査機関が」英語の翻訳文を作成し、国際調査報告とともに、国際事務局及び出願人に各一通同一の日に送付するわけではない。よって、本枝は誤り。

4 ◎ **PCT規則46.5(a)**

解　法　**PCT規則46.5(a)の通り**である。すなわち、出願人は、PCT19条の規定に基づく補正をする場合には、最初に提出したすべての請求の範囲と差し替えるために、完全な一式の請求の範囲を含む差替え用紙を提出しなければならない (PCT規則46.5(a))。よって、本枝は正しい。

5 ☒ **PCT規則45の2.1(a)第1文・(b)柱書**

解　法　**出願人は、優先日から22月を経過する前にいつでも、国際出願について補充国際調査を管轄する国際調査機関が補充国際調査を行うことを請求することができる** (PCT規則45の2.1(a)第1文)。また、**同規則(a)の規定に基づく請求 (「補充調査請求」) については、「国際事務局」に対して行うものとされる** (同規則(b)柱書)。したがって、補充国際調査を希望する出願人は、優先日から22月を経過する前にいつでも、「補充国際調査を管轄する国際調査機関」に対して、補充調査請求を行うことができるわけではない。よって、本枝は誤り。

R2-条約１　特許協力条約

実施日　／　／　／

特許協力条約に基づく国際出願に関し、次のうち、正しいものは、どれか。

田1　指定国は、請求の範囲、明細書及び図面について、出願人が、出願時における国際出願の開示の範囲を超えた補正をすることを認める国内法令を定めてはならない。

田2　国際出願が実際にはその国際出願に含まれていない図面に言及している場合であって、受理官庁が、出願人にその旨を通知したにもかかわらず、出願人がその図面を提出しないときには、受理官庁は、出願人に、その図面への言及がないものとなるように補正することを命ずる旨を通知するものとする。

田3　発明の性質上図面によって説明することができても、図面が発明の理解に必要でない場合には、指定官庁は、出願人に対し、図面を所定の期間内に提出することを要求してはならない。

田4　いずれの締約国も、国際出願に係る発明の特許性を判断するに当たって、先行技術その他の特許性の条件（出願の形式及び内容に係るものを除く。）に関する国内法令上の基準を適用する自由を有する。

田5　指定官庁は、国際事務局から国際出願の写しが送付されない場合には、出願人に対し、優先日から１年を経過した後できる限り速やかにその写しをその指定官庁に送付するよう要求しなければならない。

R2-条約1

1 ☒ PCT28条(2)但書

解法 指定官庁における請求の範囲、明細書及び図面の補正は、出願時における国際出願の開示の範囲を超えてしてはならないが（PCT28条(2)本文）、**指定国の国内法令が認める場合は、この限りではない**（同条(2)但書）。したがって、指定国は、請求の範囲、明細書及び図面について、出願人が、出願時における国際出願の開示の範囲を超えた補正をすることを認める国内法令を定めてはならないわけではない。よって、本枝は誤り。

2 ☒ PCT14条(2)第３文

解法 国際出願が実際にはその国際出願に含まれていない図面に言及している場合には、受理官庁は、出願人にその旨を通知するが（PCT14条(2)第１文）、出願人が所定の期間内にその図面を提出しなかった場合には、**「その図面への言及は、ないものとみなす」**（同条(2)第３文）。したがって、国際出願が実際にはその国際出願に含まれていない図面に言及している場合であって、受理官庁が、出願人にその旨を通知したにもかかわらず、出願人がその図面を提出しないときには、受理官庁は、「出願人に、その図面への言及がないものとなるように補正することを命ずる旨を通知するものとする」わけではない。よって、本枝は誤り。

3 ☒ PCT７条(2)(ii)

解法 **図面が発明の理解に必要でない場合であっても、発明の性質上図面によって説明することができるときは、指定官庁は、出願人に対し、所定の期間内に図面を提出することを要求することができる**（PCT７条(2)(ii)）。したがって、発明の性質上図面によって説明することができても、図面が発明の理解に必要でない場合には、指定官庁は、出願人に対し、図面を所定の期間内に提出することを要求してはならないわけではない。よって、本枝は誤り。

4 ◎ PCT27条(5)第２文

解法 **PCT27条(5)第２文の通り**である。すなわち、いずれの締約国も、国際出願に係る発明の特許性を判断するに当たって、先行技術その他の特許性の条件（出願の形式及び内容に係るものを除く。）に関する国内法令上の基準を適用する自由を有する（PCT27条(5)第２文）。よって、本枝は正しい。

5 ☒ PCT13条(1)

解法 国際出願は、国際事務局から指定官庁に送達されるが（PCT20条(1)、PCT規則47.1(a)）、**指定官庁は、同条の送達に先立って国際出願の写しを送付することを「国際事務局」に要請することができる**ものとし、国際事務局は、優先日から１年を経過した後できる限り速やかにその写しをその指定官庁に送付する（PCT13条(1)）。したがって、指定官庁は、国際事務局から国際出願の写しが送付されない場合には、「出願人」に対し、優先日から１年を経過した後できる限り速やかにその写しをその指定官庁に送付するよう要求しなければならないわけではない。よって、本枝は誤り。

R2-条約２　特許協力条約

実施日　／　／　／

特許協力条約に基づく国際出願に関し、次のうち、誤っているものは、どれか。

田１　国際公開の技術的な準備の完了の時に国際調査報告をまだ利用することができない場合には、表紙には、国際調査報告を利用することができなかった旨、及び国際調査報告が（利用することができるようになったときに）改訂された表紙とともに別個に公開される旨を掲載する。

田２　出願人が、補充国際調査を管轄する国際調査機関により補充国際調査がなされることを請求する場合、補充国際調査を行う国際調査機関は、出願人から、当該調査の実施に係る手数料（「補充調査手数料」）を徴収する。

田３　国際調査は、可能かつ合理的である限り、請求の範囲に含まれる事項の全体又は補正後の請求の範囲に含まれるであろうと合理的に予測される事項の全体について行う。

田４　出願人は、条約第19条の規定に基づく補正をする場合には、出願時における国際出願中の補正の根拠の表示を記載した書簡を提出する。

田５　図面には、不可欠な場合における「水」、「蒸気」、「開」、「閉」、「ＡＢの切断面」等の単語又は語句並びに電気回路、ブロックダイヤグラム及び工程図表の場合における理解のために不可欠な表示のための短い語句を除くほか、文言を記載してはならないと規定されている。

R2-条約2

1 ◎ PCT規則48.2(g)

解法 **PCT規則48.2(g)の通り**である。すなわち、国際公開の技術的な準備の完了の時に国際調査報告をまだ利用することができない場合には、表紙には、国際調査報告を利用することができなかった旨、及び国際調査報告が（利用することができるようになったときに）改訂された表紙とともに別個に公開される旨を掲載する（PCT規則48.2(g)）。よって、本枝は正しい。

2 × PCT規則45の2.3(b)

解法 補充国際調査を行う国際調査機関は、出願人に対し、当該調査の実施に係る手数料（「補充調査手数料」）を支払うことを要求することができるが（PCT規則45の2.3(a)）、**補充調査手数料は、「国際事務局」が徴収する**（同規則(b)）。したがって、本枝において、「補充国際調査を行う国際調査機関」が、出願人から、補充調査手数料を徴収するわけではない。よって、本枝は誤り。

3 ◎ PCT規則33.3(b)

解法 **PCT規則33.3(b)の通り**である。すなわち、国際調査は、可能かつ合理的である限り、請求の範囲に含まれる事項の全体又は補正後の請求の範囲に含まれるであろうと合理的に予測される事項の全体について行う（PCT規則33.3(b)）。よって、本枝は正しい。

4 ◎ PCT規則46.5(a)・(b)(iii)

解法 出願人は、PCT19条の規定に基づく補正をする場合には、最初に提出したすべての請求の範囲と差し替えるために、完全な一式の請求の範囲を含む差替え用紙を提出しなければならない（PCT規則46.5(a)）。また、**差替え用紙には、出願時における国際出願中の補正の根拠の表示を記載した書簡を添付する**（同規則(b)(iii)）。したがって、出願人は、PCT19条の規定に基づく補正をする場合には、出願時における国際出願中の補正の根拠の表示を記載した書簡を提出する。よって、本枝は正しい。

5 ◎ PCT規則11.11(a)

解法 **図面には、不可欠な場合における「水」、「蒸気」、「開」、「閉」、「ＡＢの切断面」等の単語又は語句並びに電気回路、ブロックダイヤグラム及び工程図表の場合における理解のために不可欠な表示のための短い語句を除くほか、文言を記載してはならない**（PCT規則11.11(a)）。よって、本枝は正しい。

R2-条約３　特許協力条約

実施日　／　／　／

特許協力条約に基づく国際出願に関し、次の(イ)～(ホ)のうち、正しいものは、いくつあるか。

(イ)　国際予備審査の請求については、国際出願の出願人は、国際事務局のための取扱手数料及び国際予備審査機関が要求する予備審査手数料の両方を、当該国際予備審査機関に支払う。

(ロ)　国際出願の出願人は、国際予備審査の請求書の提出の時又は国際予備審査報告が作成されるまでの間、条約第34条の規定に基づく補正書を提出することができる。

(ハ)　国際予備審査に当たっては、請求の範囲に記載されている発明は、規則に定義する先行技術のうちに該当するものがない場合には、新規性を有するものとする。

(ニ)　国際予備審査報告を作成するための期間は、優先日から30月、国際予備審査の開始の時から６月、又は、規則の規定に従って提出された翻訳文を国際予備審査機関が受理した日から６月のうち、最も遅く満了する期間とする。

(ホ)　国際予備審査報告は、国際予備審査機関が国際事務局に送付し、国際事務局が出願人及び各選択官庁に送達する。

1　1つ　　2　2つ　　3　3つ　　4　4つ　　5　5つ

R2-条約3

(イ) ○ **PCT規則57.1、PCT規則58.1(c)第1文**

解法 **各国際予備審査の請求については、当該請求が提出される国際予備審査機関が徴収する国際事務局のための手数料(「取扱手数料」)を支払わなければならない**(PCT規則57.1)。また、**各国際予備審査機関は、出願人に対し、国際予備審査の実施並びに条約及びこの規則によって国際予備審査機関に与えられたその他のすべての任務の遂行に係る手数料(「予備審査手数料」)を支払うことを要求することができ**(PCT規則58.1(a))、**予備審査手数料は、国際予備審査機関に直接に支払わなければならない**(同規則(c)第1文)。したがって、国際予備審査の請求については、国際出願の出願人は、国際事務局のための取扱手数料及び国際予備審査機関が要求する予備審査手数料の両方を、当該国際予備審査機関に支払う。よって、本枝は正しい。

(ロ) ○ **PCT規則66.1(b)**

解法 **出願人は、国際予備審査の請求書の提出の時又は国際予備審査報告が作成されるまでの間、PCT34条の規定に基づく補正書を提出することができる**(PCT規則66.1(b)、橋本P.547参照)。よって、本枝は正しい。

チェック PCT34条補正は、国際予備審査のために考慮されるが(PCT規則66.1(d))、国際予備審査報告の作成が開始された後に提出されたものは考慮されない(PCT規則66.4の2、橋本P.547参照)。

(ハ) ○ **PCT33条(2)**

解法 **PCT33条(2)の通り**である。すなわち、国際予備審査に当たっては、請求の範囲に記載されている発明は、規則に定義する先行技術のうちに該当するものがない場合には、新規性を有するものとする(PCT33条(2))。よって、本枝は正しい。

(ニ) × **PCT規則69.2**

解法 国際予備審査報告を作成するための期間は、**①優先日から「28月」**(PCT規則69.2(i))、**②国際予備審査の開始の時から6月**(同規則(ii))、**③PCT規則55.2の規定に従って提出された翻訳文を国際予備審査機関が受理した日から6月**(同規則(iii))**のうち最も遅く満了する期間とする**(同規則柱書)。したがって、国際予備審査報告を作成するための期間は、優先日から「30月」、国際予備審査の開始の時から6月、又は、規則の規定に従って提出された翻訳文を国際予備審査機関が受理した日から6月のうち、最も遅く満了する期間とするわけではない。よって、本枝は誤り。

(ホ) × **PCT規則71.1(a)**

解法 **国際予備審査機関は、国際予備審査報告等を国際事務局「及び出願人」に各1通同一の日に送付する**(PCT規則71.1(a))。したがって、国際予備審査報告は、国際予備審査機関が国際事務局に送付し、「国際事務局が出願人及び各選択官庁に送達」するわけではない。よって、本枝は誤り。

チェック 国際予備審査報告は、国際事務局が各選択官庁に送達する(PCT36条(3)(a))。

R2-条約4　特許協力条約

特許協力条約に基づく国際出願に関し、次のうち、正しいものは、どれか。

1　国際予備審査の請求書には、申立て、出願人及び、代理人がある場合には、代理人に関する表示、国際予備審査の請求に係る国際出願に関する表示、該当する場合には、補正に関する記述を記載するとともに署名をする。

2　出願人は、明細書又は図面を補正する場合には、いかなるときも、補正のため、先に提出した用紙と異なる国際出願のすべての用紙について差替え用紙を提出しなければならない。

3　国際予備審査機関は、国際予備審査の請求書、所定の手数料の支払うべき額の全額（所定の後払手数料を含む。）、国際調査報告及び、国際調査機関の書面による見解を全て受領しても、出願人が明示的に早期の開始を請求した場合を除き、規則に規定する期間の満了前までは、国際予備審査を開始してはならない。

4　国際予備審査機関の書面による見解に対する答弁をするための期間は、出願人が期間の満了の前に延長することを請求した場合には、1回に限り延長することができる。

5　選択国が、自国の国内官庁の公用語以外の言語で作成された国際予備審査報告を英語に翻訳することを要求した場合には、国際事務局は、国際予備審査報告の翻訳文の写しを、関係選択官庁に当該翻訳文を送達し、出願人の求めに応じて、出願人に送付する。

R2-条約4

1 ○ PCT規則53.2

解 法 国際予備審査の請求書には、①申立て（PCT規則53.2(a)(i)）、②出願人及び、代理人がある場合には、代理人に関する表示（同規則(a)(ii)）、③国際予備審査の請求に係る国際出願に関する表示（同規則(a)(iii)）、④該当する場合には、補正に関する記述（同規則(a)(iv)）を記載し（同規則(a)柱書）、署名をする（同規則(b)）。よって、本枝は正しい。

2 × PCT規則66.8(a)

解 法 「PCT規則66.8(b)の規定が適用される場合を除くほか」、出願人は、明細書又は図面を補正する場合には、補正のため、先に提出した用紙と異なる国際出願のすべての用紙について差替え用紙を提出しなければならない（同規則(a)）。したがって、出願人は、明細書又は図面を補正する場合には、「いかなるときも」、補正のため、先に提出した用紙と異なる国際出願のすべての用紙について差替え用紙を提出しなければならないわけではない。よって、本枝は誤り。

3 × PCT規則69.1(a)

解 法 PCT規則69.1(b)～(e)の規定に従うことを条件として、国際予備審査機関は、①国際予備審査の請求書（同規則(a)(i)）、②所定の手数料の支払うべき額の全額（所定の後払手数料を含む。）（同規則(a)(ii)）、③国際調査報告及び、国際調査の書面による見解（同規則(a)(iii)）の全てを受領した場合には、「出願人がPCT規則54の2.1(a)に規定する期間の満了する時まで国際予備審査の開始を延期するよう明示的に請求したときを除き、国際予備審査を開始する」（PCT規則69.1(a)柱書）。 したがって、国際予備審査機関は、国際予備審査の請求書、所定の手数料の支払うべき額の全額（所定の後払手数料を含む。）、国際調査報告及び、国際調査機関の書面による見解を全て受領しても、「出願人が明示的に早期の開始を請求した場合を除き、規則に規定する期間の満了前までは、国際予備審査を開始してはならない」わけではない。よって、本枝は誤り。

4 × PCT規則66.2(e)

解 法 国際予備審査機関の書面による見解の通知（PCT規則66.2(a)）に答弁をするための期間は、出願人が期間の満了前に延長する旨を請求した場合には、延長することができるが（同規則(e)）、1回に限られる旨の規定はない。したがって、国際予備審査機関の書面による見解に対する答弁をするための期間は、出願人が期間の満了の前に延長することを請求した場合には、「1回に限り」延長することができるわけではない。よって、本枝は誤り。

5 × PCT規則72.2

解 法 選択国は、自国の国内官庁の公用語以外の言語で作成された国際予備審査報告を英語に翻訳することを要求することができ（PCT規則72.1(a)）、国際事務局は、同規則(a)の規定に基づく国際予備審査報告の翻訳文の写しを、関係選択官庁に当該翻訳文を送達する「と同時に」出願人に送付する（PCT規則72.2）。したがって、選択国が、自国の国内官庁の公用語以外の言語で作成された国際予備審査報告を英語に翻訳することを要求した場合には、国際事務局は、国際予備審査報告の翻訳文の写しを、関係選択官庁に当該翻訳文を送達し、「出願人の求めに応じて」、出願人に送付するわけではない。よって、本枝は誤り。

R2-条約5　特許協力条約

実施日
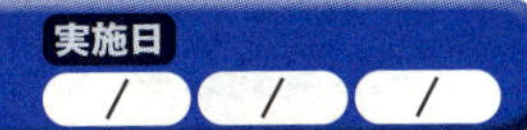

特許協力条約に基づく国際出願に関し、次のうち、誤っているものは、どれか。

田1　２人以上の出願人がある場合において、すべての出願人を代理する代理人を選任せず、共通の代表者をも選任しなかったときは、受理官庁に国際出願をする資格を有する出願人のうち願書に最初に記載された出願人がすべての出願人の共通の代表者とみなされる。

田2　国際出願の取下げは、出願人の選択により国際事務局、受理官庁又は、条約第39条(1)の規定が適用される場合には、国際予備審査機関に対する出願人の通告の受領の時に効力を生ずる。

田3　国内特許及び広域特許の双方を受けるために国を指定した場合、その国の指定の取下げは、別段の表示がある場合を除くほか、国内特許及び広域特許の双方の取下げを意味するものと扱われる。

田4　すべての指定国の指定の取下げは、国際出願の取下げとみなされる。

田5　出願人が国際予備審査の請求の取下げの通告を国際予備審査機関に提出した場合には、その国際予備審査機関は、その通告に受理の日付を付して速やかに国際事務局にその通告を送付し、その通告は、付された日付に国際事務局に提出されたものとみなす。

R2-条約5

1 ○ **PCT規則90.2(b)**

解法 ２人以上の出願人がある場合において、すべての出願人がPCT規則90.1(a)の規定に基づき共通の代理人又はPCT規則90.2(a)の規定に基づき共通の代表者を選任しなかったときは、PCT規則19.1の規定に基づき受理官庁に国際出願をする資格を有する出願人のうち願書に最初に記載されている出願人をすべての出願人の共通の代表者とみなす（PCT規則90.2(b)）。よって、本枝は正しい。

2 ○ **PCT規則90の2.1(b)**

解法 国際出願の取下げは、出願人の選択により国際事務局、受理官庁又は、PCT39条(1)の規定が適用される場合には、国際予備審査機関に対する出願人からの通告の受領の時に効力を生ずる（PCT規則90の2.1(b)）。よって、本枝は正しい。

3 × **PCT規則90の2.2(b)**

解法 国内特許及び広域特許の双方を受けるために国を指定した場合には、その国の指定の取下げは、別段の表示がある場合を除くほか、「国内特許を受けるための指定のみの取下げ」を意味するものとされる（PCT規則90の2.2(b)）。したがって、国内特許及び広域特許の双方を受けるために国を指定した場合、その国の指定の取下げは、別段の表示がある場合を除くほか、「国内特許及び広域特許の双方の取下げ」を意味するものと扱われるわけではない。よって、本枝は誤り。

4 ○ **PCT規則90の2.2(c)**

解法 すべての指定国の指定の取下げは、PCT規則90の2.1の規定に基づく国際出願の取下げとみなされる（PCT規則90の2.2(c)）。よって、本枝は正しい。

5 ○ **PCT規則90の2.4(c)**

解法 出願人が国際予備審査の請求の取下げの通告を国際予備審査機関に提出した場合には、その国際予備審査機関は、その通告に受理の日付を付して速やかに国際事務局にその通告を送付する。その通告は、付された日付に国際事務局に提出されたものとみなす（PCT規則90の2.4(c)）。よって、本枝は正しい。

R1-条約1　特許協力条約

実施日　／　／　／

特許協力条約に基づく国際出願に関し、次のうち、誤っているものは、どれか。

田1　出願人が、規則の定めるところによって、条約第２章の規定に拘束される締約国の居住者又は国民である場合において、そのような締約国の受理官庁又はそのような締約国のために行動する受理官庁に国際出願をしたときは、その出願人は、国際予備審査の請求をすることができる。

田2　国際出願に要約が含まれていない場合において、受理官庁が出願人に対し当該欠陥の補充をすることを求めた旨を国際調査機関に通知したときは、国際調査機関は、その国際出願は取り下げられたものとみなす旨の通知を受領しない限り、国際調査を続行する。

田3　発明の単一性の要件に含まれる「特別な技術的特徴」とは、請求の範囲に記載された各発明が全体として先行技術に対して行う貢献を明示する技術的特徴をいう。

田4　指定国は、優先権の回復のための請求を拒否する受理官庁の決定に拘束される。

田5　条約第19条の規定に基づく補正書は、直接国際事務局に提出する。

R1-条約1

1 ◯ **PCT31条(2)(a)**

解 法 **PCT31条(2)(a)の通り**である。すなわち、出願人が、規則の定めるところによって、PCT２章の規定に拘束される締約国の居住者又は国民である場合において、そのような締約国の受理官庁又はそのような締約国のために行動する受理官庁に国際出願をしたときは、その出願人は、国際予備審査の請求をすることができる（PCT31条(2)(a)）。よって、本枝は正しい。

2 ◯ **PCT規則38.1**

解 法 **PCT規則38.1の通り**である。すなわち、国際出願に要約が含まれていない場合において、受理官庁が出願人に対し当該欠陥の補充をすることを求めた旨を国際調査機関に通知したときは、国際調査機関は、その国際出願は取り下げられたものとみなす旨の通知を受領しない限り、国際調査を続行する（PCT規則38.1）。よって、本枝は正しい。

3 ◯ **PCT規則13.2第２文**

解 法 **発明の単一性の要件に含まれる「特別な技術的特徴」**（PCT規則13.2第1文）**とは、請求の範囲に記載された各発明が全体として先行技術に対して行う貢献を明示する技術的特徴をいう**（同規則第２文）。よって、本枝は正しい。

4 × **PCT規則49の3.1(e)**

解 法 **指定国は、優先権の回復のためのPCT規則26の2.3の規定に基づく請求を拒否する受理官庁の決定に拘束されることはない**（PCT規則49の3.1(e)）。よって、本枝は誤り。

5 ◯ **PCT規則46.2**

解 法 **PCT規則46.2の通り**である。すなわち、PCT19条の規定に基づく補正書は、直接国際事務局に提出する（PCT規則46.2）。よって、本枝は正しい。

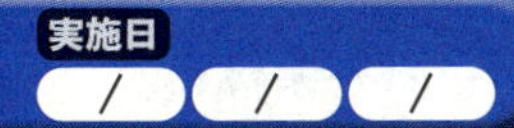

R1-条約２　特許協力条約

特許協力条約に関し、次のうち、誤っているものは、どれか。

1　各国際出願については、国際事務局のための手数料（「国際出願手数料」）を支払わなければならない。国際出願手数料は受理官庁が徴収する。

2　締約国の国内法令に従って設立された法人は、当該締約国の国民とみなす。

3　条約第14条(1)(b)により補充された国際出願は、規則に定める所定の様式上の要件が国際公開が適度に均一なものであるために必要な程度にまで満たされている場合には、当該様式上の要件を満たさないことを理由として取り下げられたものとみなされない。

4　条約第11条(2)により補充された国際出願について、なお国際出願日の認定の要件である条約第11条(1)に掲げる要件が満たされていない場合には、受理官庁は、出願人に対し、国際出願として提出された書類に受理官庁が付した番号が国際出願番号として用いられないことを通知する。

5　いずれかの締約国において又はいずれかの締約国についてされた先の出願に基づく優先権の主張を伴う国際出願には、当該締約国の指定を含めることができる。国際出願が、いずれかの指定国において若しくはいずれかの指定国についてされた国内出願に基づく優先権の主張を伴う場合又は一の国のみの指定を含む国際出願に基づく優先権の主張を伴う場合には、当該指定国における優先権の主張の条件及び効果は、当該指定国の国内法令の定めるところによる。

R1-条約2

正答率 57.5% レベル 正解 4

1 ○ PCT規則15.1

解法 PCT規則15.1の通りである。すなわち、各国際出願については、国際事務局のための手数料（「国際出願手数料」）を支払わなければならない。国際出願手数料は受理官庁が徴収する（PCT規則15.1）。よって、本枝は正しい。

2 ○ PCT規則18.1(b)(ii)

解法 PCT規則18.1(b)(ii)の通りである。すなわち、いかなる場合にも、締約国の国内法令に従って設立された法人は、当該締約国の国民とみなす（PCT規則18.1(b)(ii)）。よって、本枝は正しい。

3 ○ PCT規則26.5但書

解法 PCT14条(1)(b)により補充された国際出願は、PCT規則11に定める様式上の要件が国際公開が適度に均一なものであるために必要な程度にまで満たされている場合には、当該様式上の要件を満たさないことを理由として取り下げられたものとみなさない（PCT規則26.5但書）。よって、本枝は正しい。

4 × PCT規則20.4(ii)

解法 受理官庁は、PCT規則20.7に規定する当該期間内にPCT11条(2)の規定に基づき必要とされる補充書（PCT規則20.3(a)(i)）を受領したが、当該出願について、なおPCT11条(1)に掲げる要件が満たされていない場合には、「国際事務局」に対し、当該書類の番号が国際出願番号として用いられないことを通知する（PCT規則20.4(ii)）。したがって、PCT11条(2)により補充された国際出願について、なお国際出願日の認定の要件である同条(1)に掲げる要件が満たされていない場合に、受理官庁は、「出願人」に対し、国際出願として提出された書類に受理官庁が付した番号が国際出願番号として用いられないことを通知するわけではない。よって、本枝は誤り。

5 ○ PCT８条(2)(b)

解法 PCT８条(2)(b)の通りである。すなわち、いずれかの締約国において又はいずれかの締約国についてされた先の出願に基づく優先権の主張を伴う国際出願には、当該締約国の指定を含めることができる。国際出願が、いずれかの指定国において若しくはいずれかの指定国についてされた国内出願に基づく優先権の主張を伴う場合又は一の国のみの指定を含む国際出願に基づく優先権の主張を伴う場合には、当該指定国における優先権の主張の条件及び効果は、当該指定国の国内法令の定めるところによる（PCT８条(2)(b)）。よって、本枝は正しい。

R1-条約3　特許協力条約

特許協力条約に基づく国際出願に関し、次のうち、正しいものは、どれか。

□1　国際予備審査の請求をした後に選択国を追加する場合、後にする選択は、管轄国際予備審査機関に届け出る。

□2　国際予備審査報告には、請求の範囲に記載されている発明が新規性を有するもの、進歩性を有するもの（自明のものではないもの）及び産業上の利用可能性を有するものと認められるかどうかの問題についての予備的なかつ拘束力のない見解を裏付ける文献として、国際調査報告で引用されている文献はすべて列挙される。

□3　国際予備審査報告において、請求の範囲に記載されている発明が新規性を有するもの、進歩性を有するもの（自明のものではないもの）及び産業上の利用可能性の基準に適合していると認められるかどうかを各請求の範囲について、「是」若しくは「非」の語、報告の言語におけるこれらの同義語又は実施細則で定める適当な記号で記述したときに、その記述に説明を付さない場合がある。

□4　国際予備審査機関が、補正が出願時における国際出願の開示の範囲を超えてされたものと認めた場合には、開示の範囲を超えてされた補正と認める理由を表示すると共に、当該補正後の請求の範囲に基づいて報告を作成する。

□5　国際出願が規則に定める発明の単一性の要件を満たしていないと認める場合に、国際予備審査機関が、出願人に対し、その選択によりその要件を満たすように請求の範囲を減縮し又は追加手数料を支払うことを求めたときに、出願人は、異議を申し立てることができない。

R1-条約3

1 ☒ PCT31条(6)(b)

解 法 **選択国は、後にする選択によって追加することができるが**（PCT31条(4)(a)第2文）、**後にする選択は、「国際事務局」に届け出る**（同条(6)(b)）。したがって、国際予備審査の請求をした後に選択国を追加する場合、後にする選択は、「管轄国際予備審査機関」に届け出るわけではない。よって、本枝は誤り。

2 ☒ PCT規則70.7(a)

解 法 国際予備審査報告には、請求の範囲に記載されている発明が新規性を有するもの、進歩性を有するもの（自明のものではないもの）及び産業上の利用可能性を有するものと認められるかどうかの問題についての予備的なかつ拘束力のない見解を各請求の範囲について記述するが（PCT33条(1)、PCT35条(2)第2文）、**国際調査報告で引用されている文献は、「国際予備審査機関により同条(2)の規定に従って行われる記述を裏付けるため関連があると認められた場合にのみ」国際予備審査報告に列記する必要がある**（PCT規則70.7(a)）。したがって、国際予備審査報告には、国際調査報告で引用されている文献が「すべて」列挙されるわけではない。よって、本枝は誤り。

3 ◯ PCT規則70.6(a)

解 法 国際予備審査報告には、請求の範囲に記載されている発明が新規性を有するもの、進歩性を有するもの（自明のものではないもの）及び産業上の利用可能性の基準に適合していると認められるかどうかを各請求の範囲について記述するが（PCT35条(2)第2文）、**当該記述は、「是」若しくは「非」の語、報告の言語におけるこれらの同義語又は実施細則で定める適当な記号から成るものとし、その記述には、「PCT規則70.8(i)〜(iii)の場合等に該当する場合には」、説明を付する**（PCT規則70.6(a)）。したがって、本枝において、その記述に説明を付さない場合がある。よって、本枝は正しい。

4 ☒ PCT規則70.2(c)

解 法 **国際予備審査機関が、補正が出願時における国際出願の開示の範囲を超えてされたものと認める場合には、報告は、その補正がされなかったものとして作成するものとし、報告には、その旨及びその開示の範囲を超えてされた補正と認める理由を表示する**（PCT規則70.2(c)）。したがって、国際予備審査機関が、補正が出願時における国際出願の開示の範囲を超えてされたものと認めた場合には、開示の範囲を超えてされた補正と認める理由を表示するが、当該補正後の請求の範囲に基づいて報告を作成するわけではない。よって、本枝は誤り。

5 ☒ PCT規則68.3(c)第1文

解 法 国際予備審査機関は、国際出願が規則に定める発明の単一性の要件を満たしていないと認める場合には、出願人に対し、その選択によりその要件を満たすように請求の範囲を減縮し又は追加手数料を支払うことを求めることができるが（PCT34条(3)(a)）、**出願人は、国際出願が単一性の要件を満たしているにもかかわらず追加の手数料を要求されたと考えた場合、又は国際予備審査機関が認定した発明の数が出願人の考えている数より多く、したがって、要求された追加手数料の額が過大であると考えた場合、異議を申し立てて追加手数料を支払うことができる**（PCT規則68.3(c)第1文、下道P.593）。したがって、本枝において、出願人は、異議を申し立てることができないわけではない。よって、本枝は誤り。

R1-条約４　特許協力条約

実施日　／　／　／

特許協力条約に基づく国際出願に関し、次のうち、正しいものは、どれか。

田1　国際予備審査報告は、規則の定めるところによって、国際公開される。

田2　選択国は、自国の国内官庁の公用語以外の言語で作成された国際予備審査報告を自国の公用語に翻訳することを出願人に要求することができる。

田3　国際出願が規則に定める発明の単一性の要件を満たしていないと国際予備審査機関が認める場合に、出願人が、請求の範囲を減縮し又は追加手数料を支払うことの求めに応じないときは、国際予備審査機関は、常に、請求の範囲に最初に記載されている発明について国際予備審査報告を作成する。

田4　出願人は、国際予備審査機関と口頭及び書面で連絡する権利を有し、出願人が２回以上の面談を請求した場合であっても、当該請求が所定の期間内であれば、国際予備審査機関は、出願人と面談しなければならない。

田5　国際予備審査機関は、選択官庁又は出願人の請求に応じ、規則の定めるところにより、当該選択官庁又は当該出願人に対し、国際予備審査報告に列記された文献であって、国際調査報告に列記されていないものの写しを送付する。

R1-条約4

1 ☒ **PCT規則48.2参照**

解法 **国際予備審査機関が作成する国際予備審査報告は、国際公開の対象とはなっていない**（PCT規則48.2参照）。したがって、国際予備審査報告は、規則の定めるところによって、国際公開されることはない。よって、本枝は誤り。

2 ☒ **PCT規則72.1(a)・(b)、下道・淺見P.422参照**

解法 **選択国は、自国の国内官庁の公用語以外の言語で作成された国際予備審査報告を「英語」に翻訳することを「国際事務局」に要求することができる**（PCT規則72.1(a)・(b)、下道・淺見P.422参照）。したがって、選択国は、自国の国内官庁の公用語以外の言語で作成された国際予備審査報告を「自国の公用語」に翻訳することを「出願人」に要求することができるわけではない。よって、本枝は誤り。

3 ☒ **PCT34条(3)(c)**

解法 国際予備審査機関は、国際出願が規則に定める発明の単一性の要件を満たしていないと認める場合には、出願人に対し、その選択によりその要件を満たすように請求の範囲を減縮し又は追加手数料を支払うことを求めることができる（PCT34条(3)(a)）。ここで、**出願人が所定の期間内に同条(3)(a)の求めに応じない場合には、国際予備審査機関は、国際出願のうち「主発明であると認められる発明」に係る部分について国際予備審査報告を作成する**（同条(3)(c)）。したがって、本枝において、国際予備審査機関は、常に、「請求の範囲に最初に記載されている発明」について国際予備審査報告を作成するわけではない。よって、本枝は誤り。

4 ☒ **PCT規則66.6第２文**

解法 **出願人は、国際予備審査機関と口頭及び書面で連絡する権利を有するが**（PCT34条(2)(a)）、**国際予備審査機関は、その裁量により、出願人が請求する場合に２回以上の面談を認めるかどうかを決定する**（PCT規則66.6第２文）。したがって、出願人が２回以上の面談を請求した場合に、当該請求が所定の期間内であれば、国際予備審査機関は、出願人と面談しなければならないわけではない。よって、本枝は誤り。

5 ◎ **PCT20条(3)準用**

解法 **国際予備審査機関は、選択官庁又は出願人の請求に応じ、規則の定めるところにより、当該選択官庁又は当該出願人に対し国際予備審査報告に列記された文献であって国際調査報告には列記されていないものの写しを送付する**（PCT36条(4)で準用するPCT20条(3)）。よって、本枝は正しい。

H30-条約１　特許協力条約

特許協力条約に基づく国際出願に関し、次のうち、誤っているものは、どれか。

1　指定官庁は、出願人の明示の請求により、国際出願の処理又は審査をいつでも行うことができる。

2　図面が発明の理解に必要でない場合であっても、発明の性質上図面によって説明することができるときは、指定官庁は、出願人に対し、所定の期間内に図面を提出することを要求することができる。

3　国際調査報告は、作成の後速やかに、国際事務局が出願人に送付する。

4　国際特許協力同盟の総会は、この条約の締約国ではないが工業所有権の保護に関するパリ条約の締約国であるいずれかの国の居住者及び国民に国際出願をすることを認めることを決定することができる。

5　出願人は、各指定官庁において所定の期間内に請求の範囲、明細書及び図面について補正をする機会を与えられる。指定官庁は、出願人の明示の同意がない限り、その期間の満了前に特許を与えてはならない。

H30-条約1

1 ◎ **PCT23条(2)**

解法 PCT23条(2)の通りである。すなわち、指定官庁は、出願人の明示の請求により、国際出願の処理又は審査をいつでも行うことができる（PCT23条(2)）。よって、本枝は正しい。

2 ◎ **PCT７条(2)(ii)**

解法 PCT７条(2)(ii)の通りである。すなわち、図面が発明の理解に必要でない場合であっても、発明の性質上図面によって説明することができるときは、指定官庁は、出願人に対し、所定の期間内に図面を提出することを要求することができる（PCT７条(2)(ii)）。よって、本枝は正しい。

3 ☒ **PCT18条(2)**

解法 **国際調査報告は、作成の後速やかに、「国際調査機関」が出願人及び国際事務局に送付する**（PCT18条(2)）。したがって、国際調査報告は、作成の後速やかに、「国際事務局」が出願人に送付するわけではない。よって、本枝は誤り。

4 ◎ **PCT９条(2)**

解法 PCT９条(2)の通りである。すなわち、国際特許協力同盟の総会は、この条約の締約国ではないが工業所有権の保護に関するパリ条約の締約国であるいずれかの国の居住者及び国民に国際出願をすることを認めることを決定することができる（PCT９条(2)）。よって、本枝は正しい。

5 ◎ **PCT28条(1)**

解法 PCT28条(1)の通りである。すなわち、出願人は、各指定官庁において所定の期間内に請求の範囲、明細書及び図面について補正をする機会を与えられる。指定官庁は、出願人の明示の同意がない限り、その期間の満了前に特許を与えてはならない（PCT28条(1)）。よって、本枝は正しい。

H30-条約２　特許協力条約

実施日　／　／　／

特許協力条約に基づく国際出願に関し、次の(イ)～(ニ)のうち、誤っているものは、いくつあるか。

田(イ)　国際出願手数料は国際出願と同時に受理官庁に支払わなければならない。

田(ロ)　出願人は、優先日から22月を経過する前にいつでも、国際出願について所定の手続により、補充国際調査を管轄する１又は２以上の国際調査機関が補充国際調査を行うことを請求することができる。

田(ハ)　優先権の主張は、優先権の主張における表示がこれに対応する優先権書類に記載されている表示と合致しないとの理由のみでは無効とはみなさない。

田(ニ)　国際出願に要約が含まれていない場合において出願人に対し要約の補充をすることを求めた旨の受理官庁からの通知を国際調査機関が受領していない場合には、国際調査機関は、出願人に対し要約の補充をするよう求めることができる。

1　1つ　　2　2つ　　3　3つ　　4　4つ　　5　なし

H30-条約2

(イ) ✕ PCT規則15.3第1文

解法 国際出願手数料は「**国際出願の受理の日から1月以内に**」受理官庁に支払う（PCT規則15.3第1文）。したがって、国際出願手数料は「国際出願と同時に」受理官庁に支払わなければならないわけではない。よって、本枝は誤り。

(ロ) ○ PCT規則45の2.1(a)

解法 **出願人は、優先日から22月を経過する前にいつでも、国際出願についてPCT規則45の2.9の規定に基づき補充国際調査を管轄する国際調査機関が補充国際調査を行うことを請求することができる。その請求は、2以上の当該国際調査機関について行うことができる**（PCT規則45の2.1(a)）。したがって、出願人は、優先日から22月を経過する前にいつでも、国際出願について所定の手続により、補充国際調査を管轄する1又は2以上の国際調査機関が補充国際調査を行うことを請求することができる。よって、本枝は正しい。

(ハ) ○ PCT規則26の2.2(c)(ii)

解法 **PCT規則26の2.2(c)(ii)の通り**である。すなわち、優先権の主張は、優先権の主張における表示がこれに対応する優先権書類に記載されている表示と合致しないとの理由のみでは無効とはみなさない（PCT規則26の2.2(c)(ii)）。よって、本枝は正しい。

(ニ) ✕ PCT規則38.2第1文

解法 国際出願に要約が含まれていない場合において出願人に対し要約の補充をすることを求めた旨の受理官庁からの通知を国際調査機関が受領していないときには、国際調査機関は、「**自ら要約を作成する**」（PCT規則38.2第1文）。したがって、本枝において、国際調査機関は、「出願人に対し要約の補充をするよう求めることができる」わけではない。よって、本枝は誤り。

H30-条約３　特許協力条約

特許協力条約に基づく国際出願に関し、次の(イ)～(ニ)のうち、正しいものは、いくつあるか。

(イ)　削除

(ロ)　国際事務局は、国際予備審査の請求書の提出の後であってその国際出願が国際公開された後速やかに、実施細則の定めるところにより、国際予備審査の請求書及び選択国に関する情報を公報に掲載する。

(ハ)　国際予備審査の請求書には、国際予備審査に係る国際出願を特定するために、必ず国際出願番号を記載しなければならない。

(ニ)　国際出願の対象の全部又は一部が事業活動に関する方法である場合に、国際予備審査機関は、当該国際出願の全部又は一部について国際予備審査を行うことを要しない。

1　1つ　　2　2つ　　3　3つ　　4　4つ　　5　なし

H30-条約3

(イ) **削除**

(ロ) ◎ **PCT規則61.4**

解法 **PCT規則61.4の通り**である。すなわち、国際事務局は、国際予備審査の請求書の提出の後であってその国際出願が国際公開された後速やかに、実施細則の定めるところにより、国際予備審査の請求書及び選択国に関する情報を公報に掲載する(PCT規則61.4)。よって、本枝は正しい。

(ハ) ☒ **PCT規則53.6**

解法 **国際出願は、出願人の氏名又は名称及びあて名、発明の名称、国際出願日(出願人が知っている場合)並びに「国際出願番号又は、国際出願番号を出願人が知らない場合には、国際出願がされた受理官庁の名称」によって特定する**(PCT規則53.6)。したがって、国際予備審査の請求書には、国際予備審査に係る国際出願を特定するために、必ず国際出願番号を記載しなければならないわけではない。よって、本枝は誤り。

(ニ) ◎ **PCT規則67.1(iii)**

解法 **国際予備審査機関は、国際出願の対象の全部又は一部が事業活動に関する方法である場合には、当該国際出願の全部又は一部について国際予備審査を行うことを要しない**(PCT規則67.1(iii))。よって、本枝は正しい。

H30-条約４　特許協力条約

特許協力条約に基づく国際出願に関し、次のうち、正しいものは、どれか。

□1　出願人は、各選択官庁において所定の期間内に請求の範囲、明細書及び図面について補正をする機会を与えられる。補正は、いかなる場合も、出願時における国際出願の開示の範囲を超えてしてはならない。

□2　国際予備審査機関は、国際出願が規則に定める発明の単一性の要件を満たしていないと認める場合には、出願人に対し、その選択によりその要件を満たすように請求の範囲を減縮し又は追加手数料を支払うことを求めることができる。これに対して、出願人が請求の範囲を減縮した場合であっても、国際予備審査機関は、減縮後の請求の範囲のうち一部の発明に係る部分について国際予備審査報告を作成しないことがある。

□3　口頭による開示、使用、展示その他の書面による開示以外の手段によって公衆が利用することができるようにされた日付が、国際予備審査報告に表示されることはない。

□4　国際調査機関の書面による見解が、英語又は当該国際予備審査機関が認める言語でない場合には、国際予備審査機関の請求により、国際事務局の責任において英語に翻訳される。国際予備審査機関は、翻訳文の正確性について書面による意見を作成することができる。

□5　国際予備審査報告の翻訳文及びその附属書類の翻訳文は、いずれも、国際事務局により又はその責任において作成される。

H30-条約４

1 ☒ **PCT41条(1)第１文・(2)**

解　法　出願人は、各選択官庁において所定の期間内に請求の範囲、明細書及び図面について補正をする機会を与えられる（PCT41条(1)第１文）。したがって、前段は正しい。一方、**補正は、出願時における国際出願の開示の範囲を超えてしてはならないが、「選択国の国内法令が認める場合は、この限りでない」**（同条(2)）。したがって、補正は、「いかなる場合も」、出願時における国際出願の開示の範囲を超えてしてはならないわけではないので、後段は誤り。よって、本枝は誤り。

2 ◯ **PCT34条(3)(a)・(c)、PCT規則68.4**

解　法　国際予備審査機関は、国際出願が規則に定める発明の単一性の要件を満たしていないと認める場合には、出願人に対し、**その選択によりその要件を満たすように請求の範囲を減縮し又は追加手数料を支払うことを求めることができる**（PCT34条(3)(a)）。したがって、前段は正しい。また、出願人が請求の範囲を減縮した場合において、発明の単一性の要件が満たされるに至らないときは、国際予備審査機関は、**減縮後の請求の範囲のうち主発明であると認められる発明に係る部分について国際予備審査報告を作成する**（PCT規則68.4、PCT34条(3)(c)）。したがって、本枝において、減縮後の請求の範囲のうち一部の発明に係る部分について国際予備審査報告を作成しないことがあるため、後段も正しい。よって、本枝は正しい。

3 ☒ **PCT規則64.2第２文、PCT規則70.9**

解　法　**国際予備審査報告においては、口頭による開示、使用、展示その他の書面による開示以外の手段（「書面による開示以外の開示」）によって公衆が利用することができるようになった日付等を表示する**（PCT規則64.2第２文、PCT規則70.9）。したがって、口頭による開示、使用、展示その他の書面による開示以外の手段によって公衆が利用することができるようにされた日付が、国際予備審査報告に表示されることがある。よって、本枝は誤り。

4 ☒ **PCT規則62の2.1(a)・(c)**

解　法　国際調査機関の書面による見解が、英語又は当該国際予備審査機関が認める言語でない場合には、国際予備審査機関の請求により、国際事務局の責任において英語に翻訳される（PCT規則62の2.1(a)）。したがって、前段は正しい。しかし、**「出願人」が、翻訳文の正確性について書面による意見を作成することができる**のであって（同規則(c)）、「国際予備審査機関」が、作成することができるわけではないため、後段は誤り。よって、本枝は誤り。

5 ☒ **PCT36条(2)(b)**

解　法　**国際予備審査報告の翻訳文は、国際事務局により又はその責任において作成されるものとし、「附属書類の翻訳文は、出願人が作成する」**（PCT36条(2)(b)）。したがって、国際予備審査報告の翻訳文及びその附属書類の翻訳文は、「いずれも」、国際事務局により又はその責任において作成されるわけではない。よって、本枝は誤り。

H29-条約１　特許協力条約

特許協力条約に基づく国際出願に関し、次のうち、誤っているものは、どれか。

田１　優先権の主張は、先の出願の番号の表示が欠落しているという理由のみでは無効とはみなされない。

田２　国際出願の国際出願日が、優先期間の満了の日の後であるが、当該満了の日から２月の期間内である場合に、受理官庁は、規則に定められた所定の条件のもとに、当該受理官庁が採用する基準が満たされていること、すなわち、当該優先期間内に国際出願が提出されなかったことが、次のいずれかの場合によると認めた場合には、優先権を回復する。

(i)　状況により必要とされる相当な注意を払ったにもかかわらず生じた場合

(ii)　故意ではない場合

各受理官庁は、これらの基準のうち少なくとも一を適用するものとし、また、これらの両方を適用することができる。

田３　国際事務局が所定の期間内に記録原本を受理しなかった場合には、国際出願は、取り下げられたものとみなされる。

田４　出願人は、所定の期間内に限り、国際出願の写しを指定官庁に送付することができる。

田５　受理官庁は、国際出願に発明の名称の記載がないことを発見した場合には、出願人に対し所定の期間内に国際出願の補充をすることを求める。補充をしなかった場合には、その国際出願は、取り下げられたものとみなされ、受理官庁は、その旨を宣言する。

H29-条約1

1 ◎ **PCT規則26の2.2(c)(i)**

解法 **PCT規則26の2.2(c)(i)の通り**である。すなわち、優先権の主張は、先の出願の番号（PCT規則4.10(a)(ii)）の表示が欠落しているという理由のみでは無効とはみなされない（PCT規則26の2.2(c)(i)）。よって、本枝は正しい。

2 ◎ **PCT規則26の2.3(a)**

解法 **PCT規則26の2.3(a)の通り**である。すなわち、国際出願の国際出願日が、当該優先期間の満了の日の後であるが、当該満了の日から2月の期間内である場合には、受理官庁は、出願人の請求により、かつ、PCT規則26の2.3(b)～(g)の規定に従うことを条件として、当該受理官庁が採用する基準が満たされていること、すなわち、当該優先期間内に国際出願が提出されなかったことが、(i)状況により必要とされる相当な注意を払ったにもかかわらず生じた場合、(ii)故意ではない場合のいずれかの場合によると認めた場合には、優先権を回復する。各受理官庁は、これらの基準のうち少なくとも一を適用するものとし、また、これらの両方を適用することができる（同規則(a)）。よって、本枝は正しい。

3 ◎ **PCT12条(3)**

解法 **PCT12条(3)の通り**である。すなわち、国際事務局が所定の期間内に記録原本を受理しなかった場合には、国際出願は、取り下げられたものとみなされる(PCT12条(3))。よって、本枝は正しい。

4 ☒ **PCT13条(2)(a)**

解法 **出願人は、国際出願の写しを「いつでも」指定官庁に送付することができる**（PCT13条(2)(a)）。したがって、出願人は、「所定の期間内に限り」、国際出願の写しを指定官庁に送付することができるわけではない。よって、本枝は誤り。

5 ◎ **PCT14条(1)(a)(iii)・(b)**

解法 **受理官庁は、国際出願に発明の名称の記載がないこと**（PCT14条(1)(a)(iii)）**を発見した場合には、出願人に対し所定の期間内に国際出願の補充をすることを求める。補充をしなかった場合には、その国際出願は、取り下げられたものとみなし、受理官庁は、その旨を宣言する**（同条(1)(b)）。よって、本枝は正しい。

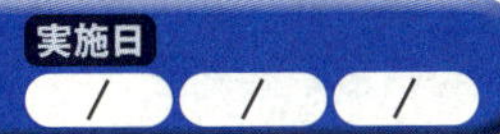

H29-条約２　特許協力条約

特許協力条約に基づく国際出願に関し、次の(イ)～(ホ)のうち、正しいものは、いくつあるか。

田(イ)　受理された全ての国際出願に対して、国際調査機関により国際調査が実施され、国際調査報告が作成される。

田(ロ)　国際出願に発明の名称の記載がない場合において、出願人に対し発明の名称の補充をすることを求めた旨の受理官庁からの通知を国際事務局が受領していないときには、国際事務局は、自ら発明の名称を決定する。

田(ハ)　出願人は、補充国際調査を行うことを請求する場合には、その請求は補充国際調査を管轄する２以上の国際調査機関について行うことができる。

田(ニ)　国際調査報告を作成するための期間は、国際調査機関による調査用写しの受領から３月の期間又は優先日から９月の期間のうちいずれか遅く満了する期間とする。

田(ホ)　国際出願が国際公開に用いられる言語以外の言語でされた場合には、特許協力条約第19条の規定に基づく補正は、国際出願の言語でする。

1　1つ　　2　2つ　　3　3つ　　4　4つ　　5　なし

H29-条約2

(イ) ☒ **PCT17条(2)(a)**

解　法 国際調査機関は、国際出願についてPCT17条(2)(a)(i)又は(ii)のいずれかの事由がある場合には、その旨を宣言するものとし、出願人及び国際事務局に対し国際調査報告を作成しない旨を通知する（同条(2)(a)）。すなわち、**例外的に国際調査報告が作成されない場合がある**（茶園条約P.157）。したがって、受理された全ての国際出願に対して、国際調査機関により国際調査が実施され、国際調査報告が作成されるわけではない。よって、本枝は誤り。

(ロ) ☒ **PCT規則37.2第1文**

解　法 国際出願に発明の名称の記載がない場合において、**出願人に対し発明の名称の補充をすることを求めた旨の受理官庁からの通知を「国際調査機関」が受領していないときには、「国際調査機関」は、自ら発明の名称を決定する**（PCT規則37.2第1文）。よって、本枝は誤り。

(ハ) ◯ **PCT規則45の2.1(a)**

解　法 **出願人は、国際出願について補充国際調査を管轄する国際調査機関が補充国際調査を行うことを請求することができ、その請求は、2以上の当該国際調査機関について行うことができる**（PCT規則45の2.1(a)）。よって、本枝は正しい。

(ニ) ◯ **PCT規則42.1**

解　法 **PCT規則42.1の通り**である。すなわち、国際調査報告を作成するための期間は、国際調査機関による調査用写しの受領から3月の期間又は優先日から9月の期間のうちいずれか遅く満了する期間とする（PCT規則42.1）。よって、本枝は正しい。

(ホ) ☒ **PCT規則46.3**

解　法 **国際出願が国際公開に用いられる言語以外の言語でされた場合には、PCT19条の規定に基づく補正は、「国際公開の言語」でする**（PCT規則46.3）。よって、本枝は誤り。

H29-条約３　特許協力条約

実施日 ／　／　／

特許協力条約に基づく国際出願に関し、次の(イ)～(ニ)のうち、誤っているものは、いくつあるか。

(イ)　出願人は、国際予備審査機関から、請求の範囲に記載されている発明が新規性を有するものとは認められないとの見解を書面により通知された場合、補正書の提出による答弁をすることはできるが、補正を伴わない抗弁の提出のみによる答弁はすることができない。

(ロ)　２人以上の出願人がある国際出願において、国際予備審査の請求書には出願人のうちの１人の署名しかない場合であっても、そのことを理由として、国際予備審査機関が出願人に対し、国際予備審査の請求書の欠陥の補充を求めることはない。

(ハ)　出願人は、国際予備審査の請求を管轄国際予備審査機関に対して行い、国際事務局は、各選択官庁に対し自己が選択官庁とされた旨を通知する。

(ニ)　国際予備審査は、請求の範囲に記載されている発明が新規性を有するもの、進歩性を有するもの（自明のものではないもの）及び産業上の利用可能性を有するものと認められるかどうかの問題についての予備的なかつ拘束力のない見解を示すことを目的とする。当該見解における基準は、国際予備審査にのみ用いられ、締約国は、自国において特許を受けることができる発明であるかどうかの判断において、追加の又は異なる基準を適用することができる。

1　1つ　　2　2つ　　3　3つ　　4　4つ　　5　なし

H29-条約3

(イ) ☒ PCT規則66.3(a)

解法 国際予備審査機関は、いずれかの請求の範囲に記載されている発明が新規性等を有するものとは認められないため、当該請求の範囲について国際予備審査報告が否定的となると認めた場合には、出願人にその旨を書面で通知するが（PCT規則66.2(a)(ii)）、当該通知においては、答弁書及び、適当な場合には、補正書を提出することを出願人に求める（同規則(c)）。そして、**出願人は、補正をすることにより若しくは、国際予備審査機関の見解に同意しない場合には、抗弁を提出することにより又はその双方を行うことにより、同規則(c)に規定する国際予備審査機関の求めに対して答弁をすることができる**（PCT規則66.3(a)）。したがって、本枝において、補正を伴わない抗弁の提出のみによる答弁をすることができないわけではない。よって、本枝は誤り。

(ロ) ◎ PCT規則60.1(aの3)

解法 国際予備審査の請求書には、出願人が署名をし、２人以上の出願人がある場合には、国際予備審査の請求をしたすべての出願人が署名をする（PCT規則53.8）。また、国際予備審査の請求書が同規則に定める要件を満たしていない場合には、国際予備審査機関は、出願人に対し、事情に応じて相当の期間内に欠陥の補充をすることを求める（PCT規則60.1(a)第１文）。しかし、**PCT規則53.8の規定の適用上、２人以上の出願人がある場合において、国際予備審査の請求が出願人のうちの１人により署名されているときは、十分なものとされる**（PCT規則60.1(aの3)）。したがって、本枝において、国際予備審査の請求書に出願人のうちの１人の署名しかない場合であっても、そのことを理由として、国際予備審査機関が出願人に対し、国際予備審査の請求書の欠陥の補充を求めることはない。よって、本枝は正しい。

(ハ) ◎ PCT31条(1)・(6)(a)・(7)、PCT規則61.2(a)

解法 **出願人は、国際予備審査の請求を管轄国際予備審査機関に対して行い**（PCT31条(1)・(6)(a)）、**国際事務局は、各選択官庁に対し自己が選択官庁とされた旨を通知する**（同条(7)、PCT規則61.2(a)）。よって、本枝は正しい。

(ニ) ◎ PCT33条(1)・(5)

解法 **国際予備審査は、請求の範囲に記載されている発明が新規性を有するもの、進歩性を有するもの（自明のものではないもの）及び産業上の利用可能性を有するものと認められるかどうかの問題についての予備的なかつ拘束力のない見解を示すことを目的とする**（PCT33条(1)）。また、**同条(1)に規定する基準は、国際予備審査にのみ用いられ、締約国は、請求の範囲に記載されている発明が自国において特許を受けることができる発明であるかどうかを決定するに当たっては、追加の又は異なる基準を適用することができる**（同条(5)）。よって、本枝は正しい。

H29-条約４　特許協力条約

実施日 ／　／　／

特許協力条約に基づく国際出願に関し、次のうち、正しいものは、どれか。

1　国際予備審査の請求が、出願人への国際調査報告の送付の日から３月を経過する前になされた場合であっても、優先日から22月を経過した後であるとき、当該請求は提出されなかったものとみなされ、国際予備審査機関はその旨を宣言する。

2　国際予備審査機関は、国際出願が規則に定める発明の単一性の要件を満たしていないと認める場合であっても、出願人に対し、請求の範囲の減縮及び追加手数料の支払いのいずれも求めることなく、国際出願の全体について国際予備審査を進めるときがある。そのときは、国際予備審査機関は、書面による見解及び国際予備審査報告において発明の単一性の要件を満たしていないと認めた旨を表示し及びその理由を明記する。

3　国際予備審査の請求書の提出の時に、特許協力条約第19条の規定に基づく補正が行われた場合、国際予備審査において当該補正が考慮されるためには、出願人は、国際予備審査の請求書とともに補正書の写しを国際予備審査機関に提出しなければならない。

4　国際予備審査の請求に関して国際予備審査機関が徴収した取扱手数料が、出願人に払い戻されるのは、次の(i)及び(ii)の場合に限られる。

(i)　当該国際予備審査機関が国際予備審査の請求書を国際事務局に送付する前に、国際予備審査の請求が取り下げられた場合

(ii)　国際予備審査の請求をすることができる期間を経過した後に国際予備審査の請求がなされたために、当該請求が行われなかったものとみなされた場合

5　国際事務局及び国際予備審査機関は、出願人の請求による場合又はその承諾を得た場合を除き、いかなる時においても、いかなる者又は当局に対しても、国際予備審査の一件書類につき、特許協力条約に定義する意味において知得されるようにしてはならない。

H29-条約4

1 ☒ PCT規則54の2.1(a)・(b)

解 法 国際予備審査の請求は、(i)出願人への国際調査報告等の送付から3月又は(ii)優先日から22月の期間のうち「いずれか遅く」満了する期間までにすることができ（PCT規則54の2.1(a)）、当該期間の経過後になされた国際予備審査の請求は提出されなかったものとみなされ、国際予備審査機関は、その旨を宣言する（同規則(b)）。したがって、国際予備審査の請求が、出願人への国際調査報告の送付の日から3月を経過する前になされた場合は、優先日から22月を経過した後であるときでも、当該請求は提出されなかったものとはみなされず、国際予備審査機関は当該請求が提出されなかった旨を宣言しない。よって、本枝は誤り。

2 ◎ PCT規則68.1

解 法 国際予備審査機関は、発明の単一性の要件が満たされていないと認めた場合において、請求の範囲を減縮し又は追加手数料を支払うことを出願人に求めないときは、PCT34条(4)(b)及びPCT規則66.1(e)の規定に従うことを条件として、国際出願の全体について国際予備審査を進めるものとし、書面による見解及び国際予備審査報告において発明の単一性の要件を満たしていないと認めた旨を表示し及びその理由を明記する（PCT規則68.1）。よって、本枝は正しい。

3 ☒ PCT規則53.9(a)(i)

解 法 出願人は、PCT19条の規定に基づく補正が行われた場合に、国際予備審査の請求書における補正に関する記述にその補正を考慮することを希望する旨の表示をしたときには、国際予備審査の請求書とともに補正書の写し等を「提出することが望ましい」（PCT規則53.9(a)(i)）。したがって、本枝において、出願人は、補正書の写しを国際予備審査機関に「提出しなければならない」わけではない。よって、本枝は誤り。

4 ☒ PCT規則57.4

解 法 国際予備審査機関は、(i)当該国際予備審査機関が国際予備審査の請求書を国際事務局に送付する前に、国際予備審査の請求が取り下げられた場合及び(ii)「出願人が国際予備審査の請求をする資格を有しないとき」（PCT規則54.4）又は国際予備審査の請求をすることができる期間を経過した後に国際予備審査の請求がなされたとき（PCT規則54の2.1(b)）に、国際予備審査の請求が行われなかったものとみなされた場合には、取扱手数料を出願人に払い戻す（PCT規則57.4）。したがって、国際予備審査の請求に関して国際予備審査機関が徴収した取扱手数料が、出願人に払い戻されるのは、出願人が国際予備審査の請求をする資格を有しないために、当該請求が行われなかったものとみなされた場合もあるので、本枝の場合に限られない。よって、本枝は誤り。

5 ☒ PCT38条(1)かっこ書

解 法 国際事務局及び国際予備審査機関は、出願人の請求による場合又はその承諾を得た場合を除き、いかなる時においても、いかなる者又は当局（「国際予備審査報告の作成の後は、選択官庁を除く。」）に対しても、国際予備審査の一件書類につきPCT30条(4)に定義する意味において知得されるようにしてはならない（PCT38条(1)）。したがって、本枝において、「いかなる者又は当局に対しても」、国際予備審査の一件書類につき、特許協力条約に定義する意味において知得されるようにしてはならないわけではない。よって、本枝は誤り。

H29-条約５　特許協力条約

特許協力条約に関し、次のうち、誤っているものは、どれか。

□1　期間を定めるのに日をもってしている場合には、期間は、当該事象が生じた日の翌日から起算する。

□2　優先日が2016年２月29日（月）のとき、「優先日から19月」の期間は、最も早い場合、2017年９月29日（金）に満了する。

□3　出願人、国内官庁、受理官庁、国際調査機関、国際予備審査機関及び国際事務局は、西暦紀元及びグレゴリー暦によって日付を表示するものとし、他の紀元又は暦を用いる場合には、西暦紀元及びグレゴリー暦による日付を併記する。

□4　期間の末日の日付は、当該期間の起算日の根拠となった当該事象が生じた時の当該地における日付とする。

□5　特許協力条約第１章及び第２章で定める期間は、特許協力条約第60条の規定による改正によらずに変更することができる場合がある。

H29-条約5

1 ◎ PCT規則80.3

解　法　期間を定めるのに日をもってしている場合には、期間は、当該事象が生じた日の翌日から起算し、該当する日数の最終の日に当たる日に満了する（PCT規則80.3）。よって、本枝は正しい。

2 ◎ PCT規則80.2本文

解　法　期間を定めるのに月をもってしている場合には、期間は、当該事象が生じた日の翌日から起算し、該当するその後の月において当該事象が生じた日に応当する日に満了する（PCT規則80.2本文）。例えば、「発送日から１月」とある場合において２月29日が発送日であるときは、特３条１項２号によるときは３月31日が満了日となるのに対し、PCT規則80.2によるときは３月29日が満了日となる（注解特P.40参照）。したがって、優先日が2016年２月29日（月）のとき、「優先日から19月」の期間は、最も早い場合、2017年９月29日（金）に満了する。よって、本枝は正しい。

3 ◎ PCT規則79.1

解　法　出願人、国内官庁、受理官庁、国際調査機関、国際予備審査機関及び国際事務局は、ＰＣＴ及びＰＣＴ規則の適用上、西暦紀元及びグレゴリー暦によって日付を表示するものとし、他の紀元又は暦を用いる場合には、西暦紀元及びグレゴリー暦による日付を併記する（PCT規則79.1）。よって、本枝は正しい。

4 ☒ PCT規則80.4(b)

解　法　期間の末日の日付は、必要な文書が提出され又は必要な手数料が支払われるべき地における日付とする（PCT規則80.4(b)）。したがって、期間の末日の日付は、当該期間の起算日の根拠となった当該事象が生じた時の当該地における日付とするわけではない。よって、本枝は誤り。

チェック　期間の起算日の日付は、当該事象が生じた時の当該地における日付とする（PCT規則80.4(a)）。

5 ◎ PCT47条(2)(a)

解　法　PCT１章及び２章に定めるすべての期間は、PCT60条の規定による改正のほか、締約国の決定によっても変更することができる（PCT47条(2)(a)）。したがって、PCT１章及び２章で定める期間は、PCT60条の規定による改正によらずに変更することができる場合がある。よって、本枝は正しい。

H28-条約１　特許協力条約

実施日　／　／　／

特許協力条約に基づく国際出願に関し、次のうち、正しいものは、どれか。

□1　国際事務局が優先権書類を実施細則に定めるところにより国際出願の国際公開の日前に電子図書館から入手可能である場合には、出願人は、優先権書類の提出に代えて、受理官庁に対し、当該優先権書類を当該電子図書館から入手するよう、優先日から16月以内に請求することができる。

□2　国際調査機関が作成する見解書は、優先日から30月が経過するまで、一般公衆に公開されることはない。

□3　各国際調査機関は、国際調査の実施等に係る手数料（「調査手数料」）を支払うことを要求することができる。調査手数料は、受理官庁が徴収する。

□4　国際出願について国際調査を行う国際調査機関は、当該国際出願について補充国際調査を管轄する。

□5　出願人が国際出願の受理を管轄しない国内官庁に国際出願をした場合には、当該国内官庁は、その国際出願を、その国際出願を管轄する国内官庁に送付する。

H28-条約1

1 ☒ PCT規則17.1(bの2)

解 法 国際事務局が優先権書類を実施細則に定めるところにより国際出願の国際公開の日前に電子図書館から入手可能である場合には、出願人は、優先権書類の提出に代えて、**「国際事務局」**に対し、**「国際公開の日前」**に、当該優先権書類を当該電子図書館から入手するよう請求することができる（PCT規則17.1(bの2)）。したがって、本枝において、出願人は、優先権書類の提出に代えて、「受理官庁」に対し、当該優先権書類を当該電子図書館から入手するよう、「優先日から16月以内」に請求することができるわけではない。よって、本枝は誤り。

チェック 優先権書類が受理官庁により発行される場合には、出願人は、優先権書類の提出に代えて、受理官庁に対し、優先権書類を、作成し及び国際事務局に送付するよう、優先日から16月以内に請求することができる（PCT規則17.1(b)）。

2 ☒ PCT規則48.2参照、PCTハンドブック1.9.2(3)参照

解 法 国際調査機関が作成する見解書は、国際公開の対象とはなっていないが（PCT規則48.2参照）、**国際調査報告の国際公開と同時に、WIPOウェブサイトに掲載され、第三者に利用可能となる**（PCTハンドブック1.9.2(3)参照）。したがって、当該見解書は、優先日から30月が経過するまで、一般公衆に公開されることがないわけではない。よって、本枝は誤り。

チェック 当該見解書は、2014年7月のPCT規則改正前は、出願日（優先権の主張を伴う場合は優先日）から30月を経過するまでは非公開となっていた（旧PCT規則44の3.1(a)(i)）。

3 ◎ PCT規則16.1(a)・(b)第1文

解 法 **PCT規則16.1(a)・(b)第1文の通り**である。すなわち、各国際調査機関は、国際調査の実施等に係る手数料（「調査手数料」）を支払うことを要求することができる（PCT規則16.1(a)）。調査手数料は、受理官庁が徴収する（同規則(b)第1文）。よって、本枝は正しい。

4 ☒ PCT規則45の2.9(b)

解 法 国際出願についてPCT16条(1)に基づき国際調査を行う国際調査機関は、当該国際出願について補充国際調査を**「管轄してはならない」**（PCT規則45の2.9(b)）。よって、本枝は誤り。

5 ☒ PCT規則19.4(b)

解 法 国内官庁は、受理官庁としての国際事務局（PCT規則19.1(a)(iii)）に代わり、国際出願の受理を管轄しない当該国内官庁にされた国際出願を受理する場合（PCT規則19.4(a)(i)）には、その国際出願を、国の安全に関する規定によって送付することが妨げられない限り、**「国際事務局」に速やかに送付する**（同規則(b)）。したがって、出願人が国際出願の受理を管轄しない国内官庁に国際出願をした場合には、当該国内官庁は、その国際出願を、「その国際出願を管轄する国内官庁」に送付するわけではない。よって、本枝は誤り。

H28-条約２　特許協力条約

実施日　／　／　／

特許協力条約に基づく国際出願に関し、次のうち、誤っているものは、どれか。

田１　願書には、指定国ごとに異なる出願人を記載することができる。

田２　優先権の主張の取下げにより、国際出願の優先日に変更が生じる場合には、もとの優先日から起算した場合にまだ満了していない期間は、常に、変更の後の優先日から起算する。

田３　国際調査機関は、国際出願が規則に定める発明の単一性の要件を満たしていないと認める場合、出願人に対し追加手数料の支払を求めたにもかかわらず、当該追加手数料が支払われないときには、請求の範囲の最初に記載されている発明（「主発明」）に係る部分について、国際調査報告を作成する。

田４　国際出願に要約が含まれていない場合において、受理官庁が出願人に対し当該欠陥の補充をすることを求めた旨を国際調査機関に通知したときは、国際調査機関は、その国際出願は取り下げられたものとみなす旨の通知を受領しない限り、国際調査を続行する。

田５　出願人は、国際調査報告を受け取った後、所定の期間内に国際事務局に特許協力条約第19条の規定に基づく補正書を提出することにより、国際出願の請求の範囲について１回に限り補正をすることができる。

H28-条約2

1 ○ PCT規則4.5(d)

解 法 **願書には、異なる指定国について異なる出願人を記載することができる**(PCT規則4.5(d))。よって、本枝は正しい。

2 × PCT規則90の2.3(d)

解 法 優先権の主張の取下げが優先日について変更が生じる場合には、もとの優先日から起算した場合にまだ満了していない期間は、**「PCT規則90の2.3(e)の規定に従うことを条件として」**、変更の後の優先日から起算する（同規則(d)）。したがって、本枝において、「常に」、変更の後の優先日から起算するわけではない。よって、本枝は誤り。

3 ○ PCT17条(3)(a)、下道・淺見P.255

解 法 国際調査機関は、国際出願が規則に定める発明の単一性の要件を満たしていないと認める場合には、出願人に対し追加手数料の支払を求める（PCT17条(3)(a)第1文）。また、**国際調査機関の求めに対して追加手数料を支払わなかった場合、国際調査機関は、国際出願のうち、請求の範囲に最初に記載されている発明（「主発明」）に係る部分について、国際調査報告を作成する**（同条(3)(a)第2文、下道・淺見P.255）。よって、本枝は正しい。

4 ○ PCT規則38.1

解 法 **PCT規則38.1の通り**である。すなわち、国際出願に要約が含まれていない場合において、受理官庁が出願人に対し当該欠陥の補充をすることを求めた旨を国際調査機関に通知したときは、国際調査機関は、その国際出願は取り下げられたものとみなす旨の通知を受領しない限り、国際調査を続行する（PCT規則38.1）。よって、本枝は正しい。

5 ○ PCT19条(1)第1文

解 法 **PCT19条(1)第1文の通り**である。すなわち、出願人は、国際調査報告を受け取った後、所定の期間内に国際事務局に補正書を提出することにより、国際出願の請求の範囲について1回に限り補正をすることができる(PCT19条(1)第1文)。よって、本枝は正しい。

H28-条約３　特許協力条約

特許協力条約に基づく国際出願に関し、次のうち、誤っているものは、どれか。

田１　国際予備審査の請求書の提出は、指定された国であって特許協力条約第２章の規定に拘束される全締約国の選択を構成する。

田２　国際予備審査の請求をする出願人が、特許協力条約第２章の規定に拘束される締約国の居住者又は国民である場合において、同章の規定に拘束される締約国の受理官庁又はその締約国のために行動する受理官庁に国際出願していないときは、当該国際予備審査の請求は、行われなかったものとみなされる。

田３　国際出願の出願人は、国際予備審査の請求書の提出の時又は国際予備審査報告が作成されるまでの間、特許協力条約第34条の規定に基づく補正書を提出することができるが、国際予備審査機関による当該補正書の受理が国際予備審査報告の作成を開始した後である場合、当該国際予備審査報告のために当該補正書が考慮されない場合がある。

田４　国際出願がされる言語及び国際出願が国際公開される言語のいずれもが国際予備審査を行う国際予備審査機関が認める言語でない場合には、国際予備審査の請求をする出願人は、常に、国際予備審査の請求書とともに、次の(i)及び(ii)に該当する言語による国際出願の翻訳文を提出しなければならない。

(i)　国際予備審査機関が認める言語

(ii)　国際公開の言語

田５　国際出願の出願人は、国際予備審査報告の翻訳文の正確性について書面による意見を作成することができるものとし、その書面による意見の写しを各関係選択官庁及び国際事務局に各一通送付する。

H28-条約3

1 ○ **PCT規則53.7**

解法 **PCT規則53.7の通り**である。すなわち、国際予備審査の請求書の提出は、指定された国であってPCT２章の規定に拘束される全締約国の選択を構成する(PCT規則53.7)。よって、本枝は正しい。

2 ○ **PCT規則54.2、PCT規則54.4**

解法 国際予備審査の請求をする出願人が、PCT２章の規定に拘束される締約国の居住者又は国民であり、かつ、同章の規定に拘束される締約国の受理官庁又はその締約国のために行動する受理官庁に国際出願した場合には、PCT31条(2)の規定に基づく国際予備審査の請求をすることができる（PCT規則54.2）。しかし、**出願人が、同規則の国際予備審査の請求をする資格を有しない場合には、当該請求は、行われなかったものとみなされる**（PCT規則54.4）。したがって、本枝において、国際予備審査の請求をする出願人が、当該受理官庁に国際出願していないときは、当該国際予備審査の請求は、行われなかったものとみなされる。よって、本枝は正しい。

3 ○ **PCT規則66.1(b)、PCT規則66.4の2**

解法 **出願人は、国際予備審査の請求書の提出の時又はPCT規則66.4の2の規定に従うことを条件として国際予備審査報告が作成されるまでの間、PCT34条の規定に基づく補正書を提出することができる**（PCT規則66.1(b)）。したがって、前段は正しい。また、**国際予備審査機関は、書面による見解又は国際予備審査報告の作成を開始した後に補正書等を受理した場合には、書面による見解又は国際予備審査報告のために当該補正書等を考慮に入れることを必要としない**（PCT規則66.4の2）。したがって、後段も正しい。よって、本枝は正しい。

4 × **PCT規則55.2(a)**

解法 国際出願がされる言語及び国際出願が国際公開される言語のいずれもが国際予備審査を行う国際予備審査機関が認める言語でない場合には、国際予備審査の請求をする出願人は、**「PCT規則55.2(b)の規定が適用される場合を除くほか」**、国際予備審査の請求書とともに、(i)国際予備審査機関が認める言語及び(ii)国際公開の言語に該当する言語による国際出願の翻訳文を提出する（同規則(a)）。したがって、本枝において、「常に」、当該言語による国際出願の翻訳文を提出しなければならないわけではない。よって、本枝は誤り。

5 ○ **PCT規則72.3**

解法 **国際出願の出願人は、国際予備審査報告の翻訳文等の正確性について書面による意見を作成することができるものとし、その書面による意見の写しを各関係選択官庁及び国際事務局に各一通送付する**（PCT規則72.3）。よって、本枝は正しい。

H28-条約4　特許協力条約

実施日　／　／　／

特許協力条約に基づく国際出願に関し、次のうち、誤っているものは、どれか。

□1　国際予備審査の対象である国際出願が、先の出願に基づく優先権の主張を伴う場合であって、国際出願日が当該優先期間の満了の日の後であるが、当該満了の日から２月の期間内であるとき、当該先の出願の日が、国際予備審査における特許協力条約第33条(2)及び(3)に規定される新規性及び進歩性を有するか否かの判断の基準日となる場合がある。

□2　国際予備審査機関は、調査が何ら有益な目的に資さないと考えるものでない限り、国際調査報告を作成した日の後に発行された又は当該国際予備審査機関が調査のために利用可能となった第64規則に規定する文献（国際予備審査における先行技術）を発見するための調査を行う。

□3　国際予備審査機関は、国際予備審査報告の作成の際、現に、明細書、請求の範囲若しくは図面が明瞭でないため又は請求の範囲が明細書により十分な裏付けをされていないため、請求の範囲に記載されている発明の新規性、進歩性又は産業上の利用可能性について有意義な見解を示すことができないと認める場合には、国際予備審査報告にその旨の見解及びその根拠を記述するものとし、当該国際予備審査報告には、請求の範囲に記載されている発明の新規性、進歩性及び産業上の利用可能性の基準に適合していると認められるかどうかについて、いかなる記述もしてはならない。

□4　国際予備審査機関は、国際予備審査の請求書を国際事務局に送付する前に、国際予備審査の請求が取り下げられた場合に限り、取扱手数料を出願人に払い戻す。

□5　国際予備審査報告については、国際予備審査機関が、国際事務局及び出願人に各１通同一の日に送付する。

H28-条約4

1 ◎ **PCT規則64.1(b)(iii)**

解　法 国際予備審査の対象である国際出願が先の出願に基づく優先権の主張を伴い、国際出願日が当該優先期間の満了の日の後であるが、当該満了の日から２月の期間内である場合には、所定の場合を除くほか、先の出願の日が、国際予備審査におけるPCT33条(2)及び(3)に規定される新規性及び進歩性を有するか否かの判断の基準日となる（PCT規則64.1(b)(iii)）。したがって、本枝において、先の出願の日が、当該判断の基準日となる場合がある。よって、本枝は正しい。

2 ◎ **PCT規則66.1の3第１文**

解　法 PCT規則66.1の3第１文の通りである。すなわち、国際予備審査機関は、調査が何ら有益な目的に資さないと考えるものでない限り、国際調査報告を作成した日の後に発行された又は当該国際予備審査機関が調査のために利用可能となったPCT規則64に規定する文献を発見するための調査（トップアップ調査）を行う（PCT規則66.1の3第１文）。よって、本枝は正しい。

3 ◎ **PCT35条(3)(a)**

解　法 国際予備審査機関は、国際予備審査報告の作成の際、現に、明細書、請求の範囲若しくは図面が明瞭でないため又は請求の範囲が明細書により十分な裏付けをされていないため、請求の範囲に記載されている発明の新規性、進歩性又は産業上の利用可能性について有意義な見解を示すことができないと認める場合（PCT34条(4)(a)(ii)）には、国際予備審査報告にその旨の見解及びその根拠を記述する（PCT35条(3)(a)第１文）。国際予備審査報告には、請求の範囲が国際予備審査に当たっての新規性、進歩性及び産業上の利用可能性の基準に適合していると認められるかどうか（PCT33条(1)～(4)）について、いかなる記述もしてはならない（PCT35条(3)(a)第２文）。よって、本枝は正しい。

4 ☒ **PCT規則57.4(i)・(ii)**

解　法 国際予備審査機関は、①国際予備審査の請求書を国際事務局に送付する前に、国際予備審査の請求が取り下げられた場合、②PCT規則54.4又はPCT規則54の2.1(b)の規定に基づき、国際予備審査の請求が行われなかったものとみなされた場合には、取扱手数料を出願人に払い戻す（PCT規則57.4(i)・(ii)）。したがって、国際予備審査機関は、国際予備審査の請求書を国際事務局に送付する前に、国際予備審査の請求が取り下げられた場合に「限り」、取扱手数料を出願人に払い戻すわけではない。よって、本枝は誤り。

5 ◎ **PCT規則71.1(a)**

解　法 国際予備審査機関は、国際予備審査報告等を国際事務局及び出願人に各１通同一の日に送付する（PCT規則71.1(a)）。よって、本枝は正しい。

H27-6 特許協力条約

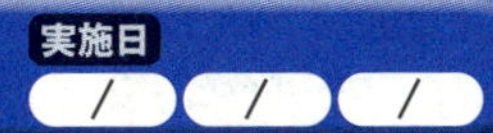

特許協力条約に基づく国際出願に関し、次の(イ)～(ニ)のうち、誤っているものは、いくつあるか。

田(イ) 国際予備審査報告に係る国際出願の出願人又は選択官庁は、国際予備審査報告に列記された文献であって国際調査報告には列記されていないものの写しの送付を、国際出願日から７年の期間いつでも、国際予備審査機関に請求することができる。

田(ロ) 特許協力条約第19条の規定に基づく補正が行われておらず、かつ、そのような補正書を提出する期間が満了していない場合、出願人は、国際予備審査の請求書における補正に関する記述に、国際予備審査機関が国際調査と同時に国際予備審査を開始することを希望するときには、国際予備審査の開始を延期することを希望する旨を表示することができる。この場合において、国際予備審査機関は、同条の規定に基づく補正書の写しを受領するか、同条の規定に基づく補正をすることを希望しない旨の通知を出願人から受領しない限り、国際予備審査を開始することができない。

田(ハ) 国際予備審査の請求書が提出される前になされた特許協力条約第19条の規定に基づく補正は、特許協力条約第34条の規定に基づく補正により差し替えられ又は取り消されたものとみなされる場合を除き、国際予備審査のために考慮に入れる。

田(ニ) 特許協力条約第34条の規定に基づき明細書を補正する場合に、差し替え用紙に添付することが要求される補正の根拠を表示する書簡であって、差し替えられる用紙と差し替え用紙との相違について注意を喚起する書簡が差し替え用紙に添付されていないときは、国際予備審査報告は、その補正が行われなかったものとして作成することができる。

1　1つ　　2　2つ　　3　3つ　　4　4つ　　5　なし

H27-6

(イ) ◯ **PCT20条(3)準用、PCT規則71.2(a)**

解　法　国際予備審査機関は、指定官庁又は出願人の請求に応じ、PCT規則の定めるところにより、当該指定官庁又は当該出願人に対し国際予備審査報告に列記された文献であって国際調査報告には列記されていないものの写しを送付する（PCT36条(4)で準用するPCT20条(3)）。また、**PCT36条(4)の請求は、当該国際予備審査報告に係る国際出願の国際出願日から7年の期間いつでも行うことができる**（PCT規則71.2(a)）。したがって、国際予備審査報告に係る国際出願の出願人又は選択官庁は、当該写しの送付を、国際出願日から7年の期間いつでも、国際予備審査機関に請求することができる。よって、本枝は正しい。

(ロ) ✕ **PCT規則53.9(b)、PCT規則69.1(d)(i)〜(iii)**

解　法　PCT19条の規定に基づく補正が行われておらず、かつ、そのような補正書を提出する期間が満了していない場合には、出願人は、国際予備審査の請求書における補正に関する記述に、国際予備審査機関がPCT規則69.1(b)の規定に従い国際調査と同時に国際予備審査を開始することを希望する場合には、同規則(d)の規定に従い国際予備審査の開始を延期することを希望する旨を表示することができる（PCT規則53.9(b)）。したがって、前段は正しい。一方、この場合には、**国際予備審査機関は、①PCT19条の規定に基づく補正書の写しを受領すること、②同条の規定に基づく補正をすることを希望しない旨の通知を出願人から受領すること、③「PCT規則46.1に規定する期間を経過すること」のいずれかが最初に生じるまでは、国際予備審査を開始しない**（PCT規則69.1(d)(i)〜(iii)）。したがって、本枝において、国際予備審査機関は、上記①又は②のいずれかが生じない限り、国際予備審査を開始することができないわけではないため、後段は誤り。よって、本枝は誤り。

(ハ) ◯ **PCT規則66.1(c)**

解　法　国際予備審査の請求書が提出される前にするPCT19条の規定に基づく補正は、PCT34条の規定に基づく補正により**差し替えられ又は取り消されたものとみなされる場合を除くほか、国際予備審査のために考慮に入れる**（PCT規則66.1(c)）。よって、本枝は正しい。

(ニ) ◯ **PCT規則70.2(cの2)**

解　法　請求の範囲、明細書又は図面についての補正が行われた場合であっても、出願時における国際出願中の補正の根拠を表示する書簡であって、差し替えられる用紙と差替え用紙との相違について**注意を喚起する書簡**（PCT規則66.8(a)）**が差替え用紙に添付されていないときは、国際予備審査報告は、その補正が行われなかったものとして作成することができる**（PCT規則70.2(cの2)）。よって、本枝は正しい。

H27-26　特許協力条約

実施日　／　／　／

特許協力条約に基づく国際出願に関し、次の(イ)～(ホ)のうち、誤っているものは、いくつあるか。

(イ)　出願人は、国際出願の写しを指定官庁に送付することをいつでも国際事務局に要請することができるが、当該要請のための手数料の支払は必要とされない。

(ロ)　出願人がその居住者である締約国の国内官庁を受理官庁として国際出願を行う場合、出願人は、国際調査報告を受け取った後、所定の期間内に当該国内官庁に補正書を提出することにより、国際出願の請求の範囲について１回に限り補正をすることができる。

(ハ)　出願人は、国際出願を国際事務局に対して行うことができるが、その場合、出願人がいずれの締約国の居住者又は国民であるかは問われない。

(ニ)　国際出願が国際調査を行う国際調査機関により認められていない言語によりされた場合には、出願人は、受理官庁が国際出願を受理した日から１月以内に当該受理官庁に次の(i)～(iii)のすべてを満たす言語による翻訳文を提出する。

(i)当該国際調査機関が認める言語

(ii)国際公開の言語

(iii)国際出願が国際公開の言語でされる場合を除き受理官庁が国際出願のために認める言語

(ホ)　出願人がその国民である締約国の国内官庁を受理官庁として国際出願を行う場合、願書には、指定国が適用する国内法令のために、発明者の特定に関する申立てを含めることができる。当該申立てについて、出願人は、優先日から16月の期間内に当該国内官庁に提出する書面によって、願書に補充し又は追加することができる。

1　1つ　　2　2つ　　3　3つ　　4　4つ　　5　5つ

H27-26

⑷ ☒ **PCT13条⑵⒝、PCT規則31.1⒝**

解　法　出願人は、国際出願の写しを指定官庁に送付することをいつでも国際事務局に要請することができる（PCT13条⑵⒝）。したがって、前段は正しい。しかし、**写しの作成及び郵便に係る費用を賄う手数料の支払を条件とする**（PCT規則31.1⒝）。したがって、本枝において、出願人は、当該要請のための手数料の支払は必要とされないわけではないため、後段は誤り。よって、本枝は誤り。

⑽ ☒ **PCT19条⑴第１文**

解　法　**出願人は、国際調査報告を受け取った後、所定の期間内に「国際事務局」に補正書を提出することにより、国際出願の請求の範囲について１回に限り補正をすることができる**（PCT19条⑴第１文）。したがって、本枝において、出願人は、国際調査報告を受け取った後、所定の期間内に「当該国内官庁」に補正書を提出することにより、国際出願の請求の範囲について１回に限り補正をすることができるわけではない。よって、本枝は誤り。

⑾ ◎ **PCT規則19.1⒜(iii)**

解　法　**国際出願は**、PCT規則19.1⒝の規定が適用される場合を除くほか、**出願人の選択により、国際事務局（出願人がその居住者又は国民である締約国のいかんを問わない。）**（同規則⒜(iii)）**等に対して行う**（同規則⒜）。したがって、出願人は、国際出願を国際事務局に対して行うことができるが、その場合、出願人がいずれの締約国の居住者又は国民であるかは問われない。よって、本枝は正しい。

⑿ ◎ **PCT規則12.3⒜**

解　法　**PCT規則12.3⒜の通り**である。すなわち、国際出願が国際調査を行う国際調査機関により認められていない言語によりされた場合には、出願人は、受理官庁が国際出願を受理した日から１月以内に、当該受理官庁に(i)当該国際調査機関が認める言語、(ii)国際公開の言語、(iii)国際出願が国際公開の言語でされる場合を除くほか、PCT規則12.1⒜の規定に基づき受理官庁が認める言語のすべてを満たす言語による翻訳文を提出する（PCT規則12.3⒜）。よって、本枝は正しい。

⒀ ☒ **PCT規則4.17(i)、PCT規則26の3.1**

解　法　願書には、１又は２以上の指定国が適用する国内法令のために、発明者の特定に関する申立てを含めることができる（PCT規則4.17(i)）。したがって、前段は正しい。また、**出願人は、優先日から16月の期間内に「国際事務局」に提出する書面によって、PCT規則4.17に規定する申立てを願書に補充し又は追加することができる**（PCT規則26の3.1）。したがって、後段は誤り。よって、本枝は誤り。

H27-47　特許協力条約

実施日　／　／　／

特許協力条約に基づく国際出願に関し、次のうち、正しいものは、どれか。

田1　２人以上の出願人がある場合において、すべての出願人が共通の代理人又は共通の代表者を選任しなかったときは、受理官庁に国際出願をする資格を有する出願人のうち願書に最初に記載されている出願人は、すべての出願人の共通の代表者とみなされ、指定国の指定の取下げの通告について他の出願人の代わりに署名する権限を有する。

田2　優先日から16月の期間又は、優先権の主張の補充若しくは優先権の主張の願書への追加により優先日について変更が生じる場合には、変更された優先日から16月の期間のうちいずれか早く満了する期間内であれば、出願人は常に受理官庁又は国際事務局に提出する書面によって、優先権の主張の補充又は追加をすることができる。

田3　国際調査報告又は17条(2)(a)の宣言は、国際事務局により又はその責任において英語及び仏語に翻訳される。

田4　要約が掲載される場合にその要約とともに掲載するよう出願人が示す図は１つに限られない。

田5　国内出願をした日の翌日以降に、当該国内出願を優先権の主張の基礎として国際出願をした場合、出願人は、国際出願の受理の日から30月を経過する前にいつでも、国際出願を取り下げることができる。

H27-47

1 ☒ PCT規則90.2(b)、PCT規則90の2.5

解　法　2以上の出願人がある場合において、すべての出願人がPCT規則90.1(a)の規定に基づき共通の代理人又はPCT規則90.2(a)の規定に基づき共通の代表者を選任しなかったときは、PCT規則19.1の規定に基づき受理官庁に国際出願をする資格を有する出願人のうち願書に最初に記載されている出願人をすべての出願人の共通の代表者とみなす（PCT規則90.2(b)）。しかし、**同規則(b)の規定に基づく共通の代表者とみなされた出願人は、他の出願人の代わりにそのような通告に署名する権限を有しない**（PCT規則90の2.5）。したがって、本枝において、すべての出願人の共通の代表者とみなされた出願人であっても、指定国の指定の取下げの通告について他の出願人の代わりに署名する権限を有するわけではない。よって、本枝は誤り。

2 ☒ PCT規則26の2.1(a)第1文・(b)

解　法　出願人は、優先日から16月の期間又は、優先権の主張の補充若しくは優先権の主張の願書への追加により優先日について変更が生じる場合には、変更された優先日から16月の期間のうちいずれか早く満了する期間内に、受理官庁又は国際事務局に提出する書面によって、優先権の主張の補充又は追加をすることができる（PCT規則26の2.1(a)第1文）。しかし、**出願人がPCT21条(2)(b)の規定に基づいて早期の国際公開を請求した後に受理官庁又は国際事務局が受理したPCT規則26の2.1(a)に規定する書面は、当該請求が国際公開の技術的準備の完了前に取り下げられない限り、提出されなかったものとみなされる**（同規則(b)）。したがって、本枝において、出願人は「常に」受理官庁又は国際事務局に提出する書面によって、優先権の主張の補充又は追加をすることができるわけではない。よって、本枝は誤り。

3 ☒ PCT18条(3)第2文、PCT規則45.1

解　法　**国際調査報告及びPCT17条(2)(a)の宣言は、英語で作成されていない場合には、「英語」に翻訳される**（PCT規則45.1）。また、**翻訳文は、国際事務局により又はその責任において作成される**（PCT18条(3)第2文）。したがって、国際調査報告又はPCT17条(2)(a)の宣言は、国際事務局により又はその責任において「英語及び仏語」に翻訳されるわけではない。よって、本枝は誤り。

4 ◯ PCT規則3.3(a)(iii)

解　法　願書には、要約が掲載される場合にその要約とともに掲載するよう出願人が示す図の番号を表示する欄を設ける。**例外的な場合には、出願人は、2以上の図を示すことができる**（PCT規則3.3(a)(iii)）。したがって、要約が掲載される場合にその要約とともに掲載するよう出願人が示す図は1つに限られない。よって、本枝は正しい。

5 ☒ PCT規則90の2.1(a)

解　法　**出願人は、「優先日」から30月を経過する前にいつでも、国際出願を取り下げることができる**（PCT規則90の2.1(a)）。したがって、本枝において、出願人は、「国際出願の受理の日」から30月を経過する前にいつでも、国際出願を取り下げることができるわけではない。よって、本枝は誤り。

H27-59　特許協力条約

実施日 ／ ／ ／

特許協力条約に基づく国際出願に関し、次の(イ)～(ニ)のうち、誤っているものは、いくつあるか。

(イ)　国際予備審査に当たっては、国際調査報告に列記されたすべての文献を考慮に入れるものとするが、国際調査報告で引用されている文献は、国際予備審査機関により関連があると認められた場合にのみ国際予備審査報告に列記する必要がある。

(ロ)　国際予備審査の請求書が国際事務局に送付され又は提出された場合において、２以上の管轄国際予備審査機関があるとき、国際事務局は、出願人に対し、所定の期間内に国際予備審査の請求書を送付すべき管轄国際予備審査機関を表示するよう求める。出願人が所定の期間内にその求めに応じない場合には、国際事務局の責任において管轄国際予備審査機関を選定し、国際予備審査の請求書を当該国際予備審査機関に送付する。

(ハ)　国際予備審査機関は、国際出願が規則に定める発明の単一性の要件を満たしていないと認める場合には、出願人に対し、その選択によりその要件を満たすように請求の範囲を減縮し又は追加手数料を支払うことを求めることができる。出願人が所定の期間内にその求めに応じない場合には、国際予備審査機関は常に請求の範囲に最初に記載されている発明を主発明とみなし、当該主発明に係る部分について国際予備審査報告を作成する。

(ニ)　国際予備審査機関が、出願人に対し、明細書、請求の範囲若しくは図面が明瞭でないため又は請求の範囲が明細書により十分な裏付けをされていないため、請求の範囲に記載されている発明の新規性、進歩性又は産業上の利用可能性について有意義な見解を示すことができない旨の見解を書面で示し、期間を指定して答弁を求めるとき、指定する期間は、いかなる場合にも通知の日の後１月未満とはされない。

1　1つ　　2　2つ　　3　3つ　　4　4つ　　5　なし

H27-59

(イ) ◎ PCT33条(6)、PCT規則70.7(a)

解　法 国際予備審査に当たっては、**国際調査報告に列記されたすべての文献を考慮に入れる**ものとする（PCT33条(6)）。したがって、前段は正しい。また、**国際調査報告で引用されている文献は、国際予備審査機関により関連があると認められた場合にのみ国際予備審査報告に列記する**必要がある（PCT規則70.7(a)）。したがって、後段も正しい。よって、本枝は正しい。

(ロ) ☒ PCT規則59.3(c)(ii)・(d)第２文

解　法 国際予備審査の請求書が国際事務局に送付され又は国際事務局に提出された場合において、国際事務局は、速やかに、２以上の管轄国際予備審査機関がある場合には、出願人に対し、所定の期間内に国際予備審査の請求書を送付すべき管轄国際予備審査機関を表示するよう求める（PCT規則59.3(c)(ii)）。したがって、前段は正しい。一方、**PCT規則59.3(c)(ii)の規定に基づいて要求される表示が提出されなかった場合には、国際予備審査の請求書は、提出されなかったものとみなし、国際事務局は、その旨を宣言する**（同規則(d)第２文）。したがって、本枝において、出願人が所定の期間内にその求めに応じない場合には、国際事務局の責任において管轄国際予備審査機関を選定し、国際予備審査の請求書を当該国際予備審査機関に送付するわけではないため、後段は誤り。よって、本枝は誤り。

(ハ) ☒ PCT34条(3)(a)・(c)、PCT規則68.5

解　法 国際予備審査機関は、国際出願が規則に定める発明の単一性の要件を満たしていないと認める場合には、出願人に対し、その選択によりその要件を満たすように請求の範囲を減縮し又は追加手数料を支払うことを求めることができる（PCT34条(3)(a)）。したがって、前段は正しい。また、出願人が所定の期間内にPCT34条(3)(a)の求めに応じない場合には、国際予備審査機関は、国際出願のうち主発明であると認められる発明に係る部分について国際予備審査報告を作成する（同条(3)(c)）。しかし、**同条(3)(c)の規定の適用上、「いずれかの発明が主発明であるか疑わしい場合には」、請求の範囲に最初に記載されている発明が主発明とみなされる**（PCT規則68.5）。したがって、国際予備審査機関は「常に」請求の範囲に最初に記載されている発明を主発明とみなし、当該主発明に係る部分について国際予備審査報告を作成するわけではないため、後段は誤り。よって、本枝は誤り。

(ニ) ◎ PCT34条(4)(a)(ii)、PCT規則66.2(a)(i)・(d)

解　法 国際予備審査機関が、明細書、請求の範囲若しくは図面が明瞭でないため又は請求の範囲が明細書により十分な裏付けをされていないため、請求の範囲に記載されている発明の新規性、進歩性又は産業上の利用可能性について有意義な見解を示すことができないと認めた場合には、出願人に対しその旨の見解及びその根拠を通知する（PCT34条(4)(a)(ii)）。また、国際予備審査機関は、同条(4)に規定するいずれかの事由があると認めた場合、出願人にその旨を書面で通知し（PCT規則66.2(a)(i)）、答弁のための期間として、事情に応じて相当の期間を指定するが、**指定する期間は、いかなる場合にも通知の日の後１月未満であってはならない**（同規則(d)）。したがって、本枝において、指定する期間は、いかなる場合にも通知の日の後１月未満とはされない。よって、本枝は正しい。

H26-3　特許協力条約

実施日　／　／　／

特許協力条約に基づく国際出願に関し、次のうち、誤っているものは、どれか。

田 1　特許協力条約第19条の規定に基づく補正書及び同条に規定する説明書が国際事務局に提出されている国際出願について、国際予備審査の請求がなされた場合には、国際事務局は当該補正書の写し及び当該説明書の写しを国際予備審査機関に速やかに送付する。ただし、当該国際予備審査機関が既にその写しを受領した旨を表示した場合を除く。

田 2　国際予備審査報告を受領した選択官庁は、出願人に対し、他の選択官庁における当該国際出願に関する審査に係る書類の写しの提出又はその書類の内容に関する情報の提供を要求することができない。

田 3　特許協力条約第34条の補正により、明細書の発明の名称を補正することはできない。

田 4　出願人は、国際予備審査機関に請求することにより、特許協力条約第19条の補正書における明白な誤記を訂正することができる場合がある。

田 5　選択国は、自国の国内官庁の公用語以外の言語で作成された国際予備審査報告を英語に翻訳することを要求することができる。

H26-3

1 ◎ PCT規則62.1(ii)

解法 **国際事務局は、国際予備審査機関から国際予備審査の請求書又はその写しを受領した時は、PCT19条の規定に基づく補正書の写し及び同条に規定する説明書の写し等を国際予備審査機関に速やかに送付する。ただし、当該国際予備審査機関が既にその写しを受領した旨を表示した場合には、この限りでない**（PCT規則62.1(ii)）。よって、本枝は正しい。

チェック PCT19条の規定に基づく補正書の提出の時に国際予備審査の請求書が既に提出されている場合には、いかなる場合にも、国際事務局は、そのような補正書の写し及び説明書の写し等を当該国際予備審査機関に速やかに送付する（PCT規則62.2）。

2 ◎ PCT42条

解法 **PCT42条の通り**である。すなわち、国際予備審査報告を受領した選択官庁は、出願人に対し、他の選択官庁における当該国際出願に関する審査に係る書類の写しの提出又はその書類の内容に関する情報の提供を要求することができない（PCT42条）。よって、本枝は正しい。

3 ☒ PCT34条(2)(b)、PCT規則66.5参照

解法 出願人は、国際予備審査報告が作成される前に、所定の方法で及び所定の期間内に、請求の範囲、明細書及び図面について補正をする権利を有する（PCT34条(2)(b)第1文）。ここで、この補正は、出願時における国際出願の開示の範囲を超えてしてはならないが（同条(2)(b)第2文）、**明細書の発明の名称を補正することができない旨の規定はない**（PCT規則66.5参照）。したがって、PCT34条の補正により、明細書の発明の名称を補正することができないわけではない。よって、本枝は誤り。

4 ◎ PCT規則91.1(a)・(g)(iii)かっこ書

解法 国際出願又は出願人が提出した他の書類中の明白な誤記は、当該出願人が請求する場合はPCT規則91に従って訂正することができる（PCT規則91.1(a)）。ここで、**PCT19条の規定に基づく補正書における誤記は、原則としてPCT規則91の規定に基づき誤記を訂正できない**（PCT規則91.1(g)(iii)）。ただし、**国際予備審査機関が、同規則(b)(iii)の規定に基づく当該誤記の訂正の許可を管轄する場合には、訂正することができる**（同規則(g)(iii)かっこ書）。したがって、出願人は、国際予備審査機関に請求することにより、PCT19条の補正書における明白な誤記を訂正することができる場合がある。よって、本枝は正しい。

5 ◎ PCT規則72.1(a)

解法 **PCT規則72.1(a)の通り**である。すなわち、選択国は、自国の国内官庁の公用語以外の言語で作成された国際予備審査報告を英語に翻訳することを要求することができる（PCT規則72.1(a)）。よって、本枝は正しい。

H26-31　特許協力条約

特許協力条約に基づく国際出願に関し、次のうち、正しいものは、どれか。

田１　優先日を変更しない優先権主張を補充する場合、国際出願日から４月以内であれば常に優先権の補充が認められる。

田２　受理官庁は、当該受理官庁が採用した優先権の回復のための基準を後に変更することはできない。

田３　優先権の回復の請求は、優先期間満了の日から２月以内にすれば常に提出されたものとみなされる。

田４　出願人の請求がなくても、優先権が回復される場合がある。

田５　出願人は、国際予備審査機関と口頭及び書面で連絡する権利を有する。

H26-31

1 ☒ **PCT規則26の2.1(a)・(b)**

解法 出願人は、原則として、国際出願日から4月を経過する時までに書面を受理官庁又は国際事務局に提出することができる場合に限り、当該書面によって、優先権の主張の補充をすることができる（PCT規則26の2.1(a)）。しかし、出願人がPCT21条(2)(b)の規定に基づいて早期の国際公開を請求した後に当該書面が受理官庁又は国際事務局に受理されたときは、当該請求が国際公開の技術的準備の完了前に取り下げられない限り、当該書面は提出されなかったものとみなされる（PCT規則26の2.1(b)）。したがって、優先日を変更しない優先権主張を補充する場合、国際出願日から4月以内であれば常に優先権の補充が認められるわけではない。よって、本枝は誤り。

2 ☒ **PCT規則26の2.3(i)第1文**

解法 PCT規則26の2.3(i)第1文は、各受理官庁は、国際事務局に当該受理官庁が採用する優先権の回復のための基準及びこれに関する後の変更を通知する旨を規定している。したがって、受理官庁は、当該基準を後に変更することはできないわけではない。よって、本枝は誤り。

3 ☒ **PCT規則26の2.3(e)但書**

解法 優先権の回復の請求は、優先期間満了の日から2月以内に提出することができるが（PCT規則26の2.3(a)・(e)本文)、出願人が、PCT21条(2)(b)の規定に基づき早期の国際公開を請求する場合において、国際公開の技術的な準備が完了した後の優先権の回復の請求は、当該期間内に提出されなかったものとみなされる（PCT規則26の2.3(e)但書)。したがって、本枝において、優先権の回復の請求は、「常に」提出されたものとみなされるわけではない。よって、本枝は誤り。

4 ☒ **PCT規則26の2.3(a)、PCT規則49の3.2(a)**

解法 国際出願の国際出願日が、当該優先期間の満了の日の後であるが、当該満了の日から2月の期間内である場合には、受理官庁は、「出願人の請求により」、かつ、PCT規則26の2.3(b)〜(g)の規定に従うことを条件として、当該受理官庁が採用する基準が満たされていると認めた場合には、優先権を回復する（同規則(a)）。また、国際出願が先の出願に基づく優先権の主張を伴い、国際出願日が当該優先期間の満了の日の後であるが、当該満了の日から2月の期間内である場合には、指定官庁は、PCT規則49の3.2(b)の規定に基づく「出願人の請求によって」、当該指定官庁が適用する基準が満たされていると認めたときには、優先権を回復する（同規則(a)）。したがって、出願人の請求がなければ、優先権が回復される場合はない。よって、本枝は誤り。

5 ◯ **PCT34条(2)(a)**

解法 PCT34条(2)(a)の通りである。すなわち、出願人は、国際予備審査機関と口頭及び書面で連絡する権利を有する（PCT34条(2)(a)）。よって、本枝は正しい。

H26-38　特許協力条約

特許協力条約に基づく国際出願に関し、次の(イ)～(ホ)のうち、正しいものは、いくつあるか。

(イ)　指定官庁が適用する国内法令が2012年10月９日の時点において発明者であることについての宣誓又は申立ての提出を要求している国を指定して国際出願がされた場合には、指定官庁は、発明者であることについての宣誓又は申立てを含む書類の提出を要求することができる。

(ロ)　締約国の国内法令が認める場合には、当該締約国の国内官庁又は当該締約国のために行動する国内官庁は、出願人の請求がない場合であっても、当該国内官庁にされた国内出願を国際調査に類する調査（「国際型調査」）に付することができる。

(ハ)　受理官庁により、要約が含まれていないことが発見され、その補充を求められたが、それに応じなかったことを理由にして取り下げられたものとみなされた国際出願は、これを基礎にして後に工業所有権の保護に関するパリ条約の優先権主張をすることはできない。

(ニ)　国際出願の優先権の基礎となる出願に、欠落要素又は部分が完全に含まれていることを受理官庁が認めた場合であっても、いったん付与された国際出願日を変えることなく欠落要素又は部分を補充することは、常にできない。

(ホ)　出願人は、国際調査機関に対し、国際調査を行うに当たり、同一若しくは他の国際調査機関又は国内官庁によって行われた先の国際調査、国際型調査又は国内調査の結果を考慮することを希望することができる。

1　1つ　　2　2つ　　3　3つ　　4　4つ　　5　5つ

H26-38

正答率 38.4% レベル 正解 3

(イ) ○ PCT規則51の2.1(a)(iv)

解法 PCT規則51の2.2の規定に従うことを条件として、PCT27条の規定に従い、指定官庁が適用する国内法令により出願人に提出を要求することができるものには、国内法令が**2012年10月9日の時点において発明者であることについての宣誓又は申立ての提出を要求している国を指定して国際出願がされた場合には、発明者であることについての宣誓又は申立てを含む書類が含まれる**（PCT規則51の2.1(a)(iv)）。したがって、本枝において、指定官庁は、発明者であることについての宣誓又は申立てを含む書類の提出を要求することができる。よって、本枝は正しい。

(ロ) ○ PCT15条(5)(b)

解法 **締約国の国内法令が認める場合には、当該締約国の国内官庁又は当該締約国のために行動する国内官庁は、当該国内官庁にされた国内出願を国際型調査に付することができる**（PCT15条(5)(b)）。したがって、本枝において、出願人の請求がない場合であっても、当該国内官庁にされた国内出願を国際型調査に付することができる。よって、本枝は正しい。

(ハ) × PCT14条(1)(a)(iv)・(b)第2文、橋本P.97参照

解法 PCT11条(1)(i)から(iii)までに掲げる要件を満たす国際出願は、工業所有権の保護に関するパリ条約にいう正規の国内出願とされる（同条(4)）。ここで、**要約が含まれていないこと**（PCT14条(1)(a)(iv)）**が発見され、その補充を求められたが、それに応じなかったことを理由にして国際出願が取り下げられたものとみなされた場合であっても**（同条(1)(b)第2文）、**いったん認定された国際出願日が否定されるわけではないので、その国際出願を後の国内出願あるいは国際出願に対する優先権主張の基礎とすることを妨げるものではない**（橋本P.97参照）。したがって、本枝において、当該国際出願を基礎にして後に工業所有権の保護に関するパリ条約の優先権主張をすることができないわけではない。よって、本枝は誤り。

(ニ) × PCT規則20.6、H29PCT概要P.24参照

解法 **国際出願の優先権の基礎となる出願に、欠落要素又は部分が完全に含まれていることを受理官庁が認める場合、いったん付与された国際出願日を変動させることなく欠落要素又は部分を補充することができる**（PCT規則20.6、H29PCT概要P.24参照）。したがって、本枝において、いったん付与された国際出願日を変えることなく欠落要素又は部分を補充することは、常にできないわけではない。よって、本枝は誤り。

(ホ) ○ PCT規則4.12

解法 PCT規則4.12は、**出願人が国際調査機関に対し、国際調査を行うに当たり、同一若しくは他の国際調査機関又は国内官庁によって行われた先の国際調査、国際型調査又は国内調査の結果を考慮することを希望する場合における願書の記載事項等について規定している。**したがって、出願人は、国際調査機関に対し、国際調査を行うに当たり、同一若しくは他の国際調査機関又は国内官庁によって行われた先の国際調査、国際型調査又は国内調査の結果を考慮することを希望することができる。よって、本枝は正しい。

H26-60　特許協力条約

実施日　／　／　／

特許協力条約に基づく国際出願に関し、次の(イ)～(ホ)のうち、誤っているものは、いくつあるか。

(イ)　国際事務局は、国際出願に善良の風俗又は公の秩序に反する表現が含まれていると認める場合には、国際公開を行うに際し、刊行物においてそのような表現を省略することができる。この場合には、国際事務局は、請求により個別に省略箇所の写しを交付する。

(ロ)　国内特許及び広域特許の双方を受けるために国を指定した場合には、その国の指定の取下げは、別段の表示がある場合を除くほか、国内特許を受けるための指定のみの取下げを意味する。

(ハ)　国際調査機関は、国際調査報告を作成したときは、その後速やかに、その国際調査報告を出願人、国際事務局及び指定官庁に送付しなければならない。

(ニ)　受理官庁が、国際出願に、特許協力条約第14条(1)(a)に規定する欠陥を発見し、出願人に対し、所定の期間内に国際出願の補充をすることを求めた場合において、出願人が補充をしなかったときは、その国際出願は、取り下げられたものとみなされる。

(ホ)　国際出願の明細書には、当該技術分野の専門家が実施することができる程度に明確かつ十分に発明が開示され、請求の範囲には、保護が求められている事項が明確かつ簡潔に記載されていなければならず、かつ、請求の範囲は、明細書により十分な裏付けがされていなければならない。

1　1つ　　2　2つ　　3　3つ　　4　4つ　　5　5つ

H26-60

(イ) ◯ PCT21条(6)

解 法 PCT21条(6)の通りである。すなわち、国際事務局は、国際出願に善良の風俗又は公の秩序に反する表現が含まれていると認める場合には、国際公開を行うに際し、刊行物においてそのような表現を省略することができる。この場合には、国際事務局は、請求により個別に省略箇所の写しを交付する（PCT21条(6)）。よって、本枝は正しい。

(ロ) ◯ PCT規則90の2.2(b)

解 法 PCT規則90の2.2(b)の通りである。すなわち、国内特許及び広域特許の双方を受けるために国を指定した場合には、その国の指定の取下げは、別段の表示がある場合を除くほか、国内特許を受けるための指定のみの取下げを意味するものとする（PCT規則90の2.2(b)）。よって、本枝は正しい。

(ハ) ✕ PCT18条(2)

解 法 国際調査報告は、作成の後速やかに、国際調査機関が「出願人及び国際事務局」に送付する（PCT18条(2)）。したがって、本枝において、国際調査機関は、その国際調査報告を「出願人、国際事務局及び指定官庁」に送付しなければならないわけではない。よって、本枝は誤り。

(ニ) ◯ PCT14条(1)(b)

解 法 受理官庁は、国際出願に、PCT14条(1)(a)に規定する欠陥を発見した場合には、出願人に対し、所定の期間内に国際出願の補充をすることを求める（同条(1)(b)第1文）。この場合において、出願人が補充をしなかったときは、その国際出願は、取り下げられたものとみなされる（同条(1)(b)第2文）。よって、本枝は正しい。

(ホ) ◯ PCT５条、PCT６条

解 法 国際出願の明細書には、当該技術分野の専門家が実施することができる程度に明確かつ十分に、発明を開示する（PCT５条）。また、国際出願の請求の範囲には、保護が求められている事項を明示し、当該事項は明確かつ簡潔に記載されていなければならず、かつ、請求の範囲は、明細書により十分な裏付けがされていなければならない（PCT６条）。よって、本枝は正しい。

H25-11　特許協力条約

実施日　／　／　／

特許協力条約に関し、次の(イ)～(ホ)のうち、誤っているものは、いくつあるか。

□(イ)　受理官庁が、国際出願日を認めた後国際出願日から４月の期間内に、出願人がその国際出願日において当該受理官庁に国際出願をする資格を住所上の理由により明らかに欠いている者であると認定した場合には、当該国際出願は取り下げられたものとみなされる。

□(ロ)　指定官庁による国際出願の処理又は審査は、優先日から30月を経過する時までに行われる場合がある。

□(ハ)　出願人は、国際調査報告を受け取った後、国際出願の請求の範囲について１回に限り補正をすることができる。この補正は、出願時における国際出願の開示の範囲を超えてしてはならないが、指定国の国内法令が、当該開示の範囲を超えてする補正を認めている場合には、当該開示の範囲を超えて補正をすることが、当該指定国においては許容される。

□(ニ)　国際出願の国際公開が英語以外の言語で行われる場合には、国際調査報告又は17条(2)(a)の宣言、要約及び要約に添付する図に係る文言に限り、当該言語及び英語の双方で国際公開を行う。

□(ホ)　要約が規則に従って作成されていないと国際調査機関が認めた場合には、国際調査機関が要約を作成するが、出願人は、当該要約の修正又は当該要約についての意見を述べることは、一切できない。

1　1つ　　2　2つ　　3　3つ　　4　4つ　　5　5つ

H25-11

(イ) ○ **PCT14条(4)、PCT11条(1)(i)、PCT規則30.1**

解 法 **受理官庁が、国際出願日を認めた後国際出願日から４月の期間内**（PCT規則30.1）**に、出願人がその国際出願日において当該受理官庁に国際出願をする資格を住所上の理由により明らかに欠いている者でないこと**（PCT11条(1)(i)）**の要件を満たしていなかったと認定した場合には、当該国際出願は、取り下げられたものとみなされる**（PCT14条(4)）。したがって、本枝における国際出願は取り下げられたものとみなされる。よって、本枝は正しい。

(ロ) ○ **PCT23条(1)・(2)**

解 法 指定官庁は、原則として優先日から30月を経過する時まで（PCT22条）に、国際出願の処理又は審査を行ってはならないが（PCT23条(1)）、**当該規定にかかわらず、指定官庁は、出願人の明示の請求により、国際出願の処理又は審査をいつでも行うことができる**（同条(2)）。したがって、指定官庁による国際出願の処理又は審査は、優先日から30月を経過する時までに行われる場合がある。よって、本枝は正しい。

(ハ) ○ **PCT19条**

解 法 出願人は、国際調査報告を受け取った後、所定の期間内に国際事務局に補正書を提出することにより、国際出願の請求の範囲について１回に限り補正をすることができる（PCT19条(1)）。**補正は、出願時における国際出願の開示の範囲を超えてしてはならないが**（同条(2)）、**指定国の国内法令が同条(2)の開示の範囲を超えてする補正を認めている場合には、同条(2)の規定に従わないことは、当該指定国においていかなる影響をも及ぼすものではない**（同条(3)）。したがって、指定国の国内法令が、国際出願の開示の範囲を超えてする補正を認めている場合には、当該開示の範囲を超えて補正をすることが、当該指定国においては許容される。よって、本枝は正しい。

(ニ) × **PCT規則48.3(c)**

解 法 国際出願の国際公開が英語以外の言語で行われる場合には、国際調査報告又はPCT17条(2)(a)の宣言、「発明の名称」、要約及び要約に添付する図に係る文言は、当該言語及び英語の双方で国際公開を行う（PCT規則48.3(c)）。したがって、**発明の名称も、当該言語及び英語の双方で国際公開が行われる**。よって、本枝は誤り。

(ホ) × **PCT規則38.2第1文、PCT規則38.3(ii)**

解 法 要約がPCT規則８の規定に従っていないと国際調査機関が認めた場合には、国際調査機関は、自ら要約を作成し（PCT規則38.2第1文）、**出願人は、国際調査報告が郵送で発送された日から１月を経過するときまでに、当該要約の修正又は当該要約についての意見を述べることができる**（PCT規則38.3(ii)）。したがって、本枝において、出願人は、当該要約の修正又は当該要約についての意見を述べることが一切できないわけではない。よって、本枝は誤り。

H25-22　特許協力条約

特許協力条約に基づく国際出願に関し、次のうち、誤っているものは、どれか。

田1　国際予備審査において進歩性が欠如していると判断された場合であっても、国際予備審査機関は書面による見解を作成しなくてもよい場合がある。

田2　特許協力条約第34条の規定に基づいて請求の範囲を補正する場合、補正の根拠を示す書簡を当該補正書に添付しなければならない。

田3　国際予備審査の請求書における補正に関する記述に、特許協力条約第34条の規定に基づく補正書を国際予備審査の請求書とともに提出した旨の表示があるにもかかわらず、当該補正書が国際予備審査の請求書と同時に提出されていない場合、国際予備審査機関は、当該補正書を受領した後でなければ、国際予備審査を開始することはできない。

田4　出願人は、国際予備審査機関として行動する国内官庁に対して業として手続をとる権能を有する者を、当該国際予備審査機関に対する手続を行う代理人として選任することができる。

田5　受理官庁は、国際予備審査機関と国際事務局との間の関係取決めに従い、国際予備審査を管轄することとなる１又は２以上の国際予備審査機関を特定する。

H25-22

1 ◎ PCT規則66.1の2(a)、PCTハンドブック1.12.3参照

解法 **PCT規則66.1の2(b)の規定に従うことを条件として、PCT規則43の2.1の規定に基づき国際調査機関が作成した書面による見解は、PCT規則66.2(a)の規定の適用上、国際予備審査機関の書面による見解とみなされるため**（PCT規則66.1の2(a)）、必ずしも国際予備審査機関の書面による見解は作成されない（PCTハンドブック1.12.3参照）。したがって、国際予備審査において進歩性が欠如していると判断された場合であっても、国際予備審査機関は書面による見解を作成しなくてもよい場合がある。よって、本枝は正しい。

2 ◎ PCT規則66.8(c)、PCT規則46.5(b)(iii)

解法 請求の範囲を補正する場合には、PCT規則46.5の規定を準用する（PCT規則66.8(c)）。ここで、**PCT規則46.5(b)(iii)には、出願時における国際出願中の補正の根拠を表示することと規定されている**。したがって、PCT34条の規定に基づいて請求の範囲を補正する場合、補正の根拠を示す書簡を当該補正書に添付しなければならない。よって、本枝は正しい。

3 ☒ PCT規則69.1(e)

解法 補正に関する記述がPCT34条の規定に基づく補正書を国際予備審査の請求書とともに提出する旨の表示（PCT規則53.9(c)）を含んでいるがそのような補正書が実際には提出されていない場合には、**国際予備審査機関は、「補正書の受領」又は「PCT規則60.1(g)に規定する求めに定めた期間の満了」のいずれかが先に生じるまでは、国際予備審査を開始しない**（PCT規則69.1(e)）。したがって、本枝において、国際予備審査機関は、PCT34条の規定に基づく補正書を受領した後でなければ、国際予備審査を開始することができないわけではない。よって、本枝は誤り。

4 ◎ PCT規則90.1(c)

解法 **PCT規則90.1(c)の通り**である。すなわち、出願人は、国際予備審査機関として行動する国内官庁又は政府間機関に対し業として手続をとる権能を有する者を、特に、当該国際予備審査機関に対し出願人を代理する代理人として選任することができる（PCT規則90.1(c)）。よって、本枝は正しい。

5 ◎ PCT32条(2)

解法 受理官庁はPCT31条(2)(a)にいう国際予備審査の請求につき、**国際予備審査機関と国際事務局との間の関係取決めに従い、国際予備審査を管轄することとなる1又は2以上の国際予備審査機関を特定する**（PCT32条(2)）。よって、本枝は正しい。

H25-52　特許協力条約

特許協力条約に基づく国際出願に関し、次のうち、正しいものは、どれか。

田1　優先権の回復について、国際予備審査機関が決定を行う場合がある。

田2　補充国際調査の請求をした出願人は、補充国際調査の結果が出る前に国際予備審査請求をすることができない。

田3　補充国際調査の請求は、受理官庁又は国際調査機関に対して行う。

田4　国際予備審査のための翻訳文の提出が不要な国際出願の場合、国際予備審査報告は優先日から28月又は国際予備審査の開始の時から６月のいずれか遅く満了する期間内に作成される。

田5　補充国際調査報告が作成される場合、書面による見解も作成される。

H25-52

1 ☒ PCT規則26の2.3、PCT規則49の3.2

解　法 **優先権の回復には、受理官庁による優先権の回復**（PCT規則26の2.3）**と指定官庁による優先権の回復**（PCT規則49の3.2）**がある**。したがって、優先権の回復について、国際予備審査機関が決定を行う場合はない。よって、本枝は誤り。

2 ☒ そのような規定はない

解　法 **補充国際調査の請求をした出願人は、補充国際調査の結果が出る前に国際予備審査請求をすることができない旨の規定はない**。よって、本枝は誤り。

3 ☒ PCT規則45の2.1(b)柱書

解　法 **補充調査請求については、「国際事務局」に対して行うものとされている**（PCT規則45の2.1(b)柱書）。したがって、補充国際調査の請求は、受理官庁又は国際調査機関に対して行うわけではない。よって、本枝は誤り。

4 ◎ PCT規則69.2(i)・(ii)

解　法 **国際予備審査報告を作成するための期間は、優先日から28月又は国際予備審査の開始の時から6月のいずれか遅く満了する期間とする**（PCT規則69.2(i)・(ii)）。したがって、本枝において、国際予備審査報告は優先日から28月又は国際予備審査の開始の時から6月のいずれか遅く満了する期間内に作成される。よって、本枝は正しい。

チェック 翻訳文の提出は不要なため、PCT規則69.2(iii)を考慮する必要はない。

5 ☒ 下道・淺見P.281参照

解　法 **補充国際調査報告では、書面による見解は作成されない**（下道・淺見P.281参照）。よって、本枝は誤り。

H25-56 特許協力条約

実施日　／　／　／

特許協力条約に関し、次の(イ)～(ホ)のうち、正しいものは、いくつあるか。

(イ)　国際調査機関は、出願人の請求に応じ、規則の定めるところにより、当該出願人に対し国際調査報告に列記された文献の写しを送付するが、当該請求は当該国際調査報告に係る国際出願の国際出願日から７年の期間いつでも行うことができる。

(ロ)　特許協力条約第２条（定義）によれば、「広域特許」とは、２以上の国において効力を有する特許であり、当該特許を与える権限を有するのは、政府間当局のみである。

(ハ)　ファクシミリにより提出した国際出願書類について、到達した当該書類の一部を判読することができない場合には、特許庁長官は、出願人に対して相当の期間を指定して当該部分を判読することが可能な書類の提出を求めなければならない。

(ニ)　総会は、条約の締約国ではないが工業所有権の保護に関するパリ条約の締約国であるいずれかの国の居住者及び国民に国際出願をすることを認めることを決定することができ、その場合における受理官庁は国内官庁と国際事務局との間の合意により選定される。

(ホ)　国際調査機関は、国際出願が規則に定める発明の単一性の要件を満たしていないと認める場合には、出願人に対し追加手数料の支払いを求める。国際調査機関は、国際出願のうち、請求の範囲に最初に記載されている発明に係る部分及び、必要な追加手数料が所定の期間内に支払われた場合には、追加手数料が支払われた発明に係る部分について、国際調査報告を作成する。

1　1つ　　2　2つ　　3　3つ　　4　4つ　　5　5つ

H25-56

(イ) ◎ PCT20条(3)、PCT規則44.3(a)

解　法　国際調査機関は、指定官庁又は出願人の請求に応じ、規則の定めるところにより、当該指定官庁又は当該出願人に対し国際調査報告に列記された文献の写しを送付する（PCT20条(3)）。ここで、**同条(3)の請求は、当該国際調査報告に係る国際出願の国際出願日から７年の期間いつでも行うことができる**（PCT規則44.3(a)）。よって、本枝は正しい。

(ロ) ☒ PCT２条(iv)

解　法　**「広域特許」とは、２以上の国において効力を有する特許を与える権限を有する「国内当局又は政府間当局」によって与えられる特許をいう**（PCT２条(iv)）。したがって、広域特許を与える権限を有するのは、「政府間当局のみ」ではない。よって、本枝は誤り。

(ハ) ☒ PCT規則92.4(c)

解　法　出願人がファクシミリ等（PCT規則92.4(a)）により書類を送付したが、**到達した書類の一部若しくは全部を判読することができない場合又はその書類の一部が到達していない場合には、到達した書類のうち判読することができない部分又は送付した書類のうち到達していない部分については、「到達しなかったものとみなす。国内官庁又は政府間機関は、速やかにその旨を出願人に通知する」**（同規則(c)）。したがって、特許庁長官は、出願人に対して相当の期間を指定して当該部分を判読することが可能な書類の提出を求めなければならないわけではない。よって、本枝は誤り。

(ニ) ☒ PCT９条(2)、PCT規則19.1(c)

解　法　総会は、この条約の締約国ではないが工業所有権の保護に関するパリ条約の締約国であるいずれかの国の居住者及び国民に国際出願をすることを認めることを決定することができ（PCT９条(2)）、**同条(2)の規定に基づいて行った決定に関連して、その特定した国の居住者又は国民の出願のための受理官庁として行動する国内官庁又は政府間機関を選定するが、その選定には、「当該国内官庁又は政府間機関の事前の同意」を必要とする**（PCT規則19.1(c)）。したがって、受理官庁は国内官庁と国際事務局との間の合意により選定されるわけではない。よって、本枝は誤り。

(ホ) ◎ PCT17条(3)(a)

解　法　**PCT17条(3)(a)の通り**である。すなわち、国際調査機関は、国際出願が規則に定める発明の単一性の要件を満たしていないと認める場合には、出願人に対し追加手数料の支払を求める。国際調査機関は、国際出願のうち、請求の範囲に最初に記載されている発明（主発明）に係る部分及び、必要な追加手数料が所定の期間内に支払われた場合には、追加手数料が支払われた発明に係る部分について、国際調査報告を作成する（PCT17条(3)(a)）。よって、本枝は正しい。

R4-条約9　TRIPs協定

知的所有権の貿易関連の側面に関する協定（以下「ＴＲＩＰＳ協定」という。）に関し、次のうち、誤っているものは、どれか。

1　加盟国は、知的所有権を侵害する物品の国際貿易を排除するため、相互に協力することを合意する。

2　加盟国は、権利者による知的所有権の濫用の防止又は貿易を不当に制限し若しくは技術の国際的移転に悪影響を及ぼす慣行の利用の防止のために必要とされる適当な措置を、これらの措置がＴＲＩＰＳ協定に適合する限りにおいて、とることができる。

3　各加盟国は、他の条約に既に規定する例外を除くほか、知的所有権の保護に関し、他の加盟国の国民に与える待遇よりも有利な待遇を自国民に与える。

4　知的所有権の保護に関し、加盟国が他の国の国民に与える利益、特典、特権又は免除は、ＴＲＩＰＳ協定が除外するもの又は適用しないと規定する手続を除くほか、他のすべての加盟国の国民に対し即時かつ無条件に与えられる。

5　ＴＲＩＰＳ協定に係る紛争解決においては、ＴＲＩＰＳ協定第３条及び第４条の規定を除くほか、ＴＲＩＰＳ協定のいかなる規定も、知的所有権の消尽に関する問題を取り扱うために用いてはならない。

R4-条約9

1 ◎ TRIPs69条第1文

解 法 TRIPs69条第1文の通りである。すなわち、加盟国は、知的所有権を侵害する物品の国際貿易を排除するため、相互に協力することを合意する（TRIPs69条第1文）。よって、本枝は正しい。

2 ◎ TRIPs8条2

解 法 TRIPs8条2の通りである。すなわち、加盟国は、権利者による知的所有権の濫用の防止又は貿易を不当に制限し若しくは技術の国際的移転に悪影響を及ぼす慣行の利用の防止のために必要とされる適当な措置を、これらの措置がTRIPS協定に適合する限りにおいて、とることができる（TRIPs8条2）。よって、本枝は正しい。

3 ✕ TRIPs3条1第1文

解 法 各加盟国は、1967年のパリ条約、1971年のベルヌ条約、ローマ条約及び集積回路についての知的所有権に関する条約に既に規定する例外を除くほか（TRIPs3条1第2文）、知的所有権の保護に関し、「自国民に与える待遇よりも不利でない待遇を他の加盟国の国民に与える」（同条1第1文）。したがって、各加盟国は、他の条約に既に規定する例外を除くほか、知的所有権の保護に関し、「他の加盟国の国民に与える待遇よりも有利な待遇を自国民に与える」わけではない。よって、本枝は誤り。

4 ◎ TRIPs4条柱書、TRIPs5条

解 法 知的所有権の保護に関し、加盟国が他の国の国民に与える利益、特典、特権又は免除は、TRIPS協定が除外するもの（TRIPs4条柱書第2文）又は適用しないと規定する手続（TRIPs5条）を除くほか、他のすべての加盟国の国民に対し即時かつ無条件に与えられる（TRIPs4条柱書第1文）。よって、本枝は正しい。

5 ◎ TRIPs6条

解 法 TRIPs6条の通りである。すなわち、TRIPS協定に係る紛争解決においては、TRIPs3条及び4条の規定を除くほか、TRIPS協定のいかなる規定も、知的所有権の消尽に関する問題を取り扱うために用いてはならない（TRIPs6条）。よって、本枝は正しい。

R4-条約10　TRIPs協定

知的所有権の貿易関連の側面に関する協定に関し、次の(イ)～(ホ)のうち、正しいものは、いくつあるか。

田(イ)　加盟国は、特許の対象に関し、「進歩性」及び「産業上の利用可能性」の用語を、それぞれ「自明のものではないこと」及び「有用性」と同一の意義を有するとみなさなければならない。

田(ロ)　加盟国は、微生物以外の動物並びに非生物学的方法及び微生物学的方法以外の動物の生産のための本質的に生物学的な方法を特許の対象から除外することはできない。

田(ハ)　加盟国は、商標の実際の使用を登録出願の条件としてはならない。

田(ニ)　加盟国は、意匠が既知の意匠又は既知の意匠の主要な要素の組合せと著しく異なるものでない場合には、当該意匠を新規性又は独創性のある意匠でないものとすることを定めることができる。

田(ホ)　加盟国は、主として技術的又は機能的考慮により特定される意匠については、独自に創作された新規性又は独創性のある意匠の保護が及んではならないことを定めることができる。

1　1つ　　2　2つ　　3　3つ　　4　4つ　　5　5つ

R4-条約10

(イ) ☒ TRIPs27条1注

解　法 加盟国は、TRIPs27条の規定（特許の対象）の適用上、「進歩性」及び「産業上の利用可能性」の用語を、それぞれ「自明のものではないこと」及び「有用性」と同一の意義を有すると**「みなすことができる」**（同条1注）。したがって、加盟国は、特許の対象に関し、「進歩性」及び「産業上の利用可能性」の用語を、それぞれ「自明のものではないこと」及び「有用性」と同一の意義を有すると「みなさなければならない」わけではない。よって、本枝は誤り。

(ロ) ☒ TRIPs27条3(b)第1文

解　法 加盟国は、**微生物以外の動植物**並びに非生物学的方法及び微生物学的方法以外の動植物の生産のための**本質的に生物学的な方法を特許の対象から除外することができる**（TRIPs27条3(b)第1文）。よって、本枝は誤り。

(ハ) ◎ TRIPs15条3第2文

解　法 **TRIPs15条3第2文の通り**である。すなわち、加盟国は、商標の実際の使用を登録出願の条件としてはならない（TRIPs15条3第2文）。よって、本枝は正しい。

(ニ) ◎ TRIPs25条1第2文

解　法 **TRIPs25条1第2文の通り**である。すなわち、加盟国は、意匠が既知の意匠又は既知の意匠の主要な要素の組合せと著しく異なるものでない場合には、当該意匠を新規性又は独創性のある意匠でないものとすることを定めることができる（TRIPs25条1第2文）。よって、本枝は正しい。

(ホ) ◎ TRIPs25条1第1文・第3文

解　法 加盟国は、独自に創作された新規性又は独創性のある意匠の保護について定めるが（TRIPs25条1第1文）、主として**技術的又は機能的考慮により特定される意匠については、このような保護が及んではならないことを定めることができる**（同条1第3文）。よって、本枝は正しい。

R3-条約9　TRIPs協定

知的所有権の貿易関連の側面に関する協定に関し、次のうち、正しいものは、どれか。

1　特許の対象が方法である場合には、特許権者に、当該方法により間接的に得られた物の使用、販売の申出若しくは販売又はこれらを目的とする輸入を防止する排他的権利を与えなければならない。

2　特許権者の権利の侵害に関する民事上の手続において、特許の対象が物を得るための方法である場合には、税関当局は、被申立人に対し、同一の物を得る方法が特許を受けた方法と異なることを立証することを命ずる権限を有する。

3　加盟国は、特許権者の権利の侵害に関する民事上の手続において、特許の対象が物を得るための方法である場合に、特許を受けた方法によって得られた物が産業上の利用可能性のあるものであるときには、特許権者の承諾を得ないで生産された同一の物について、反証のない限り、特許を受けた方法によって得られたものと推定することを定めなければならない。

4　加盟国は、特許権者の権利の侵害に関する民事上の手続において、特許の対象が物を得るための方法である場合に、同一の物が特許を受けた方法によって生産された相当の可能性があり、かつ、特許権者が妥当な努力により実際に使用された方法を確定できなかったときには、特許権者の承諾を得ないで生産された同一の物について、反証のない限り、特許を受けた方法によって得られたものと推定することを定めなければならない。

5　加盟国は、特許権者の権利の侵害に関する民事上の手続において、特許の対象が物を得るための方法である場合に、特許権者の承諾を得ないで生産された同一の物について、特許を受けた方法によって得られたものであるとの推定を覆す反証の提示に際し、製造上及び営業上の秘密の保護に関する被申立人の利益を考慮することを要しない。

R3-条約9

1 ☒ **TRIPs28条1(b)**

解　法　特許の対象が方法である場合には、特許権者に、特許権者の承諾を得ていない第三者による当該方法の使用を防止し及び当該方法により少なくとも**「直接的」**に得られた物の使用、販売の申出若しくは販売又はこれらを目的とする輸入を防止する権利を与えなければならない（TRIPs28条1(b)）。したがって、本枝において、特許の対象が方法である場合には、特許権者に、当該方法により「間接的」に得られた物の使用等を防止する排他的権利を与えなければならないわけではない。よって、本枝は誤り。

2 ☒ **TRIPs34条1柱書第1文**

解　法　特許権者の権利の侵害に関する民事上の手続において、特許の対象が物を得るための方法である場合には、**「司法当局」**は、被申立人に対し、同一の物を得る方法が特許を受けた方法と異なることを立証することを命ずる権限を有する(TRIPs34条1柱書第1文)。したがって、本枝において、「税関当局」は、被申立人に対し、同一の物を得る方法が特許を受けた方法と異なることを立証することを命ずる権限を有するわけではない。よって、本枝は誤り。

3 ☒ **TRIPs34条1(a)**

解　法　加盟国は、特許権者の権利の侵害に関する民事上の手続において、特許の対象が物を得るための方法である場合に、特許を受けた方法によって得られた物が**「新規性」**のあるものである場合には、特許権者の承諾を得ないで生産された同一の物について、反証のない限り、特許を受けた方法によって得られたものと推定することを定めなければならない（TRIPs34条1(a)）。したがって、本枝において、加盟国は、特許を受けた方法によって得られた物が「産業上の利用可能性」のあるものであるときには、特許権者の承諾を得ないで生産された同一の物について、反証のない限り、特許を受けた方法によって得られたものと推定することを定めなければならないわけではない。よって、本枝は誤り。

4 ◎ **TRIPs34条1(b)**

解　法　**加盟国は、特許権者の権利の侵害に関する民事上の手続において、特許の対象が物を得るための方法である場合に、同一の物が特許を受けた方法によって生産された相当の可能性があり、かつ、特許権者が妥当な努力により実際に使用された方法を確定できなかった場合には、特許権者の承諾を得ないで生産された同一の物について、反証のない限り、特許を受けた方法によって得られたものと推定することを定めなければならない**（TRIPs34条1(b)）。よって、本枝は正しい。

5 ☒ **TRIPs34条3**

解　法　加盟国は、特許権者の権利の侵害に関する民事上の手続において、特許の対象が物を得るための方法である場合に、少なくともTRIPs34条1(a)又は(b)のいずれかの場合には、特許権者の承諾を得ないで生産された同一の物について、反証のない限り、特許を受けた方法によって得られたものと推定することを定めなければならないところ（同条1柱書）、**反証の提示においては、製造上及び営業上の秘密の保護に関する被申立人の正当な利益を考慮する**（同条3）。したがって、本枝において、加盟国は、反証の提示に際し、製造上及び営業上の秘密の保護に関する被申立人の利益を考慮することを要しないわけではない。よって、本枝は誤り。

R3-条約10　TRIPs協定

実施日　／　／　／

知的所有権の貿易関連の側面に関する協定の「第３部　知的所有権の行使　第１節　一般的義務」の規定に関し、次のうち、誤っているものは、どれか。

田1　「第３部　知的所有権の行使」に規定する行使手続は、正当な貿易の新たな障害となることを回避し、かつ、濫用に対する保障措置を提供するような態様で適用する。

田2　知的所有権の行使に関する手続は、不必要に複雑な又は費用を要するものであってはならず、また、不合理な期限を付され又は不当な遅延を伴うものであってはならない。

田3　本案についての決定は、当事者が意見を述べる機会を与えられた証拠にのみ基づく。

田4　加盟国は、刑事事件の無罪判決に関し手続の当事者に司法当局による審査の機会を与える義務を負わない。

田5　「第３部　知的所有権の行使」の規定は、加盟国に対して、一般的な法の執行のための司法制度とは別の知的所有権に関する執行のための司法制度を設ける義務を生じさせるものである。

R3-条約10

1 ◯ **TRIPs41条1第2文**

解　法　「第3部　知的所有権の行使」に規定する行使手続は、**正当な貿易の新たな障害となることを回避し、かつ、濫用に対する保障措置を提供するような態様で適用する**（同条1第2文)。よって、本枝は正しい。

2 ◯ **TRIPs41条2第2文**

解　法　知的所有権の行使に関する手続は、**不必要に複雑な又は費用を要するものであってはならず、また、不合理な期限を付され又は不当な遅延を伴うものであってはならない**（TRIPs41条2第2文)。よって、本枝は正しい。

3 ◯ **TRIPs41条3第3文**

解　法　**TRIPs41条3第3文の通り**である。すなわち、本案についての決定は、当事者が意見を述べる機会を与えられた証拠にのみ基づく（TRIPs41条3第3文)。よって、本枝は正しい。

4 ◯ **TRIPs41条4第2文**

解　法　**加盟国は、刑事事件の無罪判決に関し手続の当事者に司法当局による審査の機会を与える義務を負わない**（TRIPs41条4第2文)。よって、本枝は正しい。

5 ✕ **TRIPs41条5第1文**

解　法　「第3部　知的所有権の行使」の規定は、**加盟国に対して、一般的な法の執行のための司法制度とは別の知的所有権に関する執行のための司法制度を設ける義務を生じさせるものではない**（TRIPs41条5第1文)。よって、本枝は誤り。

R2-条約９　TRIPs協定

実施日　／　／　／

知的所有権の貿易関連の側面に関する協定に関し、次のうち、正しいものは、どれか。

□ 1　一般的な性格を有さず、かつ、知的所有権の保護に特に限定される司法共助又は法の執行に関する国際協定に基づいて、加盟国が与える利益、特典、特権又は免除は、最恵国待遇を与える義務から除外される。

□ 2　加盟国は、商標権者及び第三者の正当な利益を考慮して、商標により与えられる権利につき、記述上の用語の公正な使用に関して限定的な例外を定めなければならない。

□ 3　加盟国は、繊維の意匠の保護を確保するための要件、特に、費用、審査又は公告に関する要件が保護を求め又は取得する機会を不当に害さないことを確保する。

□ 4　加盟国は、人又は動物の治療のための診断方法、治療方法及び外科的方法を特許の対象から除外することはできない。

□ 5　加盟国は、知的所有権の保護の対象であって、その取引が知的所有権の侵害を伴うことを関係者が知るか又は知ることができる合理的な理由を有することとなる前に当該関係者により取得され又は注文されたものに関して、司法当局に対し、知的所有権を侵害しないことを当該関係者に命じる権限を与える義務を負う。

R2-条約9

1 ☒ TRIPs４条(a)

解　法　**一般的な性格を「有し」、かつ、知的所有権の保護に特に「限定されない」司法共助又は法の執行に関する国際協定に基づいて、加盟国が与える利益、特典、特権又は免除は、最恵国待遇を与える義務から除外される**（TRIPs４条(a)）。したがって、一般的な性格を「有さず」、かつ、知的所有権の保護に特に「限定される」司法共助又は法の執行に関する国際協定に基づいて、加盟国が与える利益、特典、特権又は免除は、最恵国待遇を与える義務から除外されるわけではない。よって、本枝は誤り。

2 ☒ TRIPs17条

解　法　**加盟国は、商標権者及び第三者の正当な利益を考慮することを条件として、商標により与えられる権利につき、記述上の用語の公正な使用等限定的な例外を「定めることができる」**（TRIPs17条）。したがって、加盟国は、商標権者及び第三者の正当な利益を考慮して、商標により与えられる権利につき、記述上の用語の公正な使用に関して限定的な例外を「定めなければならない」わけではない。よって、本枝は誤り。

3 ◯ TRIPs25条２第１文

解　法　**TRIPs25条２第１文の通り**である。すなわち、加盟国は、繊維の意匠の保護を確保するための要件、特に、費用、審査又は公告に関する要件が保護を求め又は取得する機会を不当に害しないことを確保する（TRIPs25条２第１文）。よって、本枝は正しい。

4 ☒ TRIPs27条３(a)

解　法　**加盟国は、人又は動物の治療のための診断方法、治療方法及び外科的方法を特許の対象から除外することができる**（TRIPs27条３(a)）。よって、本枝は誤り。

5 ☒ TRIPs44条１第２文

解　法　**加盟国は、知的所有権の保護の対象であって、その取引が知的所有権の侵害を伴うことを関係者が知るか又は知ることができる合理的な理由を有することとなる前に当該関係者により取得され又は注文されたものに関して、司法当局に対し、知的所有権を侵害しないことを当該関係者に命じる権限を与える義務を負わない**（TRIPs44条１第２文）。よって、本枝は誤り。

R2-条約10　TRIPs協定

知的所有権の貿易関連の側面に関する協定（以下「ＴＲＩＰＳ協定」という。）の第31条及び第31条の２で規定する他の使用に関し、次のうち、誤っているものは、どれか。

1　他の使用は、他の使用に先立ち、使用者となろうとする者が合理的な商業上の条件の下で特許権者から許諾を得る努力を行って、合理的な期間内にその努力が成功しなかった場合に限り、認めることができると規定されているが、加盟国は、国家緊急事態その他の極度の緊急事態の場合又は公的な非商業的使用の場合に、上記規定に定める要件を免除することができると規定されている。

2　他の使用は、主として当該他の使用を許諾する加盟国の国内市場への供給のために許諾されると規定されているが、加盟国は、司法上又は行政上の手続の結果反競争的と決定された行為を是正する目的のために他の使用が許諾される場合には、上記規定に定める条件を適用する義務を負わないと規定されている。

3　他の使用は、主として当該他の使用を許諾する加盟国の国内市場への供給のために許諾されると規定されているが、ＴＲＩＰＳ協定の附属書に定める条件に従い、輸出加盟国が、医薬品を生産し、及びそれを輸入する資格を有する加盟国に輸出するために必要な範囲において当該輸出加盟国が与える強制実施許諾については、上記規定に定める義務を適用しないと規定されている。

4　他の使用について、特許権者は、許諾の経済的価値を考慮し、個々の場合における状況に応じ適当な報酬を受けると規定されているが、加盟国は、司法上又は行政上の手続の結果反競争的と決定された行為を是正する目的のために他の使用が許諾される場合には、報酬額の決定に当たり、反競争的な行為を是正する必要性を考慮してはならないと規定されている。

5　他の使用について、特許権者は、許諾の経済的価値を考慮し、個々の場合における状況に応じ適当な報酬を受けると規定されているが、ＴＲＩＰＳ協定の附属書に定める条件に従い、輸出加盟国が、医薬品を生産し、及びそれを輸入する資格を有する加盟国に輸出するために必要な範囲において当該輸出加盟国が強制実施許諾を与える場合には、当該輸出加盟国において許諾されている使用が当該輸入する資格を有する加盟国にとって有する経済的価値を考慮して、個々の場合における状況に応じ、当該輸出加盟国において適当な報酬が支払われると規定されている。

R2-条約10

1 ◎ TRIPs31条(b)第1文・第2文

解法 他の使用は、他の使用に先立ち、使用者となろうとする者が合理的な商業上の条件の下で特許権者から許諾を得る努力を行って、合理的な期間内にその努力が成功しなかった場合に限り、認めることができる（TRIPs31条(b)第1文）。したがって、前段は正しい。また、加盟国は、国家緊急事態その他の極度の緊急事態の場合又は公的な非商業的使用の場合には、そのような要件を免除することができる（同条(b)第2文）。したがって、後段も正しい。よって、本枝は正しい。

2 ◎ TRIPs31条(f)・(k)第1文

解法 他の使用は、主として当該他の使用を許諾する加盟国の国内市場への供給のために許諾される（TRIPs31条(f)）。したがって、前段は正しい。また、加盟国は、司法上又は行政上の手続の結果反競争的と決定された行為を是正する目的のために他の使用が許諾される場合には、同条(b)及び(f)に定める条件を適用する義務を負わない（TRIPs31条(k)第1文）。したがって、後段も正しい。よって、本枝は正しい。

3 ◎ TRIPs31条(f)、TRIPs31条の2-1

解法 他の使用は、主として当該他の使用を許諾する加盟国の国内市場への供給のために許諾される（TRIPs31条(f)）。したがって、前段は正しい。また、同条(f)に規定する輸出加盟国の義務は、この協定の附属書の2に定める条件に従い、医薬品を生産し、及びそれを輸入する資格を有する加盟国に輸出するために必要な範囲において当該輸出加盟国が与える強制実施許諾については、適用しない（TRIPs31条の2-1）。したがって、後段も正しい。よって、本枝は正しい。

4 ☒ TRIPs31条(h)、TRIPs31条(k)第2文

解法 他の使用について、特許権者は、許諾の経済的価値を考慮し、個々の場合における状況に応じ適当な報酬を受ける（TRIPs31条(h)）。したがって、前段は正しい。一方、加盟国は、司法上又は行政上の手続の結果反競争的と決定された行為を是正する目的のために他の使用が許諾される場合（TRIPs31条(k)第1文）には、報酬額の決定に当たり、反競争的な行為を是正する必要性を考慮することができる（同条(k)第2文）。したがって、後段は誤り。よって、本枝は誤り。

5 ◎ TRIPs31条(h)、TRIPs31条の2-2第1文

解法 他の使用について、特許権者は、許諾の経済的価値を考慮し、個々の場合における状況に応じ適当な報酬を受ける（TRIPs31条(h)）。したがって、前段は正しい。また、この協定の附属書に定める条件に従い、輸出加盟国が、医薬品を生産し、及びそれを輸入する資格を有する加盟国に輸出するために必要な範囲において当該輸出加盟国が強制実施許諾を与える場合（TRIPs31条の2-1）には、当該輸出加盟国において許諾されている使用が輸入する資格を有する加盟国にとって有する経済的価値を考慮して、個々の場合における状況に応じ、当該輸出加盟国において適当な報酬（TRIPs31条(h)）が支払われる（TRIPs31条の2-2第1文）。したがって、後段も正しい。よって、本枝は正しい。

R1-条約9　TRIPs協定

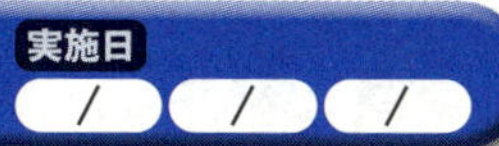

知的所有権の貿易関連の側面に関する協定（以下「ＴＲＩＰＳ協定」という。）における商標及びサービス・マークに関し、次の(イ)〜(ホ)のうち、正しいものは、いくつあるか。

田(イ)　加盟国は、標識を視覚によって認識することができることを登録の条件として要求しなければならない。

田(ロ)　パリ条約の1967年7月14日のストックホルム改正条約（以下「パリ条約」という。）第6条の2の規定は、登録された商標に係る商品又はサービスと類似していない商品又はサービスについて準用する。ただし、当該類似していない商品又はサービスについての当該登録された商標の使用が、当該類似していない商品又はサービスと当該登録された商標の権利者との間の関連性を示唆し、かつ、当該権利者の利益が当該使用により害されるおそれがある場合に限る。

田(ハ)　登録を維持するために使用が要件とされる場合には、登録は、少なくとも3年間継続して使用しなかった後においてのみ、取り消すことができる。ただし、商標権者が、その使用に対する障害の存在に基づく正当な理由を示す場合は、この限りでない。

田(ニ)　加盟国は、商標の使用又は登録に関してＴＲＩＰＳ協定の地理的表示の節の規定に基づいてされる申立てが、保護されている地理的表示の不当な使用が自国において一般的に知られるようになった日の後又は、当該日よりも登録の日が早い場合には、商標が当該登録の日までに公告されることを条件として、当該登録の日の後5年以内にされなければならないことを定めることができる。ただし、当該地理的表示の使用又は登録が悪意で行われたものでないことを条件とする。

田(ホ)　パリ条約第4条の規定は、サービス・マークについて準用する。

1　1つ　　2　2つ　　3　3つ　　4　4つ　　5　5つ

R1-条約9

(イ) ☒ TRIPs15条1第4文

解　法 **加盟国は、標識を視覚によって認識することができることを登録の条件として「要求することができる」**（TRIPs15条1第4文）。したがって、加盟国は、標識を視覚によって認識することができることを登録の条件として「要求しなければならない」わけではない。よって、本枝は誤り。

(ロ) ◎ TRIPs16条3

解　法 **TRIPs16条3の通り**である。すなわち、1967年のパリ6条の2の規定は、登録された商標に係る商品又はサービスと類似していない商品又はサービスについて準用する。ただし、当該類似していない商品又はサービスについての当該登録された商標の使用が、当該類似していない商品又はサービスと当該登録された商標の権利者との間の関連性を示唆し、かつ、当該権利者の利益が当該使用により害されるおそれがある場合に限る（TRIPs16条3）。よって、本枝は正しい。

(ハ) ◎ TRIPs19条1第1文・第2文

解　法 **TRIPs19条1第1文・第2文の通り**である。すなわち、登録を維持するために使用が要件とされる場合には、登録は、少なくとも3年間継続して使用しなかった後においてのみ、取り消すことができる。ただし、商標権者が、その使用に対する障害の存在に基づく正当な理由を示す場合は、この限りでない（TRIPs19条1第1文・第2文）。よって、本枝は正しい。

(ニ) ◎ TRIPs24条7

解　法 **TRIPs24条7の通り**である。すなわち、加盟国は、商標の使用又は登録に関してTRIPs協定の地理的表示の節の規定に基づいてされる申立てが、保護されている地理的表示の不当な使用が自国において一般的に知られるようになった日の後又は、当該日よりも登録の日が早い場合には、商標が当該登録の日までに公告されることを条件として、当該登録の日の後5年以内にされなければならないことを定めることができる。ただし、当該地理的表示の使用又は登録が悪意で行われたものでないことを条件とする（TRIPs24条7）。よって、本枝は正しい。

(ホ) ◎ TRIPs62条3

解　法 **TRIPs62条3の通り**である。すなわち、1967年のパリ4条の規定は、サービス・マークについて準用する（TRIPs62条3）。よって、本枝は正しい。

R1-条約10 TRIPs協定

次の文章は、知的所有権の貿易関連の側面に関する協定における知的所有権の行使について述べた文章である。①～⑤の空欄に語句を入れたとき、空欄番号と語句の組合せとして、最も適切なものは、どれか。

民事上の司法手続では、手続の当事者は、（　①　）を提出することについての正当な権利を有する。民事上の司法手続では、一方の当事者が（　②　）を提出し、かつ、他方の当事者の有する当該主張の裏付けに関連する証拠を特定した場合には、司法当局は、適当な事案において秘密の情報の保護を確保することを条件として、他方の当事者にその特定された証拠の提示を命じる権限を有する。

暫定措置では、司法当局は、申立人が権利者であり、かつ、その権利が侵害されていること又は侵害の生じる差し迫ったおそれがあることを十分な確実性をもって自ら確認するため、申立人に対し（　③　）を提出するよう要求する権限を有する。

国境措置では、税関当局による物品の解放の停止手続を開始する権利者は、輸入国の法令上、当該権利者の知的所有権の侵害の事実があることを権限のある当局が（　④　）を提出し、及び税関当局が（　⑤　）を提出することが要求される。

田1　①その主張を十分裏付ける合理的に入手可能な証拠
　　②その主張を裏付けること及びすべての関連する証拠
　　③容易に識別することができるよう物品に関する十分詳細な記述
　　④一応確認するに足りる適切な証拠
　　⑤合理的に入手可能な証拠

田2　①その主張を十分裏付ける合理的に入手可能な証拠
　　②その主張を裏付けること及びすべての関連する証拠
　　③合理的に入手可能な証拠
　　④容易に識別することができるよう物品に関する十分詳細な記述
　　⑤一応確認するに足りる適切な証拠

田3　①その主張を裏付けること及びすべての関連する証拠
　　②その主張を十分裏付ける合理的に入手可能な証拠
　　③容易に識別することができるよう物品に関する十分詳細な記述
　　④合理的に入手可能な証拠
　　⑤一応確認するに足りる適切な証拠

田4　①その主張を裏付けること及びすべての関連する証拠
②その主張を十分裏付ける合理的に入手可能な証拠
③合理的に入手可能な証拠
④一応確認するに足りる適切な証拠
⑤容易に識別することができるよう物品に関する十分詳細な記述

田5　①その主張を裏付けること及びすべての関連する証拠
②その主張を十分裏付ける合理的に入手可能な証拠
③合理的に入手可能な証拠
④容易に識別することができるよう物品に関する十分詳細な記述
⑤一応確認するに足りる適切な証拠

R1-条約10

本問の出典は、TRIPs42条第4文、TRIPs43条1、TRIPs50条3及びTRIPs52条第1文である。

民事上の司法手続では、手続の当事者は、(①**その主張を裏付けること及びすべての関連する証拠**)を提出することについての正当な権利を有する。民事上の司法手続では、一方の当事者が(②**その主張を十分裏付ける合理的に入手可能な証拠**)を提出し、かつ、他方の当事者の有する当該主張の裏付けに関連する証拠を特定した場合には、司法当局は、適当な事案において秘密の情報の保護を確保することを条件として、他方の当事者にその特定された証拠の提示を命じる権限を有する。

暫定措置では、司法当局は、申立人が権利者であり、かつ、その権利が侵害されていること又は侵害の生じる差し迫ったおそれがあることを十分な確実性をもって自ら確認するため、申立人に対し(③**合理的に入手可能な証拠**)を提出するよう要求する権限を有する。

国境措置では、税関当局による物品の解放の停止手続を開始する権利者は、輸入国の法令上、当該権利者の知的所有権の侵害の事実があることを権限のある当局が(④**一応確認するに足りる適切な証拠**)を提出し、及び税関当局が(⑤**容易に識別することができるよう物品に関する十分詳細な記述**)を提出することが要求される。

したがって、①の空欄に入る語句は、「その主張を裏付けること及びすべての関連する証拠」であり、
②の空欄に入る語句は、「その主張を十分裏付ける合理的に入手可能な証拠」であり、
③の空欄に入る語句は、「合理的に入手可能な証拠」であり、
④の空欄に入る語句は、「一応確認するに足りる適切な証拠」であり、
⑤の空欄に入る語句は、「容易に識別することができるよう物品に関する十分詳細な記述」である。

よって、空欄番号と語句の組合せとして、最も適切なものは、4である。

H30-条約9　TRIPs協定

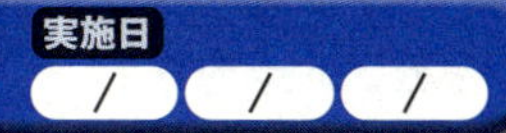

知的所有権の貿易関連の側面に関する協定（以下「ＴＲＩＰＳ協定」という。）に関し、次のうち、誤っているものは、どれか。

田1　加盟国は、国内法令の制定又は改正に当たり、公衆の健康及び栄養を保護し並びに社会経済的及び技術的発展に極めて重要な分野における公共の利益を促進するために必要な措置を、これらの措置がＴＲＩＰＳ協定に適合する限りにおいて、とることができる。

田2　加盟国は、公の秩序又は善良の風俗を守ることを目的として、商業的な実施を自国の領域内において防止する必要がある発明を特許の対象から除外することができるが、人、動物若しくは植物の生命若しくは健康を保護し又は環境に対する重大な損害を回避することは、ここでいう公の秩序又は善良の風俗を守ることに含まれない。

田3　特許についてのいわゆる強制実施許諾は、主として当該許諾をする加盟国の国内市場への供給のためである場合に限るという義務は、ＴＲＩＰＳ協定の附属書に定める条件に従い、加盟国**X**が、輸入する資格を有する加盟国**Y**のために医薬品を生産し、及びそれを加盟国**Y**に輸出するために必要な範囲において加盟国**X**が与える強制実施許諾については、適用しない。

田4　加盟国は、医薬分野における生産能力が不十分であるか又は生産能力がない加盟国が直面する問題を克服するため、医薬分野における技術の移転及び能力の開発を促進することが望ましいことを認める。

田5　加盟国は、新規性のある化学物質を利用する医薬品又は農業用の化学品の販売の承認の条件として、作成のために相当の努力を必要とする開示されていない試験データその他のデータの提出を要求する場合には、不公正な商業的使用から当該データを保護する。

H30-条約9

1 ◎ TRIPs８条１

解　法　TRIPs８条１の通りである。すなわち、加盟国は、国内法令の制定又は改正に当たり、公衆の健康及び栄養を保護し並びに社会経済的及び技術的発展に極めて重要な分野における公共の利益を促進するために必要な措置を、これらの措置がTRIPs協定に適合する限りにおいて、とることができる（TRIPs８条１）。よって、本枝は正しい。

2 ☒ TRIPs27条２本文かっこ書

解　法　加盟国は、公の秩序又は善良の風俗を守ることを目的として、商業的な実施を自国の領域内において防止する必要がある発明を特許の対象から除外することができるので（TRIPs27条２本文）、前段は正しい。しかし、人、動物若しくは植物の生命若しくは健康を保護し又は環境に対する重大な損害を回避することは、ここでいう公の秩序又は善良の風俗を守ることに含まれるので（同条２本文かっこ書）、後段は誤り。よって、本枝は誤り。

3 ◎ TRIPs31条(f)、TRIPs31条の２-１

解　法　特許についてのいわゆる強制実施権（他の使用）の許諾は、主として当該許諾をする加盟国の国内市場への供給のためである場合に限るという義務（TRIPs31条(f)）は、TRIPs附属書２に定める条件に従い、加盟国Ｘが、輸入する資格を有する加盟国Ｙのために医薬品を生産し、及びそれをＹに輸出するために必要な範囲においてＸが与える強制実施許諾については、適用しない（TRIPs31条の２-１）。よって、本枝は正しい。

4 ◎ TRIPs附属書６第１文

解　法　TRIPs附属書６第１文の通りである。すなわち、加盟国は、医薬分野における生産能力が不十分であるか又は生産能力がない加盟国が直面する問題を克服するため、医薬分野における技術の移転及び能力の開発を促進することが望ましいことを認める（TRIPs附属書６第１文）。よって、本枝は正しい。

5 ◎ TRIPs39条３第１文

解　法　TRIPs39条３第１文の通りである。すなわち、加盟国は、新規性のある化学物質を利用する医薬品又は農業用の化学品の販売の承認の条件として、作成のために相当の努力を必要とする開示されていない試験データその他のデータの提出を要求する場合には、不公正な商業的使用から当該データを保護する（TRIPs39条３第１文）。よって、本枝は正しい。

H30-条約10 TRIPs協定

知的所有権の貿易関連の側面に関する協定及び特許法条約の出願についての規定に関し、次のうち、誤っているものは、どれか。

田1　商標の出願は、意図された使用が出願日から３年の期間が満了する前に行われなかったことのみを理由として拒絶されてはならない。

田2　商標が出願される商品又はサービスの性質は、いかなる場合にも、その商標の登録の妨げになってはならない。

田3　加盟国は、特許出願人に対し、その発明をその技術分野の専門家が実施することができる程度に明確かつ十分に開示することを要求する。

田4　特許の保護期間は、出願日から計算して20年の期間が経過する前に終了してはならない。

田5　官庁は、出願日を設定するに当たり、明細書の一部が出願から欠落していると認められる場合又は出願から欠落していると認められる図面に当該出願が言及している場合においても、出願人にその旨を通知することを要しない。

H30-条約10

1 ○ **TRIPs15条3第3文**

解法 **TRIPs15条3第3文の通り**である。すなわち、商標の出願は、意図された使用が出願日から3年の期間が満了する前に行われなかったことのみを理由として拒絶されてはならない（TRIPs15条3第3文）。よって、本枝は正しい。

2 ○ **TRIPs15条4**

解法 **TRIPs15条4の通り**である。すなわち、商標が出願される商品又はサービスの性質は、いかなる場合にも、その商標の登録の妨げになってはならない（TRIPs15条4）。よって、本枝は正しい。

3 ○ **TRIPs29条1第1文**

解法 **TRIPs29条1第1文の通り**である。すなわち、加盟国は、特許出願人に対し、その発明をその技術分野の専門家が実施することができる程度に明確かつ十分に開示することを要求する（TRIPs29条1第1文）。よって、本枝は正しい。

4 ○ **TRIPs33条**

解法 **TRIPs33条の通り**である。すなわち、特許の保護期間は、出願日から計算して20年の期間が経過する前に終了してはならない（TRIPs33条）。よって、本枝は正しい。

5 × **特許法条約5条(5)**

解法 **官庁は、出願日を設定するに当たり、明細書の一部が出願から欠落していると認められる場合又は出願から欠落していると認められる図面に当該出願が言及している場合には、出願人にその旨を速やかに通知する**（特許法条約5条(5)）。したがって、本枝において、出願人にその旨を通知することを要しないわけではない。よって、本枝は誤り。

H29-条約9　TRIPs協定

知的所有権の貿易関連の側面に関する協定における特許及び意匠に関し、次のうち、誤っているものは、どれか。

1　一定の条件の下で発明地について差別することなく、特許が与えられ、及び特許権が享受されることが規定されている。しかし、一定の条件の下で創作地について差別することなく、意匠の保護が与えられ、及び意匠権が享受されることは規定されていない。

2　一定の条件の下で、加盟国は、第三者の正当な利益を考慮し、特許により与えられる排他的権利について限定的な例外を定めることができることが規定されている。しかし、一定の条件の下で、加盟国は、第三者の正当な利益を考慮し、意匠の保護について限定的な例外を定めることができることは規定されていない。

3　一定の条件の下で、加盟国は、公の秩序又は善良の風俗を守ることを目的として、商業的な実施を自国の領域内において防止する必要がある発明を特許の対象から除外することができることが規定されている。しかし、一定の条件の下で、加盟国は、公の秩序又は善良の風俗を守ることを目的として、商業的な実施を自国の領域内において防止する必要がある意匠を意匠の保護の対象から除外することができることは規定されていない。

4　特許は、排他的権利として、特許の対象が物である場合に、特許権者に特許権者の承諾を得ていない第三者による当該物の販売の申出を防止する権利を与えることが規定されている。しかし、保護されている意匠の権利者は、その承諾を得ていない第三者が、保護されている意匠の複製又は実質的に複製である意匠を用いており又は含んでいる製品を商業上の目的で販売の申出をすることを防止する権利を有することは規定されていない。

5　特許を取り消し又は特許権を消滅させる決定については、司法上の審査の機会が与えられることが規定されている。しかし、意匠の保護を取り消し又は意匠権を消滅させる決定については、司法上の審査の機会が与えられることは規定されていない。

H29-条約9

1 ◯ **TRIPs27条1第2文、TRIPs25条参照、TRIPs26条参照**

解 法 TRIPs65条4、TRIPs70条8及びTRIPs27条3の規定に従うことを条件として、発明地等について差別することなく、特許が与えられ、及び特許権が享受される（同条1第2文）。したがって、前段は正しい。一方、**一定の条件の下で創作地について差別することなく、意匠の保護が与えられ、及び意匠権が享受されることは規定されていない**（TRIPs25条参照、TRIPs26条参照）。したがって、後段も正しい。よって、本枝は正しい。

2 ✕ **TRIPs30条、TRIPs26条2**

解 法 特許の通常の実施を不当に妨げず、かつ、特許権者の正当な利益を不当に害さないことを条件として、加盟国は、第三者の正当な利益を考慮し、特許により与えられる排他的権利について限定的な例外を定めることができる（TRIPs30条）。したがって、前段は正しい。一方、**保護されている意匠の通常の実施を不当に妨げず、かつ、保護されている意匠の権利者の正当な利益を不当に害さないことを条件として、加盟国は、第三者の正当な利益を考慮し、意匠の保護について限定的な例外を定めることができる**（TRIPs26条2）。したがって、後段は誤り。よって、本枝は誤り。

3 ◯ **TRIPs27条2、TRIPs25条参照、TRIPs26条参照**

解 法 単に加盟国の国内法令によって当該実施が禁止されていることを理由として行われたものでないことを条件として、加盟国は、公の秩序又は善良の風俗を守ることを目的として、商業的な実施を自国の領域内において防止する必要がある発明を特許の対象から除外することができる（TRIPs27条2）。したがって、前段は正しい。一方、**一定の条件の下で、加盟国は、公の秩序又は善良の風俗を守ることを目的として、商業的な実施を自国の領域内において防止する必要がある意匠を意匠の保護の対象から除外することができることは規定されていない**（TRIPs25条参照、TRIPs26条参照）。したがって、後段も正しい。よって、本枝は正しい。

4 ◯ **TRIPs28条1(a)、TRIPs26条1参照**

解 法 特許は、排他的権利として、特許の対象が物である場合に、特許権者に特許権者の承諾を得ていない第三者による当該物の販売の申出等を防止する権利を与える（TRIPs28条1(a)）。したがって、前段は正しい。一方、**保護されている意匠の権利者は、その承諾を得ていない第三者が、保護されている意匠の複製又は実質的に複製である意匠を用いており又は含んでいる製品を商業上の目的で「販売の申出」をすることを防止する権利を有することは規定されていない**（TRIPs26条1参照）。したがって、後段も正しい。よって、本枝は正しい。

5 ◯ **TRIPs32条、TRIPs25条参照、TRIPs26条参照**

解 法 特許を取り消し又は特許権を消滅させる決定については、司法上の審査の機会が与えられる（TRIPs32条）。したがって、前段は正しい。一方、**意匠の保護を取り消し又は意匠権を消滅させる決定については、司法上の審査の機会が与えられることは規定されていない**（TRIPs25条参照、TRIPs26条参照）。したがって、後段も正しい。よって、本枝は正しい。

H29-条約10 TRIPs協定

知的所有権の貿易関連の側面に関する協定における不正商標商品又は商標の不正使用に関し、次のうち、正しいものは、どれか。

田1　加盟国の司法当局は、不正商標商品については、いかなる場合でも、違法に付された商標の単なる除去により流通経路への商品の流入を認めることができる。

田2　加盟国は、特に、不正商標商品の貿易に関して、司法当局間で情報の交換及び協力を促進しなければならない。

田3　加盟国は、不正商標商品が輸入されるおそれがあると疑うに足りる正当な理由を有する権利者が、当該商品の自由な流通への解放を税関当局が停止するよう、行政上又は司法上の権限のある当局に対し書面により申立てを提出することができる手続を採用しなければならない。

田4　加盟国の権限のある当局は、不正商標商品については、いかなる場合でも、変更のない状態で侵害商品の積戻しを許容し又は異なる税関手続きに委ねてはならない。

田5　加盟国は、故意か過失かを問わずに、商業的規模の商標の不正使用について適用される刑事上の手続及び刑罰を定めなければならない。

H29-条約10

1 ☒ **TRIPs46条第4文**

解　法 加盟国の司法当局は、不正商標商品については、**例外的な場合を除くほか**、違法に付された商標の単なる除去により流通経路への商品の流入を認めることはできない（TRIPs46条第4文）。したがって、加盟国の司法当局は、不正商標商品については、いかなる場合でも、違法に付された商標の単なる除去により流通経路への商品の流入を認めることができるわけではない。よって、本枝は誤り。

2 ☒ **TRIPs69条第3文**

解　法 加盟国は、特に、不正商標商品の貿易に関して、**「税関当局間」**で情報の交換及び協力を促進するのであって（TRIPs69条第3文）、「司法当局間」で情報の交換及び協力を促進しなければならないわけではない。よって、本枝は誤り。

3 ◎ **TRIPs51条第1文**

解　法 **加盟国は、不正商標商品が輸入されるおそれがあると疑うに足りる正当な理由を有する権利者が、当該商品の自由な流通への解放を税関当局が停止するよう、行政上又は司法上の権限のある当局に対し書面により申立てを提出することができる手続を採用しなければならない**（TRIPs51条第1文）。よって、本枝は正しい。

4 ☒ **TRIPs59条第2文**

解　法 加盟国の権限のある当局は、不正商標商品については、**「例外的な場合を除くほか」**、変更のない状態で侵害商品の積戻しを許容し又は異なる税関手続に委ねてはならない（TRIPs59条第2文）。したがって、本枝において、「いかなる場合でも」、変更のない状態で侵害商品の積戻しを許容し又は異なる税関手続に委ねてはならないわけではない。よって、本枝は誤り。

5 ☒ **TRIPs61条第1文**

解　法 加盟国は、**「少なくとも故意による」**商業的規模の商標の不正使用について適用される刑事上の手続及び刑罰を定める（TRIPs61条第1文）。したがって、加盟国は、「故意か過失かを問わずに」、商業的規模の商標の不正使用について適用される刑事上の手続及び刑罰を定めなければならないわけではない。よって、本枝は誤り。

H28-条約９　TRIPs協定

知的所有権の貿易関連の側面に関する協定に関し、次のうち、誤っているものは、どれか。

□1　商標が出願される商品又はサービスの性質は、いかなる場合にも、その商標の登録の妨げになってはならない。

□2　商標の商業上の使用は、他の商標との併用、特殊な形式による使用又はある事業に係る商品若しくはサービスを他の事業に係る商品若しくはサービスと識別する能力を損なわせる方法による使用等特別な要件により不当に妨げられてはならない。

□3　加盟国は、職権により（国内法令により認められる場合に限る。）又は利害関係を有する者の申立てにより、地理的表示のみから構成される商標については、当該地理的表示がぶどう酒又は蒸留酒の地理的表示でない場合でも、当該加盟国において真正の原産地について公衆を誤認させるか否かにかかわらず、当該地理的表示に係る領域を原産地としない商品についてのものを拒絶し又は無効としなければならない。

□4　加盟国は、利害関係を有する者に対し、真正の原産地が表示される場合又は地理的表示が翻訳された上で使用される場合若しくは「種類」、「型」、「様式」、「模造品」等の表現を伴う場合においても、ぶどう酒又は蒸留酒を特定する地理的表示が当該地理的表示によって表示されている場所を原産地としないぶどう酒又は蒸留酒に使用されることを防止するための法的手段を確保しなければならない。

□5　加盟国は、原産国において保護されていない若しくは保護が終了した地理的表示又は当該原産国において使用されなくなった地理的表示を保護する義務を負わない。

H28-条約9

1 ◎ **TRIPs15条4**

解　法 TRIPs15条４の通りである。すなわち、商標が出願される商品又はサービスの性質は、いかなる場合にも、その商標の登録の妨げになってはならない(TRIPs15条4)。よって、本枝は正しい。

2 ◎ **TRIPs20条第1文**

解　法 TRIPs20条第１文の通りである。すなわち、商標の商業上の使用は、他の商標との併用、特殊な形式による使用又はある事業に係る商品若しくはサービスを他の事業に係る商品若しくはサービスと識別する能力を損なわせる方法による使用等特別な要件により不当に妨げられてはならない（TRIPs20条第1文)。よって、本枝は正しい。

3 ☒ **TRIPs22条3但書**

解　法 加盟国は、職権により（国内法令により認められる場合に限る。）又は利害関係を有する者の申立てにより、地理的表示を含むか又は地理的表示から構成される商標の登録であって、当該地理的表示に係る領域を原産地としない商品についてのものを拒絶し又は無効とするが（TRIPs22条3本文)、これは当該加盟国において当該商品に係る商標中に当該地理的表示を使用することが、「真正の原産地について公衆を誤認させるような場合に限られる」（同条3但書)。したがって、当該加盟国において「真正の原産地について公衆を誤認させるか否かにかかわらず」、当該地理的表示に係る領域を原産地としない商品についての商標の登録を拒絶し又は無効としなければならないわけではない。よって、本枝は誤り。

4 ◎ **TRIPs23条1**

解　法 TRIPs23条１の通りである。すなわち、加盟国は、利害関係を有する者に対し、真正の原産地が表示される場合又は地理的表示が翻訳された上で使用される場合若しくは「種類」、「型」、「様式」、「模造品」等の表現を伴う場合においても、ぶどう酒又は蒸留酒を特定する地理的表示が当該地理的表示によって表示されている場所を原産地としないぶどう酒又は蒸留酒に使用されることを防止するための法的手段を確保する（TRIPs23条1)。よって、本枝は正しい。

5 ◎ **TRIPs24条9**

解　法 TRIPs24条９の通りである。すなわち、加盟国は、原産国において保護されていない若しくは保護が終了した地理的表示又は当該原産国において使用されなくなった地理的表示を保護する義務をこの協定に基づいて負わない（TRIPs24条9)。よって、本枝は正しい。

H28-条約10 TRIPs協定

次の文章は、知的所有権の貿易関連の側面に関する協定に関し、特許出願人に関する条件について述べた文章である。①～⑤の空欄に語句を入れたとき、空欄番号と語句の組合せとして最も適切なものはどれか。

加盟国は、特許出願人に対し、その発明をその技術分野の専門家が実施することができる程度に（　①　）開示することを（　②　）。加盟国は、特許出願人に対し、出願日又は、優先権が主張される場合には、当該優先権に係る出願の日において、（　③　）が知っている当該発明を実施するための（　④　）を示すことを（　⑤　）。

田1　①明瞭に　②要求する　③発明者　④最善の形態　⑤要求する
田2　①明瞭に　②要求することができる　③特許出願人　④最善の形態　⑤要求することができる
田3　①明確かつ十分に　②要求する　③特許出願人　④最善の形態　⑤要求することができる
田4　①明確に　②要求しなければならない　③特許出願人　④最良の形態　⑤要求する
田5　①明確かつ十分に　②要求する　③発明者　④最良の形態　⑤要求することができる

H28-条約10

解　法　本問の出典は、TRIPs29条1である。

加盟国は、特許出願人に対し、その発明をその技術分野の専門家が実施することができる程度に（①**明確かつ十分に**）開示することを（②**要求する**）。加盟国は、特許出願人に対し、出願日又は、優先権が主張される場合には、当該優先権に係る出願の日において、（③**発明者**）が知っている当該発明を実施するための（④**最良の形態**）を示すことを（⑤**要求することができる**）。

したがって、①の空欄に入る語句は、「明確かつ十分に」であり、
②の空欄に入る語句は、「要求する」であり、
③の空欄に入る語句は、「発明者」であり、
④の空欄に入る語句は、「最良の形態」であり、
⑤の空欄に入る語句は、「要求することができる」である。

よって、空欄番号と語句の組合せとして最も適切なものは、5である。

H27-21 TRIPs協定

知的所有権の貿易関連の側面に関する協定に関し、次の(イ)～(ニ)のうち、誤っているものは、いくつあるか。

田(イ) 地理的表示に関して、加盟国は、利害関係を有する者に対し、商品の特定又は提示において、当該商品の地理的原産地について公衆を誤認させるような方法で、当該商品が真正の原産地以外の地理的区域を原産地とするものであることを表示し又は示唆する手段の使用を防止するための法的手段を確保しなければならない。

田(ロ) 加盟国は、新規性のある化学物質を利用する医薬品又は農業用の化学品の販売の承認の条件として、作成のために相当の努力を必要とする開示されていない試験データその他のデータの提出を要求する場合には、不公正な商業的使用から当該データを保護しなければならない。

田(ハ) １のぶどう酒又は蒸留酒を特定する地理的表示を含むか又は特定する地理的表示から構成される商標の登録であって、当該１のぶどう酒又は蒸留酒と原産地を異にするぶどう酒又は蒸留酒についてのものは、職権により（加盟国の国内法令により認められる場合に限る。）又は利害関係を有する者の申立てにより、拒絶し又は無効としなければならない。

田(ニ) 加盟国は、特許出願人に対し、外国における出願及び特許の付与に関する情報を提供することを要求しなければならない。

1　1つ　　2　2つ　　3　3つ　　4　4つ　　5　なし

H27-21

(イ) ◯ TRIPs22条2(a)

解法 TRIPs22条2(a)の通りである。すなわち、地理的表示に関して、加盟国は、利害関係を有する者に対し、商品の特定又は提示において、当該商品の地理的原産地について公衆を誤認させるような方法で、当該商品が真正の原産地以外の地理的区域を原産地とするものであることを表示し又は示唆する手段の使用を防止するための法的手段を確保する（TRIPs22条2(a)）。よって、本枝は正しい。

(ロ) ◯ TRIPs39条3第1文

解法 TRIPs39条3第1文の通りである。すなわち、加盟国は、新規性のある化学物質を利用する医薬品又は農業用の化学品の販売の承認の条件として、作成のために相当の努力を必要とする開示されていない試験データその他のデータの提出を要求する場合には、不公正な商業的使用から当該データを保護する（TRIPs39条3第1文）。よって、本枝は正しい。

(ハ) ◯ TRIPs23条2

解法 TRIPs23条2の通りである。すなわち、1のぶどう酒又は蒸留酒を特定する地理的表示を含むか又は特定する地理的表示から構成される商標の登録であって、当該1のぶどう酒又は蒸留酒と原産地を異にするぶどう酒又は蒸留酒についてのものは、職権により（加盟国の国内法令により認められる場合に限る。）又は利害関係を有する者の申立てにより、拒絶し又は無効とする（TRIPs23条2）。よって、本枝は正しい。

(ニ) ✕ TRIPs29条2

解法 加盟国は、特許出願人に対し、外国における出願及び特許の付与に関する情報を提供することを「要求することができる」（TRIPs29条2）。したがって、「要求しなければならない」わけではない。よって、本枝は誤り。

H27-53　TRIPs協定

知的所有権の貿易関連の側面に関する協定に関し、次の(イ)～(ホ)のうち、正しいものは、いくつあるか。

田(イ)　加盟国は、商標権者及び第三者の正当な利益を考慮することを条件として、商標により与えられる権利につき、記述上の用語の公正な使用等限定的な例外を定めることができる。

田(ロ)　特許についてのいわゆる強制実施権は、当該強制実施権を享受する企業又は営業の一部と共に譲渡する場合を除くほか、譲渡することができない。

田(ハ)　加盟国は、この協定が対象とする知的所有権の行使に関し、民事上の司法手続を権利者に提供する。被申立人は、十分に詳細な内容（主張の根拠を含む。）を含む書面による通知を適時に受ける権利を有する。当事者は、独立の弁護人を代理人とすることが認められるものとし、また、手続においては、義務的な出頭に関して過度に重い要件を課してはならない。

田(ニ)　司法当局は、侵害活動を行っていることを侵害者が知っていたか否かにかかわらず、侵害者に対し、知的所有権の侵害によって権利者が被った損害を補償するために適当な賠償を当該権利者に支払うよう命ずる権限を有する。

田(ホ)　暫定措置が被申立人が意見を述べる機会を与えられることなくとられた場合には、暫定措置の通知後合理的な期間内に、当該暫定措置を変更するか若しくは取り消すか又は確認するかの決定について、被申立人の申立てに基づき意見を述べる機会の与えられる審査が行われなければならない。

1　1つ　　2　2つ　　3　3つ　　4　4つ　　5　5つ

H27-53

(イ) ○ **TRIPs17条**

解法 TRIPs17条の通りである。すなわち、加盟国は、商標権者及び第三者の正当な利益を考慮することを条件として、商標により与えられる権利につき、記述上の用語の公正な使用等限定的な例外を定めることができる（TRIPs17条）。よって、本枝は正しい。

(ロ) ○ **TRIPs31条(e)**

解法 **特許権についてのいわゆる強制実施権（他の使用）は、当該強制実施権を享受する企業又は営業の一部と共に譲渡する場合を除くほか、譲渡することができない**（TRIPs31条(e)）。よって、本枝は正しい。

(ハ) ○ **TRIPs42条第1文～第3文**

解法 TRIPs42条第1文～第3文の通りである。すなわち、加盟国は、この協定が対象とする知的所有権の行使に関し、民事上の司法手続を権利者に提供する。被申立人は、十分に詳細な内容（主張の根拠を含む。）を含む書面による通知を適時に受ける権利を有する。当事者は、独立の弁護人を代理人とすることが認められるものとし、また、手続においては、義務的な出頭に関して過度に重い要件を課してはならない（TRIPs42条第1文～第3文）。よって、本枝は正しい。

(ニ) × **TRIPs45条1**

解法 司法当局は、侵害活動を行っていることを**「知っていたか又は知ることができる合理的な理由を有していた」**侵害者に対し、知的所有権の侵害によって権利者が被った損害を補償するために適当な賠償を当該権利者に支払うよう命ずる権限を有する（TRIPs45条1）。したがって、本枝において、司法当局は、**「侵害活動を行っていることを侵害者が知っていたか否かにかかわらず」**、侵害者に対し、適当な賠償を当該権利者に支払うよう命ずる権限を有するわけではない。よって、本枝は誤り。

(ホ) ○ **TRIPs50条4**

解法 暫定措置が他方の当事者が意見を述べる機会を与えられることなくとられた場合には、影響を受ける当事者は、最も遅い場合においても、当該暫定措置の実施後遅滞なく通知を受ける。暫定措置の通知後合理的な期間内に、当該暫定措置を変更するか若しくは取り消すか又は確認するかの決定について、**被申立人の申立てに基づき意見を述べる機会の与えられる審査を行う**（TRIPs50条4）。よって、本枝は正しい。

H26-16　TRIPs協定

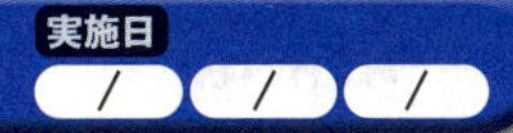

知的所有権の貿易関連の側面に関する協定に関し、次の(イ)～(ニ)のうち、誤っているものは、いくつあるか。

(イ)　暫定措置が申立人の作為又は不作為によって失効した場合、司法当局は、被申立人の申立てに基づき、申立人に対し、当該暫定措置によって生じた損害に対する適当な賠償を支払うよう命ずる権限を有する。

(ロ)　加盟国は、この協定の規定に反しないことを条件として、この協定において要求される保護よりも広範な保護を国内法令において実施することができるが、そのような義務を負わない。

(ハ)　加盟国は、登録前又は登録後速やかに商標を公告するものとし、また、登録を取り消すための請求の合理的な機会を与え、更に、加盟国は、商標の登録に対し異議を申し立てる機会を与えなければならない。

(ニ)　知的所有権の取得について権利が登録され又は付与される必要がある場合には、加盟国は、権利の取得のための手続的な条件が満たされていることを条件として、保護期間が不当に短縮されないように、権利の登録又は付与のための手続を合理的な期間内に行うことを確保しなければならない。

1　1つ　　2　2つ　　3　3つ　　4　4つ　　5　なし

H26-16

(イ) ◯ TRIPs50条7

解法 TRIPs50条7の通りである。すなわち、暫定措置が取り消された場合、「暫定措置が申立人の作為若しくは不作為によって失効した場合」又は知的所有権の侵害若しくはそのおそれがなかったことが後に判明した場合には、司法当局は、被申立人の申立てに基づき、申立人に対し、当該暫定措置によって生じた損害に対する適当な賠償を支払うよう命ずる権限を有する（TRIPs50条7）。よって、本枝は正しい。

(ロ) ◯ TRIPs１条１第２文

解法 TRIPs１条１第２文の通りである。すなわち、加盟国は、この協定の規定に反しないことを条件として、この協定において要求される保護よりも広範な保護を国内法令において実施することができるが、そのような義務を負わない（TRIPs１条１第２文）。よって、本枝は正しい。

(ハ) ☒ TRIPs15条５

解法 加盟国は、登録前又は登録後速やかに商標を公告するものとし、また、登録を取り消すための請求の合理的な機会を与える。更に、加盟国は、商標の登録に対し異議を申し立てる機会を「与えることができる」（TRIPs15条５）。したがって、加盟国は、商標の登録に対し異議を申し立てる機会を「与えなければならない」わけではない。よって、本枝は誤り。

(ニ) ☒ TRIPs62条２

解法 知的所有権の取得について権利が登録され又は付与される必要がある場合には、加盟国は、権利の取得のための「実体的な」条件が満たされていることを条件として、保護期間が不当に短縮されないように、権利の登録又は付与のための手続を合理的な期間内に行うことを確保する（TRIPs62条２）。よって、本枝は誤り。

H26-27　TRIPs協定

次の文章は、知的所有権の貿易関連の側面に関する協定に関し、特許権の効力の例外について述べた文章である。①～⑥の空欄に語句を入れたとき、空欄番号と語句の組合せとして最も適切なものはどれか。

加盟国は、第三者の（　①　）を考慮し、特許により与えられる（　②　）について（　③　）例外を定めることができる。ただし、特許の通常の実施を（　④　）妨げず、かつ、特許権者の（　⑤　）を（　⑥　）害さないことを条件とする。

田 1　①権利　②独占的権利　③合理的な　④不合理に　⑤公平な利益　⑥不合理に
田 2　①正当な利益　②排他的権利　③限定的な　④不合理に　⑤正当な利益　⑥不当に
田 3　①特権　②独占的権利　③包括的な　④不正に　⑤正当な利益　⑥不正に
田 4　①正当な利益　②排他的権利　③限定的な　④不当に　⑤正当な利益　⑥不当に
田 5　①正当な利益　②独占的権利　③限定的な　④不正に　⑤公正な利益　⑥不当に

H26-27

解　法　本問の出典は、TRIPs30条である。

加盟国は、第三者の（①**正当な利益**）を考慮し、特許により与えられる（②**排他的権利**）について（③**限定的な**）例外を定めることができる。ただし、特許の通常の実施を（④**不当に**）妨げず、かつ、特許権者の（⑤**正当な利益**）を（⑥**不当に**）害さないことを条件とする。

したがって、①の空欄に入る語句は、「正当な利益」であり、
②の空欄に入る語句は、「排他的権利」であり、
③の空欄に入る語句は、「限定的な」であり、
④の空欄に入る語句は、「不当に」であり、
⑤の空欄に入る語句は、「正当な利益」であり、
⑥の空欄に入る語句は、「不当に」である。

よって、空欄番号と語句の組合せとして最も適切なものは、4である。

H25-4　TRIPs協定

知的所有権の貿易関連の側面に関する協定における商標の保護に関し、次の(イ)～(ニ)のうち、正しいものは、いくつあるか。

(イ)　登録された商標の権利者は、その承諾を得ていないすべての第三者が、当該登録された商標に係る商品又はサービスと同一又は類似の商品又はサービスについて同一又は類似の標識を商業上使用することの結果として混同を生じさせるおそれがある場合には、その使用を防止する排他的権利を有するが、類似の商品又はサービスについて類似の標識を使用する場合は、混同を生じさせるおそれがあると推定されなければならない。

(ロ)　登録された商標の排他的権利は、いかなる既得権も許容してはならず、また、加盟国が使用に基づいて権利を認める可能性を許容するものであってはならない。

(ハ)　加盟国は、商標が広く認識されているものであるかないかを決定するに当たっては、関連する公衆の有する当該商標についての知識（商標の普及の結果として獲得された当該加盟国における知識を含む。）を考慮しなければならない。

(ニ)　加盟国は、商標の使用許諾及び譲渡に関する条件を定めることができる。もっとも、商標の強制使用許諾は認められないこと及び登録された商標の権利者は、その商標が属する事業の移転が行われるか行われないかを問わず、その商標を譲渡する権利を有することを了解する。

1　1つ　　2　2つ　　3　3つ　　4　4つ　　5　なし

H25-4

⑴ ☒ **TRIPs16条1第1文・第2文**

解法 登録された商標の権利者は、その承諾を得ていないすべての第三者が、当該登録された商標に係る商品又はサービスと同一又は類似の商品又はサービスについて同一又は類似の標識を商業上使用することの結果として混同を生じさせるおそれがある場合には、その使用を防止する排他的権利を有する（TRIPs16条1第1文）。**「同一」の商品又はサービスについて「同一」の標識を使用する場合は、混同を生じさせるおそれがある場合であると推定される**（同条1第2文）。よって、本枝は誤り。

⑵ ☒ **TRIPs16条1第3文**

解法 **登録された商標の排他的権利は、いかなる既得権も「害する」ものであってはならず、また、加盟国が使用に基づいて権利を認める可能性に「影響を及ぼす」ものであってはならない**（TRIPs16条1第3文）。よって、本枝は誤り。

⑶ ◎ **TRIPs16条2**

解法 **TRIPs16条2の通り**である。すなわち、加盟国は、商標が広く認識されているものであるかないかを決定するに当たっては、関連する公衆の有する当該商標についての知識（商標の普及の結果として獲得された当該加盟国における知識を含む。）を考慮する（TRIPs16条2）。よって、本枝は正しい。

⑷ ◎ **TRIPs21条**

解法 **TRIPs21条の通り**である。すなわち、加盟国は、商標の使用許諾及び譲渡に関する条件を定めることができる。もっとも、商標の強制使用許諾は認められないこと及び登録された商標の権利者は、その商標が属する事業の移転が行われるか行われないかを問わず、その商標を譲渡する権利を有することを了解する（TRIPs21条）。よって、本枝は正しい。

H25-44 TRIPs協定

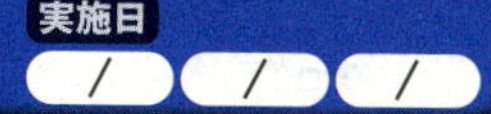

知的所有権の貿易関連の側面に関する協定に関し、次の(イ)～(ニ)のうち、正しいものは、いくつあるか。

田(イ)　特許のいわゆる強制実施権の許諾に関する決定の法的な有効性は、加盟国において独立した行政機関が審査するのではなく、司法機関が審査しなければならない。

田(ロ)　特許のいわゆる強制実施権は、いかなる場合も、事前に、使用者となろうとする者が合理的な商業上の条件の下で特許権者から許諾を得る努力を行って、合理的な期間内にその努力が成功しなかった場合に限り、認めることができる。

田(ハ)　暫定措置が取り消された場合には、司法当局は、被申立人の申立てに基づき、申立人に対し、当該暫定措置によって生じた損害に対する適当な賠償を支払うよう命ずる権限を有する。

田(ニ)　特許を取り消し又は特許権を消滅させる決定については、司法上の審査の機会が与えられなければならない。

1　1つ　　2　2つ　　3　3つ　　4　4つ　　5　なし

H25-44

⑴ ☒ TRIPs31条(i)

解法 特許のいわゆる強制実施権（他の使用）の許諾に関する決定の法的な有効性は、加盟国において司法上の審査「又は」他の独立の審査（別個の上級機関によるものに限る。）に服する（TRIPs31条(i)）。すなわち、司法機関「又は」独立した行政機関が審査をすることができるようにしなければならない（尾島P.153～154参照）。したがって、本枝において、司法機関が審査しなければならないわけではない。よって、本枝は誤り。

⑵ ☒ TRIPs31条(b)第２文

解法 特許のいわゆる強制実施権（他の使用）は、強制実施権に先立ち、使用者となろうとする者が合理的な商業上の条件の下で特許権者から許諾を得る努力を行って、合理的な期間内にその努力が成功しなかった場合に限り、認めることができるが(TRIPs31条(b)第１文)、加盟国は、国家緊急事態その他の極度の緊急事態の場合又は公的な非商業的使用の場合には、そのような要件を免除することができる（同条(b)第２文)。したがって、特許のいわゆる強制実施権は、「いかなる場合も」、事前に、使用者となろうとする者が合理的な商業上の条件の下で特許権者から許諾を得る努力を行って、合理的な期間内にその努力が成功しなかった場合に限り、認めることができるわけではない。よって、本枝は誤り。

⑶ ◎ TRIPs50条７

解法 暫定措置が取り消された場合、暫定措置が申立人の作為若しくは不作為によって失効した場合又は知的所有権の侵害若しくはそのおそれがなかったことが後に判明した場合には、司法当局は、被申立人の申立てに基づき、申立人に対し、当該暫定措置によって生じた損害に対する適当な賠償を支払うよう命ずる権限を有する(TRIPs50条７)。したがって、暫定措置が取り消された場合には、司法当局は、当該暫定措置によって生じた損害に対する適当な賠償を支払うよう命ずる権限を有する。よって、本枝は正しい。

⑷ ◎ TRIPs32条

解法 TRIPs32条の通りである。すなわち、特許を取り消し又は特許権を消滅させる決定については、司法上の審査の機会が与えられる（TRIPs32条）。よって、本枝は正しい。

R4-条約6　ジュネーブ改正協定

意匠の国際登録に関するハーグ協定のジュネーブ改正協定に関し、次のうち、誤っているものは、どれか。

田 1　国際出願には、パリ条約の締約国若しくは世界貿易機関の加盟国において又はこれらの国についてされた１又は２以上の先の出願に基づく優先権をパリ条約第４条の規定に基づいて主張する申立てを含めることができる。

田 2　国際出願が国際事務局に対して直接にされる場合には、当該国際出願に出願日の延期を要する所定の不備がある場合を除くほか、出願日は、国際事務局が当該国際出願を受理した日とする。

田 3　国際事務局は、公表された国際登録の写しを指定官庁に送付する。

田 4　国際事務局は、国際登録の対象である意匠の一部又は全部についての国際登録の所有権の変更を国際登録簿に記録する。ただし、新権利者が国際出願をする資格を有する場合に限る。

田 5　国際出願には、いずれの締約国を指定する場合でも、出願の対象である意匠の創作者の特定に関する表示を必ず含めなければならない。

R4-条約6

1 ○ ジュネーブ6条(1)(a)

解 法 ジュネーブ6条(1)(a)の通りである。すなわち、国際出願には、パリ条約の締約国若しくは世界貿易機関の加盟国において又はこれらの国についてされた1又は2以上の先の出願に基づく優先権をパリ4条の規定に基づいて主張する申立てを含めることができる（ジュネーブ6条(1)(a)）。よって、本枝は正しい。

2 ○ ジュネーブ9条(1)

解 法 出願日は、国際出願が国際事務局に対して直接にされる場合には、当該国際出願に出願日の延期を要する所定の不備がある場合（ジュネーブ9条(3)）を除くほか、国際事務局が当該国際出願を受理した日とする（同条(1)）。よって、本枝は正しい。

3 ○ ジュネーブ10条(3)(b)

解 法 ジュネーブ10条(3)(b)の通りである。すなわち、国際事務局は、公表された国際登録の写しを指定官庁に送付する（ジュネーブ10条(3)(b)）。よって、本枝は正しい。

4 ○ ジュネーブ16条(1)(i)

解 法 国際事務局は、指定締約国の一部又は全部及び国際登録の対象である意匠の一部又は全部についての国際登録の所有権の変更を、国際登録簿に所定の方法により記録する。ただし、新権利者がジュネーブ3条の規定に基づいて国際出願をする資格を有する場合に限る（ジュネーブ16条(1)(i)）。よって、本枝は正しい。

5 × ジュネーブ5条(2)(a)・(b)(i)・(c)

解 法 出願の対象である意匠の創作者の特定に関する表示（ジュネーブ5条(2)(b)(i)）は、各締約国が追加で記載を求めることができる事項であり（同条(2)(a)）、「当該締約国を指定する場合」、必須の記載事項となる（同条(c)、茶園条約P.233～234参照）。したがって、国際出願には、「いずれの締約国を指定する場合でも」、出願の対象である意匠の創作者の特定に関する表示を必ず含めなければならないわけではない。よって、本枝は誤り。

R3-条約6　ジュネーブ改正協定

意匠の国際登録に関するハーグ協定のジュネーブ改正協定に関し、次のうち、誤っているものは、どれか。

田1　国際登録の名義人は、公表の延期の期間中いつでも、国際登録の対象である意匠の一部又は全部の公表を請求することができる。

田2　指定締約国の領域における国際登録の効果の一部又は全部に関する当該指定締約国の権限のある当局による無効の決定は、当該国際登録の名義人に自己の権利を防御する機会を適時に与えることなく行うことができない。

田3　国際登録は、国際登録の日から起算して５年を最初の期間として効果を有し、所定の手続に従い、所定の手数料を支払うことを条件として、５年の期間の更新を少なくとも２回行うことができる。

田4　国際登録の更新は、指定締約国の一部又は全部及び国際登録の対象である意匠の一部又は全部についてすることができる。

田5　出願人が、国際出願に指定締約国の表示を含めない場合、すべての締約国を指定したものとみなされる。

R3-条約6

1 ◎ ジュネーブ11条(4)(a)第1文

解法 名義人は、公表の延期の期間中（ジュネーブ11条(2)）いつでも、国際登録の対象である意匠の一部又は全部の公表を請求することができる（同条(4)(a)第1文）。よって、本枝は正しい。

2 ◎ ジュネーブ15条(1)

解法 ジュネーブ15条(1)の通りである。すなわち、指定締約国の領域における国際登録の効果の一部又は全部に関する当該指定締約国の権限のある当局による無効の決定は、当該国際登録の名義人に自己の権利を防御する機会を適時に与えることなく行うことができない（ジュネーブ15条(1)）。よって、本枝は正しい。

3 ◎ ジュネーブ17条(1)・(2)・(3)(a)

解法 国際登録は、国際登録の日から起算して5年を最初の期間として効果を有するため（ジュネーブ17条(1)）、前段は正しい。また、国際登録は、所定の手続に従い、所定の手数料を支払うことを条件として、更に5年の期間更新することができるところ（同条(2)）、指定締約国における保護の存続期間は、原則として、国際登録が更新されることを条件として、国際登録の日から起算して15年とされる（同条(3)(a)）。すなわち、5年間の期間ごとに2回更新を行うことができるため（茶園意匠P.308）、後段も正しい。よって、本枝は正しい。

4 ◎ ジュネーブ17条(4)

解法 ジュネーブ17条(4)の通りである。すなわち、国際登録の更新は、指定締約国の一部又は全部及び国際登録の対象である意匠の一部又は全部についてすることができる（ジュネーブ17条(4)）。よって、本枝は正しい。

5 ✕ ジュネーブ5条(1)(v)、ジュネーブ8条(1)・(2)(a)

解法 国際出願については、指定締約国の表示を含めなければならないところ（ジュネーブ5条(1)(v)）、国際事務局は、国際出願の受理の時に当該国際出願が同条(1)の要件を満たしていないと認める場合には、出願人に対し所定の期間内に必要な補正をするよう求め（ジュネーブ8条(1)）、出願人がこれに応じない場合には、国際出願は放棄されたものとみなされる（同条(2)(a)）。したがって、出願人が、国際出願に指定締約国の表示を含めない場合、すべての締約国を指定したものとみなされるわけではない。よって、本枝は誤り。

R2-条約6　ジュネーブ改正協定

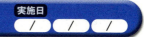

意匠の国際登録に関するハーグ協定のジュネーブ改正協定に関し、次の(イ)～(ニ)のうち、正しいものは、いくつあるか。

田(イ)　審査官庁である締約国が、意匠の保護の付与のための出願について自国の法令に基づいて出願日が認められるための要素として、請求の範囲を含むことを要求する旨を、宣言により事務局長に通告している場合、当該締約国において出願日が認められるためには、当該締約国を指定する国際出願に、当該要素を含めることを要する。

田(ロ)　国際事務局に直接行った国際出願について、国際出願を受理した日において、出願日の延期を要する所定の不備がある場合には、国際事務局が当該不備の補正を受理した日が出願日となる。

田(ハ)　国際出願には、公表の延期についての請求を含めることができる。

田(ニ)　国際登録の所有権の変更は、新権利者が国際出願をする資格を有しなくても、認められる。

1　1つ　　2　2つ　　3　3つ　　4　4つ　　5　なし

R2-条約6

(イ) ○ ジュネーブ5条(2)(c)

解法 審査官庁である締約国は、意匠の保護の付与のための出願について自国の法令に基づいて出願日が認められるための要素として、請求の範囲（ジュネーブ5条(2)(b)(iii)）を含むことを要求する旨を、宣言により事務局長に通告することができる（同条(2)(a)）。この場合、**当該要素は、当該締約国がその国内出願に対し国内法令に基づき出願日を認定する際に求めている要件にあたり、当該締約国を指定する場合、必須の記載事項となる**（同条(2)(c)、茶園条約P.233～234参照）。したがって、審査官庁である締約国が、意匠の保護の付与のための出願について自国の法令に基づいて出願日が認められるための要素として、請求の範囲を含むことを要求する旨を、宣言により事務局長に通告している場合、当該締約国において出願日が認められるためには、当該締約国を指定する国際出願に、当該要素を含めることを要する。よって、本枝は正しい。

(ロ) ○ ジュネーブ9条(3)

解法 出願日は、国際出願が国際事務局に対して直接にされる場合には、原則として国際事務局が当該国際出願を受理した日とされる（ジュネーブ9条(1)）。しかし、**国際事務局が国際出願を受理した日において、当該国際出願に出願日の延期を要する所定の不備がある場合には、出願日は、国際事務局が当該不備の補正を受理した日とされる**（同条(3)）。したがって、国際事務局に直接行った国際出願について、国際出願を受理した日において、出願日の延期を要する所定の不備がある場合には、国際事務局が当該不備の補正を受理した日が出願日となる。よって、本枝は正しい。

(ハ) ○ ジュネーブ5条(5)

解法 **ジュネーブ5条(5)の通り**である。すなわち、国際出願には、公表の延期についての請求を含めることができる（ジュネーブ5条(5)）。よって、本枝は正しい。

(ニ) × ジュネーブ16条(1)(i)但書

解法 国際事務局が、国際登録簿に所定の方法により、指定締約国の一部又は全部及び国際登録の対象である意匠の一部又は全部についての国際登録の所有権の変更を記録する（ジュネーブ16条(1)(i)本文）。ただし、**新権利者がジュネーブ3条の規定に基づいて国際出願をする資格を有する場合に限られる**（同条(1)(i)但書）。したがって、国際登録の所有権の変更は、新権利者が国際出願をする資格を有しなくても、認められるわけではない。よって、本枝は誤り。

R1-条約6　ジュネーブ改正協定

実施日 ／　／　／

意匠の国際登録に関するハーグ協定のジュネーブ改正協定に関し、次のうち、誤っているものは、どれか。

1　この改正協定において「審査官庁」とは、意匠の保護を求める出願について、当該意匠が少なくとも新規性の条件を満たしているかどうかを決定するために職権により審査する官庁をいう。

2　国際事務局は、国際出願を受理した後直ちに、又は第８条の規定に従って補正をするよう求めている場合には必要な補正を受理した後直ちに、国際出願の対象である意匠を登録する。その登録は、第11条に規定の登録の公表が延期されるか否かにかかわらず、なされる。

3　国際登録は、国際事務局が公表し、その公表は、全ての締約国において十分なものとみなされ、名義人が他の方法による公表を求められることはない。

4　国際登録の効果を拒絶する官庁は、所定の期間内に、国際事務局にその拒絶を通報するとともに、名義人に対しその拒絶の通報の写しを送付する。

5　指定締約国における保護の存続期間は、国際登録が更新されることを条件として、国際登録の日から起算して15年とする。ただし、指定締約国の法令に基づいて保護が付与されている意匠について15年を超える保護の存続期間を当該指定締約国の法令に定めている場合には、保護の存続期間は、国際登録が更新されることを条件として、当該指定締約国の法令に定める期間と同一とする。

R1-条約6

1 ◯ ジュネーブ1条(xvii)

解　法 ジュネーブ1条(xvii)の通りである。すなわち、「審査官庁」とは、意匠の保護を求める出願について、当該意匠が少なくとも新規性の条件を満たしているかどうかを決定するために職権により審査する官庁をいう（ジュネーブ1条(xvii)）。よって、本枝は正しい。

2 ◯ ジュネーブ10条(1)

解　法 国際事務局は、国際出願を受理した後直ちに、又はジュネーブ8条の規定に従って補正をするよう求めている場合には必要な補正を受理した後直ちに、国際出願の対象である意匠を登録する。その登録は、ジュネーブ11条の規定に従って公表が延期されるか否かにかかわらず、するものとする（ジュネーブ10条(1)）。よって、本枝は正しい。

3 ◯ ジュネーブ10条(3)(a)

解　法 国際登録は、国際事務局が公表する。その公表は、全ての締約国において十分なものとみなされるものとし、名義人が他の方法による公表を求められることはないものとする（ジュネーブ10条(3)(a)）。よって、本枝は正しい。

4 ☒ ジュネーブ12条(2)(a)・(3)(a)

解　法 国際登録の効果を拒絶する官庁は、所定の期間内に国際事務局に対しその拒絶を通報する（ジュネーブ12条(2)(a)）。また、「国際事務局」は、名義人に拒絶の通報の写しを遅滞なく送付する（同条(3)(a)）。したがって、「国際登録の効果を拒絶する官庁」は、所定の期間内に、国際事務局にその拒絶を通報するが、名義人に対しその拒絶の通報の写しを送付するわけではない。よって、本枝は誤り。

5 ◯ ジュネーブ17条(3)(a)・(b)

解　法 指定締約国における保護の存続期間は、国際登録が更新されることを条件として、原則として国際登録の日から起算して15年とする（ジュネーブ17条(3)(a)）。ただし、指定締約国の法令に基づいて保護が付与されている意匠について15年を超える保護の存続期間を当該指定締約国の法令に定めている場合には、保護の存続期間は、国際登録が更新されることを条件として、当該指定締約国の法令に定める期間と同一とする（同条(3)(b)）。よって、本枝は正しい。

H30-条約６　ジュネーブ改正協定

意匠の国際登録に関するハーグ協定のジュネーブ改正協定に関し、次のうち、誤っているものは、どれか。

田１　**X**国が、指定締約国であって、出願人の締約国でないとき、国際登録は、国際登録の日から、**X**国において、**X**国の法令に基づく意匠の保護の付与のための正規の出願と少なくとも同一の効果を有する。

田２　**Y**国が、指定締約国であって、出願人の締約国でないとき、国際登録は、その官庁が拒絶を通報していない**Y**国において、遅くとも拒絶を通報するために**Y**国に認められている期間の満了の日から、又は**Y**国が規則に基づいて宣言を行った場合には遅くとも当該宣言において特定された時から、**Y**国の法令に基づく意匠の保護の付与と同一の効果を有する。

田３　締約国である**Z**国の国民ではないが、**Z**国の領域に常居所を有する自然人**甲**は、国際出願をする資格を有する。

田４　国際出願には、所定の条件に従い、２以上の意匠を含めることができる。

田５　国際事務局に対し直接に国際出願をするときは、国際出願はいずれの締約国の言語でも作成することができる。

H30-条約6

1 ○ ジュネーブ14条(1)

解法 国際登録は、国際登録の日から、指定締約国において、当該指定締約国の法令に基づく意匠の保護の付与のための正規の出願と少なくとも同一の効果を有する（ジュネーブ14条(1)）。したがって、本枝において、国際登録は、国際登録の日から、指定締約国であるX国において、X国の法令に基づく意匠の保護の付与のための正規の出願と少なくとも同一の効果を有する。よって、本枝は正しい。

2 ○ ジュネーブ14条(2)(a)

解法 国際登録は、ジュネーブ12条の規定に従いその官庁が拒絶を通報していない指定締約国において、遅くとも拒絶を通報するために当該指定締約国に認められている期間の満了の日から、又は当該指定締約国が規則に基づいて宣言を行った場合には遅くとも当該宣言において特定された時から、当該指定締約国の法令に基づく意匠の保護の付与と同一の効果を有する（ジュネーブ14条(2)(a)）。したがって、本枝において、国際登録は、その官庁が拒絶を通報していない指定締約国であるY国において、遅くとも拒絶を通報するためにY国に認められている期間の満了の日から、又はY国が規則に基づいて宣言を行った場合には遅くとも当該宣言において特定された時から、Y国の法令に基づく意匠の保護の付与と同一の効果を有する。よって、本枝は正しい。

3 ○ ジュネーブ3条

解法 締約国である国の国民等又は「締約国の領域に常居所等を有する者」は、国際出願をする資格を有する（ジュネーブ3条）。したがって、締約国であるZ国の国民ではないが、Z国の領域に常居所を有する自然人甲は、国際出願をする資格を有する。よって、本枝は正しい。

4 ○ ジュネーブ5条(4)

解法 ジュネーブ5条(4)の通りである。すなわち、国際出願には、所定の条件に従い、2以上の意匠を含めることができる（ジュネーブ5条(4)）。よって、本枝は正しい。

5 × ジュネーブ5条(1)柱書、ハーグ共通規則6(1)

解法 国際出願については、一の所定の言語で作成され（ジュネーブ5条(1)柱書）、その言語は英語、フランス語又はスペイン語とされている（ハーグ共通規則6(1)）。また、国際事務局に対し直接に国際出願をするときは、いずれの締約国の言語でも作成することができる旨の例外規定もない。よって、本枝は誤り。

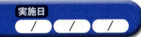

R1-条約５　国際出願法

特許協力条約に基づく国際出願等に関する法律に関し、次のうち、正しいものは、どれか。

田１　特許庁長官は、国際出願において要約書が含まれていないとき、相当の期間を指定して、書面により手続の補完をすべきことを命じなければならない。

田２　国際出願においてその国際出願に含まれていない図面についての記載がされているとき、特許庁長官からの補正命令に対して出願人が指定された期間内に図面を提出しなかった場合には、特許庁長官は、その国際出願が取り下げられたものとみなす旨の決定をしなければならない。

田３　国際出願の願書において当該出願を条約に従って処理すべき旨の申立てを記載しなかったとき、特許庁長官による手続の補完命令を受ける前であっても、国際出願として提出された書類が特許庁に到達した日から２月を経過した後でなければ、出願人が手続の補完をすることにより、当該手続は、補完命令を受けたことにより執った手続とみなす。

田４　特許庁長官は、２人以上が共同して国際出願をした場合において出願人が代表者を定めていないときは、願書に記載された出願人のうちであって、特許協力条約に基づく国際出願等に関する法律で規定する日本国民等のうちいずれかのものを代表者として指定することができる。

田５　特許法第８条（在外者の特許管理人）の規定は、特許協力条約に基づく国際出願等に関する法律の規定に基づく手続に準用されない。

R1-条約5

1 ☒ **国願法6条4号**

解法 特許庁長官は、国際出願において要約書が含まれていないときは、相当の期間を指定して、書面により手続の「補正」をすべきことを命じなければならない（国願法6条4号）。したがって、本枝において、特許庁長官は、書面により手続の「補完」をすべきことを命じなければならないわけではない。よって、本枝は誤り。

2 ☒ **国願法5条1項、青本国願法5条参照、PCT14条(2)**

解法 特許庁長官は、国際出願において、その国際出願に含まれていない図面についての記載がされているときは、「その旨を出願人に通知」しなければならず（国願法5条1項）、この通知に対して出願人が図面を提出しなくとも、ただ、「図面への言及はないものとみなされる」だけである（青本国願法5条参照、PCT14条(2)）。したがって、本枝において、特許庁長官は、「補正命令」をするわけではなく、また、出願人が図面を提出しなかった場合でも、「その国際出願が取り下げられたものとみなす旨の決定をしなければならない」わけではない。よって、本枝は誤り。

3 ◎ **国願法17条、国願法3条2項1号、国願法4条1項2号・2項、国願法施規72条1号**

解法 特許庁長官は、国際出願の願書において当該出願を条約に従って処理すべき旨の申立て（国願法3条2項1号）の記載がないとき（国願法4条1項2号）は、手続の補完をすべきことを命じなければならないが（同条2項）、この命令を受ける前に、出願人が手続の補完をしたときは、国際出願として提出された書類が特許庁に到達した日から2月を経過した後にした場合（国願法施規72条1号）を除き、当該手続は、その命令を受けたことにより執った手続とみなされる（国願法17条）。したがって、本枝において、国際出願として提出された書類が特許庁に到達した日から2月を経過した後でなければ、出願人が手続の補完をすることにより、当該手続は、補完命令を受けたことにより執った手続とみなす。よって、本枝は正しい。

4 ☒ **国願法16条2項、国願法施規71条**

解法 特許庁長官は、2人以上が共同して国際出願をした場合において出願人が代表者を定めていないときは、出願人として願書に記載されている日本国民等のうち、「最初に記載されているもの」を代表者として指定することができる（国願法16条2項、国願法施規71条）。したがって、本枝において、特許庁長官は、願書に記載された出願人のうちであって、国願法で規定する日本国民等のうち「いずれかのもの」を代表者として指定することができるわけではない。よって、本枝は誤り。

5 ☒ **国願法19条1項**

解法 特8条（在外者の特許管理人）の規定は、国願法の規定に基づく手続に準用されている（国願法19条1項）。よって、本枝は誤り。

H28-条約6　国際出願法

特許協力条約に基づく国際出願等に関する法律に規定する国際出願及び実用新案法に規定する国際実用新案登録出願に関し、次の(イ)～(ニ)のうち、正しいものは、いくつあるか。

田(イ)　日本国内に住所又は居所（法人にあっては、営業所）を有しない外国人と日本国民が共同して国際出願をする場合、日本国民が代表者であるか又は筆頭出願人でなければ、特許庁長官に対し国際出願することは認められない。

田(ロ)　願書が中国語で作成されている場合、特許庁長官は、相当の期間を指定して、書面により手続の補完をすべきことを命じなければならない。

田(ハ)　未成年者（独立して法律行為をすることができる者を除く。）又は成年被後見人がした国際出願の手続は、法定代理人（本人が手続をする能力を取得したときは、本人）が追認することができる。

田(ニ)　国際実用新案登録出願については、何人もいつでも実用新案技術評価を請求することができる。

1　1つ　　2　2つ　　3　3つ　　4　4つ　　5　なし

H28-条約6

(イ) ☒ **国願法２条参照**

解　法　日本国民又は日本国内に住所若しくは居所（法人にあっては、営業所）を有する外国人（日本国民等）は、特許庁長官に国際出願をすることができる。日本国民等と日本国民等以外の者が共同して国際出願をするときも、同様とする（国願法２条）。また、**日本国民が代表者であるか又は筆頭出願人でなければ、特許庁長官に対し国際出願することは認められない旨の規定もない**。よって、本枝は誤り。

チェック　平成15年法改正前は、２人以上の出願人がある場合について、日本国民等が出願人の代表者であるか、又は筆頭出願人でなければ、特許庁長官に対し国際出願することは認められていなかった（青本国願法２条参照）。

(ロ) ☒ **国願法６条１号、国願法施規12条**

解　法　**特許庁長官は、願書が日本語又は国願法３条１項の経済産業省令で定める外国語である英語**（国願法施規12条）**で作成されていないときは、相当の期間を指定して、書面により手続の「補正」をすべきことを命じなければならない**（国願法６条１号）。したがって、本枝において、特許庁長官は、相当の期間を指定して、書面により手続の「補完」をすべきことを命じなければならないわけではない。よって、本枝は誤り。

(ハ) ◎ **特16条１項準用**

解　法　**未成年者（独立して法律行為をすることができる者を除く。）又は成年被後見人がした国際出願の手続は、法定代理人（本人が手続をする能力を取得したときは、本人）が追認することができる**（国願法19条１項で準用する特16条１項）。よって、本枝は正しい。

(ニ) ☒ **実48条の13**

解　法　国際実用新案登録出願については、実48条の４第６項に規定する**「国内処理基準時を経過した後」**、何人も、特許庁長官に、実用新案技術評価を請求することができる（実48条の13で読み替える実12条１項）。したがって、国際実用新案登録出願については、何人も「いつでも」実用新案技術評価を請求することができるわけではない。よって、本枝は誤り。

H27-50 国際出願法

特許協力条約に基づく国際出願等に関する法律に規定する国際出願に関し、次のうち、正しいものは、どれか。

田１　出願人が２人以上ある場合、国際出願をしようとする者が願書に記載しなければならない事項には、全ての出願人の国籍及び住所又は居所が含まれる。

田２　国際出願に出願人の氏名又は名称の記載がない場合は、手続の補正をすべきことが命じられ、指定された期間内に手続の補正をしたときは、当該国際出願が特許庁に到達した日を国際出願日として認定する。

田３　国が国際出願をする場合は、特許庁が国際調査を行う国際出願をする者が納付すべき手数料の一部についても、納付を求められることはない。

田４　特許庁長官又は審判長は、国際出願の手続をする者がその手続をするのに適当でないと認めるときでも、代理人により手続をすべきことを命ずることができない。

田５　特許庁長官は、国際予備審査の請求がなされた国際出願が発明の単一性の要件を満たしていない場合には、出願人に対し、相当の期間を指定して、国際予備審査を受けようとする請求の範囲を減縮し、又は所定金額に当該請求の範囲に記載されている発明の数から１を減じて得た数を乗じて得た金額の範囲内において政令で定める金額の手数料を追加して納付すべきことを命じなければならない。

H27-50

1 ☒ 国願法３条２項２号かっこ書

解　法 **出願人が２人以上ある場合にあっては、日本国民等である出願人のうち「少なくとも１人」の国籍及び住所又は居所を願書に記載しなければならない**（国願法３条２項２号かっこ書）。したがって、出願人が２人以上ある場合、国際出願をしようとする者が願書に記載しなければならない事項には、「全ての出願人」の国籍及び住所又は居所が含まれるわけではない。よって、本枝は誤り。

2 ☒ 国願法４条３項

解　法 国際出願に出願人の氏名又は名称の記載がない場合（国願法４条１項３号）は、手続の「補完」をすべきことが命じられ（同条２項）、指定された期間内に手続の「補完」をしたときは、**「手続の補完に係る書面の到達の日」**を国際出願日として認定しなければならない（同条３項）。したがって、本枝において、「当該国際出願が特許庁に到達した日」を国際出願日として認定するわけではない。よって、本枝は誤り。

3 ☒ 国願法18条２項表１・３項かっこ書

解　法 特許庁が国際調査をする国際出願をする者は、国願法18条２項表１の第３欄に掲げる金額の範囲内において政令で定める金額に同表１の第４欄に掲げる金額を合算して得た額の手数料を納付しなければならない（同項）。ここで、**国が国際出願をする場合は、同項表１の第３欄に掲げる手数料の納付は求められないが**（同条３項で準用する特195条４項）、**第４欄に掲げる手数料の納付は求められる**（国願法18条３項かっこ書）。したがって、国が国際出願をする場合は、特許庁が国際調査を行う国際出願をする者が納付すべき手数料の一部について、納付を求められることがある。よって、本枝は誤り。

4 ☒ 特13条１項準用

解　法 特許庁長官又は審判長は、国際出願の**手続をする者がその手続をするのに適当でないと認めるときは、代理人により手続をすべきことを命ずることができる**（国願法19条１項で準用する特13条１項）。よって、本枝は誤り。

5 ◯ 国願法12条３項柱書

解　法 **国願法12条３項柱書の通り**である。すなわち、特許庁長官は、国際予備審査の請求に係る国際出願がPCT34条(3)(a)の発明の単一性の要件を満たしていないときは、出願人に対し、相当の期間を指定して、国際予備審査を受けようとする請求の範囲を減縮し、又は所定金額に当該請求の範囲に記載されている発明の数から１を減じて得た数を乗じて得た金額の範囲内において政令で定める金額の手数料を追加して納付すべきことを命じなければならない（国願法12条３項柱書）。よって、本枝は正しい。

H26-57　国際出願法

特許協力条約に基づく国際出願等に関する法律に規定する国際出願に関し、次の(イ)～(ニ)のうち、正しいものは、いくつあるか。

田(イ)　国際出願に、明細書又は請求の範囲が含まれておらず、手続の補完を命じられた場合、指定された期間内に手続の補完をすれば、当該国際出願が特許庁に到達した日が国際出願日として認定される。

田(ロ)　国際出願に、その国際出願に含まれていない図面についての記載がされている場合、特許庁長官からその旨が出願人に通知されるが、出願人が経済産業省令で定める期間内に図面を提出したときには、その図面の到達の日が国際出願日として認定される。

田(ハ)　国際出願をしようとする者は、願書、明細書、請求の範囲、必要な図面及び要約書を、日本語、英語又はフランス語で作成し、特許庁長官に提出することができる。

田(ニ)　出願人は、その国際出願に係る国際調査報告にその国際出願と関連する技術に関する文献の記載があるときは、特許庁長官に対し、経済産業省令で定める期間内に、その文献の写しの送付を請求することができる。

1　1つ　　2　2つ　　3　3つ　　4　4つ　　5　なし

H26-57

(イ) ☒ **国願法４条３項**

解法 国際出願に、明細書又は請求の範囲が含まれていない場合には、相当の期間を指定して、手続の補完が命じられるが（国願法４条１項４号・２項）、**その指定された期間内に手続の補完がされたときは、「手続の補完に係る書面の到達の日」が国際出願日として認定される**（同条３項）。したがって、本枝において、「国際出願が特許庁に到達した日」が国際出願日として認定されるわけではない。よって、本枝は誤り。

(ロ) ◙ **国願法５条２項**

解法 **国際出願に、その国際出願に含まれていない図面についての記載がされている場合は、特許庁長官からその旨が出願人に通知され**（国願法５条１項）、**出願人が経済産業省令で定める期間内に図面を提出したときは、「その図面の到達の日」が国際出願日として認定される**（同条２項）。よって、本枝は正しい。

(ハ) ☒ **国願法３条１項、国願法施規12条**

解法 国際出願をしようとする者は、**日本語又は経済産業省令で定める外国語**で作成した願書、明細書、請求の範囲、必要な図面及び要約書を特許庁長官に提出しなければならない（国願法３条１項）。ここで、**同項の経済産業省令で定める外国語は、英語とされる**（国願法施規12条）。したがって、願書等を、日本語、英語又は「フランス語」で作成し、特許庁長官に提出することができるわけではない。よって、本枝は誤り。

(ニ) ◙ **国願法９条**

解法 **国願法９条の通り**である。すなわち、出願人は、その国際出願に係る国際調査報告にその国際出願と関連する技術に関する文献の記載があるときは、特許庁長官に対し、経済産業省令で定める期間内に、その文献の写しの送付を請求することができる（国願法９条）。よって、本枝は正しい。

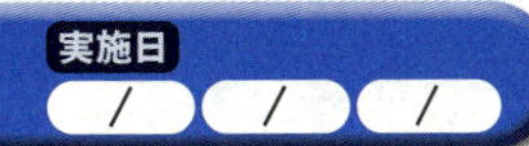

H25-19　国際出願法

特許協力条約に基づく国際出願等に関する法律に規定する国際出願に関し、次の(イ)～(ニ)のうち、正しいものは、いくつあるか。

田(イ)　2人以上が共同して国際出願をした場合に、出願人が代表者を定めていないときは、出願人に対し、相当の期間を指定して、代表者を選任して届出をすることが命じられる。

田(ロ)　特許庁長官は、国際出願において、その国際出願に含まれていない図面についての記載がされているときは、その国際出願の出願人に、相当の期間を指定して、その旨を通知するが、その国際出願の出願人が、指定された期間内に図面を提出しなかった場合には、その国際出願は取り下げられたものとみなされる。

田(ハ)　特許庁長官は、国際出願に発明の名称の記載がないときは、その国際出願の出願人に、相当の期間を指定して、書面により手続の補正を命じるが、その国際出願の出願人が、指定された期間内に発明の名称を記載した書面を提出した場合には、その書面が特許庁に到達した日が国際出願日として認定される。

田(ニ)　日本国特許庁に国際予備審査の請求をしようとする者は、経済産業省令で定める事項を日本語又は経済産業省令で定める外国語により記載した請求書を、特許庁長官に提出しなければならない。

1　1つ　　2　2つ　　3　3つ　　4　4つ　　5　なし

H25-19

(イ) ✕ 国願法16条2項

解　法 **特許庁長官は、2人以上が共同して国際出願をした場合において出願人が代表者を定めていないときは、経済産業省令で定めるところにより、出願人の代表者を指定することができる**（国願法16条2項）。したがって、本枝において、出願人に対し、相当の期間を指定して、代表者を選任して届出をすることが命じられるわけではない。よって、本枝は誤り。

(ロ) ✕ 国願法5条1項、青本国願法5条参照、PCT14条(2)

解　法 特許庁長官は、国際出願において、その国際出願に含まれていない図面についての記載がされているときは、その旨を出願人に通知しなければならず（国願法5条1項）、当該通知を受けた者が所定の期間内にその図面を提出したときは、その図面の到達の日を国際出願日として認定しなければならない（同条2項）。しかし、**この通知に対して出願人が図面を提出しなくとも、ただ、「図面への言及はないものとみなされる」だけである**（青本国願法5条参照、PCT14条(2)）。したがって、本枝において、国際出願の出願人が、指定された期間内に図面を提出しなかった場合でも、「その国際出願は取り下げられたものとみなされる」わけではない。よって、本枝は誤り。

(ハ) ✕ 国願法6条参照

解　法 特許庁長官は、国際出願に発明の名称の記載がないときは、相当の期間を指定して、書面により手続の補正をすべきことを命じなければならない（国願法6条2号）。しかし、**当該指定された期間内に手続の補正をしたときに、手続の補正に係る書面の到達の日を国際出願日として認定しなければならない旨の規定はない**。したがって、本枝において、その書面が特許庁に到達した日が国際出願日として認定されるわけではない。よって、本枝は誤り。

チェック 補完命令の場合には手続の補完に係る書面の到達の日を、図面についての通知に対し図面を提出した場合にはその図面の到達の日を、国際出願日として認定しなければならない（国願法4条3項、国願法5条2項）。

(ニ) ○ 国願法10条2項

解　法 **国願法10条2項の通り**である。すなわち、日本国特許庁に国際予備審査の請求をしようとする者は、経済産業省令で定める事項を日本語又は経済産業省令で定める外国語により記載した請求書を、特許庁長官に提出しなければならない（国願法10条2項）。よって、本枝は正しい。

R4-条約5　国際特許出願等

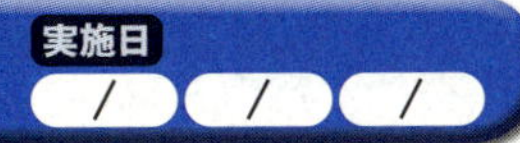

特許法に規定する国際特許出願に関し、次のうち、誤っているものは、どれか。

田1　日本語特許出願の出願人は、特許協力条約第19条（1）の規定に基づく補正をしたときは、国内処理基準時の属する日までに、同条（1）の規定に基づき提出された補正書の写しを特許庁長官に提出しなければならない。

田2　日本語特許出願の出願人は、特許協力条約第34条（2）（b）の規定に基づく補正をしたときは、国内処理基準時の属する日までに、同条（2）（b）の規定に基づき提出された補正書の写しを特許庁長官に提出しなければならない。

田3　外国語特許出願の出願人は、特許協力条約第19条（1）の規定に基づく補正をしたときは、国内書面提出期間内に、国際出願日における請求の範囲の日本語による翻訳文に加えて、当該補正後の請求の範囲の日本語による翻訳文についても提出しなければならない。

田4　外国語特許出願の出願人は、特許協力条約第34条（2）（b）の規定に基づく補正をしたときは、国内処理基準時の属する日までに、同条（2）（b）の規定に基づき提出された補正書の日本語による翻訳文を特許庁長官に提出しなければならない。

田5　外国語特許出願の出願人は、国内公表があった後に、国際特許出願に係る発明の内容を記載した書面を提示して警告をしたときは、その警告後特許権の設定の登録前に業としてその発明を実施した者に対し、その発明が特許発明である場合にその実施に対し受けるべき金銭の額に相当する額の補償金の支払を請求することができる。

R4-条約5

1 ○ 特184条の7第1項

解 法 特184条の7第1項の通りである。すなわち、日本語特許出願の出願人は、PCT19条(1)の規定に基づく補正をしたときは、国内処理基準時の属する日までに、同条(1)の規定に基づき提出された補正書の写しを特許庁長官に提出しなければならない(特184条の7第1項)。よって、本枝は正しい。

2 ○ 特184条の8第1項

解 法 日本語特許出願の出願人は、PCT34条(2)(b)の規定に基づく補正をしたときは、国内処理基準時の属する日までに、同条(2)(b)の規定に基づき提出された補正書の写しを特許庁長官に提出しなければならない(特184条の8第1項)。よって、本枝は正しい。

3 × 特184条の4第2項

解 法 外国語特許出願の出願人は、国内書面提出期間内に、国際出願日における明細書、請求の範囲、図面及び要約の日本語による翻訳文を、特許庁長官に提出しなければならないところ(特184条の4第1項)、外国語特許出願の出願人がPCT19条(1)の規定に基づく補正をしたときは、国際出願日における請求の範囲の翻訳文に「代えて」、当該補正後の請求の範囲の翻訳文を「提出することができる」(特184条の4第2項)。したがって、外国語特許出願の出願人は、PCT19条(1)の規定に基づく補正をしたときは、国内書面提出期間内に、国際出願日における請求の範囲の日本語による翻訳文に「加えて」、当該補正後の請求の範囲の日本語による翻訳文についても「提出しなければならない」わけではない。よって、本枝は誤り。

4 ○ 特184条の8第1項

解 法 外国語特許出願の出願人は、PCT34条(2)(b)の規定に基づく補正をしたときは、国内処理基準時の属する日までに、同条(2)(b)の規定に基づき提出された補正書の日本語による翻訳文を特許庁長官に提出しなければならない(特184条の8第1項)。よって、本枝は正しい。

5 ○ 特184条の10第1項

解 法 外国語特許出願の出願人は、国内公表があった後に、国際特許出願に係る発明の内容を記載した書面を提示して警告をしたときは、その警告後特許権の設定の登録前に業としてその発明を実施した者に対し、その発明が特許発明である場合にその実施に対し受けるべき金銭の額に相当する額の補償金の支払を請求することができる(特184条の10第1項)。よって、本枝は正しい。

H30-条約5　国際特許出願等

実用新案法に規定する国際実用新案登録出願に関し、次のうち、誤っているものは、どれか。

1　国際実用新案登録出願に係る考案について、先にされた特許出願の願書に最初に添付された明細書に記載された考案に基づいて優先権を主張するとき、先にされた特許出願について仮専用実施権を有する者があっても、当該仮専用実施権を有する者の承諾を得なくてよい。

2　国際実用新案登録出願の出願人は、国際出願が国際出願日において図面を含んでいないものであるときは、国内処理基準時の属する日までに、図面を特許庁長官に提出しなければならないが、この図面は、国際出願日において提出されたものとみなされる。

3　外国語実用新案登録出願に係る明細書、実用新案登録請求の範囲又は図面について補正をするときは、国際出願日における国際出願の明細書、請求の範囲又は図面に記載した事項の範囲内においてしなければならない。

4　国際実用新案登録出願の第1年から第3年までの各年分の登録料は、国内処理の請求をしない場合は、国内書面提出期間内に一時に納付しなければならないが、登録料を納付すべき者の請求により、この期間は延長することができる。

5　国際実用新案登録出願について、国内処理基準時を経過した後、何人も、特許庁長官に、実用新案技術評価を請求することができる。

H30-条約5

1 ◎ 実48条の10第1項

解　法 実用新案登録出願に係る考案について、先にされた特許出願の願書に最初に添付された明細書等に記載された考案に基づいて優先権を主張するとき、先にされた特許出願について仮専用実施権を有する者があるときは、その実用新案登録出願の際に、その承諾を得る必要がある（実８条１項柱書但書）。しかし、**国際実用新案登録出願については、当該規定は適用されない**（実48条の10第１項）。したがって、本枝において、先にされた特許出願について仮専用実施権を有する者の承諾を得なくてよい。よって、本枝は正しい。

2 ☒ 実48条の７第１項・４項、青本実48条の７

解　法 国際実用新案登録出願の出願人は、国際出願が国際出願日において図面を含んでいないものであるときは、国内処理基準時の属する日までに、図面を特許庁長官に提出しなければならない(実48条の７第１項)。したがって､前段は正しい。しかし、**同項の規定によりされた図面の提出は、実２条の２第１項の規定による手続の補正とみなされ**（実48条の７第４項)、**このように提出された図面は、国際出願日において提出されていたものとは扱われない**（青本実48条の７)。したがって、後段は誤り。よって、本枝は誤り。

3 ◎ 実48条の８第３項

解　法 外国語実用新案登録出願に係る明細書等について補正をするときは、実48条の４第１項の**国際出願日における国際出願の明細書等に記載した事項の範囲内においてしなければならない**(実48条の８第３項で読み替える実２条の２第２項)。よって、本枝は正しい。

4 ◎ 実48条の12、実32条３項

解　法 国際実用新案登録出願の第１年から第３年までの各年分の登録料は、**国内処理の請求**（実48条の４第６項）**をしない場合は、国内書面提出期間内に一時に納付しなければならない**（実48条の12で読み替える実32条１項)。したがって、前段は正しい。また、特許庁長官は、**登録料を納付すべき者の請求により、30日以内を限り、実32条１項に規定する期間を延長することができる**（同条３項)。したがって、後段も正しい。よって、本枝は正しい。

5 ◎ 実48条の13

解　法 国際実用新案登録出願については、実48条の４第６項に規定する**国内処理基準時を経過した後、何人も、特許庁長官に、実用新案技術評価を請求することができる**（実48条の13で読み替える実12条１項)。よって、本枝は正しい。

H29-条約6　国際特許出願等

特許法に規定する国際特許出願又は実用新案法に規定する国際実用新案登録出願に関し、次のうち、正しいものは、どれか。

田 1　特許協力条約第34条の規定に基づき補正書を提出した場合、外国語特許出願について、国内処理基準時の属する日までに、当該補正書の日本語による翻訳文を提出したとき、当該翻訳文による補正は、特許法第184条の12第2項に規定する翻訳文等に記載した事項の範囲内においてしなければならない。

田 2　特許協力条約第19条の規定に基づく補正をした場合、外国語実用新案登録出願について、国内処理基準時の属する日までに、当該補正後の請求の範囲の日本語による翻訳文を提出したとき、当該翻訳文により補正がされたものとみなされる。

田 3　外国語特許出願については、国内公表により特許法第29条の2に規定する、いわゆる拡大された先願の地位が発生する。

田 4　日本語実用新案登録出願については、国際公開があった後に補償金請求権が発生する。

田 5　外国語特許出願(特許権の設定の登録がされたものを除く。)に係る国際出願の願書、明細書、請求の範囲、図面又は要約についての証明等の請求は、特許庁長官が秘密を保持する必要があると認めるときは、国際公開がされるまですることができない。

H29-条約6

1 ☒ **特184条の8第4項、特184条の12第2項**

解 法　PCT34条(2)(b)の規定に基づき補正書を提出した場合、外国語特許出願について、国内処理基準時の属する日までに、当該補正書の日本語による翻訳文を提出したとき（特184条の8第1項）は、その補正書の翻訳文により、願書に添付した明細書等について特17条の2第1項の規定による補正がされたものとみなされ（特184条の8第2項）、**その補正は特17条の2第2項の誤訳訂正書を提出してされたものとみなされる**（特184条の8第4項）。また、特17条の2第1項の規定により明細書等について補正をするときは、**「誤訳訂正書を提出してする場合を除き」、特184条の12第2項に規定する翻訳文等に記載した事項の範囲内においてしなければならない**（同項で読み替える特17条の2第3項）。したがって、本枝の補正は、誤訳訂正書を提出してされたものとみなされるため、特184条の12第2項に規定する翻訳文等に記載した事項の範囲内においてしなければならないわけではない。よって、本枝は誤り。

2 ☒ **実48条の6第3項**

解 法　**PCT19条(1)の規定に基づく補正後の請求の範囲の翻訳文が提出された場合は、「当該補正後の請求の範囲の翻訳文が実5条2項の規定により願書に添付して提出した実用新案登録請求の範囲とみなされる」**（実48条の6第3項）。したがって、本枝において、PCT19条の規定に基づく補正後の請求の範囲の日本語による翻訳文を提出したとき、「当該翻訳文により補正がされたものとみなされる」わけではない。よって、本枝は誤り。

3 ☒ **特184条の13**

解 法　**特許出願に係る発明が当該特許出願の日前の外国語特許出願であって当該特許出願後に「特許掲載公報の発行又は国際公開」がされたものの国際出願日における国際出願の明細書等に記載された発明と同一であるときは、その発明については、特29条1項の規定にかかわらず、特許を受けることができない**（特184条の13で読み替える特29条の2）。したがって、外国語特許出願については、「国内公表」により特29条の2に規定する、いわゆる拡大された先願の地位が発生するわけではない。よって、本枝は誤り。

4 ☒ **そのような規定はない**

解 法　日本語特許出願については、国際公開があった後に補償金請求権が発生するが（特184条の10第1項）、**日本語実用新案登録出願については、同項に相当する規定はない**。よって、本枝は誤り。

5 ◎ **特184条の9第6項、青本特184条の9参照**

解 法　**外国語特許出願（特許権の設定の登録がされたものを除く。）に係る国際出願の願書、明細書、請求の範囲、図面又は要約については、国際公開の対象となるものであることから、国際公開がされるまでは、特許庁長官が秘密を保持する必要があると認めるときは証明等の請求をすることができない**（特184条の9第6項で読み替える特186条1項1号、青本特184条の9参照）。よって、本枝は正しい。

H28-条約５　国際特許出願等

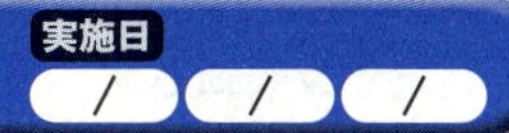

特許法に規定する国際特許出願に関し、次のうち、正しいものは、どれか。

田１　外国語でされた国際特許出願について、図面の中に説明があるのに当該説明の翻訳文の提出がなかったときは、その国際特許出願は取り下げられたものとみなされる。

田２　国際特許出願の出願人は、国内書面提出期間内に、出願人の氏名又は名称及び住所又は居所、発明の名称、発明者の氏名及び住所又は居所並びに国際出願番号の全てを記載した書面を特許庁長官に提出しなければならない。

田３　在外者である国際特許出願の出願人は、いかなる場合においても、国内処理基準時の属する日後経済産業省令で定める期間内に、特許管理人を選任して特許庁長官に届け出なければならない。

田４　特許協力条約第19条の規定に基づく補正をした外国語でされた国際特許出願において、国際出願日における請求の範囲の翻訳文と当該補正後の請求の範囲の翻訳文が提出された場合には、国際出願日における請求の範囲の翻訳文を基準として、特許法第17条の２第３項の規定による、いわゆる新規事項の追加であるか否かの判断が行われる。

田５　国際特許出願について特許法第41条第１項の規定による優先権を主張する場合、先の出願について仮専用実施権を有する者があるときでも、その者の承諾を得ることは要求されていない。

H28-条約5

1 ☒ 特184条の4第3項、青本特184条の4参照

解法 国際出願日における「明細書の翻訳文」(特184条の4第1項) 及び「請求の範囲の翻訳文」(同条1項・2項) の提出がなかったときは、その国際特許出願は、取り下げられたものとみなされる (同条3項)。一方、**図面の中の説明の翻訳文の提出がないときは、図面の中の説明はないものとして扱われる** (青本特184条の4参照)。したがって、外国語でされた国際特許出願について、図面の中に説明があるのに「当該説明の翻訳文」の提出がなかったときでも、その国際特許出願は取り下げられたものとはみなされない。よって、本枝は誤り。

2 ☒ 特184条の5第1項各号参照

解法 **国際特許出願の出願人は、国内書面提出期間内に、①出願人の氏名又は名称及び住所又は居所、②発明者の氏名及び住所又は居所、③国際出願番号その他の経済産業省令で定める事項を記載した書面を特許庁長官に提出しなければならない** (特184条の5第1項各号)。したがって、本枝において、「発明の名称」を記載した書面を特許庁長官に提出しなければならないわけではない。よって、本枝は誤り。

3 ☒ 特184条の11第4項

解法 **特許庁長官は、「国内処理基準時の属する日後経済産業省令で定める期間内」**(特184条の11第2項) **に特許管理人の選任の届出がなかったときは、当該出願人に対し、その旨を通知しなければならない** (同条3項)。そして、**この通知を受けた者は、経済産業省令で定める期間内に限り、特許管理人を選任して特許庁長官に届け出ることができる** (同条4項)。したがって、在外者である国際特許出願の出願人は、「いかなる場合においても、国内処理基準時の属する日後経済産業省令で定める期間内に」、特許管理人を選任して特許庁長官に届け出なければならないわけではない。よって、本枝は誤り。

チェック 故意に、特184条の11第4項に規定する期間内に当該届出をしなかったと認められる場合を除き、さらに追完が認められている (同条6項)。

4 ☒ 特184条の12第2項

解法 PCT19条(1)の規定に基づく補正後の請求の範囲の翻訳文が提出された場合 (特184条の4第2項・6項) には、国際出願日における請求の範囲の翻訳文ではなく、**「当該補正後の請求の範囲の翻訳文」を基準として、いわゆる新規事項の追加であるか否かの判断が行われる** (特184条の12第2項で読み替える特17条の2第3項かっこ書)。よって、本枝は誤り。

5 ◎ 特184条の15第1項

解法 特許出願について特41条1項の規定による優先権の主張をする場合、先の出願について仮専用実施権を有する者があるときは、その特許出願の際に、その承諾を得る必要がある (同項柱書但書)。しかし、**国際特許出願については、当該規定は適用されない** (特184条の15第1項)。したがって、本枝の場合、仮専用実施権を有する者の承諾を得ることは要求されていない。よって、本枝は正しい。

H27-11　国際特許出願等

特許法に規定する国際特許出願又は実用新案法に規定する国際実用新案登録出願に関し、次のうち、正しいものは、どれか。

1　外国語でされた国際特許出願については、国内書面提出期間の満了前2月から満了の日までの間に、国内書面を提出した場合、優先日から32月以内に明細書、請求の範囲、図面（図面の中の説明に限る。）及び要約の日本語による翻訳文を、特許庁長官に提出しなければならない。

2　外国語でされた国際特許出願については、当該出願の翻訳文及び国内書面を提出し、かつ、納付すべき手数料を納付した後、拒絶理由通知を受けるか特許査定の謄本の送達があるまでは、いつでも手続の補正（特許協力条約第19条に基づく補正及び特許協力条約第34条に基づく補正を除く。）をすることができる。

3　実用新案法第48条の3第1項の規定により実用新案登録出願とみなされた、日本語による国際出願については、国内書面を提出し、かつ、納付すべき手数料を納付した後でなければ、特許出願への変更をすることができない。

4　国際実用新案登録出願の第1年から第3年までの各年分の登録料の納付については、国内書面の提出と同時に一時に納付しなければならない。

5　特許協力条約第19条に基づく補正をした外国語でされた国際特許出願については、国際出願日における請求の範囲の翻訳文が提出されず当該補正後の請求の範囲の翻訳文が提出された場合、当該補正後の請求の範囲の翻訳文を願書に添付して提出された特許請求の範囲とみなすが、国際出願日における請求の範囲の翻訳文と当該補正後の請求の範囲の翻訳文とが提出された場合には、国際出願日における請求の範囲の翻訳文を願書に添付して提出された特許請求の範囲とみなす。

H27-11

1 ☒ 特184条の4第1項但書

解法 国内書面提出期間（優先日から2年6月）の満了前2月から満了の日までの間に国内書面（184条の5第1項）を提出した外国語特許出願にあっては、「当該書面の提出の日から2月以内」に、明細書、請求の範囲、図面（図面の中の説明に限る。）及び要約の日本語による翻訳文を提出することができる（特184条の4第1項但書）。したがって、本枝において、「優先日から32月以内」に当該翻訳文を、特許庁長官に提出しなければならないわけではない。よって、本枝は誤り。

2 ☒ 特184条の12第1項

解法 外国語特許出願については、①所定の翻訳文（特184条の4第1項又は4項）及び②国内書面（特184条の5第1項）を提出し、かつ、③所定の手数料（特195条2項）を納付した後であって④国内処理基準時を経過した後でなければ、特17条1項本文の規定にかかわらず、手続の補正をすることができない（特184条の12第1項）。しかし、本枝においては、④の要件を満たしていない。したがって、いつでも手続の補正（PCT19条に基づく補正及びPCT34条に基づく補正を除く。）をすることができるわけではない。よって、本枝は誤り。

3 ◯ 特184条の16

解法 実48条の3第1項の規定により実用新案登録出願とみなされた日本語による国際出願（日本語実用新案登録出願）については、①国内書面（実48条の5第1項）を提出し、かつ、②納付すべき手数料（実54条2項）を納付した後でなければ、特許出願への変更をすることができない（特184条の16）。よって、本枝は正しい。

4 ☒ 実48条の12

解法 国際実用新案登録出願の第1年から第3年までの各年分の登録料は、実48条の4第1項に規定する国内書面提出期間内（同条6項に規定する国内処理の請求をした場合にあっては、その国内処理の請求の時まで）に一時に納付しなければならない（実48条の12で読み替える実32条1項）。したがって、国際実用新案登録出願の第1年から第3年までの各年分の登録料の納付については、国内書面の提出と同時に一時に納付しなければならないわけではない。よって、本枝は誤り。

5 ☒ 特184条の6第3項

解法 PCT19条に基づく補正をした外国語でされた国際特許出願については、国際出願日における請求の範囲の翻訳文が提出されず当該補正後の請求の範囲の翻訳文が提出された場合（特184条の4第2項）は、当該補正後の請求の範囲の翻訳文を願書に添付して提出された特許請求の範囲とみなす（特184条の6第3項）。したがって、前段は正しい。また、国際出願日における請求の範囲の翻訳文と当該補正後の請求の範囲の翻訳文とが提出された場合（特184条の4第6項）も、「当該補正後の請求の範囲の翻訳文」を願書に添付して提出された特許請求の範囲とみなす（特184条の6第3項）。したがって、「国際出願日における請求の範囲の翻訳文」を願書に添付して提出された特許請求の範囲とみなすわけではないので、後段は誤り。よって、本枝は誤り。

H26-46　国際特許出願等

特許法に規定する国際特許出願又は実用新案法に規定する国際実用新案登録出願に関し、次の(イ)~(ニ)のうち、正しいものは、いくつあるか。

(イ)　国際特許出願については、特許法第43条［パリ条約による優先権主張の手続］（第43条の2第2項（第43条の3第3項において準用する場合を含む。）及び第43条の3第3項において準用する場合を含む。）の規定が適用される。

(ロ)　国際実用新案登録出願が国際出願日において図面を含んでいない場合、特許協力条約上図面は必要な場合にしか要求されないことから、図面の提出がないときであっても、特許庁長官により当該出願が却下されることはない。

(ハ)　外国語でされた国際特許出願に関し、特許協力条約第34条(2)(b)の規定に基づく補正をしたが、国内処理基準時の属する日までに、当該規定に基づき提出された補正書の日本語による翻訳文を特許庁長官に提出しなかった場合、当該規定に基づく補正はされなかったものとみなされる。

(ニ)　外国語でされた国際特許出願の出願人は、当該国際特許出願の国内公表があった後でなければ、補償金の支払を請求することはできない。

1　1つ　　2　2つ　　3　3つ　　4　4つ　　5　なし

H26-46

(イ) ☒ 特184条の3第2項

解法 **国際特許出願については、特43条**（特43条の2第2項（特43条の3第3項において準用する場合を含む。）及び特43条の3第3項において準用する場合を含む。）**の規定は適用されない**（特184条の3第2項）。よって、本枝は誤り。

平成26年法改正に対応させるため、問題文を一部修正した。

(ロ) ☒ 実48条の7

解法 国際実用新案登録出願が国際出願日において図面を含んでいないものであるときは、国内処理基準時の属する日までに、図面を特許庁長官に提出しなければならない（実48条の7第1項）。また、特許庁長官は、国内処理基準時の属する日までに図面の提出がないときは、出願人に対し、相当の期間を指定して、図面の提出をすべきことを命ずることができ（同条2項）、**図面の提出をすべきことを命じた者が指定した期間内にその提出をしないときは、当該国際実用新案登録出願を却下することができる**（同条3項）。したがって、本枝において、図面の提出がないときであれば、特許庁長官により当該出願が却下されることがある。よって、本枝は誤り。

(ハ) ◎ 特184条の8第3項

解法 外国語特許出願の出願人は、PCT34条(2)(b)の規定に基づく補正をしたときは、国内処理基準時の属する日までに、当該補正書の日本語による翻訳文を、特許庁長官に提出しなければならない（特184条の8第1項）。また、**当該期間内に補正書の日本語による翻訳文を特許庁長官に提出しなかった場合、当該規定に基づく補正は、されなかったものとみなされる**（同条3項）。よって、本枝は正しい。

(ニ) ◎ 特184条の10第1項

解法 **外国語特許出願については、国内公表があった後に、国際出願に係る発明の内容を記載した書面を提示して警告をしたときは、補償金請求権を有する**（特184条の10第1項）。したがって、外国語でされた国際特許出願の出願人は、当該国際特許出願の国内公表があった後でなければ、補償金の支払を請求することができない。よって、本枝は正しい。

H25-16　国際特許出願等

特許法に規定する国際特許出願又は実用新案法に規定する国際実用新案登録出願に関し、次の(イ)～(ニ)のうち、正しいものは、いくつあるか。

□(イ)　国際特許出願の出願人が、日本国内に住所又は居所（法人にあっては、営業所）を有しない者であっても、特許管理人によらず、出願審査の請求の手続をすることができる場合がある。

□(ロ)　外国語でされた国際実用新案登録出願の出願人は、実用新案法第48条の５第１項に規定する書面及び翻訳文を提出し、かつ、所定の手数料及び登録料を納付した後でなければ、補正（実用新案法第２条の２第１項の規定による手続の補正）をすることができない。

□(ハ)　外国語でされた国際特許出願の出願人が、国内書面提出期間内に、特許法第184条の５第１項に規定する書面を提出したが、その国際特許出願の明細書の日本語による翻訳文の提出をすることができなかった場合、故意に、提出しなかったと認められるときを除き、所定の期間内に、翻訳文を提出することができる。

□(ニ)　国際実用新案登録出願の出願人が、国際出願日において国際実用新案登録出願に含まれていなかった図面を、所定の期間内に提出したが、当該図面が、国際出願日における国際出願の明細書又は請求の範囲に記載した事項の範囲内のものでないときは、その国際実用新案登録出願の出願日は、当該図面を提出した日となる。

1　1つ　　2　2つ　　3　3つ　　4　4つ　　5　なし

H25-16

(イ) ◯ **特184条の11第1項、特184条の4第6項**

解　法 **在外者である国際特許出願の出願人は、国内処理基準時までは、特8条1項の規定にかかわらず、特許管理人によらないで手続をすることができる**（特184条の11第1項）。また、「国内処理基準時」とは、国内書面提出期間が満了する時（国内書面提出期間内に出願人が出願審査の請求をするときは、その請求の時）をいう（特184条の4第6項）。したがって、在外者である国際特許出願の出願人は、国内書面提出期間が満了する時までは、特許管理人によらず、出願審査の請求の手続をすることができる。よって、本枝は正しい。

(ロ) ◯ **特184条の12第1項読替準用**

解　法 **外国語実用新案登録出願については、①所定の翻訳文**（実48条の4第1項又は4項）**及び②国内書面**（実48条の5第1項）**を提出し、かつ、③第1年から第3年までの各年分の登録料**（実32条1項）**及び④所定の手数料**（実54条2項）**を納付した後でなければ、実2条の2第1項本文の規定にかかわらず、手続の補正をすることができない**（実48条の8第4項で読み替えて準用する特184条の12第1項）。よって、本枝は正しい。

(ハ) ◯ **特184条の4第4項** **改正**

解　法 **外国語でされた国際特許出願の出願人は、故意に、国内書面提出期間内に明細書等翻訳文を提出しなかったと認められる場合を除き、経済産業省令で定める期間内に限り、経済産業省令で定めるところにより、当該明細書等翻訳文等を特許庁長官に提出することができる**（特184条の4第4項）。よって、本枝は正しい。

令和3年法改正に対応させるため、問題文を一部修正した。

(ニ) ✕ **実48条の7参照**

解　法 **国際実用新案登録出願の出願人は、国際出願が国際出願日において図面を含んでいないものであるときは、国内処理基準時の属する日までに、図面を特許庁長官に提出しなければならない**（実48条の7第1項）。ここで、当該図面が、国際出願日における国際出願の明細書又は請求の範囲に記載した事項の範囲内のものでないときに、その国際実用新案登録出願の出願日が、当該図面を提出した日となる旨の規定はない（同条参照）。よって、本枝は誤り。

チェック 当該図面の提出は、実2条の2第1項の規定による手続の補正とみなされ（実48条の7第4項）、新規事項を追加する補正は、実37条1項1号に規定する無効理由となる（青本実48条の7参照）。

著作権法

R2-著不2　著作物、著作者

著作権法に関し、次のうち、最も不適切なものは、どれか。

1　法人の発意に基づきその法人の業務に従事する者が職務上作成する著作物で、その法人の名義の下に公表するものについて、その著作者を当該作成者とすることを定めた契約、勤務規則その他の定めの条項は、無効とされる。

2　聴衆数百人を集めたコンサートで演奏された楽曲について、そのコンサートのプログラムに作曲者として氏名が書かれていた**甲**は、当該楽曲の著作者として推定される。

3　雑誌の編集方針について相談を受けて意見を述べただけの者は、編集著作物である当該雑誌の著作者とはならない。

4　映画会社**甲**の従業員である**乙**が**甲**における職務として監督した映画**イ**に、上映の際、冒頭部分にタイトルに続き「監督**乙**」と表示されていた場合、**イ**の著作権は**甲**に帰属し、著作者人格権は**乙**が有する。

5　共有に係る著作権の侵害に対して、各共有者は、単独で差止請求をすることができる。

R2-著不2

最も不適切なもの→×、そうでないもの→○

1 ☒ 著15条1項

解法 **法人等の発意に基づきその法人等の業務に従事する者が職務上作成する著作物で、その法人等が自己の著作の名義の下に公表するものの著作者は、その作成の時における契約、勤務規則その他に別段の定めがない限り、その法人等とされる**（著15条1項）。すなわち、著作物の作成の時に、契約、勤務規則その他に別段の定めがあれば、著作者を職務提供者ではなく、従業者とすることができる（渋谷著作P.111）。したがって、法人の発意に基づきその法人の業務に従事する者が職務上作成する著作物で、その法人の名義の下に公表するものについて、その著作者を当該作成者とすることを定めた契約、勤務規則その他の定めの条項は、無効とされるわけではない。よって、本枝は最も不適切なものである。

2 ◎ 著14条、小倉・金井Ⅰ P.381参照

解法 著作物の公衆への提示の際に、その氏名が著作者名として通常の方法により表示されている者は、その著作物の著作者と推定される（著14条）。ここで、**通常の方法による表示とは、一般に社会慣行として利用される表示場所（演奏会のプログラム等）に、一般人に著作者として認識させうる形で表示することをいう**（小倉・金井Ⅰ P.381参照）。したがって、聴衆数百人を集めたコンサートで演奏された楽曲について、そのコンサートのプログラムに作曲者として氏名が書かれていた甲は、当該楽曲の著作者として推定される。よって、本枝は不適切ではない。

3 ◎ 東京地判S 55.9.17「地のさざめごと事件」

解法 東京地判S 55.9.17「地のさざめごと事件」では、**「編集方針や素材の選択、配列について相談に与って意見を具申すること、又は他人の行った編集方針の決定、素材の選択、配列を消極的に容認することは、いずれも直接創作に携わる行為とはいい難いから、これらの行為をした者は、当該編集著作物の編集者となりうるものではないといわなければならない」**として、編集方針について意見を述べたにすぎない者は、編集著作物の著作者ではないとした（小倉・金井Ⅰ P.369～370参照）。したがって、雑誌の編集方針について相談を受けて意見を述べただけの者は、編集著作物である当該雑誌の著作者とはならない。よって、本枝は不適切ではない。

4 ◎ 著15条1項、著16条、著29条1項

解法 本枝において、映画イの上映の際、冒頭部分にタイトルに続き「監督乙」と表示されており、**イは、「その法人等が自己の著作の名義の下に公表するもの」とはいえず、映画会社甲の職務著作に該当しないため**（著15条1項）、**イの著作者は、監督乙といえる**（著16条）。しかし、**イの著作者乙は、甲における職務としてイを監督して**

おり、「その著作者が映画製作者に対し当該映画の著作物の製作に参加することを約束しているとき」であるといえるため、イの著作権は、甲に帰属する（著29条1項）。ただ、この場合でも、「著作者」はあくまで乙であるため、著作者人格権は乙に帰属する（著作入門P.112参照）。したがって、映画会社甲の従業員である乙が甲における職務として監督した映画イに、上映の際、冒頭部分にタイトルに続き「監督乙」と表示されていた場合、イの著作権は甲に帰属し、著作者人格権は乙が有する。よって、本枝は不適切ではない。

5　◎　著117条1項準用

解　法　共有に係る著作権の各著作権者は、他の著作権者の同意を得ないで、差止請求（著112条）をすることができる（著117条2項で準用する同条1項）。したがって、共有に係る著作権の侵害に対して、各共有者は、単独で差止請求をすることができる。よって、本枝は不適切ではない。

R1-著不1　著作物、著作者

著作物に関し、次のうち、最も適切なものは、どれか。

田1　サービスの契約書案は、たとえその表現に創作者の個性が現れていても、著作物には当たらない。

田2　書籍の題号は、ありふれたものでも、著作物に当たる。

田3　印刷用書体は、それが美術鑑賞の対象となり得る美的特性を備えていなくても、独創性を備えていれば、著作物に当たる。

田4　ゲームソフトのプログラムの著作物を作成するために用いられる規約は、著作物に当たる。

田5　固定式の防犯カメラで撮影した写真は、著作物には当たらない。

R1-著不1

最も適切なもの→○、そうでないもの→×

1 ☒ 著2条1項1号、中山著作P.57参照

解法　契約書案等の著作物性は**一律に否定されるというものではなく、かなりの程度独創的な表現を用いて創作したものもあり、独占による弊害の少ない場合には著作物性が認められる**（著2条1項1号、中山著作P.57参照）。したがって、サービスの契約書案は、たとえその表現に創作者の個性が現れていても、著作物に当たらないわけではない。よって、本枝は適切ではない。

2 ☒ 著2条1項1号、中山著作P.96

解法　著作物とは、思想又は感情を創作的に表現したものであって、文芸、学術、美術又は音楽の範囲に属するものをいう（著2条1項1号）。しかし、**書籍の題号は、単に書籍の内容を示すものであったり、極めて短くありふれたものであったりすることが多いため、通常は著作物ではないと解されている**（中山著作P.96）。したがって、書籍の題号は、ありふれたものであれば、著作物に当たらない。よって、本枝は適切ではない。

3 ☒ 最判H12.9.7「ゴナ書体事件」

解法　最判H12.9.7「ゴナ書体事件」では、**「印刷用書体がここにいう著作物に該当するというためには、それが従来の印刷用書体に比して顕著な特徴を有するといった独創性を備えることが必要であり、かつ、それ自体が美術鑑賞の対象となり得る美的特性を備えていなければならないと解するのが相当である。」**と判示している。したがって、印刷用書体は、それが美術鑑賞の対象となり得る美的特性を備えていなければ、独創性を備えていても、著作物に当たらない。よって、本枝は適切ではない。

4 ☒ 著10条3項柱書

解法　**プログラムの著作物（著10条1項9号）に対する著作権法による保護は、その著作物を作成するために用いるプログラム言語、「規約」及び解法に及ばない**（同条3項柱書）。したがって、ゲームソフトのプログラムの著作物を作成するために用いられる規約は、著作物に当たらない。よって、本枝は適切ではない。

5 ◎ 著2条1項1号、中山著作P.125参照

解法　著作物とは、思想又は感情を創作的に表現したものであって、文芸、学術、美術又は音楽の範囲に属するものをいう（著2条1項1号）。しかし、**固定式監視カメラで撮影した写真等のように単に被写体をそのままに写し撮ったにすぎないものは、著作物性が認められない**（中山著作P.125参照）。したがって、固定式の防犯カメラで撮影した写真は、著作物には当たらない。よって、本枝は最も適切なものである。

R1-著不2　著作物、著作者

実施日

著作権法に関し、次のうち、最も不適切なものは、どれか。

田１　小説家が小説を執筆するに際して、友人がその小説家を激励した場合であっても、当該友人は、その小説の著作者とはならない。

田２　小説家が小説を執筆するに際して、友人をその小説の著作者にすることを、当該友人との契約で定めたとしても、当該友人は、その小説の著作者とはならない。

田３　我が国にとって未承認国の国民である小説家が創作した小説は、いかなる場合でも、我が国の著作権法による保護を受けられない。

田４　小説家が小説を創作し、イラストレーターがその挿絵を創作した場合、完成した挿絵付き小説は、小説家とイラストレーターの共同著作物とはならない。

田５　小説家がある企業の依頼を受けて、当該企業の映像広告に使われるストーリーを創作する場合、当該企業は、そのストーリーの著作者とはならない。

R1-著不2

最も不適切なもの→×、そうでないもの→○

1 ○ 著2条1項2号、高林著作P.108

解法 著作者とは、著作物を創作する者をいう（著2条1項2号）。しかし、**著作物の創作的な表現とは認められないところに関与したにすぎない者は著作者とはいえない**（高林著作P.108）。本枝の場合、小説家を激励しても、著作物の創作的な表現とは認められないところに関与したにすぎないといえる。したがって、小説家が小説を執筆するに際して、友人がその小説家を激励した場合であっても、当該友人は、その小説の著作者とはならない。よって、本枝は不適切ではない。

2 ○ 著2条1項2号、著作入門P.87参照

解法 **著作者とは、著作物を創作する者であり**（著2条1項2号）、**事実行為としての著作物の創作をした者を指す**（中山著作P.236）。また、**著作者の地位を契約によって変更することはできない**（著作入門P.87）。したがって、小説家が小説を執筆するに際して、友人をその小説の著作者にすることを、当該友人との契約で定めたとしても、当該友人は、その小説の著作者とはならない。よって、本枝は不適切ではない。

3 × 著6条2号、著作コンメンタール1 P.447

解法 **著作物が最初に日本国内で発行されれば、著作者の国籍を問うことなく、それだけで日本著作権法の保護の対象になる**（著6条2号、著作コンメンタール1 P.447）。したがって、我が国にとって未承認国の国民である小説家が創作した小説は、いかなる場合でも、我が国の著作権法による保護を受けられないわけではない。よって、本枝は最も不適切なものである。

4 ○ 著2条1項12号、作花P.169参照

解法 **共同著作物とは、2人以上の者が共同して創作した著作物であって、その各人の寄与を「分離して個別的に利用することができない」ものをいう**（著2条1項12号）。すなわち、**小説と挿絵のように、分離利用が可能であり、それぞれが独立の著作物となり得るものは、共同著作物ではない**（作花P.169参照）。したがって、小説家が小説を創作し、イラストレーターがその挿絵を創作した場合、完成した挿絵付き小説は、小説家とイラストレーターの共同著作物とはならない。よって、本枝は不適切ではない。

5 ○ 著2条1項2号、著作入門P.84

解法 **著作者とは、著作物を創作する者をいう**（著2条1項2号）。**しかし、単なる創作の依頼を行ったにすぎない者は、著作者として認められない**（著作入門P.84）。したがって、小説家がある企業の依頼を受けて、当該企業の映像広告に使われるストーリーを創作する場合、当該企業は、そのストーリーの著作者とはならない。よって、本枝は不適切ではない。

H30-著不6 著作物、著作者

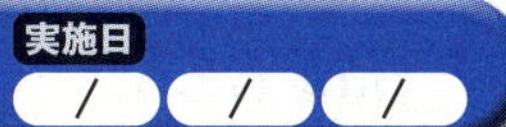

著作権法に関し、次のうち、最も不適切なものは、どれか。

田1　ありふれた交通標語は、著作物として保護されない。

田2　交通標語を網羅的に入力しただけのデータベースであっても、全文検索が可能であれば、データベースの著作物として保護される。

田3　交通標語が記載されたポスターを忠実に撮影したにすぎない写真は、写真の著作物として保護されない。

田4　ありふれた四字熟語を書道家が書として表現したものは、著作物として保護される。

田5　万葉集に収められた4500首以上の和歌から名作を百首選んで配列した編集物は、編集著作物として保護される。

H30-著不6

最も不適切なもの→×、そうでないもの→○

1 ○ 著2条1項1号、知財判例集P.356参照、東京地判H13.5.30「交通標語事件」

解法 著作物とは、思想又は感情を「創作的に表現したもの」であって、文芸、学術、美術又は音楽の範囲に属するものをいう（著2条1項1号）。しかし、**標語等の簡単で短い文章表現は、ありふれた表現として創作性が否定されることが多く**（知財判例集P.356参照）、東京地判H13.5.30「交通標語事件」では、**「表現が平凡で、ありふれたものである場合には、筆者の個性が現れていないものとして、創作的に表現したものということはできない。」**と判示している。したがって、ありふれた交通標語は、著作物として保護されない。よって、本枝は不適切ではない。

チェック 東京地判H13.5.30「交通標語事件」では、「ボク安心　ママの膝よりチャイルドシート」という標語については、筆者の個性が十分に発揮されているとされ、著作物性が認定されている（茶園著作P.30参照）。

2 × 著12条の2第1項、著作権の法律相談Ⅱ P.77、中山著作P.164参照

解法 データベースでその情報の選択又は体系的な構成によって創作性を有するものは、著作物として保護される（著12条の2第1項）。しかし、**ある分野に関する情報を網羅的に集積したデータベースは、情報の選択に創作性が認められない**（著作権の法律相談Ⅱ P.77）。また、**単に全文検索が可能なようにしただけでは、体系的な構成による創作性も認められない**（中山著作P.164参照）。したがって、交通標語を網羅的に入力しただけのデータベースは、全文検索が可能であっても、データベースの著作物として保護されない。よって、本枝は最も不適切なものである。

3 ○ 著2条1項1号、著10条1項8号、茶園著作P.42～43参照

解法 **絵画等を忠実に撮影した写真は、技術的な苦労があっても、その撮影者の個性が表れていない以上、写真の著作物**（著10条1項8号）**の創作性の要件を満たさない**（著2条1項1号、茶園著作P.42～43参照）。したがって、交通標語が記載されたポスターを忠実に撮影したにすぎない写真は、写真の著作物として保護されない。よって、本枝は不適切ではない。

4 ○ 著2条1項1号、著10条1項4号、中山著作P.101参照

解法 **思想・感情を表現した「書」は、美術の著作物として保護される**（著2条1項1号、著10条1項4号、中山著作P.101参照）。したがって、ありふれた四字熟語を書道家が書として表現したものは、著作物として保護される。よって、本枝は不適切ではない。

5 ○ 著12条1項

解法 **編集物でその素材の選択又は配列によって創作性を有するものは、著作物として保護される**（著12条1項）。ここで、万葉集に収められた4500首以上の和歌から名作を百首選んで配列した編集物は、素材の選択によって創作性を有するものといえる。したがって、当該編集物は、編集著作物として保護される。よって、本枝は不適切ではない。

H30-著不7 著作物、著作者

著作権法に関し、次のうち、最も適切なものは、どれか。

□ 1　雑誌記事の執筆を引き受けた**甲**は、職場の上司**乙**に当該記事の原稿を見せたところ、**乙**から誤字について指摘されたので、当該誤字を修正した。**乙**は、当該記事の共同著作者となる。

□ 2　**甲**社の従業者と**乙**社の従業者とが共同で著作物を創作した場合であっても、**甲**社と**乙**社とがその著作物の共同著作者となることはない。

□ 3　**甲**社から文書作成の委託を受けた**乙**社は、その従業者**丙**に当該文書を作成させた。その文書の著作権は、原始的に**甲**社に帰属する。

□ 4　**甲**は、自らの立ち姿を模した銅像の作成を**乙**に委ね、**乙**はこれを引き受けた。**甲**が**乙**に多額の資金を提供していた場合でも、**甲**は当該銅像の著作者とならない。

□ 5　**甲**は、自らの横顔が描かれた肖像画に、自らの署名を施した。当該署名がある以上、**甲**は、当該肖像画の著作者とみなされる。

H30-著不７

最も適切なもの→○、そうでないもの→×

1 ☒ 著２条１項12号、ハンドブックP.182参照

解　法　共同著作物とは、２人以上の者が共同して創作した著作物であって、その各人の寄与を分離して個別的に利用することができないものをいう（著２条１項12号）。すなわち、**２人以上の者の創作行為があることが共同著作物の要件の１つとなるが**（茶園著作P.60参照）、**原稿に目を通して気がついた点を指摘する程度では、創作行為があったとはいえない**（ハンドブックP.182参照）。したがって、本枝において、雑誌記事の原稿の誤字について指摘したにすぎない乙は、当該記事の共同著作者とならない。よって、本枝は適切ではない。

2 ☒ 著２条１項12号、著15条１項、加戸P.52参照

解　法　共同著作物とは、２人以上の者が共同して創作した著作物であって、その各人の寄与を分離して個別的に利用することができないものをいう（著２条１項12号）。ここで、**「２人以上の者」には、法人も入る**ため、甲社と乙社とが著作物の共同著作者となることがある（加戸P.52参照）。また、法人等の業務に従事する者が作成する著作物は、**職務著作に該当する場合、その法人等が著作者となる**（著15条１項）。したがって、甲社の従業者と乙社の従業者とが共同で著作物を創作した場合、甲社と乙社とがその著作物の共同著作者となることがある。よって、本枝は適切ではない。

3 ☒ 著15条１項、著17条１項、著作入門P.102参照

解　法　法人等の発意に基づきその法人等の業務に従事する者が職務上作成する著作物で、その法人等が自己の著作の名義の下に公表するものの著作者は、その作成の時における契約等に別段の定めがない限り、その法人等とされ（著15条１項）、著作権は、その法人等に原始的に帰属する（著17条１項）。しかし、**外部の者に著作物の作成を委託した場合、その外部の者は「法人等の業務に従事する者」にあたらない**ため（著作入門P.102参照）、本枝の文書は、甲社の職務著作（著15条１項）に該当しない。したがって、その文書の著作権は、原始的に甲社に帰属しない。よって、本枝は適切ではない。

4 ◎ 著２条１項２号、著作入門P.84・P.85参照

解　法　著作者とは、著作物を創作する者をいう（著２条１項２号）。しかし、**単なる創作の依頼や資金面の援助を行ったにすぎない者は、著作者として認められない**（著作入門P.84・P.85参照）。したがって、本枝において、甲が乙に多額の資金を提供していた場合でも、甲は当該銅像の著作者とならない。よって、本枝は最も適切なものである。

5 ☒ 著14条

解　法　著作物の原作品に、実名又は周知の変名が著作者名として通常の方法により表示されている者は、その著作物の著作者と**「推定される」**（著14条）。したがって、本枝において、甲は、当該肖像画の著作者と「みなされる」わけではない。よって、本枝は適切ではない。

H29-著不1 著作物、著作者

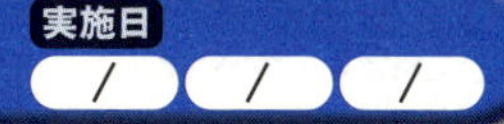

著作物に関し、次のうち、最も適切なものは、どれか。

1　日本国民の著作物は、日本国内で発行されない限り、わが国の著作権法による保護を受けることはできない。

2　一般的な注文住宅も、通常加味される程度の美的創作性を備えていれば、建築の著作物として保護される。

3　応用美術作品は、美術工芸品を除き、美術の著作物として保護されない。

4　小説をもとに漫画が作成され、その漫画をもとに映画が作成された場合、それらのストーリーが同じであるときには、映画は漫画の二次的著作物とはなるが、小説の二次的著作物とはならない。

5　ある県の県庁が作成した条例に関するデータベースは、情報の選択又は体系的構成に創作性があれば、著作物として保護される。

H29-著不1

最も適切なもの→○、そうでないもの→×

1 ☒ 著6条1号

解法 日本国民の著作物は、著作権法による保護を受ける（著6条1号）。すなわち、**日本国民が創作した著作物は、どこで発行しようとかかわりなしに保護される**（加戸P.96参照）。したがって、日本国民の著作物は、日本国内で発行されない限り、わが国の著作権法による保護を受けることができないわけではない。よって、本枝は適切ではない。

2 ☒ 大阪高判H16.9.29「グルニエ・ダイン事件」

解法 大阪高判H16.9.29「グルニエ・ダイン事件」では、**「一般住宅が著10条1項5号の『建築の著作物』であるということができるのは、客観的、外形的に見て、それが一般住宅の建築において通常加味される程度の美的創作性を上回り、居住用建物としての実用性や機能性とは別に、独立して美的鑑賞の対象となり、建築家・設計者の思想又は感情といった文化的精神性を感得せしめるような造形芸術としての美術性を備えた場合と解するのが相当である。」**と判示している。したがって、一般的な注文住宅は、通常加味される程度の美的創作性を備えていても、建築の著作物として保護されない。よって、本枝は適切ではない。

3 ☒ 著作権の法律相談Ⅱ P.14参照

解法 「美術の著作物」には、美術工芸品が含まれる（著2条2項）。ここで、**同項の規定の解釈としては、通説・判例は、美術工芸品は例示にすぎず、美術工芸品以外の量産を目的としている応用美術も著作物として保護される可能性があるとする考え方である**（著作権の法律相談Ⅱ P.14参照）。したがって、応用美術作品は、美術工芸品を除き、美術の著作物として保護されないわけではない。よって、本枝は適切ではない。

4 ☒ 著作入門P.63～64参照

解法 **1つの著作物を起点として累積的に多数の著作物が創作される場合（例えば、小説が翻訳され、その翻訳物から脚本が作成され、その脚本が映画化される等）、問題となる表現物が最初の著作物の表現上の本質的特徴を直接感得させる新たな著作物である限り、著作権法上はすべて最初の著作物の二次的著作物**（著2条1項11号）**となる**（著作入門P.63～64参照）。したがって、本枝において、映画は、最初の著作物である小説の二次的著作物にもなり得る。よって、本枝は適切ではない。

5 ◎ 著12条の2第1項、著13条4号、著12条1項かっこ書、中山著作P.229・P.232参照

解法 データベースでその情報の選択又は体系的な構成によって創作性を有するものは、著作物として保護される（著12条の2第1項）。ここで、法令（著13条1号）等の編集物等で、地方公共団体の機関等が作成するものは、著作権の目的となることができず（同条4号）、「法令」には条例も含まれるが（中山著作P.229参照）、**データベースは「編集物」から除かれているため**（著12条1項かっこ書）、**地方公共団体の機関等が作成したデータベースについては著作権の対象となる**（中山著作P.232参照）。したがって、ある県の県庁が作成した条例に関するデータベースは、情報の選択又は体系的構成に創作性があれば、著作物として保護される。よって、本枝は最も適切なものである。

H27-10　著作物、著作者

実施日

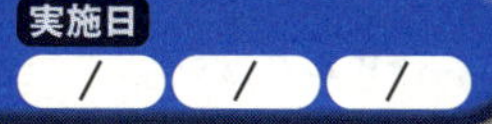

著作物に関し、次のうち、最も適切なものは、どれか。

1　国の作成した白書は、著作権法上の保護の対象とはならない。

2　即興のダンスで創作性のあるものは、著作物となる。

3　航空カメラで撮影した写真を、地図と同じ投影法になるように補正したものは、著作物となる。

4　優れたデザインに与えられる賞を受賞した自動車の外観は、著作物となる。

5　新たに作成された独創的なプログラム言語は、著作物となる。

H27-10

最も適切なもの→○、そうでないもの→×

1 ☒ 著13条2号、著作入門P.75参照

解法 国の機関等が発する告示、訓令、通達その他これらに類するものは、著作者人格権及び著作権の目的となることができない（著13条2号）。しかし、同号は、国等が発行する文書がすべて権利の対象とならないことを意味するものではなく、例えば、**白書等は、著作権の対象となる**（著作入門P.75参照）。したがって、国の作成した白書は、著作権法上の保護の対象とならないわけではない。よって、本枝は適切ではない。

2 ◎ 著2条1項1号、著10条1項3号、加戸P.128

解法 **ダンスで創作性のあるものは、舞踊の著作物となる**（著2条1項1号、著10条1項3号、茶園著作P.30参照）。また、**即興で独創的に演技が行われれば、その演技の型が著作物として保護され得る**（加戸P.128）。したがって、即興のダンスで創作性のあるものは、著作物となる。よって、本枝は最も適切なものである。

3 ☒ 中山著作P.113～114参照

解法 自ら実測して作成した地図について著作権が成立することに問題は少ないが、**航空写真等で作成する地図等の場合には、事実そのものとして著作物性が否定されることもあり得る**（中山著作P.113～114参照）。したがって、航空カメラで撮影した写真を、地図と同じ投影法になるように補正したものは、著作物となるわけではない。よって、本枝は適切ではない。

4 ☒ 著2条1項1号、著作入門P.37参照

解法 著作物とは、思想又は感情を創作的に表現したものであって、「文芸、学術、美術又は音楽の範囲に属するもの」をいう（著2条1項1号）。ここで、**自動車のデザインは、デザイナーの思想又は感情を創作的に表現したものであるが、「文芸、学術、美術又は音楽の範囲に属するもの」ではなく、著作物性が否定される**（意匠法によって保護される）（著作入門P.37参照）。したがって、優れたデザインに与えられる賞を受賞した自動車の外観は、著作物とはならない。よって、本枝は適切ではない。

チェック 大阪高判H 16.9.29「グルニエ・ダイン事件」では、グッドデザイン賞を受賞した一般住宅について著作物性が否定されている（著作入門P.51参照）。

5 ☒ 著10条3項柱書

解法 プログラムの著作物（著10条1項9号）に対する著作権法による保護は、その**著作物を作成するために用いるプログラム言語、規約及び解法に及ばない**（同条3項柱書）。したがって、新たに作成された独創的なプログラム言語は、著作物とはならない。よって、本枝は適切ではない。

H27-49 著作物、著作者

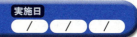

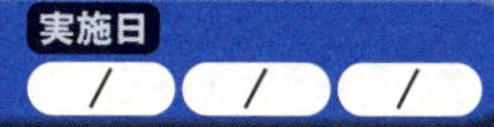

著作権の帰属に関し、次のうち、最も適切なものは、どれか。

田1　研究者**甲**が、研究者**乙**の実験データを盗用し、自ら行った実験のデータであると偽って研究論文を執筆した場合、**甲**は当該論文の著作者とはならない。

田2　**甲**が著した小説を原作として、**乙**が監督して映画が製作された場合、**甲**は**乙**とともに当該映画の著作物の共同著作者となる。

田3　芸能人**甲**がライター**乙**に書かせて**甲**の著作名義で出版した小説は、**甲**を著作者とする旨の合意があり、かつ著作権の対価相当の報酬が**乙**に支払われた場合には、**甲**が著作者となる。

田4　**甲**社の社内で使用するために従業者**乙**が職務上作成したプログラムは、**乙**の名前が作成者として明示されている場合には、**乙**が著作者となる。

田5　歌手**甲**にインタビューして得た情報を元に雑誌記者**乙**が作成した記事は、校正段階で事実誤認の一部記述を**甲**が修正していた場合でも、**乙**が著作者となる。

H27-49

最も適切なもの→○、そうでないもの→×

1 ☒ 著2条1項2号

解法 著作者とは、著作物を創作する者をいう（著2条1項2号）。本枝の場合、研究者甲は、研究者乙の実験データを盗用し、自ら行った実験のデータであると偽って研究論文を執筆しているが、「著作物を創作する者」であることに変わりはない。したがって、甲は当該論文の著作者とならないわけではない。よって、本枝は適切ではない。

2 ☒ 著2条1項12号

解法 共同著作物とは、２人以上の者が共同して創作した著作物であって、その各人の寄与を分離して個別的に利用することができないものをいう（著２条１項12号）。しかし、本枝の場合、甲が著した小説を原作として、乙が監督して映画が製作されているので、当該映画は、甲及び乙が「共同して創作した」とはいえず、甲及び乙の共同著作物とはいえない。したがって、甲は乙とともに当該映画の著作物の共同著作者となるわけではない。よって、本枝は適切ではない。

チェック 当該映画は、甲が著した小説の二次的著作物となる（著２条１項11号）。

3 ☒ 著2条1項2号、著作入門P.85・P.87参照

解法 著作者とは、著作物を創作する者をいう（著２条１項２号）。例えば、ある芸能人の著作名義で出版されている本が、ゴーストライターによって作成されたものであった場合、著作者はあくまで当該ゴーストライターである（著作入門P.87参照）。また、資金面の援助等を行ったにすぎない者は、著作者として認められない（著作入門P.85参照）。したがって、芸能人甲がライター乙に書かせて甲の著作名義で出版した小説は、甲を著作者とする旨の合意があり、かつ著作権の対価相当の報酬が乙に支払われた場合でも、甲が著作者となるわけではない。よって、本枝は適切ではない。

4 ☒ 著15条2項

解法 法人等の発意に基づきその法人等の業務に従事する者が職務上作成するプログラムの著作物の著作者は、その作成の時における契約等に別段の定めがない限り、その法人等とされる（著15条２項）。すなわち、プログラムの著作物については、他の著作物と異なり、公表名義を問わないため、公表されないプログラムや従業員の個人名義で公表されたプログラム等も、他の要件を満たせば職務著作に該当する（加戸P.155～157参照）。したがって、甲社の社内で使用するために従業者乙が職務上作成したプログラムは、乙の名前が作成者として明示されている場合でも、乙が著作者となるわけではない。よって、本枝は適切ではない。

5 ◎ 東京地判H10.10.29「『SMAP大研究』事件」

解法 東京地判H10.10.29「『SMAP大研究』事件」では、インタビューに応じた者ではなく、これを文章化したものが著作者となるとしている（高林著作P.108）。また、当該事件では、「文書としての表現の作成に口述者が創作的に関与したといえる場合には、口述者が単独又は文書執筆者と共同で当該文書の著作者になるものと解すべきである。」と判示しているが、本枝において、口述者である歌手甲は、校正段階で事実誤認の一部記述を修正していたにすぎず、文書としての表現の作成に創作的に関与したとはいえない。したがって、甲にインタビューして得た情報を元に雑誌記者乙が作成した記事は、乙が著作者となる。よって、本枝は最も適切なものである。

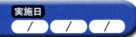

H26-33 著作物、著作者

実施日

著作権及び著作者人格権の帰属に関し、次のうち、最も適切なものは、どれか。

□ 1　**甲**が行った講演**A**について、その録音に基づき、逐語的にそのまま文書化した**乙**は、その文書について著作権及び著作者人格権を有する。

□ 2　**甲**が作曲した楽曲**A**を、**乙**が編曲した場合、その編曲に関する著作権及び著作者人格権は**甲**が有し、**乙**は何ら権利を有しない。

□ 3　**甲**社の従業員**乙**が、上司の指示を受けて**甲**社の営業秘密に関する文書**A**を作成した。**A**に**甲**社の名称も**乙**の氏名も付されていない場合、**A**の著作権及び著作者人格権は、**乙**が有する。

□ 4　**甲**社は、**乙**社からの依頼を受けて、**乙**社の商品のテレビコマーシャル**A**を製作することになり、社外の監督**丙**に撮影を依頼した。**A**が、**丙**の判断と指示に基づき撮影され、完成された場合でも、**A**の著作権及び著作者人格権は、**甲**社が有する。

□ 5　**甲**が描いた漫画の主人公のイラストを利用して、**乙**がアニメーション**A**を作成した。**A**について、**乙**は著作権及び著作者人格権を有し、**甲**は**乙**と同一の種類の著作権を有する。

H26-33

最も適切なもの→○、そうでないもの→×

1 ☒ 東京地判H 10.10.29「『SMAP大研究』事件」

解　法 著作者は、著作者人格権及び著作権を享有する（著17条1項）。また、**口述した言葉を「逐語的にそのまま文書化した」場合には、文書としての表現の作成に口述者が創作的に関与したといえるため、口述者が単独で当該文書の著作者になる**（東京地判H 10.10.29「『SMAP大研究』事件」、著作要説P.38参照）。したがって、甲が行った講演Aについて、その録音に基づき、逐語的にそのまま文書化した乙は、Aの著作者ではないため、著作権及び著作者人格権を有しない。よって、本枝は適切ではない。

2 ☒ 著17条1項、著18条1項後段、著19条1項後段、著28条

解　法 本枝において、編曲の原著作物である楽曲Aの著作者甲は、Aの二次的著作物（著2条1項11号）であるその編曲に関する公表権（著18条1項後段）及び氏名表示権（著19条1項後段）を有し、その編曲の利用に関し、乙と同一の種類の著作権を有する（著28条）。一方、**Aを編曲した乙は、その編曲の著作者となり**（著2条1項2号）、**その編曲に関する著作権及び著作者人格権を有する**（著17条1項）。したがって、乙が何ら権利を有しないわけではない。よって、本枝は適切ではない。

3 ☒ 著15条1項、加戸P.154～155参照

解　法 **著15条1項の「公表するもの」の中には、「公表するとすれば法人の名義を付すような性格のもの」、例えば官庁や企業で外部に出さない内部文書として作られたものも含まれる**（加戸P.154～155参照、東京高判S 60.12.4「新潟鉄工刑事事件」参照）。したがって、本枝において、甲社の営業秘密に関する文書Aに甲社の名称も乙の氏名も付されていない場合でも、職務著作に該当し得るため（著15条1項）、Aの著作権及び著作者人格権は、乙が有するわけではない。よって、本枝は適切ではない。

4 ☒ 著15条1項、著16条、著作入門P.102参照

解　法 映画の著作物の著作者は、原則として、「監督」等を担当してその映画の著作物の全体的形成に創作的に寄与した者である（著16条本文）。ここで、職務著作（著15条）に該当する場合は、法人等が著作者となる（著16条但書）。しかし、**外部の者に著作物の作成を依頼した場合、その外部の者は「法人等の業務に従事する者」**（著15条1項）**にあたらない**ため（著作入門P.102参照）、本枝において、社外の監督丙に撮影を依頼し、丙の判断と指示に基づき撮影され、完成されたテレビコマーシャルAは、甲社の職務著作に該当しない。したがって、Aの著作者は丙であり、Aの著作権及び著作者人格権は、丙が有するため（著17条1項）、甲社が有するわけではない。よって、本枝は適切ではない。

5 ◎ 著17条1項、著28条

解　法 本枝において、**甲が描いた漫画の主人公のイラストを利用してアニメーションAを作成した乙は、当該イラストの二次的著作物**（著2条1項11号）**であるAの著作者となり**（同項2号）、**Aの著作権及び著作者人格権を有する**（著17条1項）。一方、**Aの原著作物である当該イラストの著作者甲は、Aの利用に関し、乙と同一の種類の著作権を有する**（著28条）。したがって、Aについて、乙は著作権及び著作者人格権を有し、甲は乙と同一の種類の著作権を有する。よって、本枝は最も適切なものである。

H25-39　著作物、著作者

著作物に関し、次のうち、最も不適切なものは、どれか。

田1　建売住宅は、建築の著作物とはならない。
田2　刺身包丁は、著作物とはならない。
田3　防犯カメラで撮影された写真は、著作物となる。
田4　コンサートの生中継放送は、放送局が録画していない場合、映画の著作物とはならない。
田5　予め原稿を作成していない講演は、著作物となる。

H25-39

最も不適切なもの→×、そうでないもの→○

1 ○ 大阪高判H 16.9.29「グルニエ・ダイン事件」

解法 大阪高判H 16.9.29「グルニエ・ダイン事件」では、**「一般人向けに多数の同種の設計による一般住宅を建築する場合は…『建築の著作物』に該当することにはならない」**と判示している。したがって、建売住宅は、建築の著作物（著10条1項5号）とはならない。よって、本枝は不適切ではない。

2 ○ 著2条1項1号、加戸P.25参照

解法 著作物とは、思想又は感情を創作的に表現したものであって、文芸、学術、美術又は音楽の範囲に属するものをいう（著2条1項1号）。ここで、いわゆる実用品的なものは、文芸等の範囲に属さない（加戸P.25参照）。本枝において、**刺身包丁は、実用品的なものといえるため、文芸等の範囲に属さない**。したがって、刺身包丁は、著作物とはならない。よって、本枝は不適切ではない。

3 × 著2条1項1号、中山著作P.125参照

解法 著作物とは、思想又は感情を創作的に表現したものであって、文芸、学術、美術又は音楽の範囲に属するものをいう（著2条1項1号）。しかし、**固定式監視カメラで撮影した写真等のように単に被写体をそのままに写し撮ったにすぎないものは、著作物性が認められない**（中山著作P.125参照）。したがって、防犯カメラで撮影された写真は、著作物とはならない。よって、本枝は最も不適切なものである。

4 ○ 著2条3項、著作入門P.56参照

解法 映画の著作物には、映画の効果に類似する視覚的又は視聴覚的効果を生じさせる方法で表現され、かつ、「物に固定されている」著作物が含まれる（著2条3項）。しかし、**生放送で録画が行われないような場合には、当該固定要件が否定される**（著作入門P.56参照）。したがって、コンサートの生中継放送は、放送局が録画していない場合、映画の著作物とはならない。よって、本枝は不適切ではない。

5 ○ 著2条1項1号、著10条1項1号、茶園著作P.29

解法 **小説、脚本等何らかの物に固定されているものだけでなく、講演のように口頭で伝わるものも、言語の著作物である**（著2条1項1号、著10条1項1号、茶園著作P.29）。したがって、予め原稿を作成していない講演は、著作物となる。よって、本枝は不適切ではない。

R4-著不4　著作者人格権

実施日　／　／　／

著作権法に関し、次のうち、最も適切なものは、どれか。

田1　著作者は、その著作物でまだ公表されていないものを公衆に提供し、又は提示する権利を有するが、何者かによって未公表の著作物が無断で公表されてしまった場合、当該著作物は公表されたものとみなされる。

田2　著作者は、その著作物の公衆への提示に際して、著作者名を表示する権利を有しているが、著作者が表示を希望する氏名が表示されていれば足りるので、単なる補助的なスタッフの一人として表示されていたとしても、当該権利の侵害にはならない。

田3　作曲家が著作物である音楽の楽譜を変名を付して出版した場合に、他人がその音楽を演奏してウェブ上で公開するにあたり作曲家の実名を付しても、氏名表示権の侵害にあたることはない。

田4　著作者は、著作者人格権が侵害されている場合、その侵害行為に対して差止請求や損害賠償請求を行うことができ、また、その侵害行為に対しては刑事罰の規定が適用される場合もある。

田5　著作者人格権は契約により譲渡することはできないが、著作者が死亡した場合には、相続によって、被相続人である著作者から相続人に移転する。

R4-著不4

最も適切なもの→○、そうでないもの→×

1 ☒ 著18条1項かっこ書

解　法 著作者は、その著作物でまだ公表されていないものを公衆に提供し、又は提示する権利を有する（著18条1項）。ここで、**「その著作物でまだ公表されていないもの」には、その同意を得ないで公表された著作物が含まれる**（同項かっこ書）。すなわち、公表されたものであっても著作者の同意を得ていないものについては未公表とみなされる（加戸P.169～170参照）。したがって、著作者は、その著作物でまだ公表されていないものを公衆に提供し、又は提示する権利を有するが、何者かによって未公表の著作物が無断で公表されてしまった場合であっても、当該著作物は公表されたものとみなされない。よって、本枝は適切ではない。

2 ☒ 著19条1項、著作入門P.129参照

解　法 著作者は、その著作物の公衆への提示に際し、その**実名等を「著作者名として表示」する権利を有する**（著19条1項）。ここで、著作者名を表示するといっても、単に氏名を表示すればよいというわけではなく、例えば、著作者の氏名が単なる補助的なスタッフの一人として表示されているにすぎない場合は、その氏名が「著作者名として表示」されているとはいえない（著作入門P.129参照）。したがって、著作者は、その著作物の公衆への提示に際して、著作者名を表示する権利を有しているが、著作者が表示を希望する氏名が表示されているだけでは足りず、単なる補助的なスタッフの一人として表示されている場合、当該権利の侵害となる。よって、本枝は適切ではない。

3 ☒ 著19条2項

解　法 著作者は、その著作物の公衆への提示に際し、その実名若しくは変名を著作者名として表示する権利を有する（著19条1項）。ここで、**著作物を利用する者は、**その著作者の別段の意思表示がない限り、**その著作物につきすでに著作者が表示しているところに従って著作者名を表示する**ことができるが（同条2項）、本枝の場合、音楽の楽譜は「変名」を付して出版されており、その音楽を演奏してウェブ上で公開するにあたり「実名」を付しても、著作者が表示しているところに従って著作者名を表示しているとはいえない。したがって、「実名」を付しても、氏名表示権（同条1項）の侵害にあたることがある。よって、本枝は適切ではない。

4 ◎ 著112条1項、著119条2項1号、民710条

解　法 著作者は、その著作者人格権を侵害する者に対し、**差止請求**をすることができる（著112条1項）。また、著作者人格権侵害については、**非財産的損害として損害賠償請求**できる（民710条、中山著作P.759参照）。さらに、著作者人格権を侵害する行為は、**刑事罰の対象**となる（著119条2項1号）。したがって、著作者は、著作者人格権が侵害されている場合、その侵害行為に対して差止請求や損害賠償請求を行うことができ、また、その侵害行為に対しては刑事罰の規定が適用される場合もある。よって、本枝は最も適切なものである。

5　☒　著59条、民896条但書

解　法　**著作者人格権は、著作者の一身に専属し**、譲渡することができない（著59条）。また、相続人は、相続開始の時から、被相続人の財産に属した一切の権利義務を承継するが（民896条本文）、**被相続人の一身に専属したものは、この限りでない**（同条但書）。すなわち、著作者人格権は譲渡により移転することがないのみならず、相続により移転することもない（小倉・金井Ⅱ P.474参照）。したがって、著作者人格権は契約により譲渡することはできず、著作者が死亡した場合に、相続によって、被相続人である著作者から相続人に移転することもない。よって、本枝は適切ではない。

R4-著不5　著作者人格権

実施日　／　／　／

著作権法に関し、次のうち、最も不適切なものは、どれか。

田1　ある漫画を批評する書籍において、当該漫画を引用する際に、漫画の創作的表現を構成するコマ割りについて無断で変更した場合、当該漫画の著作者が有する同一性保持権を侵害する。

田2　紙媒体による出版物として発行された小説について、その著作権を譲り受けた者が電子書籍として出版する場合、出版の媒体を変更することは、当該小説の著作者が有する同一性保持権を侵害する。

田3　50頁にわたる短編小説を、要約サービス会社が３行に要約した場合、当該短編小説の著作者が有する同一性保持権を侵害しない。

田4　ある彫刻の原作品を購入した所有者が、それに手を加えて改変した場合、それによって当該彫刻の評価が高まったとしても、当該彫刻の著作者が有する同一性保持権を侵害する。

田5　ある絵画の原作品を購入した所有者が、それをわざと焼失させたとしても、当該絵画の著作者が有する同一性保持権を侵害しない。

R4-著不5

最も不適切なもの→×、そうでないもの→○

1 ○ 東京高判H 12.4.25「脱ゴーマニズム宣言事件」

解法 東京高判H 12.4.25「脱ゴーマニズム宣言事件」では、漫画を批評する書籍に漫画のカットの一部を採録した事例において、**漫画のコマの配置を変更したことが改変にあたるとされ、同一性保持権**（著20条1項）**の侵害が肯定された**（茶園著作P.93参照）。したがって、ある漫画を批評する書籍において、当該漫画を引用する際に、漫画の創作的表現を構成するコマ割りについて無断で変更した場合、当該漫画の著作者が有する同一性保持権を侵害する。よって、本枝は不適切ではない。

2 × 著20条2項4号、小倉・金井Ⅰ P.494参照

解法 著作物の性質並びにその利用の目的及び態様に照らし**やむを得ないと認められる改変については、同一性保持権**（著20条1項）**の規定は適用されない**（同条2項4号）。ここで、印刷や録音、録画、放送、デジタル化など、現在の複製技術等の**物理的制約から著作者が創作した原著作物のもつ色合い、音質、風趣等が複製再現できない場合には、「やむを得ないと認められる改変」に該当する**（小倉・金井Ⅰ P.494参照）。したがって、紙媒体による出版物として発行された小説について、その著作権を譲り受けた者が電子書籍として出版する場合、出版の媒体を変更することは、当該小説の著作者が有する同一性保持権を侵害しない。よって、本枝は最も不適切なものである。

3 ○ 最判H 10.7.17「『諸君！』事件」参照

解法 **同一性保持権**（著20条1項）**の侵害となるためには、原著作物をその表現形式上の本質的特徴を感得させるような方法で利用することが必要**であり、他人の文章を極めて短く要約して原文の表現の本質的部分を感得できないようにした場合は、そもそも他人の著作物の利用がないと言えるので同一性保持権の問題は生じない（最判H 10.7.17「『諸君！』事件」参照、中山著作P.612参照）。本枝の行為は、50頁にわたる短編小説をわずか3行に要約したものにすぎず、原文の表現の本質的な特徴を感得させる性質のものではないといえる。したがって、本枝の場合、当該短編小説の著作者が有する同一性保持権を侵害しない。よって、本枝は不適切ではない。

4 ○ 著20条1項

解法 著作者は、その著作物等の同一性を保持する権利を有し、その意に反してこれらの変更等の改変を受けないものとする（著20条1項）。ここで、**「意に反する改変」とは、著作者の主観的意図に反する改変をいう**と解される（中山著作P.620参照、加戸P.182参照）。したがって、本枝において，改変によって当該彫刻の評価が高まったとしても、当該彫刻の著作者の主観的意図に反していれば、同一性保持権（同項）を侵害する。よって、本枝は不適切ではない。

5 ○ ハンドブックP.29参照

解法 同一性保持権（著20条1項）の趣旨は、改変を加えられた著作物の存在により、著作者の名誉や声望など人格的利益が損なわれることを防ぐことであり、**著作物の存在そのものを滅失させる行為は、同一性保持権の問題ではない**と解される（ハンドブックP.29参照）。したがって、ある絵画の原作品を購入した所有者が、それをわざと焼失させたとしても、当該絵画の著作者が有する同一性保持権を侵害しない。よって、本枝は不適切ではない。

R3-著不3　著作者人格権

実施日　/　/　/

著作権法に関し、次のうち、最も不適切なものは、どれか。

田1　自宅の居間に飾ってある絵画の原作品に加筆することは、家庭内において利用することを目的とし、その利用する者が加筆した場合であっても、著作者の権利の侵害となり得る。

田2　著作権法に規定する適法引用の要件を満たした引用であれば、同一性保持権侵害となることはない。

田3　法人が著作者である著作物について、法人が解散した後、法人が存しているとすればその意に反する改変を行い、その改変した物を頒布する者に対して、差止請求がされることはないが、刑事罰については告訴がなくとも公訴を提起することができる。

田4　絵画について複製権を有する著作者は、その絵画の内容が自己の確信に適合しなくなったときは、その絵画について設定していた出版権を撤回することができる。

田5　著作者が、未公表の美術の著作物の複製物を1人の友人に譲渡した場合、この著作物をその複製物により公衆に展示する行為は、公表権の侵害となる。

R3-著不3

最も不適切なもの→×、そうでないもの→○

1　○　著20条1項・2項各号参照

解法　著作者は、その著作物等の同一性を保持する権利を有し、その意に反してこれらの変更等の改変を受けないものとする（著20条1項）。また、家庭内において利用することを目的とする場合に、同一性保持権の規定が適用されない旨の規定もない（同条2項各号参照）。したがって、自宅の居間に飾ってある絵画の原作品に加筆することは、家庭内において利用することを目的とし、その利用する者が加筆した場合であっても、著作者の権利の侵害となり得る。よって、本枝は不適切ではない。

2　×　著50条、著32条、作花P.872参照

解法　引用（著32条）の規定は、著作者人格権に影響を及ぼすものと解釈してはならない（著50条）。すなわち、著32条の要件を充足していたとしても、その引用の仕方により同一性保持権（著20条1項）の侵害問題を惹起し得る（作花P.872参照）。したがって、著作権法に規定する適法引用の要件を満たした引用であっても、同一性保持権侵害となることがある。よって、本枝は最も不適切なものである。

3　○　著60条、著116条1項、著123条1項参照、中山著作P.652参照

解法　著作物を公衆に提供する者は、その著作物の著作者が存しなくなった後においても、著作者が存しているとしたならばその著作者人格権の侵害となるべき行為をしてはならず（著60条）、その遺族は、当該著作者について同条の規定に違反する行為をする者に対し、差止請求（著112条）をすることができる（著116条1項）。しかし、著作者が法人の場合には、法人解散後は請求権者がいないため、差止請求権は事実上消滅するに等しい（中山著作P.652参照）。したがって、前段は適切である。また、著60条の規定に違反した者は、500万円以下の罰金に処せられるが（著120条）、同条の罪は、非親告罪である（著123条1項参照、中山著作P.652参照）。したがって、後段も適切である。よって、本枝は不適切ではない。

4　○　著84条3項、中山著作P.644参照

解法　複製権（著21条）を有する者である著作者は、その著作物の内容が自己の確信に適合しなくなったときは、その著作物の出版行為等を廃絶するために、出版権者に通知してその出版権を消滅させることができる（著84条3項）。例えば、戦争礼賛の絵画につき確信に適合しなくなった場合、当該絵画の出版権については撤回できる（中山著作P.644参照）。したがって、絵画について複製権を有する著作者は、その絵画の内容が自己の確信に適合しなくなったときは、その絵画について設定していた出版権を撤回することができる。よって、本枝は不適切ではない。

5　○　著18条1項・2項2号

解法　著作者は、その著作物でまだ公表されていないものを公衆に提示する権利を有する（著18条1項）。ここで、著作者は、その美術の著作物でまだ公表されていないものの「原作品」を譲渡した場合には、この著作物をその「原作品」による展示の方法で公衆に提示することについて同意したものと推定されるが（同条2項2号）、「複製物」を譲渡した場合については規定されていない。したがって、著作者が、未公表の美術の著作物の「複製物」を1人の友人に譲渡した場合、この著作物をその「複製物」により公衆に展示する行為は、公表権の侵害となる。よって、本枝は不適切ではない。

R2-著不4　著作者人格権

実施日　/　/　/

著作権法に関し、次のうち、最も適切なものは、どれか。

田1　フリーランスの映画監督が創作した映画の著作物について、著作権法上の映画の著作物の著作権の帰属に係る規定により、映画製作者に著作権が帰属した場合、当該著作物をその著作権の行使により公衆に提供・提示することについて、当該映画監督は同意したものとみなされる。

田2　著作物が公衆へ提供又は提示されなければ、氏名表示権が侵害されることはない。

田3　共同著作物に係る著作者人格権については、その権利行使に著作者全員の合意を必要とし、権利を代表して行使する者を定めることもできない。

田4　コンサートホールの耐震補強のための改築により、同ホールに施された壁画を改変することは、必ずしも当該壁画の同一性保持権の侵害とはならない。

田5　法人が著作者となる場合、法人には遺族が存在しないため、その解散後は、その人格的利益は保護されない。

R2-著不4

最も適切なもの→○、そうでないもの→×

1 ☒ 著18条2項3号

解法 著作者は、著29条（映画の著作物の著作権の帰属）の規定によりその映画の著作物の著作権が映画製作者に帰属した場合には、当該著作物をその著作権の行使により公衆に提供し、又は提示することについて同意したものと**「推定される」**（著18条2項3号）。したがって、フリーランスの映画監督が創作した映画の著作物について、著作権法上の映画の著作物の著作権の帰属に係る規定により、映画製作者に著作権が帰属した場合、当該著作物をその著作権の行使により公衆に提供・提示することについて、著作者である映画監督（著16条）は同意したものと「みなされる」わけではない。よって、本枝は適切ではない。

2 ☒ 著19条1項

解法 著作者は、**①その著作物の原作品に、又は②その著作物の公衆への提供若しくは提示に際し、その実名等を著作者名として表示し、又は著作者名を表示しないこととする権利を有する**（著19条1項）。すなわち、上記①の著作物の原作品に著作者名を表示する場合、公衆に提供・提示することが要件となっていないため、私的な領域においても（例えば、自宅で勝手に原作品に付されている著作者名を書き換えても）氏名表示権が及ぶ（茶園著作P.85参照）。したがって、著作物が公衆へ提供又は提示されなくても、氏名表示権が侵害されることがある。よって、本枝は適切ではない。

3 ☒ 著64条1項・3項

解法 **共同著作物の著作者人格権は、著作者全員の合意によらなければ、行使することができない**（著64条1項）。したがって、共同著作物に係る著作者人格権の権利行使に著作者全員の合意を必要とするため、前段は適切である。しかし、**共同著作物の著作者は、そのうちからその著作者人格権を代表して行使する者を定めることができる**（同条3項）。したがって、共同著作物に係る著作人格権を代表して行使する者を定めることができるため、後段は適切ではない。よって、本枝は適切ではない。

4 ○ 著20条2項2号、中山著作P.632

解法 建築物の増築、改築、修繕又は模様替えによる改変については、同一性保持権（著20条1項）の規定は適用されない（同条2項2号）。例えば、**壁画のある建築物の増改築等に伴って当該壁画を改変することは認められる**（中山著作P.632）。したがって、コンサートホールの耐震補強のための改築により、同ホールに施された壁画を改変することは、必ずしも当該壁画の同一性保持権の侵害とはならない。よって、本枝は最も適切なものである。

5 ☒ 著60条、小倉・金井Ⅱ P.484参照

解法 著作物を公衆に提供し、又は提示する者は、その著作物の著作者が存しなくなった後においても、著作者が存しているとしたならばその著作者人格権の侵害となるべき行為をしてはならない（著60条本文）。すなわち、著作権法は同条において、著作者の死後も一定の範囲で著作者の人格的利益を保護することを認めている（茶園著作P.100）。ここで、**「著作者が存しなくなった」とは、法人である著作者が解散した場合も含まれる**（小倉・金井Ⅱ P.484参照）。したがって、法人が著作者となる場合、その解散後は人格的利益が保護されないわけではない。よって、本枝は適切ではない。

R1-著不4　著作者人格権

実施日 / / /

著作者人格権に関し、次のうち、最も不適切なものは、どれか。

田1　論文**A**の中で、他人の論文**B**から同一の文章を２回引用する場合、１回目の引用箇所に対して著作者氏名を表示しないことは、当該引用箇所から離れたページにおいて、２回目の引用を行った上で著作者氏名を正しく表示したとしても、氏名表示権の侵害となり得る。

田2　著作者が、写真の著作物を芸術写真の専門誌で公表した後に、その著作者の意に反して他人が一般の書籍でその写真を公表した場合、公表権の侵害となる。

田3　共同著作物の各著作者は、著作者人格権の行使に関する合意の成立を、嫌がらせのために妨げることは許されない。

田4　ある著作物の特定の利用行為が、著作者の社会的・外部的な評価の低下をもたらす場合、当該著作者の著作者人格権の侵害とみなされる。

田5　著作物である庭園に、災害対策のために必要な避難路を設置して改変を行うことは、著作者の同意がなくとも、必ずしも同一性保持権の侵害とはならない。

R1-著不4

正答率 74.7% レベル 正解 2

最も不適切なもの→×、そうでないもの→○

1 ○ 著19条1項・3項

解　法 著作者は、著作物の公衆への提供若しくは提示に際し、その実名等を著作者名として表示する権利を有する（著19条1項）。ここで、**著作者名の表示は、著作物の利用の目的及び態様に照らし著作者が創作者であることを主張する利益を害するおそれがないと認められるときは、公正な慣行に反しない限り、省略することができる**（同条3項）。したがって、本枝において、1回目の引用箇所に対して著作者氏名を表示しないことが、2回目の引用を行った上で著作者氏名を正しく表示したとしても、著作者の利益を害するおそれがあると認められるとき、又は、公正な慣行に反するときは、氏名表示権（同条1項）の侵害となり得る。よって、本枝は不適切ではない。

2 × 著18条1項

解　法 著作者は、その著作物で「まだ公表されていないもの」を公衆に提供等する権利を有する（著18条1項）。すなわち、**公表されてしまえば、公表された著作物となり、公表権は消滅する**（加戸P.172）。したがって、著作者が、写真の著作物を芸術写真の専門誌で公表した後に、その著作者の意に反して他人が一般の書籍でその写真を公表した場合、公表権の侵害とはならない。よって、本枝は最も不適切なものである。

3 ○ 著64条2項、中山著作P.647

解　法 **共同著作物の各著作者は、信義に反して著作者人格権の行使に関する合意**（著64条1項）**の成立を妨げることができない**（同条2項）。ここで、**信義に反するとは、嫌がらせや著作者間の約束事・倫理観念に反することを意味するとされている**（中山著作P.647）。したがって、本枝において、共同著作物の各著作者は、当該合意の成立を、嫌がらせのために妨げることは許されない。よって、本枝は不適切ではない。

4 ○ 著113条11項、中山著作P.640参照

解　法 **著作者の名誉又は声望を害する方法によりその著作物を利用する行為は、その著作者人格権を侵害する行為とみなされる**（著113条11項）。**ここで、名誉又は声望とは、単なる主観的な名誉感情ではなく、客観的な名誉・声望、すなわち社会的・外部的な評価、評判を指すものとされる**（中山著作P.640参照）。したがって、ある著作物の特定の利用行為が、著作者の社会的・外部的な評価の低下をもたらす場合、当該著作者の著作者人格権の侵害とみなされる。よって、本枝は不適切ではない。

5 ○ 著20条2項2号、大阪地決H 25.9.6「新梅田シティ庭園事件」参照、著作入門P.134

解　法 建築物の増築、改築、修繕又は模様替えによる改変については、同一性保持権（著20条1項）の規定は適用されない（同条2項2号）。ここで、**同号が予定しているのは、経済的・実用的観点から必要な範囲の増改築である**（著作入門P.134）。また、**同号の規定は、人が立ち入って利用するという意味で実用性を有する庭園にも類推適用される**（大阪地決H 25.9.6「新梅田シティ庭園事件」参照、著作入門P.134）。本枝の場合、災害対策のために必要な避難路を設置することは、実用的観点から必要な範囲の改変といえる。したがって、著作物である庭園に、災害対策のために必要な避難路を設置して改変を行うことは、著作者の同意がなくとも、必ずしも同一性保持権の侵害とはならない。よって、本枝は不適切ではない。

H29-著不4　著作者人格権

実施日　／　／　／

著作者人格権に関し、次のうち、最も適切なものは、どれか。

田1　コンピュータ・プログラムの著作物を工業製品の一部に組み込む場合に著作者の表示を省略することは、仮に著作者が創作者であることを主張する利益を害するおそれがないとしても、当該著作者の氏名表示権の侵害となる。

田2　公表された論文の書誌情報を蓄積したデータベースにおいて、論文の著作者として誤った氏名を表示することは、当該論文の著作者の氏名表示権の侵害となる。

田3　小説を教科用図書に掲載する際に、不適切な差別用語を直すことは、学校教育の目的上やむを得ない場合であっても、小説家の同一性保持権の侵害となる。

田4　未公表の小説を原著作物とする二次的著作物の漫画作品について、原著作者である小説家の同意なく公表する行為は、当該小説家の公表権の侵害となる。

田5　未公表の著作物である工場建設の設計図を行政機関に提出した場合、行政機関が情報公開制度に基づいて当該設計図を公衆に提供することは、当該設計図の著作者の公表権の侵害となる。

H29-著不4

最も適切なもの→○、そうでないもの→×

1 ☒ **著19条3項、中山著作P.606参照**

解法 **著作者名の表示は、著作物の利用の目的及び態様に照らし著作者が創作者であることを主張する利益を害するおそれがないと認められるときは、公正な慣行に反しない限り、省略することができる**（著19条3項）。例えば、コンピュータ・プログラムのような機能的な著作物の場合には、工業製品の一部に組み込まれているものも多く、氏名を省略しても氏名表示権（同条1項）の侵害とならない場合が増加している（中山著作P.606参照）。したがって、本枝において、著作者の表示を省略することは、当該著作者の氏名表示権の侵害となるわけではない。よって、本枝は適切ではない。

2 ☒ **著19条1項、中山著作P.604参照**

解法 著作者は、その著作物の原作品に、又はその著作物の公衆への提供等に際し、その実名等を著作者名として表示し、又は著作者名を表示しないこととする権利を有する（著19条1項）。すなわち、**同項は自己の氏名を著作物に表示し、あるいは表示しない権利として規定されているので、著作物がないところに氏名表示権が存在することはない**。例えば、書誌的データベース等に著作者として誤った氏名が表示されていても、同項違反にはならない（中山著作P.604参照）。したがって、公表された論文の書誌情報を蓄積したデータベースにおいて、論文の著作者として誤った氏名を表示することは、当該論文の著作者の氏名表示権の侵害とならない。よって、本枝は適切ではない。

3 ☒ **著20条2項1号、中山著作P.629参照**

解法 **公表された著作物を教科用図書に掲載する場合**（著33条1項）**等における用字又は用語の変更その他の改変で、学校教育の目的上やむを得ないと認められるものについては、同一性保持権**（著20条1項）**の規定は適用されない**（同条2項1号）。例えば、不適切な差別用語を直す等の行為には、同一性保持権の規定は適用されない（中山著作P.629参照）。したがって、小説を教科用図書に掲載する際に、不適切な差別用語を直すことは、学校教育の目的上やむを得ない場合には、小説家の同一性保持権の侵害とならない。よって、本枝は適切ではない。

4 ◎ **著18条1項後段**

解法 **未公表の著作物の著作者の公表権は、その著作物を原著作物とする二次的著作物についても及ぶ**（著18条1項後段、茶園著作P.81）。したがって、未公表の小説を原著作物とする二次的著作物の漫画作品について、原著作者である小説家の同意なく公表する行為は、当該小説家の公表権の侵害となる。よって、本枝は最も適切なものである。

5 ☒ **著18条3項1号**

解法 **著作者は、その著作物でまだ公表されていないものを行政機関に提供した場合には、行政機関情報公開法の規定により行政機関の長が当該著作物を公衆に提供等することについて同意したものとみなされる**（著18条3項1号）。したがって、本枝において、行政機関が情報公開制度に基づいて当該設計図を公衆に提供することは、当該設計図の著作者の公表権（著18条1項）の侵害となるわけではない。よって、本枝は適切ではない。

H28-著不5　著作者人格権

著作者人格権に関し、次のうち、最も適切なものは、どれか。

田1　法人の著作者人格権は、著作権の存続期間の満了とともに消滅する。

田2　著作者が指定した公表時期と異なる時期に著作物を公表する行為は、当該著作者が当該著作物の公表自体に同意している場合には、公表権の侵害とならない。

田3　絵画の原作品を譲り受けた者が、当該原作品に手を加えてその絵画の表現を変更する行為は、同一性保持権の侵害とならない。

田4　共同著作物の著作者は、著作者のうちの一人を、著作者人格権を行使する代表者と定めることができる。

田5　意に反する著作物の改変により名誉感情を害された著作者は、当該改変により自己の名声、信用等について社会から受ける客観的な評価が低下しない場合でも、謝罪広告の掲載を請求することができる。

H28-著不5

最も適切なもの→○、そうでないもの→×

1 ☒ 著59条、茶園著作P.76

解法 **著作者人格権は、著作者の一身に専属し、譲渡することができず**（著59条）、**著作者の死亡（著作者が法人の場合は解散）により消滅する**（茶園著作P.76）。したがって、法人の著作者人格権は、著作権の存続期間の満了とともに消滅するわけではない。よって、本枝は適切ではない。

2 ☒ 著18条1項、作花P.221参照

解法 著作者は、その著作物でまだ公表されていないものを公衆に提供し、又は提示する権利を有する（著18条1項）。ここで、公表権は、著作物を公表するか否かを決定する権利に加えて、公表の時期や方法も決定することができる権利と解されている。そのため、**著作者の同意を得ない時期に公表すれば、著作者人格権の侵害に問われる**（作花P.221参照）。したがって、本枝の行為は、当該著作者が当該著作物の公表自体に同意している場合にも、公表権の侵害となる。よって、本枝は適切ではない。

3 ☒ 著20条1項・2項各号参照

解法 **著作者は、その著作物等の同一性を保持する権利を有し、その意に反してこれらの変更等の改変を受けないものとする**（著20条1項）。また、**美術の著作物の原作品を譲渡した場合に、同一性保持権の規定が適用されない旨の規定もない**（同条2項各号参照）。したがって、絵画の原作品を譲り受けた者が、当該原作品に手を加えてその絵画の表現を変更する行為は、同一性保持権の侵害とならないわけではない。よって、本枝は適切ではない。

チェック 著作者は、その美術の著作物又は写真の著作物でまだ公表されていないものの原作品を譲渡した場合には、これらの著作物をその原作品による展示の方法で公衆に提示することについて同意したものと推定される（著18条2項2号）。

4 ◎ 著64条3項

解法 **共同著作物の著作者は、そのうちからその著作者人格権を代表して行使する者を定めることができる**（著64条3項）。したがって、共同著作物の著作者は、著作者のうちの一人を、著作者人格権を行使する代表者と定めることができる。よって、本枝は最も適切なものである。

5 ☒ 著115条、茶園著作P.235～236参照、最判S 61.5.30「モンタージュ写真事件」参照

解法 著作者等は、故意又は過失によりその著作者人格権等を侵害した者に対し、損害の賠償に代えて、又は損害の賠償とともに、著作者等であることを確保し、又は訂正その他著作者等の名誉若しくは声望を回復するために適当な措置を請求することができる（著115条）。ここで、**「名誉若しくは声望を回復するために適当な措置」としては、謝罪広告が代表的である**。また、**「名誉若しくは声望」は、人が自己自身の人格的価値について有する主観的な評価ではなく、社会から受ける客観的な評価を指すと解される**（茶園著作P.235～236参照、最判S 61.5.30「モンタージュ写真事件」参照）。したがって、本枝において、社会から受ける客観的な評価が低下しない場合には、謝罪広告の掲載を請求することができない。よって、本枝は適切ではない。

H27-48　著作者人格権

著作者人格権に関し、次のうち、最も不適切なものは、どれか。

1　著名な建築家**甲**の設計した住宅について、その所有者**乙**が家族構成の変化に伴い子供部屋を増築する行為は、**甲**の同一性保持権の侵害とならない。

2　小説家**甲**の著した近未来小説について、脚本家**乙**が、当該小説の設定を江戸時代に変更して、歌舞伎の脚本を創作する行為は、**甲**の同一性保持権を侵害する。

3　芸能人**甲**が交際相手**乙**に宛てて書き送った手紙を、**乙**が友人**丙**に見せる行為は、**甲**の公表権を侵害する。

4　画家**甲**の描いた油絵の所有者**乙**が、当該油絵に付された**甲**のサインを消す行為は、その油絵を公に展示しない場合でも、**甲**の氏名表示権を侵害する。

5　作詞家**甲**の作詞した楽曲について、歌手**乙**が当該楽曲の歌詞の一部を変えて歌唱する行為は、**甲**の同一性保持権を侵害する。

H27-48

最も不適切なもの→×、そうでないもの→○

1 ○ 著20条2項2号

解法 建築物の「増築」、改築、修繕又は模様替えによる改変については、同一性保持権（著20条1項）の規定は適用されない（同条2項2号）。したがって、著名な建築家甲の設計した住宅について、その所有者乙が家族構成の変化に伴い子供部屋を増築する行為は、甲の同一性保持権の侵害とならない。よって、本枝は不適切ではない。

2 ○ 著20条1項、中山著作P.624

解法 著作者は、その著作物等の同一性を保持する権利を有し、その意に反してこれらの改変を受けないものとする（著20条1項）。また、権原のない者による翻案等については、基本的には同一性保持権の侵害となる（中山著作P.624）。したがって、小説家甲の著した近未来小説について、脚本家乙が、当該小説の設定を江戸時代に変更して、歌舞伎の脚本を創作する行為は、甲の同一性保持権を侵害する。よって、本枝は不適切ではない。

3 × 著18条1項、著2条5項

解法 著作者は、その著作物でまだ公表されていないものを「公衆」に提供等する権利を有する（著18条1項）。ここで、「公衆」には、特定かつ多数の者が含まれるが（著2条5項）、特定少数の者は公衆ではない（渋谷著作P.123参照）。そのため、本枝において、乙が友人丙に見せる行為は、公衆に提供等しているとはいえない。したがって、当該行為は、甲の公表権を侵害するわけではない。よって、本枝は最も不適切なものである。

4 ○ 著19条1項

解法 著作者は、「その著作物の原作品に」、又はその著作物の公衆への提供等に際し、その実名等を著作者名として表示し、又は著作者名を表示しないこととする権利を有する（著19条1項）。すなわち、原作品は、公衆への提示等を伴わない場合にも、著作者の氏名表示権の対象となる（著作要説P.235参照）。したがって、画家甲の描いた油絵の所有者乙が、当該油絵に付された甲のサインを消す行為は、その油絵を公に展示しない場合でも、甲の氏名表示権を侵害する。よって、本枝は不適切ではない。

5 ○ 著20条1項

解法 著作者は、その著作物等の同一性を保持する権利を有し、その意に反してこれらの改変を受けないものとする（著20条1項）。本枝において、歌手乙が作詞家甲の作詞した楽曲の歌詞の一部を変えて歌唱する行為は、意に反する改変といえる。したがって、当該行為は、甲の同一性保持権を侵害する。よって、本枝は不適切ではない。

H26-51　著作者人格権

著作権法に関し、次のうち、最も適切なものは、どれか。

□1　高校生の描いた絵画が、本人の許諾を受けて当該高校の文化祭で展示された。その絵画が掲載された当該高校のパンフレットを校外に配布する行為は、公表権の侵害となる。

□2　短編小説が、作家の筆名を付して出版された。その作家の実名が周知になったとしても、その実名を付して当該小説を雑誌に掲載する行為は、氏名表示権の侵害となる。

□3　文化財として保護されている建築の著作物を改築することは、それが実用のために必要な改築であっても、同一性保持権の侵害となる。

□4　著作者の社会的な評価を低下させるような著作物の利用であっても、その利用が著作物の改変を伴わない場合には、著作者人格権の侵害とみなされることはない。

□5　著作者の死亡後は、著作権者の同意を得れば、未公表の著作物を公表することができる。

H26-51

最も適切なもの→○、そうでないもの→×

1 × **著18条1項、著4条1項**

解法 **著作者は、その著作物で「まだ公表されていないもの」を公衆に提供等する権利を有する**（著18条1項）。また、**著作物は、展示権**（著25条）**等を有する者の許諾を得た者によって展示等の方法で公衆に提示された場合において、公表されたものとされる**（著4条1項）。ここで、本枝における絵画は、本人の許諾を受けて高校の文化祭で展示されているので、公表されたものとされる。したがって、その絵画が掲載された当該高校のパンフレットを校外に配布する行為は、公表権の侵害とならない。よって、本枝は適切ではない。

2 ○ **著19条1項、茶園著作P.86参照**

解法 著作者は、その著作物の原作品に、又はその著作物の公衆への提供等に際し、その実名若しくは変名を著作者名として表示し、又は表示しないこととする権利を有する（著19条1項）。すなわち、**著作者には、著作物の公衆への提供等に際し、表示されるべき著作者名について、実名を表示するか、変名を表示するか、又はそもそも著作者名を表示しないかを選択する権利が与えられており、例えば著作者の実名を表示したとしても、著作者がペンネームによる公表を望んでいた場合には、実名は著作者の選択した著作者名ではないため、氏名表示権を侵害するものとなる**（茶園著作P.86参照）。したがって、本枝において、その周知となった作家の実名を付して当該小説を雑誌に掲載する行為は、氏名表示権の侵害となる。よって、本枝は最も適切なものである。

3 × **著20条2項2号**

解法 **建築物の増築、「改築」、修繕又は模様替えによる改変については、同一性保持権**（著20条1項）**の規定は適用されない**（同条2項2号）。すなわち、**経済的・実用的な見地から効用の増大を図る結果としての改変は許される**（高林著作P.243）。したがって、文化財として保護されている建築の著作物を改築することは、同一性保持権の侵害とならない。よって、本枝は適切ではない。

4 × **著113条11項、中山著作P.640参照**

解法 著作者の名誉又は声望を害する方法によりその著作物を利用する行為は、その著作者人格権を侵害する行為とみなされる（著113条11項）。ここで、**名誉又は声望とは、単なる主観的な名誉感情ではなく、客観的な名誉・声望、すなわち社会的・外部的な評価、評判を指し、同項はその低下をもたらすような行為を対象としている**（中山著作P.640参照）。したがって、著作者の社会的な評価を低下させるような著作物の利用であれば、その利用が著作物の改変を伴わない場合であっても、著作者人格権の侵

害とみなされることがある。よって、本枝は適切ではない。

5　☒　著18条1項、著59条、著60条、民896条但書

解　法　著作者は、その著作物でまだ公表されていないものを公衆に提供等する権利を有する（著18条1項）。また、著作者人格権は、著作者の一身に専属し、譲渡・相続することができないため（著59条、民896条但書、中山著作P.577参照）、**著作者の死亡後に、その著作物の著作権者が著作者人格権を有することはない**。さらに、**著作物を公衆に提供等する者は、その著作物の著作者が存しなくなった後においても、著作者が存するとしたならばその著作者人格権の侵害となるべき行為をしてはならない**（著60条）。したがって、著作者の死亡後に、著作権者の同意を得ても、未公表の著作物を公表することができるわけではない。よって、本枝は適切ではない。

Point Pickup

[著作者人格権及び実演家人格権の比較]

	氏名表示の省略をすることができる場合	同一性保持権の侵害	公表権
著作者人格権	・著作物の利用の目的・態様に照らし著作者が創作者であることを主張する利益を害するおそれがないと認められる場合 「かつ」 ・公正な慣行に反しないと認められる場合	意に反する改変であった場合	あり
実演家人格権	・実演の利用の目的・態様に照らし実演家がその実演の実演家であることを主張する利益を害するおそれがないと認められる場合 「又は」 ・公正な慣行に反しないと認められる場合	名誉・声望が害された場合	なし

H25-18　著作者人格権

著作者人格権に関し、次のうち、最も不適切なものは、どれか。

田１　コンピュータ・プログラムの著作者の氏名を表示しなくとも、当該コンピュータ・プログラムを組み込んだ製品を製造販売することができる。

田２　映画の著作物の著作者人格権は、その映画の製作者に帰属する。

田３　株式会社の社長が社長室長に命じて、株主総会における社長の挨拶原稿を執筆させた場合、社長室長は同一性保持権を有しない。

田４　コンピュータ・プログラムの著作物にバグ（欠陥）があった場合、それを修正しても、同一性保持権を侵害しない。

田５　著作者の同意を得て著作物が公表された場合には、公表権は消滅する。

H25-18

最も不適切なもの→×、そうでないもの→○

1 ○ 著19条3項、中山著作P.606参照

解法 **著作者名の表示は、著作物の利用の目的及び態様に照らし著作者が創作者であることを主張する利益を害するおそれがないと認められるときは、公正な慣行に反しない限り、省略することができる**（著19条3項）。例えば、コンピュータ・プログラムのような機能的な著作物の場合には、工業製品の一部に組み込まれているものも多く、氏名を省略しても氏名表示権（同条1項）の侵害とならない場合が増加している（中山著作P.606参照）。したがって、コンピュータ・プログラムの著作者の氏名を表示しなくとも、当該コンピュータ・プログラムを組み込んだ製品を製造販売することができる。よって、本枝は不適切ではない。

2 × 著16条、著17条1項

解法 映画の著作物の著作者は、原則として、監督等を担当してその映画の著作物の全体的形成に創作的に寄与した者であり（著16条本文）、**映画製作者**（著2条1項10号）**は、映画の著作物が職務著作**（著15条1項）**である場合を除き、著作者とはならない**（著16条但書、渋谷著作P.114参照）。したがって、映画の著作物の著作者人格権は、その映画の著作物が職務著作である場合を除き、著作者である監督等に帰属し（著17条1項）、その映画の製作者に帰属しない。よって、本枝は最も不適切なものである。

3 ○ 著15条1項、著17条1項

解法 職務著作に該当する場合、法人等が著作者となり（著15条1項）、著作者人格権がその法人等に帰属する（著17条1項）。本枝において、**株式会社の社長が社長室長に命じて、株主総会における社長の挨拶原稿を執筆させた場合、職務著作に該当し得る**。したがって、社長室長は同一性保持権（著20条1項）を有しない。よって、本枝は不適切ではない。

4 ○ 著20条2項3号

解法 「特定の電子計算機においては実行し得ないプログラムの著作物を当該電子計算機において実行し得るようにするために必要な改変」については、同一性保持権（著20条1項）の規定は適用されない（同条2項3号）。本枝において、**コンピュータ・プログラムの著作物のバグの修正は、当該改変に当たる**（著作コンメンタール1P.849参照）。したがって、バグを修正しても、同一性保持権を侵害しない。よって、本枝は不適切ではない。

5 ○ 著18条1項、加戸P.172参照

解法 著作者は、公表権（著18条1項）を有する。しかし、**公表権は、著作物が公表されてしまえば消滅する**（加戸P.172参照）。よって、本枝は不適切ではない。

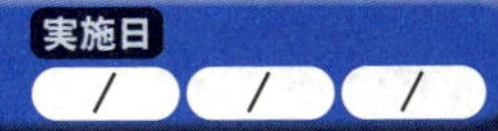

R4-著不2　著作権

著作権法に関し、次のうち、最も不適切なものは、どれか。

1　英語の小説を朗読した音声が録音されたCDを、営利目的の英会話教室において再生して、不特定多数の生徒に直接聞かせるためには、当該英語の小説の口述権を有する者の許諾を得る必要がある。

2　ホテルにおいて、彫刻作品のレプリカを不特定多数の客が利用するロビーに展示するためには、当該彫刻作品の展示権を有する者の許諾を得る必要がある。

3　飲食店の店舗において、不特定多数の客に、映画の著作物である家庭用ゲーム機用のゲームソフトのプレイ画面を見せることは、当該ゲームソフトの上映権を有する者の許諾を得る必要がある。

4　音楽の著作物が録音されている市販のCDを、自分の家族に対してお金を取って貸し出すことについて、当該音楽の著作物の貸与権を有する者の許諾を得る必要はない。

5　インターネット上のオークションサイトにおいて、不特定多数の客に、著作権者の許諾を得て市販された書籍の中古品を販売することについて、当該書籍の譲渡権を有する者の許諾を得る必要はない。

R4-著不2

最も不適切なもの→×、そうでないもの→○

1 ○ 著24条、著2条7項、著38条1項

解法 著作者は、その言語の著作物を公に口述する権利を専有する（著24条）。また、**「口述」には、著作物の口述で録音されたものを再生することも含まれる**（著2条7項）。ここで、公表された著作物は、営利を目的とせず、かつ、聴衆又は観衆から料金を受けない場合には、公に口述することができるが（著38条1項）、本枝の行為は、営利を目的としている。したがって、英語の小説を朗読した音声が録音されたCDを、営利目的の英会話教室において再生して、不特定多数の生徒に直接聞かせるためには、当該英語の小説の口述権（著24条）を有する者の許諾を得る必要がある。よって、本枝は不適切ではない。

2 × 著25条

解法 著作者は、その美術の著作物等をこれらの**「原作品」**により公に展示する権利を専有する（著25条）。したがって、ホテルにおいて、彫刻作品の「レプリカ」を不特定多数の客が利用するロビーに展示するためには、当該彫刻作品の展示権（著25条）を有する者の許諾を得る必要はない。よって、本枝は最も不適切なものである。

3 ○ 著22条の2、著38条1項、加戸P.344参照、東京地判S 59.9.28「パックマン事件」参照

解法 著作者は、その著作物を公に上映する権利を専有する（著22条の2）。ここで、喫茶店においてゲーム機を設置し、顧客にこれを操作させて**ゲーム影像をブラウン管に表示させる行為は、事業者による上映行為**と認定され、事業者から見て**顧客が不特定人であることをとらえて、これは「公に」なされたもの**と認定される（東京地判S 59.9.28「パックマン事件」参照、小倉・金井Ⅰ P.518～519参照）。ここで、公表された著作物は、営利を目的とせず、かつ、聴衆又は観衆から料金を受けない場合には、公に上映することができるが（著38条1項）、本枝の場合、**飲食店の店舗での上映は、店内で提供する飲食物について対価を徴収し、間接的に営利につながるため、営利を目的としている**といえる（加戸P.344参照）。したがって、飲食店の店舗において、不特定多数の客に、映画の著作物である家庭用ゲーム機用のゲームソフトのプレイ画面を見せることは、当該ゲームソフトの上映権（著22条の2）を有する者の許諾を得る必要がある。よって、本枝は不適切ではない。

4 ◎ **著26条の3、著2条5項**

解　法　著作者は、その**著作物をその複製物の貸与により「公衆に」提供する権利**を専有する（著26条の3）。ここで、「公衆」には、特定かつ多数の者が含まれるが（著2条5項）、**特定少数の者は公衆ではない**（渋谷著作P.123参照）。そのため、本枝において、自分の家族に対して貸し出しても、貸与により公衆に提供しているとはいえない。したがって、音楽の著作物が録音されている市販のＣＤを、自分の家族に対してお金を取って貸し出すことについて、当該音楽の著作物の貸与権（著26条の3）を有する者の許諾を得る必要はない。よって、本枝は不適切ではない。

5 ◎ **著26条の2第2項1号**

解　法　**譲渡権**（著26条の2第1項）**の規定は、譲渡権を有する者等により公衆に譲渡された著作物の複製物等には、適用されない**（同条2項1号）。すなわち、適法に譲渡された著作物の複製物等については、譲渡権を行使することができない（茶園著作P.120参照）。したがって、インターネット上のオークションサイトにおいて、不特定多数の客に、著作権者の許諾を得て市販された書籍の中古品を販売することについて、当該書籍の譲渡権（著26条の2第1項）を有する者の許諾を得る必要はない。よって、本枝は不適切ではない。

R4-著不3　著作権

実施日　/　/　/

著作権法に関し、次のうち、最も不適切なものは、どれか。

□1　企業の企画会議において、あるイラストを新製品の包装のデザインに採用するかを検討するために、必要な限度で当該イラストを複製した包装のサンプルを作成することについて、それにより著作権者の利益を不当に害することにならないのであれば、当該イラストの複製権を有する者の許諾は必要ではない。

□2　新聞に特定の単語がどのように用いられているかを解析するために当該新聞を複製する行為は、解析に必要な限度で行われる場合であって、著作権者の利益を不当に害することにならないのであれば、当該新聞の複製権を有する者の許諾は必要ではない。

□3　大学の授業を担当する教授が、当該授業の受講生のみがアクセスできる学習管理システムのサーバーに、授業で使用する論文を、その授業の過程に必要な限度でアップロードする行為について、それにより著作権者の利益を不当に害することにならないのであれば、当該論文の公衆送信権を有する者の許諾は必要ではない。

□4　テレビ局が報道番組で飲食店におけるインタビューを撮影する際に、店内で流れていたBGMもたまたま収録されていた場合、それが軽微といえる部分であって、それにより著作権者の利益を不当に害することにならないのであれば、当該番組を放送する行為について、当該BGMに含まれる音楽の著作物の公衆送信権を有する者の許諾は必要ではない。

□5　営利企業が社会貢献として、聴衆から料金を受けず実演家に報酬を支払わないで、公衆に直接聞かせる演奏会を主催する場合、それにより著作権者の利益を不当に害することにならないのであれば、当該演奏会で演奏される既に公表された音楽の著作物の演奏権を有する者の許諾は必要ではない。

R4-著不3

最も不適切なもの→×、そうでないもの→○

1 ○ 著30条の3

解 法 著作権者の許諾を得て、又は裁定を受けて著作物を利用しようとする者は、これらの**利用についての検討の過程における利用に供することを目的とする場合には、その必要と認められる限度において、著作権者の利益を不当に害さない限り、いずれの方法によるかを問わず、当該著作物を利用することができる**（著30条の3）。すなわち、本枝の行為が行われる場合、複製権（著21条）が制限される。したがって、イラストの複製権を有する者の許諾は必要ではない。よって、本枝は不適切ではない。

2 ○ 著30条の4第2号

解 法 著作物は、**情報解析の用に供する場合には、その必要と認められる限度において、著作権者の利益を不当に害さない限り、いずれの方法によるかを問わず、利用することができる**（著30条の4第2号）。すなわち、本枝の行為が行われる場合、複製権（著21条）が制限される。したがって、新聞の複製権を有する者の許諾は必要ではない。よって、本枝は不適切ではない。

3 ○ 著35条1項

解 法 学校その他の**教育機関において教育を担任する者は、その授業の過程における利用に供することを目的とする場合には、その必要と認められる限度において、著作権者の利益を不当に害さない限り、公表された著作物の公衆送信（自動公衆送信の場合にあっては、送信可能化を含む。）を行うことができる**（著35条1項）。すなわち、本枝の行為が行われる場合、公衆送信権（著23条1項）が制限される。したがって、論文の公衆送信権を有する者の許諾は必要ではない。よって、本枝は不適切ではない。

4 ○ 著30条の2第1項

解 法 **放送を行うに当たって、付随対象著作物は、正当な範囲内において、著作権者の利益を不当に害さない限り、当該放送に伴って、いずれの方法によるかを問わず、利用することができる**（著30条の2第1項）。ここで、本枝の場合、テレビ局が報道番組でインタビューを撮影する際にたまたま収録されていたＢＧＭは、それが軽微といえる部分であれば、「付随対象著作物」といえる（同項かっこ書）。したがって、当該番組を放送する行為について、当該ＢＧＭに含まれる音楽の著作物の公衆送信権（著23条1項）を有する者の許諾は必要ではない。よって、本枝は不適切ではない。

5 × 著38条1項、著作入門P.202

解 法 公表された著作物は、「営利を目的とせず」、かつ、聴衆等から料金を受けない場合には、実演家等に対し報酬が支払われる場合を除き、公に演奏等することができる（著38条1項）。ここで、**企業の社会貢献活動であっても、営利法人が主体となって行われる以上は原則として営利性が肯定され**、著作権者の許諾を要する（著作入門P.202）。したがって、営利企業が演奏会を主催する場合は、当該演奏会で演奏される既に公表された音楽の著作物の演奏権（著22条）を有する者の許諾が必要である。よって、本枝は最も不適切なものである。

チェック 著30条の2第1項但書、著30条の3但書、著30条の4柱書但書、及び著35条1項但書には、「著作権者の利益を不当に害することとなる場合は、この限りでない。」と規定されているが、著38条1項には規定されていない。

R2-著不1　著作権

実施日 ／ ／ ／

著作権法に関し、次のうち、最も適切なものは、どれか。

□1　年度版用語辞典の紙面の割付け作業を行うためのレイアウト・フォーマット用紙を工夫して作成した場合、当該用語辞典の編集著作物とは別個独立に、レイアウト・フォーマット用紙自体が著作物となる。

□2　令和元年の意匠法改正により、建築物について意匠登録を受けられるようになったため、同改正法施行日以降は、建築物について著作権法による保護を受けることはできなくなった。

□3　漫画の著名なキャラクターの名称のみを、Tシャツの身頃全面にゴシック体で大書して販売する行為は、当該漫画についての著作権の侵害となる。

□4　**甲**が創作した詩**イ**に、**乙**が旋律**ロ**をつけて歌曲**ハ**を創作した場合、歌曲**ハ**は、詩**イ**を原著作物とする二次的著作物である。

□5　展示権は、美術の著作物又はまだ発行されていない写真の著作物について認められるものであり、これらをその原作品により公に展示する権利である。

R2-著不1

最も適切なもの→○、そうでないもの→×

1 × 東京高判Ｈ11.10.28「知恵蔵事件」

解法 東京高判Ｈ11.10.28「知恵蔵事件」では、「編集著作物である知恵蔵とは別に、本件レイアウト・フォーマット用紙自体に著作権法上保護されるべき独立の著作権が成立するものと認めることはできない。」と判示し、辞典の紙面の割付け用のレイアウト・フォーマット用紙の著作物性を否定している（田村著作P.21参照）。したがって、年度版用語辞典の紙面の割付け作業を行うためのレイアウト・フォーマット用紙を工夫して作成した場合であっても、当該用語辞典の編集著作物とは別個独立に、レイアウト・フォーマット用紙自体が著作物とはならない。よって、本枝は適切ではない。

2 × 著10条1項5号

解法 建築の著作物は、著作権法の保護の対象となる（著10条1項5号）。したがって、令和元年の意匠法改正により、建築物について意匠登録を受けられるようになっても、同改正法施行日以降、建築物について著作権法による保護を受けることができなくなったわけではない。よって、本枝は適切ではない。

チェック 実用的な建築物は、その実用性がゆえに著作権法の世界で扱うことには不都合があり、産業財産権法、特に意匠法で扱うことが妥当である（中山著作P.107参照）。

3 × 著2条1項1号、著作要説P.51参照

解法 キャラクターの名称は、それだけでは思想又は感情の創作的表現物とは認められず、さらに文芸・学術・美術又は音楽の範囲に属するものともいえないため、著作物とはいえず、著作権の保護対象とはならない（著2条1項1号、著作要説P.51参照）。したがって、漫画の著名なキャラクターの名称のみを、Tシャツの身頃全面にゴシック体で大書して販売する行為は、当該漫画についての著作権の侵害とならない。よって、本枝は適切ではない。

4 × 著作入門P.63参照、渋谷著作P.32

解法 元の著作物の表現に何ら変更等を加えず、元の著作物の創作的表現をそのまま直接的に感得しうる態様で新たに別個の創作的表現を付加したものは、2つの独立の著作物が結合されたもの（結合著作物）にすぎず、二次的著作物ということはできない（著作入門P.63参照）。例えば、歌詞つきの楽曲は、言語の著作物としての歌詞と音楽の著作物としての楽曲との結合著作物である（渋谷著作P.32）。したがって、甲が創作した詩イに、乙が旋律ロをつけて歌曲ハを創作した場合、歌曲ハは、詩イを原著作物とする二次的著作物ではない。よって、本枝は適切ではない。

5 ○ 著25条

解法 展示権とは、その美術の著作物又はまだ発行されていない写真の著作物をこれらの原作品により公に展示する権利をいう（著25条）。したがって、展示権は、美術の著作物又はまだ発行されていない写真の著作物について認められるものであり、これらをその原作品により公に展示する権利である。よって、本枝は最も適切なものである。

R2-著不3　著作権

実施日　/　/　/

著作権法に関し、次のうち、最も不適切なものは、どれか。

田1　公表された著作物である小説は、学校教育の目的上必要と認められる限度で教科用図書に掲載することができるが、その場合、当該小説の著作者にその旨を通知するとともに、当該小説の著作権者に補償金を支払う必要がある。

田2　公表された著作物である小説については、著作権者の利益を不当に害することとならない場合は、大学の入学試験問題においてその目的上必要と認められる限度で複製することができるが、インターネットを用いた入学試験で公衆送信を行うことはできない。

田3　期間限定で彫刻の展覧会が屋外で開かれる場合において、美術の著作物である彫刻の原作品の所有者だけでなく、その所有者から同意を得た当該展覧会の主催者も、その彫刻の原作品を公に展示することができる。

田4　裁判手続のために必要と認められる場合には、著作権者の利益を不当に害しない限り、その必要と認められる限度において、著作物を複製することができるが、訴訟当事者が多数に上る場合であっても、著作物の公衆送信を行うことはできない。

田5　他人の小説を引用して、複製以外の方法により利用する際に、その出所を明示しなくてよい場合がある。

R2-著不3

最も不適切なもの→×、そうでないもの→○

1 ○ 著33条1項・2項

解法 公表された著作物は、学校教育の目的上必要と認められる限度において、教科用図書に掲載することができるが（著33条1項）、著作物を教科用図書に掲載する者は、その旨を著作者に通知するとともに、文化庁長官が毎年定める額の補償金を著作権者に支払わなければならない（同条2項、茶園著作P.178参照）。したがって、公表された著作物である小説は、学校教育の目的上必要と認められる限度で教科用図書に掲載することができるが、その場合、当該小説の著作者にその旨を通知するとともに、当該小説の著作権者に補償金を支払う必要がある。よって、本枝は不適切ではない。

2 × 著36条1項

解法 公表された著作物については、著作権者の利益を不当に害さない限り、入学試験その他人の学識技能に関する試験又は検定の目的上必要と認められる限度において、当該試験又は検定の問題として「複製し」、又は「公衆送信を行う」ことができる（著36条1項）。したがって、公表された著作物である小説については、著作権者の利益を不当に害することとならない場合は、大学の入学試験問題においてその目的上必要と認められる限度で複製することができ、インターネットを用いた入学試験で公衆送信を行うこともできる。よって、本枝は最も不適切なものである。

3 ○ 著45条1項・2項

解法 美術の著作物の原作品の「所有者」又は「その同意を得た者」は、これらの著作物をその原作品により公に展示することができる（著45条1項）。ここで、同項の規定は、美術の著作物の原作品を一般公衆に開放されている屋外の場所に恒常的に設置する場合には、適用されないところ（同条2項）、期間限定で展示する場合はこれに該当しない。したがって、本枝において、美術の著作物である彫刻の原作品の所有者だけでなく、その所有者から同意を得た当該展覧会の主催者も、その彫刻の原作品を公に展示することができる。よって、本枝は不適切ではない。

4 ○ 著42条1項

解法 著作物は、裁判手続のために必要と認められる場合には、著作権者の利益を不当に害さない限り、その必要と認められる限度において、「複製する」ことができる（著42条1項）。したがって、本枝において、裁判手続のために必要と認められる場合には、著作物を複製することができるが、訴訟当事者が多数に上る場合であっても、著作物の「公衆送信を行う」ことはできない。よって、本枝は不適切ではない。

5 ○ 著48条2項

解法 引用（著32条）により著作物を複製以外の方法により利用する場合において、その出所を明示する慣行があるとき（著48条1項3号）には、著作物の出所を、その利用の態様に応じ合理的と認められる方法及び程度により、明示しなければならない（同項柱書）。ここで、無名の著作物である場合は、著作者名を表示する必要はない（同条2項、小倉・金井Ⅱ P.394）。本枝において、他人の小説が、無名の著作物である場合は、その小説を引用して、複製以外の方法により利用する際に、その出所を明示しなくてよい。したがって、他人の小説を引用して、複製以外の方法により利用する際に、その出所を明示しなくてよい場合がある。よって、本枝は不適切ではない。

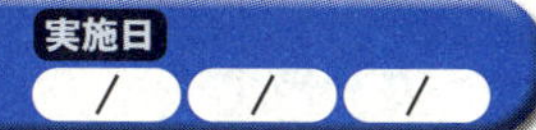

R1-著不3　著作権

著作権法に関し、次のうち、最も不適切なものは、どれか。

田1　高等学校の入学試験問題において、公表された随筆の一部を含む問題文を出題する場合には、当該随筆の著作権者の許諾を得る必要はない。

田2　小説の著作権者の許諾なく、その一部を翻案して、小学校の教科用図書に掲載する行為は、翻案権の侵害とならない。

田3　民事訴訟の手続において、立証に必要な他人の著作物の写しを証拠として提出するために、当該著作物を複製する場合には、当該著作物の著作権者の許諾を得る必要はない。

田4　建築物の写真を掲載した旅行ガイドブックを販売する場合には、当該建築物に係る建築の著作物の著作権者の許諾を得る必要がある。

田5　公表された著作物は、いかなる場合であっても、点字により複製することが許されている。

R1-著不3

最も不適切なもの→×、そうでないもの→○

1 ○ 著36条1項

解法 **公表された著作物については、入学試験その他人の学識技能に関する試験又は検定の目的上必要と認められる限度において、当該試験又は検定の問題として複製等を行うことができる**（著36条1項）。したがって、高等学校の入学試験問題において、公表された随筆の一部を含む問題文を出題する場合には、当該随筆の著作権者の許諾を得る必要はない。よって、本枝は不適切ではない。

2 ○ 著33条1項、著47条の6第1項1号

解法 **公表された著作物は、学校教育の目的上必要と認められる限度において、教科用図書に掲載することができ**（著33条1項）、**翻案等をして教科用図書に掲載することもできる**（著47条の6第1項1号）。したがって、小説の著作権者の許諾なく、その一部を翻案して、小学校の教科用図書に掲載する行為は、翻案権（著27条）の侵害とならない。よって、本枝は不適切ではない。

3 ○ 著42条1項

解法 **著作物は、裁判手続のために必要と認められる場合には、その必要と認められる限度において、複製することができる**（著42条1項）。したがって、民事訴訟の手続において、立証に必要な他人の著作物の写しを証拠として提出するために、当該著作物を複製する場合には、当該著作物の著作権者の許諾を得る必要はない。よって、本枝は不適切ではない。

4 × 著46条柱書・2号、中山著作P.455参照

解法 建築の著作物は、原則として、いずれの方法によるかを問わず、利用することができる（著46条柱書）。ここで、**建築の著作物を建築により複製し、又はその複製物の譲渡により公衆に提供する場合は除かれているが**（同条2号）、**写真等として複製・翻案し、又はそれを譲渡により公衆に提供することは自由である**（中山著作P.455参照）。したがって、建築物の写真を掲載した旅行ガイドブックを販売する場合には、当該建築物に係る建築の著作物の著作権者の許諾を得る必要はない。よって、本枝は最も不適切なものである。

5 ○ 著37条1項、加戸P.332

解法 公表された著作物は、点字により複製することができる（著37条1項）。すなわち、**同項は、公表された著作物について無条件で点字による複製を適法なものとしている**（加戸P.332）。したがって、公表された著作物は、いかなる場合であっても、点字により複製することが許されている。よって、本枝は不適切ではない。

H30-著不8　著作権

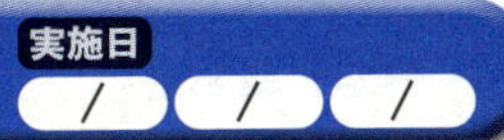

著作権法上の権利の侵害に関し、次のうち、最も不適切なものは、どれか。

田1　未公表の音楽の著作物の譜面をインターネット上に掲載する行為は、公衆送信権の侵害となるが、その音楽が公に演奏されない限り、公表権の侵害とならない。

田2　ベストセラーとなった短編小説を拡大コピーし、多数の者に配布する行為は、複製権及び譲渡権の侵害となるが、同一性保持権の侵害とならない。

田3　適法にインターネット上に掲載されている観光地図を旅行ガイドブックに掲載する行為は、複製権の侵害となるが、その観光地図が掲載されているウェブサイトのアドレスを旅行会社のホームページに掲載する行為は、公衆送信権の侵害とならない。

田4　未公表の写真の著作物を企業の宣伝の目的で繁華街のビルの壁面に映写する行為は、上映権及び公表権の侵害となるが、展示権の侵害とならない。

田5　海外で著作権者によって販売された写真集を日本で転売する行為は、譲渡権の侵害とならないが、それを日本で不特定の者に有料で貸与する行為は、貸与権の侵害となる。

H30-著不8

最も不適切なもの→×、そうでないもの→○

1 ☒ **著23条1項、著18条1項、著4条1項参照、著作コンメンタール1 P.766参照**

解法 未公表の音楽の著作物の譜面をインターネット上に掲載する行為は、公衆送信権（著23条1項）の侵害となるため、前段は適切である。一方、著作者は、その著作物でまだ公表されていないものを公衆に提供し、又は提示する権利を有する（著18条1項）。ここで、**「公衆に提示する」とは、上演、演奏、上映、「公衆送信」、口述、展示の方法で公衆に示されることをいう**ため（著4条1項参照、著作コンメンタール1 P.766参照）、本枝の行為は、「公衆に提示する」行為である。したがって、その音楽が公に演奏されない限り、公表権（著18条1項）の侵害とならないわけではないため、後段は適切ではない。よって、本枝は最も不適切なものである。

2 ◎ **著21条、著26条の2第1項、著20条1項、渋谷著作P.535**

解法 **ベストセラーとなった短編小説を拡大コピーし、多数の者に配布する行為は、複製権**（著21条）**及び譲渡権**（著26条の2第1項）**の侵害となる**ため、前段は適切である。一方、著作者は、その著作物等の同一性を保持する権利を有し、その意に反してこれらの変更等の改変を受けないものとする(著20条1項)。ここで、**著作物の「改変」とは、著作物に盛り込まれている表現上の思想感情を改変することをいう**が（渋谷著作P.535）、短編小説を拡大コピーしても、表現上の思想感情を改変しているとはいえず、「改変」とはならない。したがって、本枝の行為は、同一性保持権（同項）の侵害とならないため、後段も適切である。よって、本枝は不適切ではない。

3 ◎ **著21条、著23条1項、ハンドブックP.198参照**

解法 **適法にインターネット上に掲載されている観光地図を旅行ガイドブックに掲載する行為は、複製権**（著21条）**の侵害となる**ため、前段は適切である。一方、著作者は、その著作物について、公衆送信（自動公衆送信の場合にあっては、送信可能化を含む。）を行う権利を専有する（著23条1項）。しかし、**ホームページにいわゆるリンクを張る行為は、「送信可能化」も「送信」も伴わない**（ハンドブックP.198参照）。したがって、その観光地図が掲載されているウェブサイトのアドレスを旅行会社のホームページに掲載する行為は、公衆送信権（同項）の侵害とならないため、後段も適切である。よって、本枝は不適切ではない。

4 ◎ **著22条の2、著18条1項、著25条、渋谷著作P.161参照**

解法 **未公表の写真の著作物を企業の宣伝の目的で繁華街のビルの壁面に映写する行為は、上映権**（著22条の2）**及び公表権**（著18条1項）**の侵害となる**ため、前段は適切である。一方、著作者は、その美術の著作物又はまだ発行されていない写真の著作物をこれらの原作品により公に展示する権利を専有する（著25条）。ここで、**「原作品により公に展示する」とは、原作品を公衆に直接見せることをいうため、例えばディスプレイ装置に映し出して見せる行為は、展示ではない**（渋谷著作P.161参照）。したがって、本枝の行為は、展示権（同条）の侵害とならないため、後段も適切である。よって、本枝は不適切ではない。

5　◎　著26条の2第2項5号、著26条の3、茶園著作P.120～121参照

解　法　**譲渡権**（著26条の2第1項）**の規定は、国外において、譲渡権に相当する権利を有する者等により譲渡された著作物の複製物等には、適用されない**（同条2項5号）。したがって、海外で著作権者によって販売された写真集を日本で転売する行為は、譲渡権の侵害とならないため、前段は適切である。一方、同条2項によって消尽するのは譲渡権（同条1項）のみであって、貸与権（著26条の3）は消尽しないので、**適法に譲渡された複製物を公衆に貸与する行為には、貸与権が働く**（茶園著作P.120～121参照）。したがって、当該写真集を日本で不特定の者に有料で貸与する行為は、貸与権の侵害となるため、後段も適切である。よって、本枝は不適切ではない。

H30-著不9　著作権

著作権法に関し、次のうち、最も適切なものは、どれか。

田1　建築の著作物をその設計図に従って完成する行為は、建築の著作物の複製権と設計図の著作物の複製権の両方の侵害となる。

田2　公表された脚本の著作物を大学の演劇サークルが大学祭で演じる行為は、入場料を徴収していたとしても、上演権の侵害とならない。

田3　公園の風景を写生する際、その公園に設置されている彫刻の原作品をその絵画の一部に描いた場合、当該絵画を販売する行為は、彫刻に関する譲渡権の侵害となる。

田4　講演会において、有名な小説の一部を読み上げて批評する行為は、その部分が当該小説の一部であることが聴衆に明らかであり、かつ、批評に必要な範囲である場合には、口述権の侵害とならない。

田5　公表された論説を高等学校の教科書にそのまま掲載する行為は、複製権の侵害とならないが、翻訳して掲載する行為は、翻訳権の侵害となる。

H30-著不9

最も適切なもの→○、そうでないもの→×

1 ☒ 著21条、著2条1項15号ロ、作花P.249参照

解法 著作者は、その著作物を複製する権利を専有する（著21条）。ここで、**建築に関する図面に従って建築物を完成する行為は、建築の著作物の複製となるが**（著2条1項15号ロ）、**設計図の著作物の複製とはならない**（作花P.249参照）。したがって、建築の著作物をその設計図に従って完成する行為は、建築の著作物の複製権と設計図の著作物の複製権の両方の侵害となるわけではない。よって、本枝は適切ではない。

チェック 設計図の著作物の複製権は、当該設計図を複製された場合に働く（作花P.249参照）。

2 ☒ 著22条、著38条1項

解法 **公表された著作物は、①営利を目的とせず、かつ、②聴衆又は観衆から料金を受けない場合には、公に上演等することができる**（著38条1項）。しかし、本枝において、入場料を徴収していた場合には、②の要件を満たさない。したがって、本枝の行為は、上演権（著22条）の侵害とならないわけではない。よって、本枝は適切ではない。

3 ☒ 著46条柱書・4号、半田P.183参照

解法 美術の著作物でその原作品が公園等に恒常的に設置されているものは、原則として、いずれの方法によるかを問わず、利用することができる（著46条柱書）。ここで、**「専ら」美術の著作物の複製物の販売を目的として複製し、又はその複製物を販売する場合は除かれているが**（同条4号）、**彫刻が風景の一部として点景的に利用されているにすぎない場合は、同号の規定に該当しない**（半田P.183参照）。したがって、公園の風景を写生する際、その公園に設置されている彫刻の原作品をその絵画の一部に描いた場合、当該絵画を販売する行為は、彫刻に関する譲渡権（著26条の2第1項）の侵害となるわけではない。よって、本枝は適切ではない。

4 ◎ 著32条1項、中山著作P.398参照

解法 公表された著作物は、公正な慣行に合致するものであり、かつ、批評その他の引用の目的上正当な範囲内で行われるものであれば、引用して利用することができる（著32条1項）。ここで、**引用は、複製だけではなく、口述・放送等の著作物の全ての利用形態での利用が可能であるため、例えば講演の中で他人の著作物を引用して述べることもできる**（中山著作P.398参照）。したがって、講演会において、有名な小説の一部を読み上げて批評する行為は、その部分が当該小説の一部であることが聴衆に明らかであり、かつ、批評に必要な範囲である場合には、口述権（著24条）の侵害とならない。よって、本枝は最も適切なものである。

5 ☒ 著33条1項、著47条の6第1項1号

解法 **公表された著作物は、学校教育の目的上必要と認められる限度において、教科用図書に掲載することができ**（著33条1項）、**翻訳等して教科用図書に掲載することもできる**（著47条の6第1項1号）。したがって、公表された論説を高等学校の教科書にそのまま掲載する行為は、複製権（著21条）の侵害とならず、翻訳して掲載する行為は、翻訳権（著27条）の侵害とならない。よって、本枝は適切ではない。

H30-著不10　著作権

著作権法に関し、次のうち、最も適切なものは、どれか。

1　テレビ放送されているコンサートの映像を受信し、スタジアムの巨大スクリーンに映し、不特定の者に視聴させる行為は、非営利で、観衆から対価を得ない場合であっても、その映像の著作者の公衆伝達権の侵害となる。

2　高品質の画像での上映を可能とするためのスクリーンを開発している会社において、その開発の過程における品質確認のために、開発部の担当社員に、公表された映画の著作物の一部を上映する行為は、上映権の侵害とならない。

3　バレエ団により振り付けの著作物が公演される際に、舞台から離れた観客にも見やすいよう、ホール内のスクリーンに公演映像を送信する行為は、公衆送信権の侵害となる。

4　プログラムを効率的に作動するように改変する行為は、その改変がプログラムの使用のために不可欠なものでない限り、同一性保持権の侵害となる。

5　プログラムの著作物の違法複製物の所有者がそのプログラムを業務上使用する行為は、当該複製物を入手したときに、それが違法に作成されたものであることを知らなかった場合でも、著作権侵害とみなされる。

H30-著不10

最も適切なもの→○、そうでないもの→×

1 ☒ **著38条3項、小倉・金井Ⅱ P.178参照**

解 法 **放送等される著作物は、営利を目的とせず、かつ、観衆等から料金を受けない場合には、受信装置を用いて公に伝達することができる**（著38条3項）。また、**「受信装置」には、巨大スクリーンも含まれる**（小倉・金井Ⅱ P.178参照）。したがって、テレビ放送されているコンサートの映像を受信し、スタジアムの巨大スクリーンに映し、不特定の者に視聴させる行為は、非営利で、観衆から対価を得ない場合には、その映像の著作者の公衆伝達権（著23条2項）の侵害とならない。よって、本枝は適切ではない。

2 ◎ **著30条の4第1号、著作コンメンタール2P.197参照**

解 法 著作物は、著作物の録音、録画その他の利用に係る技術の開発等のための試験の用に供する場合には、その必要と認められる限度において、いずれの方法によるかを問わず、利用することができる（著30条の4第1号）。ここで、**「その他の利用に係る技術」としては、具体的には、上映に関する技術等が想定されている**（著作コンメンタール2P.197参照）。したがって、本枝において、スクリーンの開発の過程における品質確認のために、開発部の担当社員に、公表された映画の著作物の一部を上映する行為は、上映権（著22条の2）の侵害とならない。よって、本枝は最も適切なものである。

3 ☒ **著23条、著2条1項7号の2かっこ書、著作コンメンタール1P.117参照**

解 法 著作者は、その著作物について、公衆送信を行う権利を専有する（著23条）。しかし、**電気通信設備で、その一の部分の設置の場所が他の部分の設置の場所と同一の構内にあるものによる送信は、「公衆送信」から除かれている**（著2条1項7号の2かっこ書）。また、**「同一の構内」とは、同一のホール内のような場合が該当する**（著作コンメンタール1P.117参照）。したがって、バレエ団により振り付けの著作物が公演される際に、舞台から離れた観客にも見やすいよう、ホール内のスクリーンに公演映像を送信する行為は、公衆送信権（著23条1項）の侵害とならない。よって、本枝は適切ではない。

4 ☒ **著20条2項3号**

解 法 **プログラムの著作物を電子計算機においてより効果的に実行し得るようにするために必要な改変については、同一性保持権**（著20条1項）**の規定は適用されない**（同条2項3号）。したがって、プログラムを効率的に作動するように改変する行為は、その改変がプログラムの使用のために不可欠なものでない限り、同一性保持権の侵害となるわけではない。よって、本枝は適切ではない。

5 ☒ **著113条5項**

解 法 プログラムの著作物の著作権を侵害する行為によって作成された複製物を業務上電子計算機において使用する行為は、**「当該複製物を使用する権原を取得した時に情を知っていた場合に限り」、当該著作権を侵害する行為とみなされる**（著113条5項）。したがって、プログラムの著作物の違法複製物の所有者がそのプログラムを業務上使用する行為は、当該複製物を入手したときに、それが違法に作成されたものであることを知らなかった場合には、著作権侵害とはみなされない。よって、本枝は適切ではない。

H29-著不3　著作権

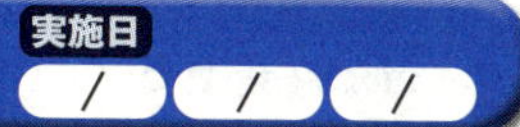

著作権及び出版権について、次のうち、最も適切なものは、どれか。

田1　匿名で小説を出版した小説家が、その出版後70年を経過した後に、本名を著作者名として出版した場合、その小説の著作権は、著作者の死後70年間存続する。

田2　会社の従業員が職務上作成したプログラムであって、会社によって秘密管理され、その作成後70年間公表されなかったものの著作権の存続期間は、作成後70年である。

田3　相続人のいない個人の著作権者が死亡した場合、その著作権は国庫に帰属する。

田4　出版社が小説家から小説の複製について出版権の設定を受けた場合、出版社は、小説家の承諾を得ることなく、他の出版社に当該小説の複製について許諾を与えることができる。

田5　著作権者から著作物の利用の許諾を受けた者は誰でも、その許諾の範囲内において、違法に著作物を利用する者に対して利用行為の差止めを請求することができる。

H29-著不3

最も適切なもの→○、そうでないもの→×

1 ☒ 著52条1項本文・2項3号

解　法 無名又は変名の著作物の著作権は、原則として、その著作物の公表後70年を経過するまでの間、存続する（著52条1項本文）。ここで、著作者が「その著作物の公表後70年を経過する前に」その実名等を著作者名として表示してその著作物を公表したときは、同項の規定は適用されず（同条2項3号）、著作権は、著作者の死後70年を経過するまでの間、存続する（著51条2項）。しかし、本枝の場合、**「出版後70年を経過した後に」、本名を著作者名として出版しているので、著52条2項3号の規定に該当しない**。したがって、その小説の著作権は、著作者の死後70年間存続するわけではない。よって、本枝は適切ではない。

ＴＰＰ協定に関連する法改正に対応させるため、問題文を一部修正した。

2 ◎ 著53条1項かっこ書

解　法 **法人その他の団体が著作の名義を有する著作物の著作権は、その著作物がその創作後70年以内に公表されなかったときは、その創作後70年を経過するまでの間、存続する**（著53条1項かっこ書）。したがって、会社の従業員が職務上作成したプログラムであって、会社によって秘密管理され、その作成後70年間公表されなかったものの著作権の存続期間は、作成後70年である。よって、本枝は最も適切なものである。

ＴＰＰ協定に関連する法改正に対応させるため、問題文を一部修正した。

3 ☒ 著62条1項1号

解　法 **著作権は、著作権者が死亡した場合において、相続人の不存在によりその著作権が民959条の規定により国庫に帰属すべきこととなるときは、消滅する**（著62条1項1号、茶園著作P.146参照）。したがって、相続人のいない個人の著作権者が死亡した場合、その著作権は国庫に帰属するわけではない。よって、本枝は適切ではない。

4 ☒ 著80条3項

解　法 **出版権者は、「複製権等保有者の承諾を得た場合に限り」、他人に対し、その出版権の目的である著作物の複製等を許諾することができる**（著80条3項）。したがって、本枝において、出版社は、複製権等保有者である小説家の承諾を得ることなく、他の出版社に当該小説の複製について許諾を与えることはできない。よって、本枝は適切ではない。

5 ☒ 著112条1項、著作要説P.354参照

解　法 「著作者、著作権者、出版権者、実演家又は著作隣接権者」は、その著作者人格権、著作権、出版権、実演家人格権又は著作隣接権を侵害する者等に対し、差止めを請求することができる（著112条1項）。すなわち、**著作物の利用許諾を受けたにすぎない者は、固有の立場で差止請求をすることはできない**（著作要説P.354参照）。したがって、著作権者から著作物の利用の許諾を受けた者は誰でも、その許諾の範囲内において、違法に著作物を利用する者に対して利用行為の差止めを請求することができるわけではない。よって、本枝は適切ではない。

H29-著不5　著作権

著作権に関し、次のうち、最も適切なものは、どれか。

□1　適法に販売された漫画作品の複製物について、その中古本を仕入れた古書店が顧客を相手にそれを販売する行為は、譲渡権の侵害になる。

□2　適法に販売された漫画作品の複製物について、その中古本を仕入れた古書店が顧客を相手にそれを貸与する行為は、貸与権の侵害にならない。

□3　購入した音楽CDをパソコンのハードディスクに私的使用の目的で複製した後、その複製物を保存したままで、当該音楽CDをインターネット・オークションによって公に譲渡した場合、複製権侵害とみなされる。

□4　頒布権を有する者から許諾を得て公に販売された家庭用テレビゲーム機用ゲームソフトの複製物について、その所有者から当該複製物を譲り受けた業者が、顧客を相手にそれを譲渡することは、頒布権の侵害になる。

□5　頒布権を有する者から許諾を得て公に販売された家庭用テレビゲーム機用ゲームソフトの複製物について、その所有者から当該複製物を譲り受けた業者が、顧客を相手にそれを貸与することは、頒布権の侵害になる。

H29-著不5

最も適切なもの→○、そうでないもの→×

1 ☒ 著26条の2第2項1号

解　法 譲渡権（著26条の2第1項）の規定は、譲渡権を有する者等により公衆に譲渡された著作物の複製物等には、適用されない（同条2項1号）。すなわち、**適法に譲渡された著作物の複製物等については、譲渡権を行使することができない**（茶園著作P.120参照）。したがって、適法に販売された漫画作品の複製物について、その中古本を仕入れた古書店が顧客を相手にそれを販売する行為は、譲渡権の侵害にならない。よって、本枝は適切ではない。

2 ☒ 著26条の3、茶園著作P.120～121参照

解　法 著作者は、その著作物をその複製物の貸与により公衆に提供する権利を専有する（著26条の3）。また、著26条の2第2項によって消尽するのは譲渡権（同条1項）のみであって、貸与権（著26条の3）は消尽しないので、**適法に譲渡された複製物を公衆に貸与する行為には、貸与権が働く**（茶園著作P.120～121参照）。したがって、適法に販売された漫画作品の複製物について、その中古本を仕入れた古書店が顧客を相手にそれを貸与する行為は、貸与権の侵害になる。よって、本枝は適切ではない。

3 ☒ 著49条1項1号

解　法 私的使用（著30条1項）の目的以外の目的のために、「同項の規定の適用を受けて作成された著作物の複製物」を頒布等した者は、著21条の複製を行ったものとみなされる（著49条1項1号）。しかし、本枝の場合、**インターネット・オークションによって公に譲渡したのは、私的使用の目的で複製した複製物ではなく、購入した音楽CD自体である**。したがって、複製権侵害とはみなされない。よって、本枝は適切ではない。

4 ☒ 著26条1項、最判H14.4.25「中古ゲームソフト事件」参照、茶園著作P.125参照

解　法 著作者は、その映画の著作物をその複製物により頒布する権利を専有する（著26条1項）。ここで、**頒布権**（同項）**のうち譲渡する権利に関しては、映画の著作物として扱われるゲームソフトの場合には、消尽が成立し、適法に譲渡された複製物を譲渡する行為は頒布権の侵害とならないと解される**（最判H14.4.25「中古ゲームソフト事件」参照、茶園著作P.125参照）。したがって、本枝において、所有者から当該ゲームソフトの複製物を譲り受けた業者が、顧客を相手にそれを譲渡することは、頒布権の侵害にならない。よって、本枝は適切ではない。

5 ◎ 著26条1項、茶園著作P.125参照

解　法 著作者は、その映画の著作物をその複製物により頒布する権利を専有する（著26条1項）。また、**頒布権**（同項）**のうち貸与する権利に関しては、消尽は認められない**（茶園著作P.125参照）。したがって、本枝において、所有者から当該ゲームソフトの複製物を譲り受けた業者が、顧客を相手にそれを貸与することは、頒布権の侵害になる。よって、本枝は最も適切なものである。

H28-著不3　著作権

著作権に関し、次のうち、最も適切なものは、どれか。

田1　社内の会議用資料として新聞記事をコピーする行為は、頒布が目的でなければ、当該記事の複製権の侵害とならない。

田2　美術館が、自己の所有する絵画を館内の展示室に展示するに際して、館内に設置した大型ディスプレイで当該絵画を収録した映像を観覧者に見せる行為は、当該絵画の紹介又は解説を目的としている場合には、当該絵画の著作権の侵害とならない。

3　削除

田4　大学教員が、講義で使用するために、学内サーバに保存した他人の論文を、当該講義を受講している数十名の学生が自宅でダウンロードできるようにする行為は、その論文の著作権者の利益を不当に害するかどうかにかかわらず、当該論文の公衆送信権の侵害となる。

田5　公立図書館が利用者に書籍を無償で貸し出す場合には、著作権者に相当な額の補償金を支払わなければならない。

H28-著不3

最も適切なもの→○、そうでないもの→×

1 ☒ 著21条、著30条1項、中山著作P.355

解　法 著作物は、私的使用を目的とするときは、所定の場合を除き、その使用する者が複製することができる（著30条1項）。しかし、**企業等の内部で使用する目的で複製した場合には、たとえ頒布目的がなくとも私的使用目的には該当しないと解されている**（中山著作P.355）。したがって、社内の会議用資料として新聞記事をコピーする行為は、頒布が目的でなくとも、当該記事の複製権（著21条）の侵害となり得る。よって、本枝は適切ではない。

2 ◎ 著47条2項

解　法 **美術の著作物等の原作品により、展示権**（著25条）**を害することなく、これらの著作物を公に展示する者（原作品展示者）は、観覧者のために展示著作物の解説又は紹介をすることを目的とする場合には、その必要と認められる限度において、当該展示著作物を上映等することができる**（著47条2項）。したがって、本枝において、絵画を収録した映像を観覧者に見せる行為は、当該絵画の紹介又は解説を目的としている場合には、当該絵画の著作権の侵害とならない。よって、本枝は最も適切なものである。

3 削除

4 ☒ 著23条1項、著35条1項

解　法 **学校その他の教育機関において教育を担任する者は、その授業の過程における利用に供することを目的とする場合には、その必要と認められる限度において、著作権者の利益を不当に害さない限り、公表された著作物について、公衆送信（自動公衆送信の場合にあっては、送信可能化を含む。）を行うことができる**（著35条1項）。すなわち、本枝の行為は、必要と認められる限度であれば、論文の著作権者の利益を不当に害さない限り、当該論文の公衆送信権（著23条1項）の侵害とはならない。したがって、論文の著作権者の利益を不当に害するかどうかにかかわらず、当該論文の公衆送信権の侵害となるわけではない。よって、本枝は適切ではない。

5 ☒ 著38条4項

解　法 **公表された著作物（映画の著作物を除く。）は、営利を目的とせず、かつ、その複製物の貸与を受ける者から料金を受けない場合には、その複製物の貸与により公衆に提供することができる**（著38条4項）。図書館が公衆に対して書籍を貸し出す行為は、この規定により許容されている（茶園著作P.189）。また、**この場合に、著作権者に相当な額の補償金を支払わなければならない旨の規定はない**。したがって、公立図書館が利用者に書籍を無償で貸し出す場合には、著作権者に相当な額の補償金を支払わなければならないわけではない。よって、本枝は適切ではない。

チェック 映画の著作物の非営利・無料の貸与の場合は、映画の著作物等につき頒布権（著26条）を有する者に相当な額の補償金を支払わなければならない（著38条5項）。

H28-著不4　著作権

著作権に関し、次のうち、最も適切なものは、どれか。

田1　画家**甲**が、自己の創作した絵画の原作品**A**を、他人に譲渡しないことを友人**乙**に約束させた上で**乙**に譲渡した。**乙**が**A**を画商**丙**に譲渡した場合に、**丙**が**A**を画廊で販売する行為は、**甲**の譲渡権の侵害となる。

田2　作曲家**甲**が、レコード会社**乙**から依頼を受けて、作曲家**丙**の創作した楽曲**A**を知らずに**A**と類似性のある楽曲**B**を独立に創作する行為は、**A**を知らなかったことについて**甲**に過失がある場合でも、**丙**の著作権の侵害とならない。

田3　ガラス工芸作家の創作した美術工芸品である香水びんについて、展示権は付与されない。

田4　新聞社**甲**が、大学教授**乙**の寄稿した時事問題についての学術的な論説**A**を、転載禁止の表示なしに自社の新聞に掲載した場合に、新聞社**丙**が自社の新聞に**A**を転載する行為は、**乙**の著作権の侵害とならない。

田5　作家**甲**の執筆した小説**A**の著作権の譲渡契約において、翻案権が譲渡の目的として特掲されていない場合には、その譲受人**乙**が翻案権を取得することはない。

最も適切なもの→○、そうでないもの→×

1 ☒ 著26条の2第2項4号、茶園著作P.120参照

解 法　譲渡権（著26条の2第1項）を有する者等により特定かつ少数の者に譲渡された著作物の原作品等については、譲渡権が消尽する（同条2項4号）。ここで、**同項各号に該当する譲渡が行われた場合において、当該譲渡の当事者間で消尽を否定する契約を締結しても、譲渡権の消尽を阻止することはできないと解されている。**例えば、著作権者が著作物の原作品の譲受人との間で転売禁止の合意をしたが、譲受人がこの合意に反して当該原作品を転売しても、その転売行為は譲渡権侵害とはならない（茶園著作P.120参照）。本枝の場合、画家甲が、自己の創作した絵画の原作品Aを、友人乙に譲渡している以上、他人に譲渡しないことを乙に約束させていても、譲渡権は消尽している。したがって、乙がAを画商丙に譲渡した場合に、丙がAを画廊で販売する行為は、甲の譲渡権の侵害とならない。よって、本枝は適切ではない。

2 ◎ 最判S 53.9.7「ワン・レイニー・ナイト・イン・トーキョー事件」参照

解 法　ある創作の成果が、先人の著作物と結果的に同一あるいは類似であっても、先行著作物に依拠することなく独自に創作されたものであるならば、**先行著作物の存在を知らなかったことにつき過失があっても、依拠性は否定されて非侵害となる**（最判S 53.9.7「ワン・レイニー・ナイト・イン・トーキョー事件」参照、中山著作P.709～710）。したがって、本枝の行為は、楽曲Aを知らなかったことについて作曲家甲に過失がある場合でも、作曲家丙の著作権の侵害とならない。よって、本枝は最も適切なものである。

3 ☒ 著25条、著2条2項

解 法　**著作者は、その「美術の著作物」等をこれらの原作品により公に展示する権利を専有する**（著25条）。ここで、**「美術の著作物」には、美術工芸品が含まれる**（著2条2項）。したがって、ガラス工芸作家の創作した美術工芸品である香水びんについて、展示権は付与される。よって、本枝は適切ではない。

4 ☒ 著39条1項かっこ書

解 法　新聞紙等に掲載して発行された政治上、経済上又は社会上の時事問題に関する論説（「学術的な性質を有するものを除く。」）は、これらの利用を禁止する旨の表示がない場合は、他の新聞紙等に転載等することができる（著39条1項）。すなわち、**学術的な性質を有するものは、転載等の対象とならない**（同項かっこ書）。したがって、本枝において、新聞社丙が自社の新聞に学術的な論説Aを転載する行為は、大学教授乙の著作権の侵害とならないわけではない。よって、本枝は適切ではない。

5 ☒ 著61条2項

解 法　**著作権を譲渡する契約において、翻案権**（著27条）**等が譲渡の目的として特掲されていないときは、これらの権利は、譲渡した者に留保されたものと「推定」される**（著61条2項）。すなわち、**契約内容等から推定が覆り、翻案権等も含めて譲渡されたことが認められる場合がある**（茶園著作P.247）。したがって、本枝において、翻案権が譲渡の目的として特掲されていない場合でも、その譲受人乙が翻案権を取得することがある。よって、本枝は適切ではない。

H27-42　著作権

著作権に関し、次のうち、最も適切なものは、どれか。

1　ある一人の政治家の政治上の公開演説を集めた書籍を出版する行為は、当該演説の著作権の侵害となる。

2　映画のサウンドトラック盤の音楽CDを公衆に貸与する行為は、頒布権の侵害となる。

3　公正な慣行に合致し、かつ引用の目的上正当な範囲内の引用であったとしても、著作権者によって引用を禁じる旨が明記されている場合には、著作権の侵害となる。

4　外国映画に後から付された日本語字幕の著作権は、当該映画の著作物の著作権が保護期間の満了により消滅したときは、同じく消滅したものとされる。

5　公立図書館は、映画のDVDを無料で利用者に貸し出す場合、当該映画の著作権者に補償金を支払う必要がない。

H27-42

最も適切なもの→○、そうでないもの→×

1 ○ 著40条1項

解法 公開して行われた政治上の演説等は、「同一の著作者のものを編集して利用する場合を除き」、いずれの方法によるかを問わず、利用することができる（著40条1項）。すなわち、同一の著作者のものを編集して利用する場合は、許容されない。例えば、**ある特定の政治家の演説を編集した書籍を出版することはできない**（茶園著作P.191）。したがって、ある一人の政治家の政治上の公開演説を集めた書籍を出版する行為は、当該演説の著作権の侵害となる。よって、本枝は最も適切なものである。

2 × 著26条1項

解法 著作者は、その「映画の著作物」をその複製物により頒布する権利を専有する（著26条1項）。しかし、**映画のサウンドトラック盤の音楽ＣＤは、映画の著作物ではない**。したがって、当該音楽ＣＤを公衆に貸与する行為は、頒布権（同項）の侵害とはならない。よって、本枝は適切ではない。

3 × 著32条1項、中山著作P.406参照

解法 公表された著作物は、公正な慣行に合致するものであり、かつ、引用の目的上正当な範囲内で行われるものであれば、引用して利用することができる（著32条1項）。また、**「禁引用」等の記載のような著作権者の一方的意思表示により引用を禁止することはできない**（中山著作P.406参照）。したがって、公正な慣行に合致し、かつ引用の目的上正当な範囲内の引用であった場合には、著作権者によって引用を禁じる旨が明記されているとしても、著作権の侵害とはならない。よって、本枝は適切ではない。

チェック 国の機関等が一般に周知させることを目的として作成し、その著作の名義の下に公表する広報資料等の著作物は、転載を禁止する旨の表示がある場合は、説明の材料として刊行物に転載することができない（著32条2項）。

4 × 著54条2項

解法 映画の著作物の著作権がその存続期間の満了により消滅したときは、当該映画の著作物の利用に関するその「原著作物」の著作権は、当該映画の著作物の著作権とともに消滅する（著54条2項）。しかし、本枝において、**外国映画に後から付された日本語字幕は、当該映画の著作物の原著作物ではない**。したがって、当該日本語字幕の著作権は、当該映画の著作物の著作権が保護期間の満了により消滅したときに、同じく消滅したものとされるわけではない。よって、本枝は適切ではない。

5 × 著38条5項

解法 視聴覚資料を公衆の利用に供することを目的とする施設（営利を目的として設置されているものを除く。）で政令で定めるもの等は、公表された映画の著作物を、その複製物の貸与を受ける者から料金を受けない場合には、その複製物の貸与により頒布することができる。この場合において、**当該頒布を行う者は、当該映画の著作物等につき頒布権**（著26条）**を有する者に相当な額の補償金を支払わなければならない**（著38条5項）。したがって、公立図書館は、映画のDVDを無料で利用者に貸し出す場合、当該映画の著作権者に補償金を支払う必要がある。よって、本枝は適切ではない。

H26-9 著作権

著作権に関し、次のうち、最も適切なものは、どれか。

田1　音楽CDに施された権利管理情報を除去する行為は、営利目的がなければ、刑事罰の対象とならない。

田2　海賊版であることを知らずに映画のDVDを仕入れた小売業者は、そのDVDが海賊版であることを知った後も、当該映画の著作権者の許諾なしにそのDVDを販売することができる。

田3　アマチュアのストリート・ミュージシャンが、多くの通行人を聴衆として、対価を受けることなく、駅前で音楽を演奏する場合、その音楽の著作権者の許諾を得る必要がある。

田4　放送局が、オリンピック大会の競技結果をニュース番組で報道する場合、そのオリンピック大会の公認テーマ曲を当該番組の冒頭で流す行為について、そのテーマ曲の著作権者の許諾を得る必要はない。

田5　映画の著作物の著作権の存続期間が満了した後であっても、その映画をテレビ放送する放送局は、その映画の原作小説の著作権者の許諾を得る必要がある。

H26-9

最も適切なもの→○、そうでないもの→×

1 ○ 著113条8項2号、著120条の2第5号

解法 **「営利を目的として」、権利管理情報を故意に除去等する行為**（著113条8項2号）**は、刑事罰の対象となる**（著120条の2第5号）。したがって、音楽ＣＤに施された権利管理情報を除去する行為は、営利目的がなければ、刑事罰の対象とならない。よって、本枝は最も適切なものである。

2 × 著113条1項2号、小倉・金井Ⅲ P.399参照

解法 著作権等を侵害する行為によって作成された物を、「情を知って」、頒布等する行為は、著作権等を侵害する行為とみなされる（著113条1項2号）。ここで、**「情を知って」の基準時は、入手の時点ではなく、頒布等の行為時である。そのため、侵害物を入手した時点では情を知っていなくても、その後に情を知れば、以降の頒布等には本号が適用される**（小倉・金井Ⅲ P.399参照）。したがって、海賊版であることを知らずに映画のＤＶＤを仕入れた小売業者は、そのＤＶＤが海賊版であることを知った後は、当該映画の著作権者の許諾なしにそのＤＶＤを販売することができない。よって、本枝は適切ではない。

3 × 著38条1項

解法 **公表された著作物は、営利を目的とせず、かつ、聴衆から料金を受けない場合には、公に演奏することができる**（著38条1項）。したがって、アマチュアのストリート・ミュージシャンが、多くの通行人を聴衆として、対価を受けることなく、駅前で音楽を演奏する場合、その音楽の著作権者の許諾を得る必要はない。よって、本枝は適切ではない。

4 × 著41条、小倉・金井Ⅱ P.204参照

解法 放送によって時事の事件を報道する場合には、当該事件の過程において見られ、又は聞かれる著作物は、報道の目的上正当な範囲内において、当該事件の報道に伴って利用することができる（著41条）。ここで、**「当該事件の過程において見られ、若しくは聞かれる著作物」とは、スポーツ大会等を報道するときにその場で流れる音楽等、報道する際に見たり聴いたりすることが避けられない著作物をいうが**（小倉・金井Ⅱ P.204参照）、**ニュース番組の冒頭で流すオリンピック大会の公認テーマ曲は、そのような著作物とはいえない**。したがって、放送局は、そのテーマ曲の著作権者の許諾を得る必要がある。よって、本枝は適切ではない。

5 × 著54条2項

解法 **映画の著作物の著作権がその存続期間の満了により消滅したときは、当該映画の著作物の利用に関するその原著作物の著作権は、当該映画の著作物の著作権とともに消滅する**（著54条2項）。したがって、映画の著作物の著作権の存続期間が満了した後は、その映画をテレビ放送する放送局は、その映画の原作小説の著作権者の許諾を得る必要はない。よって、本枝は適切ではない。

H26-55　著作権

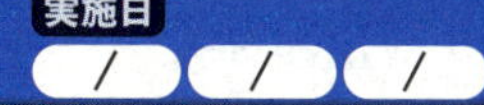

著作権に関し、次のうち、最も不適切なものは、どれか。

□1　美術館が、その所有する絵画の原作品を、他の美術館に有料で貸与する場合、当該絵画の著作権者の許諾を得る必要はない。

□2　美術館が、非営利目的でその所蔵作品をデジタル・アーカイブ化し、インターネットで公開する場合、当該アーカイブを構成する作品の著作権者の許諾を得る必要がある。

□3　美術館が、正面ゲートの前に、その所有する大理石の彫刻を設置する場合、当該彫刻の著作権者の許諾を得る必要がある。

□4　美術館が、個人コレクターの家から盗まれた絵画を、盗品であることを知らずに窃盗団から借りて展示をする行為は、当該絵画の著作権者の展示権の侵害となる。

□5　美術館が、絵画の贋作を展示する行為は、たとえ美術館が贋作と知らなかったとしても、当該絵画の著作権者の展示権の侵害となる。

H26-55

最も不適切なもの→×、そうでないもの→○

1 ○ 著26条の3

解　法 **著作者は、その著作物をその「複製物」の貸与により公衆に提供する権利を専有する**（著26条の3）。したがって、美術館が、その所有する絵画の「原作品」を、他の美術館に有料で貸与する場合、貸与権（同条）の侵害とならないため、当該絵画の著作権者の許諾を得る必要はない。よって、本枝は不適切ではない。

2 ○ 著21条、著23条1項

解　法 著作権者は、その著作物を複製する権利及び公衆送信を行う権利を専有する（著21条、著23条1項）。本枝において、**美術館が、その所蔵作品をデジタル・アーカイブ化する行為は、有形的再製であり、複製**（著2条1項15号）**に該当するため、複製権の侵害となる**（著21条）。また、**当該アーカイブをインターネットで公開する行為は、公衆送信権の侵害となる**（著23条1項）。さらに、**これらの行為が非営利目的である場合に、著作権が制限される旨の規定もない**。したがって、美術館は、当該アーカイブを構成する作品の著作権者の許諾を得る必要がある。よって、本枝は不適切ではない。

3 ○ 著45条2項

解　法 美術の著作物等の原作品の所有者又はその同意を得た者は、これらの著作物をその原作品により公に展示することができる（著45条1項）。しかし、**美術の著作物の原作品を街路、公園その他一般公衆に開放されている屋外の場所又は建造物の外壁その他一般公衆の見やすい屋外の場所に恒常的に設置する場合には、著作権者の許諾が必要である**（同条2項、高林著作P.195参照）。したがって、美術館が、正面ゲートの前に、その所有する大理石の彫刻を設置する場合、当該彫刻の著作権者の許諾を得る必要がある。よって、本枝は不適切ではない。

4 ○ 著25条、著45条1項

解　法 美術の著作物等の原作品の所有者又はその同意を得た者は、これらの著作物をその原作品により公に展示することができる（著45条1項）。しかし、本枝において、**美術館は、絵画を窃盗団から借りているにすぎないため、美術の著作物の「原作品の所有者又はその同意を得た者」とはいえない**。したがって、美術館が、個人コレクターの家から盗まれた絵画を、盗品であることを知らずに窃盗団から借りて展示をする行為は、当該絵画の著作権者の展示権（著25条）の侵害となる。よって、本枝は不適切ではない。

5 × 著25条

解　法 **著作者は、その美術の著作物等をこれらの「原作品」により公に展示する権利を専有する**（著25条）。したがって、美術館が、絵画の「複製物」である贋作を展示する行為は、当該絵画の著作権者の展示権の侵害とはならない。よって、本枝は最も不適切なものである。

H25-47　著作権

著作権に関し、次のうち、最も不適切なものは、どれか。

田1　大学教員が、担当する講義において学生に配布するために、他人の未公表の論文を複製する行為は、講義で使用する必要があり、それに必要な範囲に限られているのであれば、複製権の侵害とはならない。

田2　携帯電話の修理のために、その携帯電話に記録されていた音楽を別の記録媒体に複製し、修理の後に、それを携帯電話に記録し直す行為は、修理後に当該記録媒体に記録された音楽を消去するならば、複製権の侵害とはならない。

田3　彫刻の原作品の所有者が、その彫刻が展示される特別展の宣伝に使用するために、その彫刻のレプリカを作成する行為は、複製権の侵害となる。

田4　ベストセラーとなった小説を点字により複製し、不特定の者に販売したとしても、複製権及び譲渡権の侵害とはならない。

田5　購入者から買い取った中古の音楽CDを販売する行為は、その音楽の著作権者が、CDの中古販売をしないことを条件にその販売を許諾し、CDのパッケージにも中古販売を禁止する旨の文言が明記されている場合であっても、譲渡権の侵害とはならない。

H25-47

最も不適切なもの→×、そうでないもの→○

1 ☒ 著21条、著35条1項

解法 学校その他の教育機関において教育を担任する者等は、その授業の過程における利用に供することを目的とする場合には、その必要と認められる限度において、「公表された」著作物を複製等することができる（著35条1項）。したがって、大学教員が、担当する講義において学生に配布するために、他人の「未公表の」論文を複製する行為は、講義で使用する必要があり、それに必要な範囲に限られていたとしても、複製権の侵害となる（著21条）。よって、本枝は最も不適切なものである。

2 ◎ 著47条の4第2項1号

解法 電子計算機における利用に供される著作物は、記録媒体を内蔵する機器の修理等を行うために当該機器に内蔵する記録媒体（内蔵記録媒体）に記録されている著作物を当該内蔵記録媒体以外の記録媒体に一時的に記録し、及び当該修理等の後に、当該内蔵記録媒体に記録する場合には、その必要と認められる限度において、著作権者の利益を不当に害さない限り、いずれの方法によるかを問わず、利用することができる（著47条の4第2項1号）。したがって、本枝の行為は、複製権の侵害とはならない。よって、本枝は不適切ではない。

3 ◎ 著21条、中山著作P.322参照

解法 所有権と著作権とは別個独立した権利であり、著作物の原作品の所有者といえども他人の著作権を侵害することはできない（中山著作P.322参照）。したがって、彫刻の原作品の所有者が、その彫刻のレプリカを作成する行為は、複製権の侵害となる（著21条）。よって、本枝は不適切ではない。

4 ◎ 著37条1項、著47条の7

解法 公表された著作物は、点字により複製することができ（著37条1項）、同項の規定の適用を受けて作成された複製物の譲渡により公衆に提供することができる（著47条の7）。すなわち、本枝の場合、小説を点字により複製し、その複製物を公衆に譲渡することができる。したがって、複製権及び譲渡権の侵害とはならない。よって、本枝は不適切ではない。

5 ◎ 著26条の2第2項1号、著作コンメンタール2P.28

解法 譲渡権（著26条の2第1項）の規定は、譲渡権を有する者等により公衆に譲渡された著作物の複製物等には、適用されない（同条2項1号）。この規定はいわゆる強行規定であり、当事者間の特約等によって譲渡権の消尽を否定することはできない（著作コンメンタール2P.28）。したがって、購入者から買い取った中古の音楽ＣＤを販売する行為は、その音楽の著作権者が、ＣＤの中古販売をしないことを条件にその販売を許諾し、ＣＤのパッケージにも中古販売を禁止する旨の文言が明記されている場合であっても、譲渡権の侵害とはならない。よって、本枝は不適切ではない。

H25-51 著作権

実施日 / / /

著作権に関し、次のうち、最も適切なものは、どれか。

田1　建物の外壁に描かれた絵画を、絵はがきにして販売するために、写真に撮って印刷する行為は、その絵画の複製権の侵害とはならない。

田2　英語で書かれた小説が、日本語に翻訳された。不特定の者に対して有料で翻訳を朗読すると、翻訳家の口述権の侵害となるが、小説家の口述権の侵害とはならない。

田3　言語学の研究者が、コンピュータを用いた統計的な解析によって用語法の変遷を研究するために、同時代の多数の小説をコンピュータに記録することは、それらの小説の複製権の侵害となる。

田4　特許庁が、拒絶理由通知書に添付するために、必要に応じて当該拒絶理由通知書に記載された文献を複製したとしても、複製権の侵害とはならない。

田5　市販のコンピュータ・プログラムの著作物を、不特定の者に貸与することは、営利を目的とせず、貸与を受ける者から料金を受けない場合でも、貸与権の侵害となる。

H25-51

最も適切なもの→○、そうでないもの→×

1 ☒ **著46条4号、著21条**

解　法 美術の著作物でその原作品が建造物の外壁に恒常的に設置されているものは、原則として、いずれの方法によるかを問わず、利用することができる（著46条柱書）。しかし、**専ら美術の著作物の複製物の販売を目的として複製する場合は除かれている**（同条4号）。したがって、建物の外壁に描かれた絵画を、絵はがきにして販売するために、写真に撮って印刷する行為は、その絵画の複製権の侵害となる（著21条）。よって、本枝は適切ではない。

2 ☒ **著28条、著24条**

解　法 著作者は、その言語の著作物を公に口述する権利を専有する（著24条）。また、二次的著作物（著2条1項11号）の原著作物の著作者は、当該二次的著作物の利用に関し、当該二次的著作物の著作者が有するものと同一の種類の権利（著21条～著27条）を専有する（著28条）。本枝において、有料で翻訳を朗読する行為は、翻訳家の口述権の侵害となる。また、**日本語で翻訳された小説は、二次的著作物であり、小説家は当該二次的著作物の利用に関し、翻訳家の有する権利と同一の種類の権利を専有するため、小説家の口述権の侵害にもなる**。よって、本枝は適切ではない。

3 ☒ **著30条の4第2号**

解　法 **著作物は、情報解析（多数の著作物その他の大量の情報から、当該情報を構成する言語等に係る情報を抽出し、比較、分類その他の解析を行うことをいう。）の用に供する場合には、その必要と認められる限度において、いずれの方法によるかを問わず、利用することができる**（著30条の4第2号）。したがって、言語学の研究者が、コンピュータを用いた統計的な解析によって用語法の変遷を研究するために、同時代の多数の小説をコンピュータに記録することは、それらの小説の複製権（著21条）の侵害とはならない。よって、本枝は適切ではない。

4 ◎ **著42条2項1号**

解　法 **著作物は、行政庁の行う特許等に関する審査の手続のために必要と認められる場合には、その必要と認められる限度において、複製することができる**（著42条2項1号）。したがって、特許庁が、拒絶理由通知書に添付するために、必要に応じて当該拒絶理由通知書に記載された文献を複製したとしても、複製権の侵害とはならない。よって、本枝は最も適切なものである。

5 ☒ **著38条4項**

解　法 **公表された著作物は、営利を目的とせず、かつ、その複製物の貸与を受ける者から料金を受けない場合には、その複製物の貸与により、公衆に提供することができる**（著38条4項）。したがって、市販のコンピュータ・プログラムの著作物を、不特定の者に貸与することは、営利を目的とせず、貸与を受ける者から料金を受けない場合には、貸与権（著26条の3）の侵害とはならない。よって、本枝は適切ではない。

R3-著不4　著作隣接権

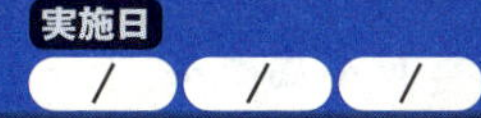

著作権法上の著作隣接権に関し、次のうち、最も適切なものは、どれか。

1　フィットネスクラブを経営する**甲**が、店内に小型モニタを複数設置し、不特定多数の顧客に対して、受信した放送事業者**乙**のケーブルテレビ放送であるスポーツ中継を視聴させることは、**乙**の著作隣接権の侵害となる。

2　大学の設置者である**甲**が、大学構内に影像を拡大する特別の装置を設置し、不特定多数の学生及び教職員に対して、受信した放送事業者**乙**のテレビ放送を視聴させることは、非営利かつ無料で行われる行為であれば、**乙**の著作隣接権の侵害とならない。

3　居酒屋を経営する**甲**が、店内に影像を拡大する特別の装置を設置し、不特定多数の顧客に対して、受信した放送事業者**乙**のテレビ放送である野球中継を視聴させることは、**乙**の著作隣接権の侵害となる。

4　喫茶店を経営する**甲**が、レコード製作者**乙**が録音した市販の音楽レコードを再生して、不特定多数の顧客に鑑賞させることは、**乙**の著作隣接権の侵害となる。

5　個人タクシーを経営する**甲**が、車内にラジオを設置し、不特定多数の顧客に対して、受信した放送事業者**乙**のラジオ放送を聴かせることは、**乙**の著作隣接権の侵害となる。

R3-著不4

最も適切なもの→○、そうでないもの→×

1 ☒ 著100条の5参照

解　法 有線放送事業者の伝達権は、大型プロジェクタや超大型テレビ受像機など「影像を拡大する特別の装置」を用いて伝達する場合にのみ及び（著100条の5）、**通常の家庭用受信装置を用いて伝達する行為には及ばない**（同条参照、著作入門P.247・P.250参照）。したがって、フィットネスクラブを経営する甲が、店内に小型モニタを複数設置し、不特定多数の顧客に対して、受信した放送事業者乙のケーブルテレビ放送であるスポーツ中継を視聴させることは、乙の著作隣接権の侵害とならない。よって、本枝は適切ではない。

2 ☒ 著100条、著38条3項不準用

解　法 放送事業者は、そのテレビジョン放送等を受信して、影像を拡大する特別の装置を用いてその放送を公に伝達する権利を専有する（著100条）。また、**放送事業者の伝達権は、非営利かつ無料の場合にも権利の効力が及ぶ**（著102条1項で著38条3項不準用、著作入門P.248参照）。したがって、大学の設置者である甲が、大学構内に影像を拡大する特別の装置を設置し、不特定多数の学生及び教職員に対して、受信した放送事業者乙のテレビ放送を視聴させることは、非営利かつ無料で行われる行為であっても、乙の著作隣接権の侵害となる。よって、本枝は適切ではない。

3 ◎ 著100条

解　法 **放送事業者は、そのテレビジョン放送等を受信して、影像を拡大する特別の装置を用いてその放送を公に伝達する権利を専有する**（著100条）。したがって、居酒屋を経営する甲が、店内に影像を拡大する特別の装置を設置し、不特定多数の顧客に対して、受信した放送事業者乙のテレビ放送である野球中継を視聴させることは、乙の著作隣接権の侵害となる。よって、本枝は最も適切なものである。

4 ☒ 著89条2項参照

解　法 **レコード製作者は、演奏権**（著22条）**に相当する権利を有しない**（著89条2項参照）。すなわち、公に行われる録音物の再生による上演・演奏等については、権利が認められていない（著作入門P.240）。したがって、喫茶店を経営する甲が、レコード製作者乙が録音した市販の音楽レコードを再生して、不特定多数の顧客に鑑賞させることは、乙の著作隣接権の侵害とならない。よって、本枝は適切ではない。

5 ☒ 著100条参照

解　法 **放送事業者の伝達権は、テレビジョン放送の場合に限定され**（著100条）、**ラジオ放送の場合には認められない**（同条参照、茶園著作P.281参照）。したがって、個人タクシーを経営する甲が、車内にラジオを設置し、不特定多数の顧客に対して、受信した放送事業者乙のラジオ放送を聴かせることは、乙の著作隣接権の侵害とならない。よって、本枝は適切ではない。

R2-著不5　著作隣接権

実施日　／　／　／

著作権法に関し、次のうち、最も適切なものは、どれか。

田1　歌手は、その歌唱が録音された商業用レコードについて貸与権を有するが、レコード製作者は、そのレコードが複製された商業用レコードについて貸与権を有しない。

田2　未公表の歌唱を無断でインターネット上にアップロードする行為は、歌手の公表権を侵害する。

田3　歌手は、その歌唱について有線放送権を有するが、歌手の許諾のもとでテレビ放送される歌唱を有線放送する場合には、当該歌手の有線放送権の侵害は成立しない。

田4　俳優の演技について、そのせりふの音声を外国語に吹き替える行為は、実演家の名誉声望を害さない態様であっても、当該俳優の同一性保持権の侵害となる。

田5　実演家人格権は、実演家の著作隣接権の存続期間の満了とともに消滅する。

R2-著不5

最も適切なもの→○、そうでないもの→×

1 ☒ 著95条の3第1項、著97条の3第1項

解法 **実演家は、その実演をそれが録音されている商業用レコードの貸与により公衆に提供する権利（貸与権）を専有する**（著95条の3第1項）。したがって、歌手は、その歌唱が録音されている商業用レコードについて貸与権を有するため、前段は適切である。また、**レコード製作者は、そのレコードをそれが複製されている商業用レコードの貸与により公衆に提供する権利（貸与権）を専有する**（著97条の3第1項）。したがって、レコード製作者も、そのレコードが複製された商業用レコードについて貸与権を有するため、後段は適切ではない。よって、本枝は適切ではない。

2 ☒ 著89条1項参照

解法 **実演家は、公表権（著18条）に相当する権利を有しない**（著89条1項参照）。したがって、未公表の歌唱を無断でインターネット上にアップロードする行為は、歌手の公表権を侵害しない。よって、本枝は適切ではない。

3 ◎ 著92条1項・2項1号

解法 **実演家は、その実演を有線放送する権利（有線放送権）を専有する**（著92条1項）。したがって、歌手は、その歌唱について有線放送権を有するため、前段は適切である。また、**同項の規定は、放送される実演を有線放送する場合には、適用されない**（同条2項1号）。したがって、歌手の許諾のもとでテレビ放送される歌唱を有線放送する場合には、当該歌手の有線放送権の侵害は成立しないため、後段も適切である。よって、本枝は最も適切なものである。

4 ☒ 著90条の3第1項

解法 **実演家は、その実演の同一性を保持する権利（同一性保持権）を有し、「自己の名誉又は声望を害する」その実演の変更、切除その他の改変を受けないものとする**（著90条の3第1項）。すなわち、著作者の同一性保持権（著20条）とは異なり、「自己の名誉又は声望を害する」改変のみが禁止される（茶園著作P.272参照）。また、他言語への吹き替えは、実演家に対する社会的な名誉声望を害する改変ではない（高林著作P.262参照）。したがって、俳優の演技について、そのせりふの音声を外国語に吹き替える行為は、実演家の名誉声望を害さない態様であれば、当該俳優の同一性保持権の侵害とならない。よって、本枝は適切ではない。

5 ☒ 著101条2項1号、著101条の2

解法 **実演家人格権は、実演家の一身に専属する**（著101条の2）。ここで、実演家の一身に専属するとは、実演家が死亡するまで存続し、死亡すれば消滅するということである（著作コンメンタール3P.294参照）。また、**著作隣接権の存続期間は、実演に関しては、その実演が行われた日の属する年の翌年から起算して70年を経過した時をもって終了する**（著101条2項1号）。したがって、実演家人格権は、実演家の著作隣接権の存続期間の満了とともに消滅するわけではない。よって、本枝は適切ではない。

R1-著不5　著作隣接権

著作隣接権に関し、次のうち、最も適切なものは、どれか。

1　著作者の権利とは異なり、著作隣接権の発生には文化庁への登録が必要である。

2　電車の走行音を録音したレコードについては、著作隣接権は発生しない。

3　アマチュアオーケストラの指揮者は、実演家に当たらず、著作隣接権を有しない。

4　音楽教室を運営する会社に雇用されているピアニストが職務上行う実演については、その会社が実演家となり、原始的に著作隣接権を取得する。

5　楽曲に係るレコード製作者は、その製作したレコードに録音された楽曲を再生することによる公の演奏については、著作隣接権を有しない。

R1-著不5

最も適切なもの→○、そうでないもの→×

1 ☒ **著89条5項、著作入門P.219**

解　法 **著作隣接権は、著作権と同様、権利の発生にいかなる方式の履行も必要とされない**（著89条5項、著作入門P.219）。したがって、著作者の権利と同様に、著作隣接権の発生には文化庁への登録は必要でない。よって、本枝は適切ではない。

2 ☒ **著作入門P.219参照**

解　法 **著作隣接権の対象は、著作物と異なり、創作性は要件ではないから、所定の伝達行為が行われれば、権利が発生する**（著作入門P.219参照）。したがって、電車の走行音を録音したレコードについて、著作隣接権が発生しないわけではない。よって、本枝は適切ではない。

3 ☒ **著2条1項4号、著作入門P.222**

解　法 **実演家とは、演奏家等の実演を行う者及び実演を指揮する者等をいう**（著2条1項4号）。また、**プロの実演かアマの実演かによって、保護に差が生じることはない**（著作入門P.222）。したがって、アマチュアオーケストラの指揮者は、実演家に当たり、著作隣接権を有する（著89条1項）。よって、本枝は適切ではない。

4 ☒ **著作入門P.223**

解　法 **実演については、職務著作**（著15条）**に相当する規定がないため、実演家は自然人に限られ、法人が実演家となることはない**（著作入門P.223）。したがって、音楽教室を運営する会社に雇用されているピアニストが職務上行う実演について、その会社が実演家となって原始的に著作隣接権を取得することはない。よって、本枝は適切ではない。

5 ◎ **著89条2項参照**

解　法 **レコード製作者は、演奏権**（著22条）**に相当する権利を有しない**（著89条2項参照）。すなわち、**公に行われる録音物の再生による上演・演奏等については、権利が認められていない**（著作入門P.240）。したがって、楽曲に係るレコード製作者は、その製作したレコードに録音された楽曲を再生することによる公の演奏については、著作隣接権を有しない。よって、本枝は最も適切なものである。

H29-著不2　著作隣接権

著作隣接権に関し、次のうち、最も適切なものは、どれか。

田 1　放送局**甲**が放送した放送番組を放送局**乙**が受信して再放送した場合、放送局**乙**は、再放送につき著作隣接権を取得する。

田 2　レストランの経営者**甲**が、その店舗内において、歌手**乙**の歌唱が収録された市販の音楽CDを再生し、客に聴かせる行為は、**乙**の著作隣接権を侵害する。

田 3　映画会社**甲**が、レコード会社**乙**の許諾を得て、**乙**の録音した音源を**甲**の製作する映画に収録した場合には、**甲**は、**乙**の許諾を得ることなく、当該音源を収録した映画のサウンドトラック盤CDを作成し、販売することができる。

田 4　音楽配信事業者**甲**は、市販の音楽CDに録音された**乙**の歌唱を、**乙**の許諾を得ることなく、インターネット上で配信することができる。

田 5　有線放送局**甲**は、その学校教育向けの放送番組において、放送局**乙**が放送した放送番組を、**乙**の許諾を得ることなく、学校教育の目的上必要な範囲で、有線放送することができる。

H29-著不2

最も適切なもの→○、そうでないもの→×

1 ○ 高林著作P.265参照

解法 放送内容を再放送した場合には、再放送した放送事業者が別の放送として著作隣接権を取得する（高林著作P.265参照）。したがって、放送局甲が放送した放送番組を放送局乙が受信して再放送した場合、放送局乙は、再放送につき著作隣接権を取得する。よって、本枝は最も適切なものである。

2 × 著89条1項参照

解法 実演家は、演奏権（著22条）に相当する権利を有しない（著89条1項参照）。したがって、レストランの経営者甲が、その店舗内において、歌手乙の歌唱が収録された市販の音楽ＣＤを再生し、客に聴かせる行為は、乙の著作隣接権を侵害しない。よって、本枝は適切ではない。

3 × 著96条、著作入門P.240参照、小倉・金井ⅢP.117参照

解法 レコード製作者は、そのレコードを複製する権利を専有する（著96条）。ここで、レコード製作者は、レコードが映画の著作物に収録された場合も複製権を有している（著作入門P.240参照）。また、「レコードを複製」には、レコードに固定された音をサウンドトラックに収録する場合も含まれる（小倉・金井ⅢP.117参照）。したがって、本枝において、映画会社甲は、レコード会社乙の許諾を得ることなく、当該音源を収録した映画のサウンドトラック盤ＣＤを作成し、販売することはできない。よって、本枝は適切ではない。

4 × 著92条の2第1項・2項1号参照、著作入門P.235参照

解法 実演家は、その実演を送信可能化する権利を専有する（著92条の2第1項）。ここで、送信可能化権は、実演家の許諾を得て作成された実演の録画物を用いて送信可能化する場合には適用されないが（同条2項1号）、放送権・有線放送権の場合（著92条2項2号イ）と異なり、実演の録音物の送信可能化については、あらためて実演家の許諾が必要になる（著作入門P.235参照）。したがって、音楽配信事業者甲は、市販の音楽ＣＤに録音された乙の歌唱を、乙の許諾を得ることなく、インターネット上で配信することはできない。よって、本枝は適切ではない。

5 × 著34条1項不準用

解法 著作隣接権の目的となっている放送を、学校教育の目的上必要と認められる限度において、学校教育に関する法令の定める教育課程の基準に準拠した学校向けの有線放送番組において有線放送することができる旨の規定はない（著102条1項で著34条1項不準用）。したがって、有線放送局甲は、その学校教育向けの放送番組において、放送局乙が放送した放送番組を、乙の許諾を得ることなく、学校教育の目的上必要な範囲で、有線放送することはできない。よって、本枝は適切ではない。

H27-3　著作隣接権

著作隣接権に関し、次のうち、最も不適切なものは、どれか。

田1　レコード製作者の著作隣接権の存続期間は、レコードの発行が行われた日の属する年の翌年から起算して70年を経過した時をもって満了する。

田2　テレビで放送された歌手の歌唱シーンを、販売のため写真に撮影する行為は、放送事業者の複製権の侵害となる。

田3　著作隣接権は、その一部を譲渡することができる。

田4　ある歌手のものまねをした歌唱を音楽CDに録音する行為は、当該歌手が実演家として有する録音権を侵害する。

田5　テレビ番組でアマチュアとして手品を見せる出演者は、実演家としての著作隣接権を有する。

H27-3 正答率 60.0% レベル 正解 4

最も不適切なもの→×、そうでないもの→○

1 ○ 著101条2項2号

解 法 著作隣接権の存続期間は、**レコードに関しては、原則として、その発行が行われた日の属する年の翌年から起算して70年を経過した時をもって満了する**（著101条2項2号）。よって、本枝は不適切ではない。

ＴＰＰ協定に関連する法改正に対応させるため、問題文を一部修正した。

2 ○ 著98条

解 法 **放送事業者は**、その放送等を受信して、その放送に係る影像等を写真等により**複製する権利を専有する**（著98条）。したがって、テレビで放送された歌手の歌唱シーンを、販売のため写真に撮影する行為は、放送事業者の複製権の侵害となる。よって、本枝は不適切ではない。

3 ○ 著61条1項準用

解 法 **著作隣接権は、その全部又は一部を譲渡することができる**（著103条で準用する著61条1項）。よって、本枝は不適切ではない。

チェック 実演家人格権は、実演家の一身に専属し、譲渡することができない（著101条の2）。

4 × 著91条1項、著作入門P.229

解 法 実演家は、その実演を録音し、又は録画する権利を専有する（著91条1項）。ここで、**録音・録画権は、実演家が行った実演そのものを録音・録画する行為に及ぶから、物真似など、既存の実演に類似した他の実演を録音・録画する行為には及ばない**（著作入門P.229）。したがって、ある歌手のものまねをした歌唱を音楽ＣＤに録音する行為は、当該歌手が実演家として有する録音権を侵害しない。よって、本枝は最も不適切なものである。

5 ○ 著2条1項3号かっこ書・4号、著作入門P.222参照

解 法 実演家とは、俳優等の「実演」を行う者等をいう（著2条1項4号）。ここで、著作物を演じないが芸能的な性質を有するものも「実演」に含まれることから（同条3号かっこ書）、**手品等も著作隣接権の対象となる**。また、**プロの実演かアマの実演かによって、保護に差が生じることもない**（著作入門P.222参照）。したがって、テレビ番組でアマチュアとして手品を見せる出演者は、実演家としての著作隣接権を有する（著89条1項）。よって、本枝は不適切ではない。

H26-42　著作隣接権

著作隣接権に関し、次のうち、最も適切なものは、どれか。

田1　高原の風景と鳥のさえずりを録画したDVDの製作者は、レコード製作者として著作隣接権を有する。

田2　放送局は、市販されているCDを音源として用いて楽曲を放送する場合、そのCDのレコード製作者の許諾を得る必要がある。

田3　俳優は、自己の演技が録画されている映画のDVDがレンタル店で貸与される場合、そのDVDが最初に販売された日から起算して1月以上12月を超えない範囲内において政令で定める期間を経過するまで、貸与権を有する。

田4　歌手は、自己の歌唱が録音されているCDが発売される場合、そのCDに自己の氏名を表示する権利を有する。

田5　放送番組を無断で改変し放送事業者の名誉や声望を害する行為は、その放送事業者の同一性保持権を侵害する。

H26-42

最も適切なもの→○、そうでないもの→×

1 ☒ 著2条1項5号かっこ書・6号

解 法 レコード製作者とは、レコードに固定されている音を最初に固定した者をいう（著2条1項6号）。しかし、**影像が主体となっているＤＶＤ等は、「レコード」から除かれている**（同項5号かっこ書、高林著作P.262参照）。したがって、高原の風景と鳥のさえずりを録画したＤＶＤの製作者は、レコード製作者には当たらないので、レコード製作者としての著作隣接権を有しない。よって、本枝は適切ではない。

2 ☒ 著89条2項参照

解 法 **レコード製作者は、実演家が有する放送権等**（著92条1項）**に相当する権利を有しない**（著89条2項参照）。したがって、放送局は、市販されているＣＤを音源として用いて楽曲を放送する場合、そのＣＤのレコード製作者の許諾を得る必要はない。よって、本枝は適切ではない。

チェック 放送事業者等は、商業用レコードを用いた放送等を行った場合には、そのレコードに係るレコード製作者に二次使用料を支払わなければならない（著97条1項）。

3 ☒ 著95条の3第1項、著2条1項5号かっこ書

解 法 実演家は、その実演をそれが録音されている「商業用レコード」の貸与により公衆に提供する権利を専有する（著95条の3第1項）。しかし、**影像が主体となっているＤＶＤ等は、「レコード」から除かれている**（著2条1項5号かっこ書、高林著作P.262参照）。すなわち、**実演家は、ＤＶＤについて、貸与権を有しない**。したがって、俳優は、自己の演技が録画されている映画のＤＶＤがレンタル店で貸与される場合、貸与権を有しない。よって、本枝は適切ではない。

4 ◯ 著90条の2第1項

解 法 **実演家は、その実演の公衆への提供又は提示に際し、その氏名等を実演家名として表示する権利を有する**（著90条の2第1項）。したがって、歌手は、自己の歌唱が録音されているＣＤが発売される場合、そのＣＤに自己の氏名を表示する権利を有する。よって、本枝は最も適切なものである。

5 ☒ 著89条3項参照

解 法 **放送事業者は、実演家が有する同一性保持権**（著90条の3第1項）**に相当する権利を有しない**（著89条3項参照）。したがって、放送番組を無断で改変し放送事業者の名誉や声望を害する行為であっても、その放送事業者の同一性保持権を侵害しない。よって、本枝は適切ではない。

チェック 人格的利益を保護する権利は、著作隣接権者のうち、実演家にしか認められていない（著89条1項～4項参照、著90条の2第1項、著90条の3第1項、茶園著作P.267参照）。

H25-24　著作隣接権

著作権及び著作隣接権に関し、次のうち、最も不適切なものは、どれか。

1　**甲**が執筆した詩を、**乙**が朗読会で朗詠した。その朗読会が非営利かつ無料で開催され、**乙**も報酬を得ていない場合には、**丙**がこれを録画し、DVDとして販売しても、**甲**の著作権及び**乙**の著作隣接権を侵害しない。

2　**甲**が執筆した脚本を、**乙**が舞台で演じた。**丙**が、DVDとして販売するためにこれを録画する行為は、**甲**の著作権及び**乙**の著作隣接権を侵害する。

3　**甲**が作詞及び作曲した歌を、歌手**乙**が歌唱している。**丙**が、テレビ番組で、**乙**の歌い方そっくりにこの歌を歌う場合、**甲**の著作権は侵害するが、**乙**の著作隣接権は侵害しない。

4　**甲**が作詞及び作曲した歌を歌手**乙**が無断でアレンジして歌唱した。その歌唱を、放送事業者**丙**が録画して放送した。この放送を受信して、インターネット上にアップロードする行為は、**甲**の著作権及び**丙**の著作隣接権を侵害するが、**乙**の著作隣接権は侵害しない。

5　**甲**が作詞及び作曲した歌を、放送事業者**丙**のテレビ番組において、**甲**の許諾のもと、歌手**乙**が歌唱した。この番組を受信し、スタジアムの巨大スクリーンに映して、入場料を徴収して多数の者に視聴させる行為は、**甲**の著作権及び**丙**の著作隣接権を侵害するが、**乙**の著作隣接権は侵害しない。

H25-24

最も不適切なもの→×、そうでないもの→○

1 ☒ **著21条、著26条の2第1項、著91条1項、著95条の2第1項**

解法 **甲が執筆した詩を、乙が朗読会で朗詠した場合に、その朗読会を録画する行為は、甲の複製権**（著21条）**を侵害し、これをＤＶＤとして販売する行為は、譲渡権**（著26条の2第1項）**を侵害する**。また、**乙は実演家であるので、当該録画行為は、乙の録画権**（著91条1項）**を侵害し、当該販売行為は、譲渡権**（著95条の2第1項）**を侵害する**。したがって、丙の行為は、甲の著作権（著21条、著26条の2第1項）及び乙の著作隣接権（著91条1項、著95条の2第1項）を侵害する。よって、本枝は最も不適切なものである。

2 ◎ **著21条、著91条1項**

解法 **甲が執筆した脚本を、乙が舞台で演じ、丙がＤＶＤとして販売するために録画する行為は、甲の複製権**（著21条）**を侵害する**。また、**実演家乙の録画権**（著91条1項）**を侵害する**。したがって、丙の行為は、甲の著作権（著21条）及び乙の著作隣接権（著91条1項）を侵害する。よって、本枝は不適切ではない。

3 ◎ **著22条、著89条1項参照**

解法 甲が作詞及び作曲した歌を、丙が、テレビ番組で、乙の歌い方そっくりに歌う行為は、甲の演奏権（著22条）を侵害する。しかし、**実演家である歌手乙は演奏権を有しないため**（著89条1項参照）、**乙の著作隣接権を侵害しない**。したがって、丙の行為は、甲の著作権（著22条）は侵害するが、乙の著作隣接権は侵害しない（著89条1項参照）。よって、本枝は不適切ではない。

4 ◎ **著23条1項、著99条の2第1項、著92条の2第2項1号**

解法 甲が作詞および作曲した歌の乙の歌唱を丙が録画して放送したものを受信して、インターネット上にアップロードする行為は、甲の公衆送信権（著23条1項）を侵害し、丙の送信可能化権（著99条の2第1項）を侵害する。また、**当該行為は、乙の送信可能化権**（著92条の2第1項）**も侵害するように思えるが、乙が丙に当該録画の許諾をしている場合には、乙の送信可能化権を侵害しない**（同条2項1号）。したがって、当該行為は、甲の著作権（著23条1項）及び丙の著作隣接権（著99条の2第1項）を侵害するが、乙の著作隣接権は侵害しない（著92条の2第2項1号）。よって、本枝は不適切ではない。

5 ◎ **著23条2項、著100条、著89条1項参照**

解法 本枝の行為は、甲の伝達権（著23条2項）及び丙の伝達権（著100条）を侵害する。しかし、**実演家は伝達権を有しないため**（著89条1項参照）、**乙の著作隣接権は侵害しない**。したがって、当該行為は、甲の著作権（著23条2項）及び丙の著作隣接権（著100条）を侵害するが、乙の著作隣接権は侵害しない（著89条1項参照）。よって、本枝は不適切ではない。

R4-著不1　著作権法全般

著作権法に関し、次のうち、最も適切なものは、どれか。

1　複数の画家が、一枚のキャンバスに絵を描いても、共同著作物になるとは限らない。

2　共有著作権につき、共有者である**甲**と**乙**の持分を**甲**9対**乙**1とすることを契約で定めた後、**乙**の持分が移転される場合には、常に**甲**の同意が必要となる。

3　自然人である使用者**甲**が、**乙**を従業者として雇用した場合、**甲**は**乙**の創作した著作物の著作者となることはない。

4　プログラム開発会社**甲**の発意に基づき、従業者**乙**が職務上作成したプログラムの著作者は、**乙**が自己の著作の名義の下に公表した場合、常に**乙**となる。

5　法人**甲**において職務著作が成立したプログラムについて、創作者である従業者**乙**は、著作者人格権を行使できる。

R4-著不1

最も適切なもの→○、そうでないもの→×

1 ○ 著2条1項12号

解法 共同著作物とは、2人以上の者が共同して創作した著作物であって、その各人の寄与を「分離して個別的に利用することができない」ものをいう（著2条1項12号）。したがって、複数の画家が、一枚のキャンバスに絵を描いても、それぞれの画家が描いた絵を分離して個別的に利用することができれば、共同著作物になるとは限らない。よって、本枝は最も適切なものである。

2 × 著65条1項

解法 共有著作権については、各共有者は、他の共有者の同意を得なければ、その持分を「譲渡」等することができない（著65条1項）。すなわち、持分の相続その他の一般承継の場合は、他の共有者の同意は不要であると解される（茶園著作P.64）。したがって、共有著作権につき、共有者である甲と乙の持分を甲9対乙1とすることを契約で定めた後、乙の持分が移転される場合、常に甲の同意が必要となるわけではない。よって、本枝は適切ではない。

3 × 著15条1項、中山著作P.253参照

解法 法人その他の使用者（法人等）の発意に基づきその法人等の業務に従事する者が職務上作成する著作物で、その法人等が自己の著作の名義の下に公表するものの著作者は、その作成の時における契約等に別段の定めがない限り、その法人等とされる（著15条1項）。ここで、「法人等」には、自然人も含まれる（中山著作P.253参照）。したがって、自然人である使用者甲が、乙を従業者として雇用した場合、甲は乙の創作した著作物の著作者となることがある。よって、本枝は適切ではない。

4 × 著15条2項

解法 法人等の発意に基づきその法人等の業務に従事する者が職務上作成するプログラムの著作物の著作者は、その作成の時における契約等に別段の定めがない限り、その法人等とされる（著15条2項）。すなわち、プログラムの著作物については、他の著作物と異なり、公表名義を問わないため、公表されないプログラムや従業員の個人名義で公表されたプログラム等も、他の要件を満たせば職務著作に該当する（加戸P.155～157参照）。したがって、プログラム開発会社甲の発意に基づき、従業者乙が職務上作成したプログラムの著作者は、乙が自己の著作の名義の下に公表した場合であっても、常に乙となるわけではない。よって、本枝は適切ではない。

5 × 著15条2項、著17条1項

解法 法人等の発意に基づきその法人等の業務に従事する者が職務上作成するプログラムの著作物の著作者は、その作成の時における契約等に別段の定めがない限り、その法人等とされ（著15条2項）、その法人等は、著作者人格権及び著作権を享有する（著17条1項）。したがって、法人甲において職務著作が成立したプログラムについて、著作者人格権を行使できるのは、甲であって、創作者である従業者乙ではない。よって、本枝は適切ではない。

R3-著不1　著作権法全般

著作権法に関し、次のうち、最も不適切なものは、どれか。

田1　絵画や書などの美術の著作物の原作品が消滅した場合、著作権の存続期間が満了していなくても、当該美術の著作物の著作権は消滅する。

田2　「東京タワーは333メートルである。」という文章は、著作物ではない。

田3　建築物の設計図は、当該設計図に従って造営される建築物が著作物に該当しない場合でも、学術的な性質を有する図形として創作性を有していれば、著作物となる。

田4　あるプログラムが著作物として保護される場合であっても、その保護は当該プログラムを記述するための言語やルール、あるいは論理的手順（アルゴリズム）には及ばない。

田5　複数のデータが収録されたデータベースが著作物として保護される場合であっても、当該データベースから1つのデータのみを複製することは、データベースの著作物の複製に該当しない。

R3-著不1

最も不適切なもの→×、そうでないもの→○

1 ☒ **著62条参照、高林著作P.158 ～ 159参照**

解 法 著作権は、保護期間の満了によって消滅するほか、①相続人の不存在（著62条1項1号）、②著作権者である法人の解散（同項2号）、③映画の著作権の特例（同条2項）、④著作権の放棄等によって消滅するが（高林著作P.158 ～ 159参照）、**美術の著作物の原作品が消滅した場合については規定されていない**（同条参照）。したがって、絵画や書などの美術の著作物の原作品が消滅した場合、著作権の存続期間が満了していなくても、当該美術の著作物の著作権は消滅するわけではない。よって、本枝は最も不適切なものである。

2 ◙ **著2条1項1号、高林著作P.17参照**

解 法 著作物とは、思想又は感情を創作的に表現したものであって、文芸、学術、美術又は音楽の範囲に属するものをいう（著2条1項1号）。ここで、例えば、**「富士山の高さが3776メートルである」との事実の記載等、「思想又は感情」を包含しない単なる事実は著作物たりえない**（高林著作P.17参照）。したがって、「東京タワーは333メートルである。」という単なる事実の記載は、著作物ではない。よって、本枝は不適切ではない。

3 ◙ **著2条1項1号、著10条1項6号、著作入門P.53参照**

解 法 **設計図は、図面に描かれた対象物（建築物や工業製品等）が著作物性を有するか否かに関係なく、図面としての表現形式に創作性が表れている場合に、学術的な性質を有する図形の著作物**（著10条1項6号）**として保護される**（著2条1項1号、著作入門P.53参照）。したがって、建築物の設計図は、当該設計図に従って造営される建築物が著作物に該当しない場合でも、学術的な性質を有する図形として創作性を有していれば、著作物となる。よって、本枝は不適切ではない。

4 ◙ **著10条3項、著作コンメンタール1P.625参照**

解 法 **プログラムの著作物**（著10条1項9号）**に対する著作権法による保護は、その著作物を作成するために用いるプログラム言語、規約及び解法に及ばない**（同条3項柱書）。ここで、「規約」とは、コンピュータ・ネットワーク中でデータを伝送するためのルール等をいい、「解法」とは、プログラムが問題あるいは仕事を処理するための論理的な手順、すなわち、アルゴリズムをいう（著作コンメンタール1P.625参照）。したがって、プログラムの著作物に対する保護は、当該プログラムを記述するための言語やルール、あるいは論理的手順（アルゴリズム）には及ばない。よって、本枝は不適切ではない。

5 ◙ **著12条の2第1項、著作入門P.72参照**

解 法 **データベースの著作物は、情報の選択又は体系的構成の創作性を根拠として保護されるものであるから**（著12条の2第1項）、**その保護は、データベースの情報の選択又は体系的構成の創作性が利用される場合にのみ及び、データベースの中から一部の情報を抽出して利用する行為にまでは及ばない**（著作入門P.72参照）。したがって、複数のデータが収録されたデータベースから1つのデータのみを複製することは、データベースの著作物の複製に該当しない。よって、本枝は不適切ではない。

R3-著不２　著作権法全般

著作権法に関し、次のうち、最も適切なものは、どれか。

田１　著作物の原作品に、実名が著作者名として通常の方法により表示されている者は、その著作物の著作権を有する者と推定される。

田２　プログラムの著作物については、法人の著作者名義の下に公表した場合でなければ、その法人が著作者となることはない。

田３　映画の著作物については、たとえ映画会社の発意に基づきその従業者が職務上作成したとしても、映画会社が著作者とされることはない。

田４　人物を撮影した写真の著作物の場合、特段の契約がなければ、写真を撮影したカメラマンが著作者となり、撮影された人物が著作権者となる。

田５　無名または変名で公表された著作物の著作者については、著作権法上、その実名を登録することができる制度があり、登録がなされるとその者が著作者と推定される。

R3-著不2

最も適切なもの→○、そうでないもの→×

1 ☒ 著14条

解法　著作物の原作品に、実名が著作者名として通常の方法により表示されている者は、その著作物の**「著作者」**と推定される（著14条）。したがって、著作物の原作品に、実名が著作者名として通常の方法により表示されている者は、その著作物の「著作権を有する者」と推定されるわけではない。よって、本枝は適切ではない。

2 ☒ 著15条2項、作花P.181

解法　法人等の発意に基づきその法人等の業務に従事する者が職務上作成するプログラムの著作物の著作者は、その作成の時における契約等に別段の定めがない限り、その法人等とされる（著15条2項）。すなわち、**プログラムの著作物に関しては、法人名義の公表要件が不要とされている**（作花P.181）。したがって、プログラムの著作物については、法人の著作者名義の下に公表した場合でなくても、その法人が著作者となることがある。よって、本枝は適切ではない。

3 ☒ 著15条1項、著16条但書

解法　映画の著作物の著作者は、原則として、制作等を担当してその映画の著作物の全体的形成に創作的に寄与した者である（著16条本文）。ただし、**職務著作**（著15条）**に該当する場合は、法人等が著作者となる**（著16条但書）。本枝の場合、法人である映画会社の発意に基づきその従業者が職務上作成しているため、職務著作となり得る（著15条1項）。したがって、映画の著作物について、映画会社が著作者とされることがある。よって、本枝は適切ではない。

4 ☒ 著2条1項2号、著17条1項、中山著作P.236・P.238 ～ 239参照

解法　著作者とは、著作物を創作する者であり（著2条1項2号）、事実行為としての著作物の創作をした者を指す(中山著作P.236参照)。写真の著作物については、被写体の選択、シャッターチャンス、レンズ・カメラの選択等に主体的に関与した者が著作者となり、シャッターを切るカメラマンが著作者に該当する場合が多いと考えられる（中山著作P.238 ～ 239参照）。また、**著作者は、著作者人格権及び著作権を享有する**（著17条1項）。したがって、人物を撮影した写真の著作物の場合、特段の契約がなければ、写真を撮影したカメラマンが著作者となり、著作権者ともなる。よって、本枝は適切ではない。

5 ◯ 著75条1項・3項

解法　**無名又は変名で公表された著作物の著作者は、現にその著作権を有するかどうかにかかわらず、その著作物についてその実名の登録を受けることができる**（著75条1項）。また、**実名の登録がされている者は、当該登録に係る著作物の著作者と推定される**（同条3項）。したがって、無名または変名で公表された著作物の著作者については、著作権法上、その実名を登録することができる制度があり、登録がなされるとその者が著作者と推定される。よって、本枝は最も適切なものである。

R3-著不5　著作権法全般

著作権法に関し、次のうち、最も適切なものは、どれか。

田1　著作権は、その全部又は一部を譲渡することができるが、相続の対象にはならない。

田2　著作権者は、他人に対して、その著作物の利用を許諾することができるが、その許諾を受けた者は、著作権者の承諾を得た場合でも、その著作物を利用する権利を第三者に譲渡することはできない。

田3　レコードに収録された歌唱の実演について、著作隣接権者である実演家が不明であるため、当該実演の利用許諾を得られない場合でも、文化庁長官の裁定を受けたときは、補償金を供託することで、利用することができる。

田4　著作権法における出版権の設定については、書籍を紙媒体により出版することを引き受ける者に対しては設定することができるが、電子書籍をインターネット上で送信することのみを引き受ける者に対しては設定することができない。

田5　著作権者は、著作権を目的とした質権や譲渡担保を設定することはできない。

R3-著不5

最も適切なもの→○、そうでないもの→×

1 ☒ 著61条1項、著作入門P.278参照

解 法 著作権は、その全部又は一部を譲渡することができる（著61条1項）。また、**著作権は、相続等一般承継の対象となる**（著作入門P.278参照）。したがって、著作権は、その全部又は一部を譲渡することができ、相続の対象にもなる。よって、本枝は適切ではない。

2 ☒ 著63条1項・3項

解 法 **著作権者は、他人に対し、その著作物の利用を許諾することができる**（著63条1項）。また、**同項の許諾に係る著作物を利用する権利は、著作者の承諾を得た場合に、譲渡することができる**（同条3項、作花P.434参照）。したがって、著作権者は、他人に対して、その著作物の利用を許諾することができ、その許諾を受けた者は、著作権者の承諾を得た場合には、その著作物を利用する権利を第三者に譲渡することができる。よって、本枝は適切ではない。

3 ◎ 著67条1項準用

解 法 **実演は、著作隣接権者の不明その他の理由により相当な努力を払ってもその著作隣接権者と連絡することができない場合として政令で定める場合は、文化庁長官の裁定を受け、かつ、通常の使用料の額に相当するものとして文化庁長官が定める額の補償金を著作隣接権者のために供託して、その裁定に係る利用方法により利用することができる**（著103条で準用する著67条1項）。したがって、レコードに収録された歌唱の実演について、著作隣接権者である実演家が不明であるため、当該実演の利用許諾を得られない場合でも、文化庁長官の裁定を受けたときは、補償金を供託することで、利用することができる。よって、本枝は最も適切なものである。

4 ☒ 著79条1項、著作入門P.264参照

解 法 複製権等保有者は、その著作物について、出版行為（紙媒体の出版、CD-ROM等による出版）又は**「公衆送信行為（インターネット送信による電子出版）」**を引き受ける者に対し、出版権を設定することができる（著79条1項、著作入門P.264参照）。したがって、著作権法における出版権の設定については、書籍を紙媒体により出版することを引き受ける者に対しても、電子書籍をインターネット上で送信することのみを引き受ける者に対しても設定することができる。よって、本枝は適切ではない。

5 ☒ 中山著作P.524参照

解 法 著作権者は、著作権を目的として質権設定ができ、著作権法には、それを前提とした規定（著66条1項等）が設けられている。また、**著作権法には担保権として質権のみが規定されているが、譲渡担保も可能である**（中山著作P.524参照）。したがって、著作権者は、著作権を目的とした質権や譲渡担保を設定することができる。よって、本枝は適切ではない。

H28-著不1　著作権法全般

著作権法に関し、次のうち、最も適切なものは、どれか。

□1　就職活動中の学生**甲**が作成し**乙**社に提出した志望理由書の著作権及び著作者人格権は、**乙**社の募集要項に、これらの権利が**乙**社に帰属する旨が明記されている場合には、**乙**社が有する。

□2　映画会社**甲**が映画**A**を製作し、映画会社**乙**が、キャストと登場人物のみが**A**と共通する映画**B**を製作した場合、**乙**は**B**の映画館での上映について**甲**の許諾を得なければならない。

□3　画家**甲**と画家**乙**が共同で創作した絵画について、**乙**の許諾を得ることが困難な事情がある場合には、**甲**のみの許諾を得ることにより、その絵画を画集に掲載することができる。

□4　**甲**社の従業員**乙**が、上司の指示で**甲**社商品のＰＲ映像を作成し、その映像が**甲**社の名義の下で公表された。この場合、当該映像の著作権は**甲**社が有し、著作者人格権は**乙**が有する。

□5　漫画家**甲**が創作した妖精のイラストに基づいて、玩具会社**乙**がぬいぐるみを作成し、販売した。その妖精のイラストを利用してアニメーションを創作する場合、**甲**のみから許諾を得ることで足りる。

H28-著不1

最も適切なもの→○、そうでないもの→×

1 × 著2条1項2号、著17条1項、中山著作P.239 ～ 240

解 法 著作物を創作する者は、原則として、著作者となり（著2条1項2号）、著作者人格権及び著作権を享有する（著17条1項）。また、契約で著作者を変更することはできない（中山著作P.239 ～ 240）。本枝の場合、学生甲が志望理由書を作成しており、職務著作（著15条）に該当しないため、甲が著作者となり、著作者人格権及び著作権を有する。したがって、志望理由書の著作権及び著作者人格権は、乙社の募集要項に、これらの権利が乙社に帰属する旨が明記されている場合でも、乙社が有するわけではない。よって、本枝は適切ではない。

2 × 著28条、著作入門P.63・P.64参照

解 法 二次的著作物の著作権者が二次的著作物を利用する場合には、原著作物の著作権者の許諾を得る必要がある（著28条、著作入門P.64参照）。しかし、元の著作物から思想、感情、アイデア、又は表現上の創作性のない部分を抽出して利用しているにすぎない場合には、二次的著作物とはならない（著作入門P.63参照）。本枝において、映画Bは、表現上の創作性のない部分であるキャストと登場人物のみが映画Aと共通しているにすぎないため、Aの二次的著作物とはならない。したがって、乙はBの映画館での上映について甲の許諾を得る必要はない。よって、本枝は適切ではない。

3 × 著65条2項・3項参照、加戸P.519参照

解 法 共有著作権は、その共有者全員の合意によらなければ、行使することができず（著65条2項）、「行使」には、著作物利用の許諾が含まれる（加戸P.519参照）。ここで、各共有者は、正当な理由がない限り、同項の合意の成立を妨げることができないが（同条3項）、共有者の1人の許諾を得ることが困難な事情がある場合に、他の共有者のみの許諾を得ることにより合意が成立する旨の規定はない。したがって、本枝において、甲のみの許諾を得ることにより、その絵画を画集に掲載することができるわけではない。よって、本枝は適切ではない。

4 × 著15条1項、著17条1項

解 法 法人等の発意に基づきその法人等の業務に従事する者が職務上作成する著作物で、その法人等が自己の著作の名義の下に公表するものの著作者は、その作成の時における契約等に別段の定めがない限り、その法人等とされ（著15条1項）、その法人等は、「著作者人格権及び著作権」を享有する（著17条1項）。本枝の場合、甲社の従業員乙が、上司の指示で甲社商品のPR映像を作成し、その映像が甲社の名義の下で公表されている。また、別段の定めもないため、甲社が著作者となり、著作者人格権及び著作権を有する。したがって、当該映像の著作権は甲社が有し、著作者人格権は乙が有するわけではない。よって、本枝は適切ではない。

5 ○ 著27条、作花P.104参照

解 法 二次的著作物を創作する場合には、原著作物の著作者の許諾が必要である（著27条、作花P.104参照）。ここで、本枝において、妖精のイラストを利用してアニメーションを創作する場合、原著作物は、漫画家甲が創作した妖精のイラストのみである。したがって、甲のみから許諾を得ることで足りる。よって、本枝は最も適切なものである。

H28-著不2　著作権法全般

著作権法に関し、次のうち、最も不適切なものは、どれか。

□1　陶芸家**甲**が創作した美術工芸品である絵皿を、写真家**乙**がレンズの選択やシャッター速度等に工夫を凝らして写真に撮影した。出版社**丙**が、その写真をカレンダーに利用する場合、**甲**と**乙**の両者から許諾を得る必要がある。

□2　出版社**甲**が、版画家**乙**の版画作品から30点を選択し、独自の観点から配列した版画集を創作した。印刷会社**丙**が、この版画集の中から、1点を選んでポスターを作成する場合、**乙**のみから許諾を得ることで足りる。

□3　画家**甲**と画家**乙**が共同で絵画を創作し、**甲**の死亡から71年が経過した。**乙**も**甲**の相続人**丙**も共に存命中の場合、出版社**丁**が、その絵画を画集に掲載するときは、**乙**のみから許諾を得ることで足りる。

□4　詩人**甲**の創作した詩が、書体デザイナー**乙**が独自に作成した印刷用書体を用いて雑誌に掲載された。この詩を、同じ印刷用書体を用いて出版社**丙**が書籍に掲載する場合、**甲**のみから許諾を得ることで足りる。

□5　作曲家**甲**が創作した楽曲**A**を、編曲家**乙**が**甲**に無断で編曲して楽曲**B**を創作した。オーケストラ**丙**が**B**をコンサートで演奏する場合、**甲**だけでなく**乙**の許諾を得なければならない。

H28-著不2

最も不適切なもの→×、そうでないもの→○

1 ◎ **著2条1項11号・2項、著28条、茶園著作P.41～42・P.46参照、中山著作P.129参照**

解法 本枝において、美術工芸品である絵皿は、美術の著作物（著10条1項4号）となり（著2条2項）、レンズの選択やシャッター速度等に工夫を凝らして撮影した写真は、写真の著作物（著10条1項8号）となる（茶園著作P.41～42参照）。また、被写体である絵皿が美術の著作物であるため、写真はその絵皿の二次的著作物となる（著2条1項11号、中山著作P.129参照）。そして、**二次的著作物を利用しようとする場合は、その著作者と、原著作物の著作者の両方から許諾を得ることが必要となり得る**（著28条、茶園著作P.46参照）。したがって、出版社丙が、その写真をカレンダーに利用する場合、原著作物の著作者甲と二次的著作物の著作者乙の両者から許諾を得る必要がある。よって、本枝は不適切ではない。

2 ◎ **著12条1項・2項、茶園著作P.50参照**

解法 本枝において、版画家乙の版画作品から30点を選択し、独自の観点から配列して創作した版画集は、編集著作物となる（著12条1項）。ここで、編集著作物として認められても、編集物の部分を構成する著作物の著作者の権利に影響を及ぼさない（同条2項）。すなわち、**編集著作物のうち個々の素材だけを利用する場合には、その素材の著作者の許諾だけを得ればよい**（茶園著作P.50参照）。したがって、印刷会社丙が、この版画集の中から、1点を選んでポスターを作成する場合、版画家乙のみから許諾を得ることで足りる。よって、本枝は不適切ではない。

3 ☒ **著51条2項かっこ書、渋谷著作P.88参照**

解法 **共同著作物の著作権は、原則として、最終に死亡した著作者の死後70年を経過するまでの間、存続する**（著51条2項かっこ書）。すなわち、**先に死亡した共同著作者の相続人も、同一の期間、著作権の保護を受けることができる**（渋谷著作P.88参照）。本枝の場合、画家甲の死亡から71年が経過しているが、画家乙も甲の相続人丙も共に存命中のため、乙及び丙の著作権は存続している。したがって、出版社丁が、その絵画を画集に掲載するときは、乙のみから許諾を得ることでは足りない。よって、本枝は最も不適切なものである。

ＴＰＰ協定に関連する法改正に対応させるため、問題文を一部修正した。

4 ◎ **最判H12.9.7「ゴナ書体事件」参照、著作入門P.48～49参照**

解法 通常の印刷用書体でも著作物として保護されるとなると、言語の著作物を利用する者は、言語の著作物に加えて、印刷用書体についても権利処理を行わなければならなくなり、言語の著作物の円滑な流通を妨げる結果となること等から、**通常の印**

刷用書体については、著作物としての保護を否定すべきとされている（最判H 12.9.7「ゴナ書体事件」参照、著作入門P.48～49参照）。そのため、本枝において、書体デザイナー乙が独自に作成した印刷用書体は、著作物として保護されない。したがって、詩人甲の創作した詩を、同じ印刷用書体を用いて出版社丙が書籍に掲載する場合、甲のみから許諾を得ることで足りる。よって、本枝は不適切ではない。

5　◎　著28条、茶園著作P.46参照、作花P.104参照

解　法　原著作物の権利者に無許諾で翻案等して創作した二次的著作物であっても、翻案権等の侵害の問題はあるが、その二次的著作物は保護の対象となる（作花P.104参照）。また、二次的著作物を利用しようとする場合は、その著作者と、原著作物の著作者の両方から許諾を得ることが必要となり得る（著28条、茶園著作P.46参照）。したがって、本枝において、オーケストラ丙が楽曲Bをコンサートで演奏する場合、原著作物の著作者甲だけでなく二次的著作物の著作者乙の許諾を得なければならない。よって、本枝は不適切ではない。

不正競争防止法

R2-著不7　(1) 商品等表示

不正競争防止法上の不正競争に関し、次のうち、最も適切なものは、どれか。

田1　商品の容器・包装は、特定の企業の商品の出所を示す表示として機能する場合であっても、不正競争防止法第2条第1項第1号の商品等表示には含まれない。

田2　病院の経営において使用される営業の表示は、不正競争防止法第2条第1項第1号の商品等表示に含まれる。

田3　商標登録を受けている文字商標は、不正競争防止法第2条第1項第1号の商品等表示には含まれない。

田4　**甲**が、米国で周知である**乙**の商品等表示を日本国内で無断で事業に使用し、**乙**の信用に基づいて当該事業の日本国内における信用が形成された場合、**甲**は、当該表示について自己の商品等表示として不正競争防止法第2条第1項第1号により保護を受けることができる。

田5　無体物であるタイプフェイス（印刷用書体）は、不正競争防止法第2条第1項第1号の商品等表示における商品には含まれない。

R2-著不7

最も適切なもの→○、そうでないもの→×

1 ☒ **不2条1項1号かっこ書**

解法 **商品の容器・包装は、不2条1項1号の「商品等表示」に含まれる**（同号かっこ書）。よって、本枝は適切ではない。

2 ◎ **不2条1項1号かっこ書、逐条不競P.65参照、東京地判S 37.11.28「京橋中央病院事件」参照**

解法 不2条1項1号かっこ書の「営業」とは、単に営利を直接の目的として行われる事業に限らず、広く経済収支上の計算の上に立って行われる事業一般を含み、事業に営利性は要求されない（逐条不競P.65参照）。例えば、**病院経営については「営業」に該当する**（逐条不競P.65参照、東京地判S 37.11.28「京橋中央病院事件」参照）。したがって、病院の経営において使用される営業の表示は、不2条1項1号の商品等表示に含まれる。よって、本枝は最も適切なものである。

3 ☒ **不2条1項1号かっこ書**

解法 **商標**（不2条2項）**は、同条1項1号の「商品等表示」に含まれる**（同号かっこ書）。また、**商標登録を受けている場合の例外規定もない**。したがって、商標登録を受けている文字商標は、不2条1項1号の商品等表示に含まれる。よって、本枝は適切ではない。

4 ☒ **不2条1項1号、逐条不競P.64参照、東京地判H 16.12.15「GEKI事件」**

解法 **第三者の商品等表示を冒用している場合には、商品等表示**（不2条1項1号）**の主体にはなりえない**（逐条不競P.64参照、東京地判H 16.12.15「GEKI事件」）。本枝において、甲は、第三者乙の商品等表示を無断で使用している。したがって、甲は、当該表示について自己の商品等表示として不2条1項1号により保護を受けることはできない。よって、本枝は適切ではない。

5 ☒ **不2条1項1号かっこ書、逐条不競P.64～65参照、東京高決H 5.12.24「モリサワタイプフェイス事件」参照**

解法 商品（不2条1項1号かっこ書）の要件として最も重要なことは取引の対象となることであり、**書体（デジタルフォント）に関して無体物も商品となり得る**（逐条不競P.64～65参照、東京高決H 5.12.24「モリサワタイプフェイス事件」参照）。したがって、無体物であるタイプフェイス（印刷用書体）は、不2条1項1号の商品等表示における商品に含まれないわけではない。よって、本枝は適切ではない。

R1-著不6　(1) 商品等表示

実施日　/　/　/

不正競争防止法に関し、次のうち、最も適切なものは、どれか。

□1　表示**A**は、**甲**が販売する和菓子の商品等表示として、神奈川県内の需要者の間で周知である。**乙**が、同県内で、表示**A**と同一の表示を、和菓子以外の商品に使用している場合には、**乙**の行為が不正競争となることはない。

□2　表示**A**は、**甲**が販売する和菓子の商品等表示として、著名である。**乙**は、愛知県内で、表示**A**を家具に付して販売している。**乙**が、注文があった場合にのみ、その家具を直接消費者に販売している場合には、**乙**の行為が不正競争となることはない。

□3　表示**A**は、**甲**が販売する菓子の商品等表示として、広島県内の需要者の間で周知である。**乙**は、同県内で、表示**A**に特殊な独自のデザインを施し、自己の販売する菓子に使用している。両表示に類似性が認められる場合でも、表示**A**が、**乙**の販売している菓子の普通名称である場合には、**乙**の行為が不正競争となることはない。

□4　表示**A**は、**甲**の商品等表示として著名である。**乙**が、表示**A**が著名になる前から、不正の目的なく表示**A**を使用している場合には、表示**A**が著名性を獲得した時点で、**乙**の商品等表示として周知性を獲得していない場合でも、不正競争となることはない。

□5　**甲**は、表示**A**という特定商品等表示を使用して運送業を行っている。**乙**は、**甲**の事業を誹謗中傷する目的で、「**A**.co.jp」というドメイン名を使用する権利を取得した。表示**A**が**甲**の役務表示として、周知性を獲得していない場合には、**乙**の行為が不正競争となることはない。

R1-著不6

最も適切なもの→○、そうでないもの→×

1 ☒ 不2条1項1号

解法 **他人の商品等表示として需要者の間に広く認識されている（周知な）ものと同一又は類似の商品等表示を使用して、他人の商品又は営業と混同を生じさせる行為は、不正競争となる**（不2条1項1号）。本枝において、乙が、甲の商品等表示として神奈川県内の需要者の間で周知な表示Aと同一の表示を、同県内で和菓子以外の商品に使用して、甲の商品と混同を生じさせる場合は、同号の不正競争となる。したがって、乙の行為が不正競争となることがある。よって、本枝は適切ではない。

2 ☒ 不2条1項2号

解法 **自己の商品等表示として他人の著名な商品等表示と同一又は類似のものを使用等する行為は、不正競争となる**（不2条1項2号）。本枝において、乙は、自己の商品等表示として甲の著名な商品等表示Aを家具に付して販売する行為は、同項2号の不正競争となる。したがって、注文があった場合にのみ、その家具を直接消費者に販売している場合であっても、乙の行為は不正競争となる。よって、本枝は適切ではない。

3 ☒ 不19条1項1号、逐条不競P.231 ～ 232参照

解法 形式上は不2条1項1号の不正競争となる場合でも、商品の普通名称を普通に用いられる方法で使用する行為については、適用除外の対象となる（不19条1項1号）。ここで、**「普通に用いられる方法」とは、普通名称の使用の態様が、一般取引上普通に行われる程度のものであることをいう**。したがって、**普通名称であってもこれを極めて特殊な字体で表すとか特別の図案を施すとか、特定の商品を指示するに足るよう特に技巧を施して使用することは、「普通に用いられる方法」とはいえない**（逐条不競P.231 ～ 232参照）。本枝において、乙は、普通名称である表示Aに特殊な独自のデザインを施して使用しているため、乙の行為は、適用除外の対象とならない。したがって、乙の行為は、不2条1項1号の不正競争となることがある。よって、本枝は適切ではない。

4 ◎ 不19条1項4号、渋谷不競P.106参照

解法 形式上は不2条1項2号の不正競争となる場合でも、他人の商品等表示が著名になる前からその商品等表示と同一又は類似の商品等表示を使用する者がその商品等表示を不正の目的でなく使用する行為については、適用除外の対象となる（不19条1項4号）。ここで、**同号の適用除外の対象となるためには、先使用表示が周知性を取得していたことは必要ではない**（渋谷不競P.106参照）。したがって、本枝において、表示Aが著名性を獲得した時点で、乙の商品等表示として周知性を獲得していない場合でも、不正競争となることはない。よって、本枝は最も適切なものである。

5 ☒ 不2条1項19号、逐条不競P.137参照

解法 **他人に損害を加える目的で、他人の特定商品等表示と同一又は類似のドメイン名を使用する権利を取得する行為は、不正競争となる**（不2条1項19号）。すなわち、同号の保護対象に周知性は要件とされていない（逐条不競P.137参照）。したがって、本枝において、表示Aが甲の役務表示として、周知性を獲得していない場合であっても、乙の行為は不正競争となる。よって、本枝は適切ではない。

H29-著不9　(1) 商品等表示

実施日　/　/　/

不正競争防止法に関し、次のうち、最も適切なものは、どれか。

田1　他人の商品表示を使用することによって、他人の商品と混同を生じさせるか否かは、消費者ではなく、競業事業者が混同するかどうかを基準として判断される。

田2　不正競争防止法のいわゆる周知な商品等表示に該当するためには、全国的に広く認識されている必要がある。

田3　商品に他人の著名な商品等表示を付したが、まだその商品を販売していない場合は、不正競争とならない。

田4　非営利事業を行っている他人の周知な商品等表示を使用して、その他人の役務提供との混同を生じさせる行為は、不正競争となる。

田5　不正の利益を得る目的で、他人の商品等表示と同一または類似のドメイン名を使用する権利を保有しているが、実際に使用していない場合には、不正競争とならない。

H29-著不9

最も適切なもの→○、そうでないもの→×

1 ☒ 不2条1項1号、逐条不競P.73

解法 「混同」(不2条1項1号)の判断は、表示の使用方法、態様等の諸般の事情をもとに、一般人を基準として判断すべきであるとされている(逐条不競P.73)。したがって、他人の商品表示を使用することによって、他人の商品と混同を生じさせるか否かは、消費者ではなく、競業事業者が混同するかどうかを基準として判断されるわけではない。よって、本枝は適切ではない。

2 ☒ 不2条1項1号、逐条不競P.76参照

解法 「需要者の間に広く認識されている」(不2条1項1号)すなわち周知は、全国的に知られている必要はなく、一地方において広く知られていれば足りると解されている(逐条不競P.76参照)。したがって、不正競争防止法のいわゆる周知な商品等表示に該当するためには、全国的に広く認識されている必要はない。よって、本枝は適切ではない。

3 ☒ 不2条1項2号

解法 自己の商品等表示として他人の著名な商品等表示と同一又は類似のものを「使用」し、又はその商品等表示を使用した商品を譲渡等する行為は、不正競争となる(不2条1項2号)。ここで、表示の「使用」としては、例えば、表示を商品に付す行為がある(田村不競P.95参照)。したがって、商品に他人の著名な商品等表示を付したときは、まだその商品を販売していない場合でも、不正競争となり得る。よって、本枝は適切ではない。

4 ◎ 不2条1項1号、逐条不競P.65参照

解法 他人の商品等表示として需要者の間に広く認識されている(周知な)ものと同一又は類似の商品等表示を使用して、他人の商品又は営業と混同を生じさせる行為は、不正競争となる(不2条1項1号)。ここで、非営利事業についても、経済収支上の計算の上に立って行われているものである以上は「営業」に該当すると解される(逐条不競P.65参照)。したがって、非営利事業を行っている他人の周知な商品等表示を使用して、その他人の役務提供との混同を生じさせる行為は、不正競争となる。よって、本枝は最も適切なものである。

5 ☒ 不2条1項19号

解法 不正の利益を得る目的で、他人の特定商品等表示と同一又は類似のドメイン名を使用する権利を保有する行為は、不正競争となる(不2条1項19号)。ここで、「保有」は、ドメイン名の登録を得ていれば、現に使用していなくてもよいと解される(小野・松村(下)P.56参照)。したがって、不正の利益を得る目的で、他人の商品等表示と同一または類似のドメイン名を使用する権利を保有しているときは、実際に使用していない場合でも、不正競争となる。よって、本枝は適切ではない。

H28-著不6　（1）商品等表示

不正競争防止法上の商品等表示に関し、次のうち、最も不適切なものは、どれか。

田1　シリーズ作品として販売されているゲームソフトの題号は、商品表示となりうる。

田2　宗教法人の名称は、本来的な宗教活動でのみ使用される場合でも、営業表示となりうる。

田3　フランチャイズ方式の飲食店の店舗外観は、営業表示となりうる。

田4　特許事務所の名称は、営業表示となりうる。

田5　企業名の略称は、当該企業自身がその略称を使用していない場合でも、営業表示となりうる。

H28-著不6

最も不適切なもの→×、そうでないもの→○

1 ○ 東京高判H 16.11.24「ファイアーエムブレム事件」

解法 東京高判H 16.11.24「ファイアーエムブレム事件」では、**ゲームソフトのシリーズものとして付された題号が周知商品表示であることを肯定している**（新・注解不競P.193～194参照）。したがって、シリーズ作品として販売されているゲームソフトの題号は、商品表示となりうる。よって、本枝は不適切ではない。

2 × 最判H 18.1.20「天理教事件」

解法 最判H 18.1.20「天理教事件」では、**「不２条１項１号・２号でいう『営業』は、宗教法人の本来的な宗教活動及びこれと密接不可分の関係にある事業を含まないと解するのが相当である」**旨判示している。したがって、宗教法人の名称は、本来的な宗教活動でのみ使用される場合には、営業表示となりえない。よって、本枝は最も不適切なものである。

3 ○ 大阪地判H 19.7.3「めしや食堂事件」

解法 大阪地判H 19.7.3「めしや食堂事件」では、フランチャイズチェーンの店舗外観が営業表示性を有するに至ることがあるかについて、**「店舗外観は、それ自体は営業主体を識別させるために選択されるものではないが、特徴的な店舗外観の長年にわたる使用等により、第二次的に店舗外観全体も特定の営業主体を識別する営業表示性を取得する場合もあり得ないではない」**と判示している（新・注解不競P.195参照）。したがって、フランチャイズ方式の飲食店の店舗外観は、営業表示となりうる。よって、本枝は不適切ではない。

4 ○ 不２条１項１号かっこ書、小野・松村（上）P.153参照

解法 「営業」（不２条１項１号かっこ書）とは、経済的対価を得ることを目的とする事業であり、商業及び工業のみならず、**法律事務所・特許事務所等の自由業も「営業」に該当する**（小野・松村（上）P.153参照）。したがって、特許事務所の名称は、営業表示となりうる。よって、本枝は不適切ではない。

5 ○ 不２条１項１号かっこ書、渋谷不競P.44参照、最判H 5.12.16「アメックス事件」参照

解法 表示の略称は、「その他の商品又は営業を表示するもの」（不２条１項１号かっこ書）となる。そして、**略称は、表示の使用者自身が使用しているものに限られず、専ら需要者によって使用されている略称等も商品等表示となる**（渋谷不競P.44参照、最判H 5.12.16「アメックス事件」参照）。したがって、企業名の略称は、当該企業自身がその略称を使用していない場合でも、営業表示となりうる。よって、本枝は不適切ではない。

H27-23　(1) 商品等表示

不正競争防止法の商品等表示の保護に関し、次のうち、最も適切なものは、どれか。

1　商品に付された色彩の組み合わせが商品等表示として保護されるのは、著名性を獲得した場合のみであり、周知性を獲得したにすぎない場合は、保護されない。

2　商品の形態は、その商品が日本で販売されてから３年間は、不正競争防止法第２条第１項第３号で商品の形態として保護されているため、その形態が周知性を獲得したとしても、商品等表示としては保護されない。

3　商品に付された模様は、その商品の形状と結合している限りで商品等表示として保護され、模様のみでは、周知性を獲得したとしても商品等表示として保護されない。

4　玩具会社が、実在する自動車をエンブレムも含めて忠実に再現したミニカーを販売する行為は、そのエンブレムが著名である場合でも、不正競争とならない。

5　役務の提供の際に使用される物に付された表示は、その物自体が需要者に対して譲渡されない限り、商品等表示として保護されない。

H27-23

最も適切なもの→○、そうでないもの→×

1 ☒ 不2条1項1号、大阪地判S 58.12.23「三色ラインウェットスーツ事件」

解法 大阪地判S 58.12.23「三色ラインウェットスーツ事件」では、**「商品と特定の色彩・配色との組合せが特定人の商品であることを識別させるに至った場合には、…不2条1項1号にいう『他人の商品等表示』たり得る」**と判示し、一定の商品に施された複数の色彩の配色が周知商品表示に当たることを肯定している（小野・松村（上）P.106参照）。したがって、商品に付された色彩の組み合わせが商品等表示として保護されるのは、著名性を獲得した場合のみではなく、周知性を獲得したにすぎない場合も、保護され得る。よって、本枝は適切ではない。

2 ☒ 不19条1項5号イ参照、不2条1項1号、逐条不競P.67参照

解法 商品の形態は、その商品が日本で販売されてから3年間は、不2条1項3号で商品の形態として保護されている（不19条1項5号イ参照）。したがって、前段は適切である。しかし、**商品の形態も、商品自体の機能や美観等の観点から選択されたという意味を超えて、自他識別機能又は出所表示機能を有するに至り、需要者の間で広く認識された場合には、商品等表示性が認められる**（逐条不競P.67参照）。したがって、商品の形態が周知性を獲得した場合は、商品等表示（不2条1項1号）として保護され得るため、後段は適切ではない。よって、本枝は適切ではない。

3 ☒ 不2条1項1号、不競コンメンタールP.21

解法 **商品の模様も、それが一事業者の継続使用、あるいは強力な広告宣伝によって出所識別機能を有するに至った場合、商品等表示**（不2条1項1号）**に該当する場合がある**（不競コンメンタールP.21）。したがって、商品に付された模様のみでも、周知性を獲得したとして商品等表示として保護され得る。よって、本枝は適切ではない。

4 ◎ 不2条1項2号、東京地判H 12.6.29「ベレッタM92F事件」

解法 東京地判H 12.6.29「ベレッタM92F事件」では、**「模型の形状や模型に付された表示が本物のそれと同一であったとしても、模型の当該形状や表示は、模型としての性質上必然的に備えるべきものであって、これが商品としての模型自体の出所を表示するものでない」**と判示して、「不2条1項2号所定の不正競争行為に該当しない」としている。したがって、玩具会社が、実在する自動車をエンブレムも含めて忠実に再現したミニカーを販売する行為は、そのエンブレムが著名である場合でも、不正競争とならない。よって、本枝は最も適切なものである。

5 ☒ 不2条1項1号かっこ書・2項、商2条1項2号参照

解法 **「商品等表示」には、役務表示が含まれる**（不2条1項1号かっこ書・2項、商2条1項2号、渋谷不競P.43参照）。また、**役務表示は、譲渡を要件としていない**（商2条1項2号参照）。したがって、役務の提供の際に使用される物に付された表示は、その物自体が需要者に対して譲渡されない限り、商品等表示として保護されないわけではない。よって、本枝は適切ではない。

H26-53　(1) 商品等表示

実施日　/　/　/

不正競争防止法上の商品等表示に関し、次のうち、最も不適切なものは、どれか。

田1　華道の流派の名称も、商品等表示となりうる。

田2　コマーシャル・ソングも、商品等表示となりうる。

田3　業界で周知であっても、消費者に周知でない商品等表示には、周知性は認められない。

田4　新聞や雑誌にたびたび商品等表示が掲載されていることは、その周知性を判断する際の要素となる。

田5　関東地方でのみ周知である商品等表示でも、周知性は認められる。

H26-53

最も不適切なもの→×、そうでないもの→○

1 ○ 不2条1項1号かっこ書、山本P.61参照

解法 「商品等表示」には、人の業務に係る氏名が含まれる（不2条1項1号かっこ書）。ここで、**「氏名」には、流派・家元名等も含まれる**（山本P.61参照）。したがって、華道の流派の名称も、商品等表示となりうる。よって、本枝は不適切ではない。

2 ○ 不2条1項1号、山本P.44～45参照

解法 商品又は営業について自他を識別し、出所を表示するものであれば、商品等表示（不2条1項1号）となりうる。例えば、**音響や光線による表示（CMテーマソング、レーザー光、テレビゲーム映像等）も商品等表示となりうる**（山本P.44～45参照）。したがって、コマーシャル・ソングも、商品等表示となりうる。よって、本枝は不適切ではない。

3 × 不2条1項1号、小野・松村（上）P.181参照

解法 商品等表示として保護されるためには、需要者の間に広く認識されていること（周知性）が必要である（不2条1項1号）。ここで、**同号の「需要者」には、取引者又は最終消費者のいずれもが含まれ、それらの一方において周知であり、他方において周知でないと判断されてもよい**（小野・松村（上）P.180・P.181参照）。したがって、業界で周知であって、消費者に周知でない商品等表示でも、周知性は認められる。よって、本枝は最も不適切なものである。

4 ○ 不2条1項1号、山本P.68参照

解法 商品等表示として保護されるためには、需要者の間に広く認識されていること（周知性）が必要である（不2条1項1号）。ここで、**新聞やテレビによる広告等も周知性の認定の資料となる**（山本P.68参照）。したがって、新聞や雑誌にたびたび商品等表示が掲載されていることは、その周知性を判断する際の要素となる。よって、本枝は不適切ではない。

5 ○ 不2条1項1号、逐条不競P.76参照

解法 商品等表示として保護されるためには、需要者の間に広く認識されていること（周知性）が必要である（不2条1項1号）。ここで、**周知は、全国的に知られている必要はなく、一地方において広く知られていれば足りると解されている**（逐条不競P.76参照）。したがって、関東地方でのみ周知である商品等表示でも、周知性は認められる。よって、本枝は不適切ではない。

H25-28 (1) 商品等表示

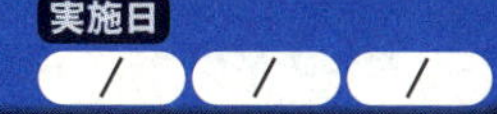

不正競争防止法に関し、次のうち、最も不適切なものは、どれか。

田1　企業グループ名は、商品等表示として保護されることがある。

田2　商品のアイデアやコンセプトは、商品の形態の一種として、模倣行為から保護されることがある。

田3　メモ用紙につけられた香りは、商品等表示として保護されることがある。

田4　店舗の外観は、商品等表示として保護されることがある。

田5　いったん商品の普通名称となった表示でも、後日、普通名称でなくなれば、商品等表示として保護されることがある。

H25-28

最も不適切なもの→×、そうでないもの→○

1 ○ **不2条1項1号かっこ書、山本P.61参照**

解法 **「商品等表示」には、人の業務に係る氏名が含まれる**（不2条1項1号かっこ書）。ここで、**「氏名」には、企業グループ名等も含まれる**（山本P.61参照）。したがって、企業グループ名は、商品等表示として保護されることがある。よって、本枝は不適切ではない。

2 × **不2条1項3号・4項、逐条不競P.41参照**

解法 **「商品の形態」**（不2条1項3号・4項）**には、単なる商品のアイデア等は含まれない**（逐条不競P.41参照）。したがって、商品のアイデアやコンセプトは、商品の形態の一種として、模倣行為から保護されることはない。よって、本枝は最も不適切なものである。

3 ○ **不2条1項1号かっこ書、新・注解不競P.113参照**

解法 **においは、「その他の商品又は営業を表示するもの」**（不2条1項1号かっこ書）**に該当するとして、同号の保護を受け得る**（新・注解不競P.113参照）。したがって、メモ用紙につけられた香りは、商品等表示として保護されることがある。よって、本枝は不適切ではない。

4 ○ **大阪地判H 19.7.3「めしや食堂事件」**

解法 大阪地判H 19.7.3「めしや食堂事件」では、**「店舗外観は、それ自体は営業主体を識別させるために選択されるものではないが、特徴的な店舗外観の長年にわたる使用等により、第二次的に店舗外観全体も特定の営業主体を識別する営業表示性を取得する場合もあり得ないではない」**と判示している（新・注解不競P.195参照）。したがって、店舗の外観は、商品等表示として保護されることがある。よって、本枝は不適切ではない。

5 ○ **不19条1項1号参照、新・注解不競P.1254参照**

解法 形式上は不2条1項1号・2号の不正競争となる場合でも、商品の普通名称を普通に用いられる方法で使用等する行為については、適用除外の対象となる（不19条1項1号）。しかし、**普通名称であっても、長年の間特定人の一定商品に使用された結果、その商品との関係において取引上その名称が商品の出所を示す固有名詞ないし固有名称になる場合がある**（新・注解不競P.1254参照）。したがって、いったん商品の普通名称となった表示でも、後日、普通名称でなくなれば、商品等表示として保護されることがある。よって、本枝は不適切ではない。

R2-著不6　(2) 商品形態

不正競争防止法第2条第1項第3号の不正競争（商品形態の模倣に係る不正競争）に関し、次のうち、最も適切なものは、どれか。

1　**甲**が製品開発のための試験研究の目的で、**乙**の商品である爪切りの形態を模倣した爪切りを製造する行為は、不正競争に該当する。

2　**甲**と**乙**とが共同して商品の形態を開発した場合において、**乙**が、**甲**との契約に反してその同意を得ずに当該商品を販売することは、不正競争に該当する。

3　**甲**が新たなデザインの着物姿の着せ替え人形を開発し、販売している場合において、人形用の衣服を販売している業者である**乙**が、**甲**の人形の当該着物を模倣した人形用の着物を販売することは、不正競争に該当する。

4　同一の商品について開発競争をしていた**甲**と**乙**が、実質的に同一の形態の商品を互いの商品に依拠することなく作り出すに至った場合、**甲**が**乙**よりも先に販売行為を行ったとすれば、**乙**が当該商品を販売することは、不正競争に該当する。

5　**甲**の開発したロボット**A**の形態を模倣した商品**B**を、商品**B**がロボット**A**の模倣品であることを知りながら譲り受けた**乙**が、商品**B**を消費者向けにレンタルする営業を行うことは、不正競争に該当しない。

R2-著不6

最も適切なもの→○、そうでないもの→×

1 ☒ 不2条1項3号、不競コンメンタールP.91参照

解法 模倣した商品を製造するだけの行為、すなわち、**模倣行為自体は、不2条1項3号の不正競争とならない**（不競コンメンタールP.91参照、逐条不競P.84参照）。したがって、甲が製品開発のための試験研究の目的で、乙の商品である爪切りの形態を模倣した爪切りを製造する行為は、不2条1項3号の不正競争に該当しない。よって、本枝は適切ではない。

2 ☒ 不2条1項3号、逐条不競P.84参照、東京地判H12.7.12「猫の手シミュレーションゲーム事件」参照

解法 他人の商品の形態を模倣した商品を譲渡等する行為は、不正競争となる（不2条1項3号）。ここで、「他人」とは、商品を自ら資金や労力を投下して開発し、これを商品化して市場に置いた者であるところ（山本P.115～116参照）、**共同して商品を開発した者など、商品を市場に置くに際し、費用や労力を投下した者にとっては、当該商品は「他人の商品」ではないため、このような者に対して同号に基づく請求はできない**（逐条不競P.84参照、東京地判H12.7.12「猫の手シミュレーションゲーム事件」参照）。したがって、甲と乙とが共同して商品の形態を開発した場合において、乙が、甲との契約に反してその同意を得ずに当該商品を販売することは、不2条1項3号の不正競争に該当しない。よって、本枝は適切ではない。

3 ◎ 不2条1項3号・4項、逐条不競P.40参照

解法 **商品の部品の形態については、その部品自体が「独立に取引の対象となっている場合」には、「商品の形態」**（不2条1項3号・4項）**として保護が及ぶ**（逐条不競P.40参照）。本枝において、着せ替え人形の部品である人形用の着物は、独立に取引の対象となっているため、商品の形態である。したがって、乙が、甲の着せ替え人形の着物を模倣した人形用の着物を販売することは、不2条1項3号の不正競争に該当する。よって、本枝は最も適切なものである。

4 ☒ 不2条1項3号・5項

解法 他人の商品の形態を模倣した商品を譲渡等する行為は、不正競争となる（不2条1項3号）。ここで、**「模倣する」とは、他人の商品の形態に依拠して、これと実質的に同一の形態の商品を作り出すことをいう**（同条5項）。本枝の場合、乙は、甲の商品に依拠することなく実質的に同一の形態の商品を作り出している。したがって、乙が当該商品を販売することは、不2条1項3号の不正競争に該当しない。よって、本枝は適切ではない。

5 ☒ 不19条1項5号ロかっこ書

解法 **形式上は不2条1項3号の不正競争となる場合でも、他人の商品の形態を模倣した商品を譲り受けた時にその商品が他人の商品の形態を模倣した商品であることを「知らず、かつ、知らないことにつき重大な過失がない」者が、その商品を貸渡し等する行為については、適用除外の対象となる**（不19条1項5号ロかっこ書）。しかし、本枝の場合、乙は、商品Bが甲のロボットAの模倣品であることを知りながら譲り受けているため、適用除外の対象とならない。したがって、乙の行為は、不2条1項3号の不正競争に該当する。よって、本枝は適切ではない。

R1-著不7　(2) 商品形態

不正競争防止法に関し、次のうち、最も不適切なものは、どれか。

田1　ハンドバッグのデザインは、商品形態として保護されるため、他社のハンドバッグの内部デザインをそっくり真似たハンドバッグを販売する行為は、その外部のデザインが異なる場合であっても、不正競争となる。

田2　洋服のデザインが、市場ですでに販売されている2つの洋服のデザインを組み合わせて作られたものであっても、その組合せがありふれているものではない限り、商品の形態として保護される。

田3　商品の形態が、その特異な形状によって、その商品の出所を示すものとして需要者に広く認識されている場合でも、その形状が、その種の商品の効用を発揮するために不可欠な形状である場合には、商品等表示として保護されない。

田4　商品等表示**A**が周知性を獲得する前から、不正の目的なく、表示**A**と類似する商品等表示**B**を使用していた**甲**は、表示**A**が周知性を獲得した後も、表示**B**の使用を継続できるが、**甲**から表示**B**に関する業務を承継した**乙**も、不正の目的がない限り、表示**B**を使用することができる。

田5　商品等表示**A**は、美容関係者のみに販売される化粧品に使用されている。表示**A**が、美容関係者の間では周知性を有しているが、一般消費者の間では知られていない場合には、美容関係者向けでなく一般消費者向けの化粧品に表示**A**を使用したとしても、不正競争とならない。

R1-著不7

最も不適切なもの→×、そうでないもの→○

1 ☒ 不2条1項3号・4項、逐条不競P.40

解 法 「商品の形態」（不2条1項3号・4項）の実質的同一性は商品全体について判断されるため、**外部の形状に実質的同一性が認められない場合には、内部の形状のみをもって保護を受けることはできない**（逐条不競P.40）。したがって、他社のハンドバッグの内部デザインをそっくり真似たハンドバッグを販売する行為は、その外部のデザインが異なる場合は、不正競争とならない。よって、本枝は最も不適切なものである。

2 ◎ 不2条1項3号、東京地判H 24.12.25「コイル状ストラップ付タッチペン事件」、小野・松村（上）P.303参照

解 法 「ありふれた形態」は不2条1項3号にいう「商品の形態」に該当しない（小野・松村（上）P.303参照）。また、東京地判H 24.12.25「コイル状ストラップ付タッチペン事件」では、**「『商品の形態』が『ありふれた形態』であるか否かは，商品を全体として観察して判断すべきであって，全体としての形態を構成する個々の部分的形状を取り出して個別にそれがありふれたものかどうかを判断した上で，各形状を組み合わせることが容易かどうかを問題にするというような手法により判断すべきものではない。」**と判示している。したがって、洋服のデザインが、市場ですでに販売されている2つの洋服のデザインを組み合わせて作られたものであっても、その組合せがありふれているものではない限り、商品の形態として保護される。よって、本枝は不適切ではない。

3 ◎ 不2条1項1号、逐条不競P.67～68参照

解 法 商品の形態は、特定の商品の形態が同種の商品と識別し得る独自の特徴を有し、需要者の間で広く認識された場合には、商品等表示性（不2条1項1号）が認められるが（知財高判H 24.12.26「眼鏡タイプのルーペ事件」参照）、**同種の商品に共通してその特有の機能及び効用を発揮するために必然的、不可避的に採用せざるをえない商品形態やありふれた商品形態には、商品等表示性は認められない**（逐条不競P.67～68参照）。したがって、本枝において、その形状が、その種の商品の効用を発揮するために不可欠な形状である場合には、商品等表示として保護されない。よって、本枝は不適切ではない。

4 ◎ 不19条1項3号

解 法 本枝において、**形式上は不2条1項1号の不正競争となる場合でも、他人の商品等表示Aが周知性を獲得する前からその商品等表示Aと類似する商品等表示Bを使用していた甲又はその商品等表示Bに関する業務を承継した乙がその商品等表示**

Ｂを不正の目的でなく使用する行為については、適用除外の対象となる（不19条１項３号）。したがって、甲は、Ａが周知性を獲得した後も、Ｂの使用を継続できる。また、甲からＢに関する業務を承継した乙も、不正の目的がない限り、Ｂを使用することができる。よって、本枝は不適切ではない。

5　◎　不２条１項１号、逐条不競P.73

解　法　他人の商品等表示として需要者の間に広く認識されている（周知な）ものと同一又は類似の商品等表示を使用して、他人の商品又は営業と混同を生じさせる行為は、不正競争となる（不２条１項１号）。ここで、**「混同」**（不２条１項１号）**の判断は、表示の使用方法、態様等の諸般の事情をもとに、一般人を基準として判断すべきであるとされている**（逐条不競P.73）。本枝の場合、表示Ａは、美容関係者の間では周知性を有しているが、一般消費者の間では知られていないため、美容関係者向けでなく一般消費者向けの化粧品にＡを使用したとしても、「混同」は生じないといえる。したがって、本枝の行為は、不正競争とならない。よって、本枝は不適切ではない。

H28-著不７ （2）商品形態

実施日 ／ ／ ／

甲が商品化した財布**A**について、**乙**が**A**の商品形態をそっくりまねた財布**B**を製造した場合において、不正競争防止法第２条第１項第３号の不正競争（商品形態の模倣に係る不正競争）に関し、次のうち、最も適切なものは、どれか。

☐1　**乙**が**B**を製造する行為自体は、不正競争とならない。

☐2　**乙**が**B**を販売した場合において、刑事罰の対象となるのは、**乙**が**甲**に損害を加える目的で販売したときに限られる。

☐3　**乙**が**B**を輸出する行為は、刑事罰の対象とならない。

☐4　**乙**が**B**を販売した場合、**甲**から**A**の販売について許諾を受けた**丙**は、**乙**に対し、**B**の販売の差止めを請求できる。

☐5　**乙**が**丁**に**B**を譲り渡した時点で、**丁**は、**B**が**A**の模倣品であることを知らず、かつ知らなかったことにつき重大な過失がなかったとしても、**丁**が**B**を販売する時点で、**B**が**A**の模倣品であることを知っていた場合は、不正競争防止法上の責任を負う。

H28-著不7

最も適切なもの→○、そうでないもの→×

1 ○ 不2条1項3号、不競コンメンタールP.91参照

解法 模倣した商品を製造するだけの行為、すなわち、**模倣行為自体は、不2条1項3号の不正競争とならない**（不競コンメンタールP.91参照、逐条不競P.84参照）。したがって、乙が財布Aの商品形態をそっくりまねた財布Bを製造する行為自体は、不2条1項3号の不正競争とならない。よって、本枝は最も適切なものである。

2 × 不2条1項3号、不21条2項3号

解法 **他人の商品の形態を模倣した商品を譲渡等する行為**（不2条1項3号）**は、「不正の利益を得る目的」がなければ、刑事罰の対象とならない**（不21条2項3号）。したがって、本枝において、刑事罰の対象となるのは、乙が「甲に損害を加える目的」で販売したときに限られない。よって、本枝は適切ではない。

3 × 不2条1項3号、不21条2項3号

解法 **不正の利益を得る目的で、他人の商品の形態を模倣した商品を「輸出」等する行為**（不2条1項3号）**は、刑事罰の対象となる**（不21条2項3号）。したがって、乙が財布Aの商品形態をそっくりまねた財布Bを輸出する行為は、刑事罰の対象とならないわけではない。よって、本枝は適切ではない。

4 × 不2条1項3号、逐条不競P.84参照

解法 **不2条1項3号の請求主体は、原則として、形態模倣の対象とされた商品を自ら開発・商品化して市場に置いた先行開発者であるため、販売権者は原則として含まれない**（逐条不競P.84参照）。したがって、本枝において、甲から財布Aの販売について許諾を受けた丙は、乙に対し、財布Bの販売の差止めを請求できるわけではない。よって、本枝は適切ではない。

チェック 独占的販売権者については保護の主体とされた事例がある（逐条不競P.84、大阪地判H16.9.13「ヌーブラ事件」）。

5 × 不19条1項5号ロかっこ書

解法 **形式上は不2条1項3号の不正競争となる場合でも、他人の商品の形態を模倣した商品を「譲り受けた時に」その商品が他人の商品の形態を模倣した商品であることを知らず、かつ、知らないことにつき重大な過失がない者が、その商品を譲渡等する行為については、適用除外の対象となる**（不19条1項5号ロかっこ書）。したがって、乙が丁に財布Bを譲り渡した時点で、丁は、Bが財布Aの模倣品であることを知らず、かつ知らなかったことにつき重大な過失がなかったときは、丁がBを「販売する時点で」、BがAの模倣品であることを知っていた場合でも、不正競争防止法上の責任を負わない。よって、本枝は適切ではない。

H27-28　(2) 商品形態

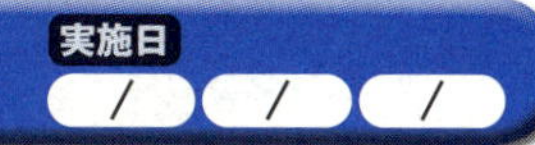

不正競争防止法第２条第１項第３号で保護される「商品の形態」に関し、次のうち、最も適切なものは、どれか。

□1　最終製品の一部分を構成する部品の形態は、「商品の形態」には含まれない。
□2　需要者が、商品を使用する際に、通常目にすることがない商品内部の形状や模様は、「商品の形態」には含まれない。
□3　商品の手触りなどの質感は、「商品の形態」には含まれない。
□4　商品に付けられた香りも、「商品の形態」に含まれる。
□5　複数の商品を組み合わせて、１つの箱に収納されたセット商品の外観は、「商品の形態」には含まれない。

H27-28

最も適切なもの→〇、そうでないもの→×

1 ☒ 不2条1項3号・4項、逐条不競P.40参照

解　法 商品の部品の形態については、その部品自体が「独立に取引の対象となっている場合」には、「商品の形態」（不2条1項3号・4項）として保護が及ぶ（逐条不競P.40参照）。したがって、最終製品の一部分を構成する部品の形態は、「商品の形態」に含まれないわけではない。よって、本枝は適切ではない。

2 ◎ 不2条1項3号・4項、逐条不競P.39～40参照

解　法 不2条1項3号で保護される「商品の形態」とは、需要者が通常の用法に従った使用に際して知覚によって認識することができる商品の外部及び内部の形状並びにその形状に結合した模様等をいう（同条4項）。すなわち、内部の形状については、商品の通常の使用に際して需要者に外部から容易に認識され、需要者に注目される場合でなければ「商品の形態」に該当しない（逐条不競P.39～40参照）。したがって、需要者が、商品を使用する際に、通常目にすることがない商品内部の形状や模様は、「商品の形態」には含まれない。よって、本枝は最も適切なものである。

3 ☒ 不2条1項3号・4項

解　法 不2条1項3号で保護される「商品の形態」とは、需要者が通常の用法に従った使用に際して知覚によって認識することができる商品の外部及び内部の形状並びにその形状に結合した「質感」等をいう（同条4項）。したがって、商品の手触りなどの質感は、「商品の形態」に含まれないわけではない。よって、本枝は適切ではない。

4 ☒ 不2条1項3号・4項、逐条不競P.39参照

解　法 不2条1項3号で保護される「商品の形態」とは、需要者が通常の用法に従った使用に際して「知覚」によって認識することができる商品の外部及び内部の形状等をいう（同条4項）。ここで、「知覚」とは、視覚及び触覚をいうため（逐条不競P.39参照）、香りは「知覚」に該当しない。したがって、商品に付けられた香りは、「商品の形態」には含まれない。よって、本枝は適切ではない。

5 ☒ 不2条1項3号、大阪地判H10.9.10「小熊タオルセット事件」参照

解　法 複数の商品や付属品等を容器・包装に入れたセット商品の形態は、不2条1項3号にいう「商品の形態」に当たるといえる（大阪地判H10.9.10「小熊タオルセット事件」参照、新・注解不競P.484参照）。したがって、複数の商品を組み合わせて、1つの箱に収納されたセット商品の外観は、「商品の形態」に含まれないわけではない。よって、本枝は適切ではない。

R3-著不７　(3) 営業秘密

実施日　／　／　／

不正競争防止法上の営業秘密に関し、次のうち、最も適切なものは、どれか。

田１　様々な刊行物に掲載された情報の断片を集めて構成された情報が、営業秘密に該当することはない。

田２　営業秘密を取得する際に、その営業秘密について、たとえ直接の相手方に営業秘密不正取得行為が認められなくても、その営業秘密のその相手方への伝達の過程で営業秘密不正取得行為が介在したのであれば、その営業秘密の取得が不正競争に該当することがある。

田３　営業秘密保有者からその営業秘密を示された者が、自分ではなく第三者に不正の利益を得させる目的でその営業秘密を開示する行為は、不正競争に該当することはない。

田４　営業秘密保有者からその営業秘密を示された者が、不正の利益を得る目的、及びその営業秘密保有者に損害を加える目的のいずれも有さずに、その営業秘密を開示した場合、その開示を受けた者がその営業秘密を取得する行為が不正競争に該当することはない。

田５　営業秘密を取得した後、その営業秘密につき営業秘密不正取得行為が介在していた事実を知った場合には、それ以降その営業秘密を使用する行為は常に不正競争防止法上の規制の対象となる。

R3-著不7

最も適切なもの→○、そうでないもの→×

1 ☒ 不2条6項、逐条不競P.47

解法 法上の営業秘密に該当するためには、非公知性が要件の1つとされている（不2条6項）。ここで、「営業秘密」とは、様々な知見を組み合わせて一つの情報を構成していることが通常であるが、ある情報の断片が様々な刊行物に掲載されており、その断片を集めてきた場合、当該営業秘密たる情報に近い情報が再構成され得るからといって、そのことをもって直ちに非公知性が否定されるわけではない（逐条不競P.47）。したがって、様々な刊行物に掲載された情報の断片を集めて構成された情報が、営業秘密に該当することがある。よって、本枝は適切ではない。

2 ◎ 不2条1項5号、逐条不競P.91参照

解法 その営業秘密について営業秘密不正取得行為が介在したことを知って、若しくは重大な過失により知らないで営業秘密を取得等する行為は、不正競争となる（不2条1項5号）。ここで、「介在」とは、自らが取得する前のいずれかの時点で不正取得行為がなされたことを意味するため、不正取得行為を行った者から直接取得する場合だけでなく、間接的に取得する場合であっても、取得時に不正取得行為の介在につき悪意・重過失であれば、その取得行為等は本号の対象となる（逐条不競P.91参照）。よって、本枝は最も適切なものである。

3 ☒ 不2条1項7号、逐条不競P.94参照

解法 営業秘密保有者からその営業秘密を示された場合において、不正の利益を得る目的等で、その営業秘密を開示等する行為は、不正競争となる（不2条1項7号）。ここで、「不正の利益を得る目的」には、自ら不正の利益を得る目的（自己図利目的）のみならず、第三者に不正の利益を得させる目的（第三者図利目的）も含まれる（逐条不競P.94参照）。したがって、営業秘密保有者からその営業秘密を示された者が、自分ではなく第三者に不正の利益を得させる目的でその営業秘密を開示する行為は、不正競争に該当することがある。よって、本枝は適切ではない。

4 ☒ 不2条1項8号かっこ書

解法 その営業秘密について営業秘密不正開示行為であること等を知って、若しくは重大な過失により知らないで営業秘密を取得等する行為は、不正競争となる（不2条1項8号）。ここで、「営業秘密不正開示行為」とは、営業秘密保有者から営業秘密を示された者が、不正の利益を得る目的で、若しくはその営業秘密保有者に損害を加える目的で、又は「秘密を守る法律上の義務に違反して」その営業秘密を開示する行為をいう（同号かっこ書）。したがって、営業秘密保有者からその営業秘密を示された者が、不正の利益を得る目的、及びその営業秘密保有者に損害を加える目的のいずれも有さずに、その営業秘密を開示した場合であっても、秘密を守る法律上の義務に違反してその営業秘密を開示した場合であれば、その開示を受けた者がその営業秘密を取得する行為が不正競争に該当することがある。よって、本枝は適切ではない。

5　☒　不19条1項6号

解　法　善意・無重過失で営業秘密を取得しても、その取得した後にその営業秘密について営業秘密不正取得行為が介在したことを知ってその取得した営業秘密を使用する行為は、不正競争となる（不２条１項６号）。しかし、**形式上は同号の不正競争となる場合でも、取引によって営業秘密を取得した時に善意・無重過失であり、その取引によって取得した権原の範囲内においてその営業秘密を使用する行為については、適用除外の対象となる**（不19条１項６号）。したがって、営業秘密を取得した後、その営業秘密につき営業秘密不正取得行為が介在していた事実を知った場合、それ以降その営業秘密を使用する行為は「常に」不正競争防止法上の規制の対象となるわけではない。よって、本枝は適切ではない。

R2-著不9　(3) 営業秘密

実施日　／　／　／

営業秘密に関し、次のうち、最も不適切なものは、どれか。

田1　従業員が頭の中に記憶している情報は、事業者が当該情報について秘密管理措置を実施していたとしても、営業秘密に該当することはない。

田2　ある情報が、会社により秘密として管理されているかどうかの判断にあたっては、当該情報にアクセスした従業員や外部者に、当該情報が秘密であることが十分に認識できるようにされていることが考慮される。

田3　営業秘密性の判断において、非公知性の要件は、過去に外国の刊行物に掲載されていた情報であっても認められる場合がある。

田4　営業秘密の「取得」には、営業秘密が記録されている媒体を自己の管理下に置く行為や、営業秘密保有者の会話を聞いて記憶する行為も含まれる。

田5　化学物質の製造工程に関する営業秘密が記録されているＵＳＢメモリが窃取された場合、当該ＵＳＢメモリを、それが窃取されたものであることを知らないで譲り受け、かつ、その知らなかったことについて重大な過失がなかったときは、その譲り受ける行為は、不正競争には該当しない。

R2-著不9

最も不適切なもの→×、そうでないもの→○

1 ☒ 不2条6項、逐条不競P.44

解法 法上の営業秘密に該当するためには、秘密管理性が要件の1つとされている（不2条6項）。ここで、**従業者の頭の中に記憶されている情報など媒体が利用されない形の情報であっても、事業者が営業秘密となる情報のカテゴリーをリスト化することや、営業秘密となる情報を具体的に文書等に記載することといった秘密管理措置を通じて、従業員等の認識可能性が担保される限りにおいて「営業秘密」に該当し得る**（逐条不競P.44）。したがって、従業員が頭の中に記憶している情報は、事業者が当該情報について秘密管理措置を実施していたとき、営業秘密に該当し得る。よって、本枝は最も不適切なものである。

2 ◎ 東京高判H 29.3.21「ベネッセ顧客情報漏えい事件」

解法 東京高判H 29.3.21「ベネッセ顧客情報漏えい事件」では、**「情報が秘密として管理されているというためには、当該情報に関して、その保有者が主観的に秘密にしておく意思を有しているだけでなく、当該情報にアクセスした従業員や外部者に、当該情報が秘密であることが十分に認識できるようにされていることが重要」**と判示している（逐条不競P.43参照）。したがって、ある情報が、会社により秘密として管理されているかどうかの判断にあたっては、当該情報にアクセスした従業員や外部者に、当該情報が秘密であることが十分に認識できるようにされていることが考慮される。よって、本枝は不適切ではない。

3 ◎ 逐条不競P.47

解法 **情報が実は外国の刊行物に過去に記載されていたような状況であっても、当該情報の管理地においてその事実が知られておらず、その取得に時間的・資金的に相当のコストを要する場合には、非公知性はなお認められ得る**（逐条不競P.47）。したがって、営業秘密性の判断において、非公知性の要件は、過去に外国の刊行物に掲載されていた情報であっても認められる場合がある。よって、本枝は不適切ではない。

4 ◎ 逐条不競P.89参照

解法 営業秘密の「取得」とは、営業秘密を自己の管理下に置く行為をいい、例えば、**営業秘密が記録されている媒体を介して自己が営業秘密自体を手に入れる行為が該当する**。また、不2条1項4号に該当する営業秘密不正取得行為としては、例えば、**営業秘密保有者の会話や会議等を盗聴や電波傍受等で盗み聞きする方法で営業秘密を取得する行為が考えられる**（逐条不競P.89参照）。したがって、営業秘密の「取得」には、営業秘密が記録されている媒体を自己の管理下に置く行為や、営業秘密保有者の会話を聞いて記憶する行為も含まれる。よって、本枝は不適切ではない。

5 ◎ 不2条1項5号参照

解法 **その営業秘密について営業秘密不正取得行為が介在したことを「知って、若しくは重大な過失により知らないで」営業秘密を取得する行為は、不正競争となる**（不2条1項5号）。したがって、営業秘密が記録されているＵＳＢメモリが窃取されたものであること（営業秘密不正取得行為が介在したこと）を知らないで譲り受け、かつ、その知らなかったことについて重大な過失がなかったときは、その譲り受ける行為は、不正競争には該当しない。よって、本枝は不適切ではない。

R1-著不９　(3) 営業秘密

実施日　／　／　／

不正競争防止法上の営業秘密に関し、次のうち、最も適切なものは、どれか。

☐ 1　**甲**が**丙**から**乙**の営業秘密を取得した後に、その営業秘密に関する産業スパイ事件が大々的に報道された結果、**甲**が**丙**による営業秘密不正取得行為が介在していた事実を知ったとしても、**甲**が**丙**から営業秘密を取得する時点でその事実を知らなかったのであれば、その後、**甲**が当該営業秘密を使用したとしても、不正競争とならない。

☐ 2　営業秘密保有者である**甲**社が、その下請企業である**乙**社に営業秘密を示した場合、**乙**社の従業員**丙**が、**甲**社と競争関係にある事業を行う目的のある**丁**社に営業秘密を開示したとしても、不正競争とならない。

☐ 3　人材派遣事業等を主たる営業目的とする**甲**社の従業員**乙**は、守秘義務を負うにもかかわらず、**甲**社が保有する営業秘密である派遣スタッフの管理名簿を他社の従業員**丙**に開示した。**丙**が、**乙**の開示行為が当該守秘義務の違反に該当することを知りながら、対価を支払って当該管理名簿を買い取る場合、不正競争となる。

☐ 4　**甲**は、産業機械のメーカーである**乙**社が保有する、産業ロボットの組立技術に関する営業秘密を不正に取得し、これを使用して産業ロボットを製造した。**丙**は、営業秘密侵害品であることについて重過失なく知らないで**甲**から当該産業ロボットを購入し、**丁**に譲渡した。この場合、**丙**による**丁**への譲渡行為は、不正競争となる。

☐ 5　**甲**社の従業員**乙**は、守秘義務を負うにもかかわらず、**甲**社が保有する営業秘密である顧客名簿を他社の従業員**丙**に開示した。**丙**が、**乙**の開示行為が当該守秘義務の違反に該当したことについて、重過失なく知らないまま当該顧客名簿を使用する行為は、不正競争となる。

R1-著不9

最も適切なもの→○、そうでないもの→×

1 × 不2条1項6号、不19条1項6号

解　法　善意で営業秘密を取得しても、その取得した後にその営業秘密について営業秘密不正取得行為が介在したことを知ってその取得した営業秘密を使用する行為は、不正競争に該当する（不2条1項6号）。ここで、**「取引によって」営業秘密を取得した者（その取得した時にその営業秘密について営業秘密不正取得行為が介在したこと等を知らず、かつ、「知らないことにつき重大な過失がない」者に限る。）がその取引によって取得した権原の範囲内においてその営業秘密を使用等する行為については、適用除外の対象となる**が（不19条1項6号）、本枝では、取引によって営業秘密を取得したか否か、及び営業秘密不正取得行為が介在したことを知らないことにつき重大な過失がないか否かは不明である。したがって、本枝の行為は、不正競争となり得る。よって、本枝は適切ではない。

平成30年法改正に対応させるため、問題文を一部修正した。

2 × 不2条1項7号

解　法　**営業秘密保有者からその営業秘密を示された場合において、図利加害目的で、その営業秘密を開示する行為は、不正競争となる**（不2条1項7号）。本枝において、甲社と競争関係にある事業を行う目的のある丁社に営業秘密を開示することは、図利加害目的で営業秘密を開示する行為といえる。したがって、本枝の行為は、不正競争となる。よって、本枝は適切ではない。

平成30年法改正に対応させるため、問題文を一部修正した。

3 ○ 不2条1項8号かっこ書、不19条1項6号かっこ書

解　法　**その営業秘密について営業秘密不正開示行為であることを知って営業秘密を取得する行為は、不正競争となる**（不2条1項8号）。ここで、**「営業秘密不正開示行為」とは、秘密を守る法律上の義務に違反してその営業秘密を開示する行為等をいう**（同号かっこ書）。また、取引によって営業秘密を取得した者がその取引によって取得した権原の範囲内においてその営業秘密を使用等する行為については、適用除外の対象となるが（不19条1項6号）、本枝では、丙は、その取得をした時にその営業秘密について不正開示行為であることを知っているため、「取引によって営業秘密を取得した者」に該当しない（同号かっこ書）。したがって、本枝の行為は、不正競争となる。よって、本枝は最も適切なものである。

4 ☒ 不2条1項10号かっこ書

解　法　不2条1項4号～9号に掲げる行為のうち、技術上の秘密を使用する行為（不正使用行為）により生じた物を譲渡する行為は、不正競争となる（同項10号）。しかし、**同号の行為からは、当該物を譲り受けた者（その譲り受けた時に当該物が不正使用行為により生じた物であることを知らず、かつ、知らないことにつき重大な過失がない者に限る。）が当該物を譲渡する行為は、除かれている**（同号かっこ書）。本枝において、丙は、営業秘密侵害品であることについて重過失なく知らないで産業ロボットの組立技術に関する営業秘密の不正使用により製造された産業ロボットを購入している。したがって、丙による丁への譲渡行為は、不正競争とならない。よって、本枝は適切ではない。

5 ☒ 不2条1項9号

解　法　**その取得した後にその営業秘密について営業秘密不正開示行為があったことを知って、又は重大な過失により知らないでその取得した営業秘密を使用する行為は、不正競争となる**（不2条1項9号）。すなわち、第2次取得者の行為が不正競争行為とされるためには、悪意・重過失という主観的要件が満たされる必要がある（茶園不競P.75）。本枝において、丙は、乙の開示行為が守秘義務の違反に該当したことについて、重過失なく知らないまま顧客名簿を使用している。したがって、本枝の行為は、不正競争とならない。よって、本枝は適切ではない。

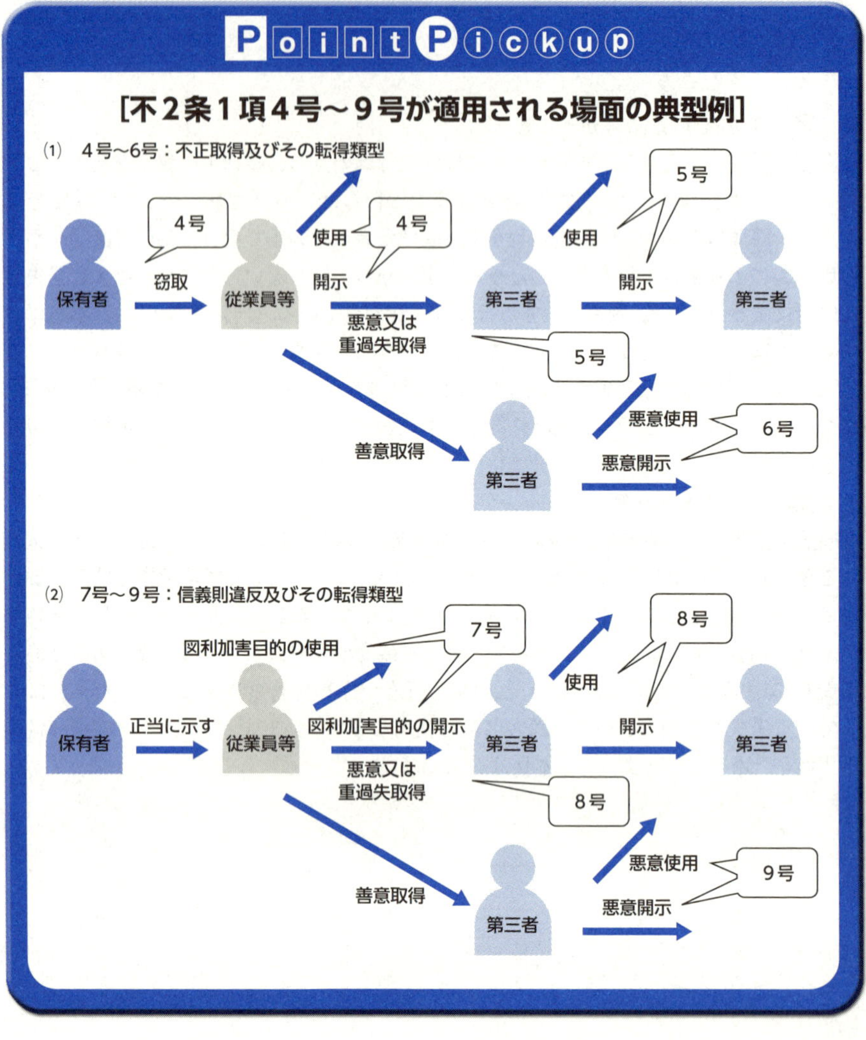
Point Pickup
[不2条1項4号～9号が適用される場面の典型例]
(1) 4号～6号：不正取得及びその転得類型
4号
保有者
窃取
従業員等
使用
4号
開示
悪意又は
重過失取得
第三者
使用
5号
開示
第三者
5号
善意取得
第三者
悪意使用
6号
悪意開示
(2) 7号～9号：信義則違反及びその転得類型
図利加害目的の使用
7号
保有者
正当に示す
従業員等
図利加害目的の開示
悪意又は
重過失取得
第三者
使用
8号
開示
第三者
8号
善意取得
第三者
悪意使用
9号
悪意開示

H30-著不2　(3) 営業秘密

実施日　／　／　／

不正競争防止法上の営業秘密の保護に関し、次のうち、最も適切なものは、どれか。

田1　特許出願された技術情報は、出願公開前に取り下げられた場合でも、営業秘密として保護されることはない。

田2　他社の営業秘密を入手する目的で、その営業秘密を熟知した従業者を脅し、当該営業秘密の開示を受けた場合でも、当該営業秘密を使用しない限り、不正競争とならない。

田3　外国の政府機関を利する目的で営業秘密を窃取する行為は、不正競争とならない。

田4　会社から営業秘密へのアクセス権限を与えられた従業者が、自宅で残業をする意図で、当該会社の許可を得ずに、当該営業秘密が記載された書面を持ち帰る行為は、不正競争とならない。

田5　会社から営業秘密を記載した技術文書の開示を受けた従業者が、当該文書の管理上の不注意により、第三者に当該文書の内容を知られてしまった場合、当該従業者の行為は不正競争となる。

H30-著不2

最も適切なもの→○、そうでないもの→×

1 ☒ 不2条6項、訴訟要論不商P.140参照、青本特64条参照

解法 法上の営業秘密に該当するためには、非公知性が要件の1つとされている（不2条6項）。ここで、**特許出願された場合でも、その出願に基づき技術内容が公開されるまでは、非公知性は失われず、営業秘密として保護対象となる**（訴訟要論不商P.140参照）。また、**出願公開前に特許出願が取り下げられたときは、出願公開は行われない**（青本特64条参照）。したがって、特許出願された技術情報は、出願公開前に取り下げられた場合には、営業秘密として保護されることがある。よって、本枝は適切ではない。

2 ☒ 不2条1項4号

解法 **強迫等の不正の手段により営業秘密を取得する行為（営業秘密不正取得行為）は、不正競争となる**（不2条1項4号）。したがって、本枝において、営業秘密を使用しない限り、不正競争とならないわけではない。よって、本枝は適切ではない。

3 ☒ 不2条1項4号

解法 窃取等の不正の手段により営業秘密を取得する行為（営業秘密不正取得行為）は、不正競争となる（不2条1項4号）。ここで、**同号の営業秘密不正取得行為については、目的要件による限定はない**（逐条不競P.249参照）。したがって、外国の政府機関を利する目的で営業秘密を窃取する行為は、不正競争となる。よって、本枝は適切ではない。

4 ◎ 不2条1項7号

解法 営業秘密保有者からその営業秘密を示された場合において、図利加害目的で、その営業秘密を使用し、又は開示する行為は、不正競争となる（不2条1項7号）。ここで、営業秘密へのアクセス権限を与えられた場合は、「営業秘密保有者からその営業秘密を示された場合」に該当する（逐条不競P.94参照）。しかし、本枝において、**自宅で残業をする意図で、会社の許可を得ずに、営業秘密が記載された書面を持ち帰る行為は、図利加害目的で営業秘密を使用等する行為とはいえない**。したがって、本枝の行為は、不正競争とならない。よって、本枝は最も適切なものである。

5 ☒ 不2条1項7号

解法 営業秘密保有者からその営業秘密を示された場合において、図利加害目的で、その営業秘密を使用し、又は開示する行為は、不正競争となる（不2条1項7号）。しかし、本枝において、**従業者が、営業秘密を記載した技術文書の管理上の不注意により、第三者に当該文書の内容を知られてしまった場合、当該従業者の行為は、図利加害目的で営業秘密を使用等する行為とはいえない**。したがって、本枝の行為は、不正競争とならない。よって、本枝は適切ではない。

H29-著不6　(3) 営業秘密

食品会社である**甲**社は、独自に開発したスパイスの製造方法**A**を秘密管理しており、製造方法**A**は公然と知られていない。不正競争防止法上の不正競争に関し、次のうち、最も適切なものは、どれか。

田1　**乙**が、**甲**社の従業員を強迫して、製造方法**A**を聞き出した。**乙**がその情報を**丙**に開示する行為は、**丙**に秘密保持義務を課している限り、不正競争とならない。

田2　**乙**が、**甲**社の従業員を強迫して製造方法**A**を聞き出し、その方法を使ってスパイスを製造する行為は、そのスパイスを販売しない限り、不正競争とならない。

田3　**乙**は、**甲**社の工場に無断で侵入し、商品庫に保管されていたスパイスを窃取した。そのスパイスが、製造方法**A**を使用して製造された物である場合、**甲**社は、**乙**が当該スパイスを第三者に譲渡する行為を差し止めることができる。

田4　**甲**社の従業員**乙**は、秘密保持契約に基づき、**甲**社から製造方法**A**の開示を受けた。**乙**は、その情報を**丙**に開示した。**乙**に、不正の利益を得る目的や、**甲**社に損害を加える目的がない場合であっても、**乙**の開示行為は不正競争となる。

田5　**甲**社の従業員**乙**は、秘密保持契約に基づき、**甲**社から製造方法**A**の開示を受けた。**乙**は、その情報を**丙**に開示した。**丙**が、**乙**が秘密保持義務に違反して開示していることを知っていた場合には、**丙**の取得行為は不正競争となる。

H29-著不6

最も適切なもの→○、そうでないもの→×

1 ☒ 不2条1項4号かっこ書

解法 強迫等の不正の手段により営業秘密を取得する行為（営業秘密不正取得行為）により取得した営業秘密を開示する行為は、不正競争となる（不2条1項4号）。また、**「開示する行為」には、秘密を保持しつつ特定の者に示すことも含まれる**（同号かっこ書）。したがって、本枝において、乙がその情報を丙に開示する行為は、丙に秘密保持義務を課している場合であっても、不正競争となる。よって、本枝は適切ではない。

2 ☒ 不2条1項4号、茶園不競P.76参照

解法 強迫等の不正の手段により営業秘密を取得する行為（営業秘密不正取得行為）により取得した営業秘密を使用する行為は、不正競争となる（不2条1項4号）。ここで、**「使用」とは、例えば、製造ノウハウを用いて製品を製造すること等が該当する**（茶園不競P.76参照）。したがって、本枝において、製造方法Aを使ってスパイスを製造する行為は、そのスパイスを販売しない場合であっても、不正競争となる。よって、本枝は適切ではない。

3 ☒ 不2条1項10号

解法 不2条1項4号～9号に掲げる行為のうち、技術上の秘密を使用する行為（不正使用行為）により生じた物を譲渡する行為は、不正競争となる（同項10号）。しかし、**本枝のスパイスは、甲社の商品庫に保管されていた物であるため、「不正使用行為により生じた物」とはいえない**。したがって、そのスパイスが、製造方法Aを使用して製造された物である場合でも、甲社は、乙が当該スパイスを第三者に譲渡する行為を差し止めること（不3条1項）はできない。よって、本枝は適切ではない。

4 ☒ 不2条1項7号

解法 **営業秘密保有者からその営業秘密を示された場合において、「不正の利益を得る目的で、又はその営業秘密保有者に損害を加える目的で」、その営業秘密を開示する行為は、不正競争となる**（不2条1項7号）。したがって、本枝において、乙に、不正の利益を得る目的や、営業秘密保有者である甲社に損害を加える目的がない場合には、乙の開示行為は不正競争とならない。よって、本枝は適切ではない。

5 ◎ 不2条1項8号かっこ書

解法 **その営業秘密について営業秘密不正開示行為であることを知って営業秘密を取得する行為は、不正競争となる**（不2条1項8号）。ここで、**「営業秘密不正開示行為」とは、秘密を守る法律上の義務に違反してその営業秘密を開示する行為等をいう**（同号かっこ書）。したがって、本枝において、丙が、乙が秘密保持義務に違反して開示していることを知っていた場合には、丙の取得行為は不正競争となる。よって、本枝は最も適切なものである。

H28-著不9　(3) 営業秘密

実施日　/　/　/

不正競争防止法上の営業秘密の保護に関し、次のうち、最も適切なものは、どれか。

田1　**甲**社は、自社の販売する商品の仕入先の情報をとりまとめた資料を、社外に知られてはならない秘密であると認識していた。この場合、**甲**社が秘密として管理するためにとっていた措置のいかんを問わず、当該資料は、**甲**社の営業秘密として保護される。

田2　**甲**社が外国公務員に対して不正の利益を供与したという情報は、当該情報が秘密として厳重に管理されている場合には、**甲**社の営業秘密として保護される。

田3　**甲**社が、**乙**社との事業提携の交渉に際して、**乙**社から開示を受けるすべての情報を対象とした秘密保持契約を**乙**社との間で締結した場合は、当該契約に基づき開示されたすべての情報は、**乙**社の営業秘密として保護される。

田4　**甲**社は、公開情報を用いて上場会社の役員らに対して通信販売用の商品カタログを送付し、商品を注文してきた者について注文内容を記録した顧客カードを作成し、秘密として管理していた。当該顧客カードは、**甲**社の営業秘密として保護される。

田5　**甲**社により製造された市販品について、ごく簡単な解析を行うことにより、事業活動に有用な技術上の情報を容易に知ることができるという場合でも、当該情報は、**甲**社が秘密として管理していれば**甲**社の営業秘密として保護される。

H28-著不9

最も適切なもの→○、そうでないもの→×

1 ☒ 不2条6項、逐条不競P.43参照

解法 営業秘密の要件（不2条6項）の1つである秘密管理性については、営業秘密保有者が当該情報を秘密であると単に主観的に認識しているだけでは十分ではなく、営業秘密保有者の秘密管理意思が、営業秘密保有者が実施する具体的状況に応じた経済合理的な秘密管理措置によって従業員等に対して明確に示され、当該秘密管理意思に対する従業員等の認識可能性が確保される必要がある（逐条不競P.43参照）。したがって、本枝において、当該資料は、甲社がとっていた秘密管理措置のいかんを問わず、甲社の営業秘密として保護されるわけではない。よって、本枝は適切ではない。

2 ☒ 不2条6項、逐条不競P.46参照

解法 「営業秘密」とは、秘密として管理されている「事業活動に有用な技術上又は営業上の情報」であって、公然と知られていないものをいう（不2条6項）。しかし、内外の公務員に対する賄賂の提供等といった、反社会的な行為に係る情報は、事業活動に有用な情報であるとはいえないので、営業秘密には該当しないものと考えられる（逐条不競P.46参照）。したがって、甲社が外国公務員に対して不正の利益を供与したという情報は、当該情報が秘密として厳重に管理されている場合でも、甲社の営業秘密として保護されない。よって、本枝は適切ではない。

3 ☒ 不2条6項、不競コンメンタールP.264参照

解法 営業秘密の要件（不2条6項）の1つである秘密管理性については、特定の、あるいは少なくとも一定の範囲の情報が秘密であることがアクセスする者にとって客観的に認識されるようになっている必要がある。そのため、秘密保持契約等が存在していても、その企業者のすべての情報につき秘密管理性が認められることにはならない（不競コンメンタールP.264参照）。したがって、本枝において、開示されたすべての情報が、乙社の営業秘密として保護されるわけではない。よって、本枝は適切ではない。

4 ◯ 不2条6項、不競コンメンタールP.265～266参照

解法 法上の営業秘密に該当するためには、非公知性が要件の1つとされている（不2条6項）。ここで、個別の情報が公知であっても、それに基づき編集したデータベースが秘密として管理されているときは、このデータベースは非公知であるといえる。例えば、通信販売会社が、公知情報となっている氏名等に基づき、ダイレクトメールを送付し、その中から注文のあった者を抽出等した顧客カードを作成してこれを保管し、営業上の秘密として極秘扱をしている場合、この顧客カードは非公知である（不競コンメンタールP.265～266参照、大阪高判S 58.3.3「コルム貿易事件」参照）。したがって、本枝において、当該顧客カードは、甲社の営業秘密として保護される。よって、本枝は最も適切なものである。

5 ☒ 不2条6項、新・注解不競P.856参照

解法 誰でもごく簡単に製品を解析することによって営業秘密を取得できるような場合には、当該製品を市販したことによって、営業秘密自体を公開したに等しく、営業秘密の要件（不2条6項）の1つである非公知性を失う（新・注解不競P.856参照）。したがって、本枝の情報は、甲社が秘密として管理していても、甲社の営業秘密として保護されない。よって、本枝は適切ではない。

H27-39　(3) 営業秘密

不正競争防止法上の営業秘密に関し、次のうち、最も不適切なものは、どれか。

田1　成分が営業秘密とされている製品を市場で購入し、その製品を分析して、同一の製品を製造販売することは、不正競争とはならない。

田2　製造委託取引において、秘密保持を約して、製品の製造方法に関する営業秘密の提供を受けた会社が、その営業秘密を流用して委託者の競合他社のために当該製品を製造販売することは、不正競争となる。

田3　製造工程に関する営業秘密を管理する立場にある競合他社の社員に転職を勧めることは、不正競争とはならない。

田4　社内で秘密として管理されている、法令に反する廃水の自社工場からの流出に関する情報を、新聞記者に漏らすことは、不正競争とはならない。

田5　自己の所有する記録媒体に営業秘密のデータを上司の承認を得て保存していた従業員が、当該データの消去を失念したまま退職することは、不正競争となる。

H27-39

最も不適切なもの→×、そうでないもの→○

1 ○ 不２条１項４号参照、山本P.150参照

解法 他社製品を市場で買い付け、その技術水準等を解析することにより当該製品に化体された情報を取得して自らの技術水準の向上に役立てるような行為**（リバース・エンジニアリング）は、「営業秘密不正取得行為」**（不２条１項４号）**に該当しない**ため（山本P.150参照）、不正競争とならない。したがって、成分が営業秘密とされている製品を市場で購入し、その製品を分析して、同一の製品を製造販売することは、不正競争とはならない。よって、本枝は不適切ではない。

2 ○ 不２条１項７号

解法 営業秘密保有者からその営業秘密を示された場合において、図利加害目的で、その営業秘密を使用し、又は開示する行為は、不正競争となる（不２条１項７号）。本枝において、**秘密保持を約して、製品の製造方法に関する営業秘密の提供を受けた会社が、その営業秘密を流用して委託者の競合他社のために当該製品を製造販売することは、図利加害目的で営業秘密を使用する行為といえる**。したがって、本枝の行為は、不正競争となる。よって、本枝は不適切ではない。

3 ○ 不２条１項各号参照

解法 **「製造工程に関する営業秘密を管理する立場にある競合他社の社員に転職を勧めること」は、いずれの不正競争にもならない**（不２条１項各号参照）。よって、本枝は不適切ではない。

4 ○ 不２条６項、山本P.143～144参照

解法 法上の営業秘密に該当するためには、①秘密管理性、②有用性、③非公知性の要件を満たす必要がある（不２条６項）。しかし、**工場の違法な操業は、法目的**（不１条）**からして保護に値する情報とはいえず、有用性が認められない**（山本P.143～144参照）。したがって、社内で秘密として管理されている、法令に反する廃水の自社工場からの流出に関する情報を、新聞記者に漏らすことは、不正競争とはならない。よって、本枝は不適切ではない。

5 × 不２条１項７号

解法 営業秘密保有者からその営業秘密を示された場合において、図利加害目的で、その営業秘密を使用し、又は開示する行為は、不正競争となる（不２条１項７号）。しかし、本枝において、**従業員が、営業秘密のデータの消去を失念したまま退職することは、図利加害目的で営業秘密を使用等する行為とはいえない**。したがって、本枝の行為は、不正競争とはならない。よって、本枝は最も不適切なものである。

H26-41　(3) 営業秘密

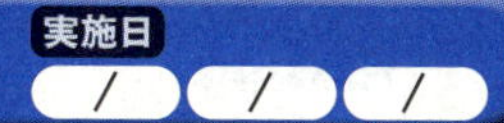

不正競争防止法上の営業秘密の保護に関し、次のうち、最も適切なものは、どれか。

田1　飲酒により口が軽くなる従業員が、宴席で勤務先の営業秘密を第三者に話してしまう行為は、営業秘密に係る不正競争となる。

田2　勤務先の営業秘密を、退職後に第三者に開示する行為は、その勤務先との間の退職時の契約書において守秘義務を定める規定が設けられていない限り、営業秘密に係る不正競争とならない。

田3　営業上の情報について秘密管理がなされていなかった場合、不正の利益を得る目的で当該情報を使用する行為でも、営業秘密に係る不正競争とはならない。

田4　営業秘密をその不正取得者から取引によって取得した場合、取得の時点で営業秘密不正取得行為が介在したことを知らなかったのであれば、後にその事実を知ったとしても、当該取引によって取得した権原の範囲内でその営業秘密を使用する行為は、営業秘密に係る不正競争とならない。

田5　暴行や脅迫のような犯罪行為により営業秘密を取得する行為は、営業秘密に係る不正競争とならない。

H26-41

最も適切なもの→○、そうでないもの→×

1 ☒ 不2条1項7号、新・注解不競P.553参照

解法　営業秘密保有者からその営業秘密を示された場合において、図利加害目的でその営業秘密を開示する行為は、営業秘密に係る不正競争となる（不2条1項7号）。しかし、**酒を飲めば口軽になり自慢する従業員が、営業秘密を開示することは、図利加害目的がないから同号に該当しない**（新・注解不競P.553参照）。したがって、飲酒により口が軽くなる従業員が、宴席で勤務先の営業秘密を第三者に話してしまう行為は、営業秘密に係る不正競争とならない。よって、本枝は適切ではない。

チェック　このような習癖を知って酒をすすめ、営業秘密を得て使用しようとする競業者の行為は、不2条1項4号の不正競争となる可能性がある（新・注解不競P.553参照）。

2 ☒ 不2条1項7号、一問一答不競P.47参照

解法　**営業秘密保有者からその営業秘密を示された場合において、退職後に図利加害目的でその営業秘密を開示する行為は、明示的な守秘義務がなくても、営業秘密に係る不正競争となり得る**（不2条1項7号、一問一答不競P.47参照）。したがって、勤務先の営業秘密を、退職後に第三者に開示する行為は、その勤務先との間の退職時の契約書において守秘義務を定める規定が設けられていなくても、営業秘密に係る不正競争となり得る。よって、本枝は適切ではない。

3 ◎ 不2条6項

解法　「営業秘密」とは、「秘密として管理されている」事業活動に有用な技術上又は営業上の情報であって、公然と知られていないものをいう（不2条6項）。そのため、**営業上の情報について秘密管理がなされていなかった場合は、営業秘密に該当しない**。したがって、不正の利益を得る目的で当該情報を使用する行為でも、営業秘密に係る不正競争とはならない。よって、本枝は最も適切なものである。

4 ☒ 不2条1項6号、不19条1項6号

解法　本枝の場合、営業秘密を取得した後に営業秘密不正取得行為が介在したことを知って、その営業秘密を使用しているため、形式上は不2条1項6号の不正競争となる。ここで、**形式上は同号の不正競争となる場合でも、取引によって営業秘密を取得した者（その取得した時にその営業秘密について営業秘密不正取得行為が介在したこと等を知らず、かつ、「知らないことにつき重大な過失がない」者に限る。）がその取引によって取得した権原の範囲内においてその営業秘密を使用等する行為については、適用除外の対象となる**（不19条1項6号）。しかし、本枝では、営業秘密不正取得行為が介在したことを知らないことにつき重大な過失がないか否かは不明である。したがって、本枝の行為は、営業秘密に係る不正競争となり得る。よって、本枝は適切ではない。

平成30年法改正に対応させるため、問題文を一部修正した。

5 ☒ 不2条1項4号、新・注解不競P.532参照

解法　窃取、詐欺、強迫その他の不正の手段により営業秘密を取得する行為（営業秘密不正取得行為）は不正競争となる（不2条1項4号）。ここで、**強迫（脅迫）のほか暴行により営業秘密を入手することも、同号の「営業秘密不正取得行為」に該当する**（新・注解不競P.532参照）。したがって、暴行や脅迫のような犯罪行為により営業秘密を取得する行為は、営業秘密に係る不正競争となる。よって、本枝は適切ではない。

H25-9 (3) 営業秘密

実施日 ／ ／ ／

不正競争防止法における営業秘密の保護に関し、次のうち、最も適切なものは、どれか。

□ 1　**甲**は、**乙**社の営業秘密である設計図を窃取し、**丙**社に当該設計図を譲渡した。**丙**社は、譲受けの時点で、**甲**の窃取行為を知らず、かつ知らないことにつき重大な過失がなかった。その譲受け後、**丙**社は、報道で**甲**の窃取行為を知るにいたった。その後、**丙**社が当該設計図を下請け会社に提供することは、不正競争となる。

□ 2　自動車会社**甲**は、新型モデルの情報を秘密として管理していた。**甲**社は、**乙**社と秘密保持契約を結んで、**乙**社にその車体の金型の製作を依頼した。**乙**社は、**甲**社のライバル会社**丙**から依頼を受けて、当該モデルの情報を**丙**社に開示した。**甲**社自身が当該モデルの情報を公表した後は、**乙**社は営業秘密の保護に係る不正競争防止法上の責任を負うことはない。

□ 3　**甲**は、食品会社**乙**の保有する製造ノウハウを不正行為により取得し、食品会社**丙**に開示した。**丙**社は、当該製造ノウハウの開示を受けた時、**甲**による不正開示行為が介在したことを知っていた。**丙**社が当該製造ノウハウを用いて製品の製造を開始してから20年経過した後は、**乙**社は、**丙**社に対して、製造の差止めを請求することはできない。

□ 4　化粧品会社**甲**は、キク科の植物から抗酸化作用のある成分を抽出することに成功し、その情報を秘密として管理し、化粧品の製造に使用していた。化粧品会社**乙**も、同様の手法で同じ成分を抽出することに成功して、秘密として管理しつつ使用している。この場合、**丙**が**甲**社からその情報を窃取する行為は、不正競争とならない。

□ 5　製薬会社**甲**は、ドラッグストア**乙**に、医薬品を卸売りしていた。**乙**社は、「原価セール」と銘打った**甲**社の主力製品の安売りセールを企画し、セール対象とする**甲**社の医薬品の卸売価格を記載した販売チラシを作成し、顧客に頒布した。この場合、**乙**社が**甲**社の卸売価格を顧客に開示する行為は、不正競争となる。

H25-9

最も適切なもの→○、そうでないもの→×

1 ☒ 不2条1項6号、不19条1項6号

解　法 本枝において、丙社は、営業秘密である設計図の譲受けの時点では善意・無重過失であるが、その後に甲の窃取行為を知るに至っているため、当該設計図を下請け会社に提供することは、形式上は不2条1項6号の不正競争となる。しかし、**形式上は同号の不正競争となる場合でも、取引によって営業秘密を取得した時に善意・無重過失であり、その取引によって取得した権原の範囲内においてその営業秘密を開示する行為については、適用除外の対象となる**（不19条1項6号）。したがって、丙社の行為は、適用除外の対象となり得るので、不正競争となるわけではない。よって、本枝は適切ではない。

2 ☒ 不2条1項7号・6項、不4条、訴訟要論不商P.141 ～ 142参照

解　法 法上の営業秘密に該当するためには、①秘密管理性、②有用性、③非公知性の要件を満たす必要がある（不2条6項）。ここで、**③非公知性の要件の有無は、損害賠償請求**（不4条）**については、不正行為が行われた日を基準とする**（訴訟要論不商P.141 ～ 142参照）。また、**乙社が丙社に新型モデルの情報を開示する行為は、不2条1項7号の不正競争となり得る**。そのため、甲社自身が当該モデルの情報を公表した後でも、公表する前の乙社の行為に対しては、損害賠償を請求し得る。したがって、乙社は営業秘密の保護に係る不正競争防止法上の責任を負うことがある。よって、本枝は適切ではない。

3 ◎ 不15条1項2号

解　法 本枝において、丙社は、製造ノウハウの開示を受けた時、甲による不正開示行為が介在したことを知っていたため、営業秘密である当該製造ノウハウを用いる行為は、不2条1項5号の不正競争となる。ここで、**同項4号～9号の不正競争のうち、営業秘密を使用する行為に対する差止請求権**（不3条1項）**は、その行為を行う者がその行為を継続する場合において、その行為の開始の時から20年を経過したときは、時効によって消滅する**（不15条1項2号）。したがって、乙社は、丙社に対して、製造の差止めを請求することはできない。よって、本枝は最も適切なものである。

平成27年法改正に対応させるため、問題文を一部修正した。

4 ☒ 不2条1項4号・6項、逐条不競P.47参照

解　法 **営業秘密の要件**（不2条6項）**の1つである非公知性については、営業秘密保有者以外の第三者が同種の営業秘密を独立に開発した場合でも、当該第三者も秘密に管理していれば、認められる**（逐条不競P.47参照）。また、窃取により営業秘密を取得する行為は、不正競争となる（同条1項4号）。したがって、本枝における丙の行為は、不正競争となる。よって、本枝は適切ではない。

5 ☒ 不２条１項７号、東京地判Ｈ14.2.5「ダイコク原価セール事件」

解 法 東京地判Ｈ14.2.5「ダイコク原価セール事件」では、「原告商品の仕入価格（卸売価格）は、被告が売買契約の当事者たる買主としての地位に基づき、売主との間の売買契約締結行為ないし売買価格の合意を通じて原始的に取得し、同被告自身の固有の情報として保有していたものであって、原告が保有し管理していた情報を取得し、あるいは原告から開示を受けたものではない。したがって、**被告との関係においては、原告商品の仕入価格（卸売価格）は、その営業秘密保有者から示されたもの**（不２条１項７号）**ではなく、…被告が、原告商品の仕入価格（卸売価格）を原価セールにおいて広く消費者に開示したとしても、当該開示行為は、不正競争防止法上の不正競争行為に該当しないと解するのが相当である。**」旨判示している。したがって、本枝において、乙社が甲社の卸売価格を顧客に開示する行為は、不正競争とならない。よって、本枝は適切ではない。

R4-著不6　(4) 不正競争全般

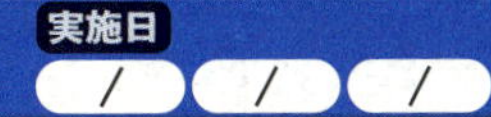

不正競争防止法に関し、次のうち、最も適切なものは、どれか。

田1　他人の商品等表示が需要者の間で周知になる前から不正の目的なくその商品等表示と類似の商品等表示を使用する者が、先使用に係る適用除外を定める不正競争防止法第19条第1項第3号の適用を受けるためには、その者の商品等表示が、他人の商品等表示が需要者の間で周知になる前から需要者の間で周知になっている必要がある。

田2　自己の氏名を使用する行為は、どのような目的で使用するかにかかわらず、商品等表示に係る不正競争防止法上の規制の対象となることはない。

田3　他人の商品の形態と実質的に同一の形態の商品を、当該他人とは無関係に独自に創作したうえでそれを譲渡する行為も、商品形態模倣に係る不正競争に該当する。

田4　他人の商品**A**の形態を模倣した商品**B**を販売する者は、更にその者の商品**B**を模倣した商品**C**を販売する者に対して、その商品**C**を販売する行為が商品形態模倣に係る不正競争に該当するとして、差止請求をすることができる。

田5　他人の著名な商品等表示と同一のものを使用する行為であっても、それが自己の商品等表示として使用するものでなければ、不正競争防止法第2条第1項第2号の商品等表示に係る不正競争に該当することはない。

R4-著不6

最も適切なもの→○、そうでないもの→×

1 ☒ 不19条1項3号、渋谷不競P.106参照

解法 形式上は不2条1項1号の不正競争となる場合でも、他人の商品等表示が需要者の間に広く認識される前からその商品等表示と同一又は類似の商品等表示を使用する者等がその商品等表示を不正の目的でなく使用等する行為については、適用除外の対象となる（不19条1項3号）。ここで、同号の**適用除外の対象となるためには、先使用表示が周知性を取得していたことは必要ではない**（渋谷不競P.106参照）。したがって、他人の商品等表示が需要者の間で周知になる前から不正の目的なくその商品等表示と類似の商品等表示を使用する者が、先使用に係る適用除外を定める不19条1項3号の適用を受けるためには、その者の商品等表示が、他人の商品等表示が需要者の間で周知になる前から需要者の間で周知になっている必要はない。よって、本枝は適切ではない。

2 ☒ 不19条1項2号

解法 形式上は不2条1項1号･2号の不正競争（商品等表示に係る不正競争）となる場合でも、自己の氏名を**「不正の目的でなく」**使用等する行為については、適用除外の対象となる（不19条1項2号）。したがって、自己の氏名を使用する行為は、「どのような目的で使用するかにかかわらず」、商品等表示に係る不正競争防止法上の規制の対象となることがないわけではない。よって、本枝は適切ではない。

3 ☒ 不2条1項3号・5項

解法 他人の商品の形態を模倣した商品を譲渡等する行為は、不正競争となる（不2条1項3号）。ここで、**「模倣する」とは、他人の商品の形態に依拠して、これと実質的に同一の形態の商品を作り出すことをいう**（同条5項）。したがって、他人の商品の形態と実質的に同一の形態の商品を、当該他人とは無関係に独自に創作したうえでそれを譲渡する行為は、商品形態模倣に係る不正競争（不2条1項3号）に該当しない。よって、本枝は適切ではない。

4 ☒ 不2条1項3号、山本P.115～116参照、東京地判H13.8.31「エルメスバーキン事件」

解法 他人の商品の形態を模倣した商品を譲渡等する行為は、不正競争となる（不2条1項3号）。ここで、同号にいう**「他人」は、当該商品を自ら費用や労力を投下して開発し、これを商品化して市場に置いた者に限られる**（山本P.115～116参照、東京地判H13.8.31「エルメスバーキン事件」）。本枝において、商品Bを販売する者は、他人の商品Aの形態を模倣しているため、商品Bを自ら費用や労力を投下して開発した者とはいえない。したがって、他人の商品Aの形態を模倣した商品Bを販売する者は、更にその者の商品Ｂを模倣した商品Ｃを販売する者に対して、その商品Ｃを販売する行為が商品形態模倣に係る不正競争（不２条１項３号）に該当するとして、差止請求（不３条１項）をすることはできない。よって、本枝は適切ではない。

5 ◎ 不２条１項２号

解　法　「自己の商品等表示として」他人の著名な商品等表示と同一又は類似のものを使用等する行為は、不正競争となる（不２条１項２号）。すなわち、同号の対象となるのは、**著名な商品等表示を「自己の商品等表示として」使用した場合に限られる**（逐条不競P.76）。したがって、他人の著名な商品等表示と同一のものを使用する行為であっても、それが自己の商品等表示として使用するものでなければ、不２条１項２号の商品等表示に係る不正競争に該当することはない。よって、本枝は最も適切なものである。

R4-著不9　(4) 不正競争全般

実施日　/　/　/

不正競争防止法に関し、次のうち、最も不適切なものは、どれか。

□1　自己の販売する商品が、世界的に著名な様々な香水と「香りのタイプ」が同じであると広告する行為は、両者の香りが同一であると断じているわけではないことが明らかで、需要者が、著名な香水と同一の香りであると考えることがない場合、内容誤認惹起に係る不正競争には該当しない。

□2　中古自動車の販売に際し、その走行距離数を実際より少なく表示する行為は、品質誤認惹起に係る不正競争に該当する。

□3　プリンターに装着するとそのディスプレイに「シテイノトナーガソウチャクサレテイマス」と表示されるように加工した非純正品トナーカートリッジの販売について、需要者は「シテイノトナー」とはプリンターメーカーが指定した純正品であり、非純正品とは品質、内容の違いがあると理解しており、非純正品を装着した際の「シテイノトナー」の表示が、プリンターメーカーが指定した商品ではないものを指定された商品であると想起させるものである場合、その販売は、品質・内容誤認惹起に係る不正競争に該当する。

□4　日本製のクレヨンの包装にエッフェル塔の図柄をあしらい、文字はすべてフランス語で書かれていても、商品がフランス製であるという表示はされていない場合は、当該包装を施したクレヨンの販売は、原産地誤認惹起に係る不正競争には該当しない。

□5　牛肉に鶏肉や豚肉等を混ぜて製造した挽き肉に、牛肉のみを原料とするかのような表示をした販売は、品質・内容誤認惹起に係る不正競争に該当する。

R4-著不9

最も不適切なもの→×、そうでないもの→○

1 ○ 不2条1項20号、東京高判S 56.2.25「香りのタイプ事件」、逐条不競P.147

解法 商品の広告にその商品の内容について誤認させるような表示をする行為は、不正競争に該当する（不2条1項20号）。ここで、東京高判S 56.2.25「香りのタイプ事件」では、被告商品が世界的に著名な様々な香水と「香りのタイプ」が同じであると広告する行為について、「香りの調子又は香りのタイプの点において同じであるとの趣旨を表現しているにすぎず、両者の香りそのものが同一であるとまで断じているわけではないことが明らかであるから」、**需要者が、被告商品と著名な香水とが同一の香りであると誤認することはないから商品の内容に関する誤認を惹起しない**としており、他人の商品又は役務を広告に使用する行為が直ちに誤認惹起行為になるわけではない、と判示している（逐条不競P.147）。したがって、本枝の行為は、内容誤認惹起に係る不正競争（同号）には該当しない。よって、本枝は不適切ではない。

2 ○ 不2条1項20号、逐条不競P.145

解法 商品の広告又は取引に用いる書類若しくは通信にその商品の品質について誤認させるような表示をする行為は、不正競争に該当する（不2条1項20号）。ここで、**中古自動車の走行距離数に関する表示も「品質」に関する表示に該当する**ものと考えられる（逐条不競P.145）。したがって、本枝の行為は、品質誤認惹起に係る不正競争（同号）に該当する。よって、本枝は不適切ではない。

3 ○ 不2条1項20号、大阪地判H 29.1.31「リサイクルトナーカートリッジ事件」、茶園不競P.120参照

解法 商品にその商品の品質又は内容について誤認させるような表示をした商品を譲渡する行為は、不正競争に該当する（不2条1項20号）。ここで、大阪地判H 29.1.31「リサイクルトナーカートリッジ事件」では、プリンターにセットするとそのプリンターのディスプレイに、純正品のトナーをセットした場合と同様に「シテイノトナー」と表示されるようなプログラムを搭載したリサイクルトナーに関して、純正品と非純正品の品質は異なるものとして取り扱われている実態があるとした上で、「シテイノトナー」との表示に接した需要者は、当該プリンターメーカーが当該プリンターに相応しい一定の品質、内容を有するものとして定めたトナーカートリッジであると理解するとして、**「シテイノトナー」という表示は、品質、内容の表示にあたる**とした（茶園不競P.120参照）。したがって、本枝の販売は、品質･内容誤認惹起に係る不正競争（同号）に該当する。よって、本枝は不適切ではない。

4　☒　不２条１項20号、茶園不競P.117参照

解　法　商品にその商品の原産地について誤認させるような表示をした商品を譲渡する行為は、不正競争に該当する（不２条１項20号）。ここで、例えば、国内産であるにもかかわらず、商品の包装にエッフェル塔の絵柄があり、文字はすべてフランス語で記載されている香水が百貨店で販売されていた場合、たとえ商品にフランス製である旨の記載がなくても、一般の消費者はその香水をフランス製の香水であると誤信するおそれがあるため、このような**黙示的暗示的な表示も原産地表示に含まれる**（茶園不競P.117参照）。したがって、本枝の販売は、原産地誤認惹起に係る不正競争（同号）に該当しないわけではない。よって、本枝は最も不適切なものである。

5　◎　不２条１項20号、札幌地判Ｈ20.3.19「ミートホープ事件」参照、逐条不競P.144

解　法　商品にその商品の品質又は内容について誤認させるような表示をした商品を譲渡する行為は、不正競争に該当する（不２条１項20号）。ここで、札幌地判Ｈ20.3.19「ミートホープ事件」では、牛肉に鶏肉や豚肉を混ぜて製造したミンチ肉に、あたかも**牛肉のみを原料とするかのようにした表示について、商品の品質及び内容を誤認させる表示である**とした（逐条不競P.144）。したがって、本枝の販売は、品質・内容誤認惹起に係る不正競争（同号）に該当する。よって、本枝は不適切ではない。

R4-著不10　(4) 不正競争全般

実施日　/　/　/

不正競争防止法に関し、次のうち、最も不適切なものは、どれか。

1　信用毀損に係る不正競争に該当するためには、虚偽の事実の告知により信用を害される他人が特定されていることが必要であるが、当該他人の名称自体が明示されていなくても、当該告知の内容及び業界内周知の情報から、当該告知を受けた取引先において、当該他人が誰を指すのか理解できるのであれば、それで足りる。

2　競争関係にある他人の営業上の信用を害する内容を流布しても、それが証拠等による証明になじまない価値判断に基づく意見表明であれば、信用毀損に係る不正競争には該当しない。

3　競争関係にある相手方に関する虚偽の事実を、その相手方に対し直接告知することは、信用毀損に係る不正競争には該当しない。

4　競業者の営業上の信用を害する事実の告知が、信用毀損に係る不正競争に該当するかを認定するに際し、その事実が虚偽であるかどうかは、平均的な一般人の聞き方を基準として判断するものであり、当該告知の受け手が具体的にどのような者で、どの程度の予備知識を有していたか等の事情により影響を受けるものではない。

5　競業者が販売している商品が、自己の実用新案権を侵害するものであるとの印象を与える広告を掲載したが、裁判所により当該商品はこの実用新案権の権利範囲に属しないと認定された場合、この広告掲載は、信用毀損に係る不正競争に該当することがあり、その場合、広告掲載前に弁理士の鑑定を得ていたことにより、過失が否定されるとは限らない。

R4-著不10

最も不適切なもの→×、そうでないもの→○

1 ○ 不２条１項21号、逐条不競P.152参照、東京地判H 18.7.6「養魚用飼料添加物事件」参照

解法 競争関係にある他人の営業上の信用を害する虚偽の事実を告知等する行為は、不正競争となる（不２条１項21号）。ここで、同号の不正競争に該当するためには、当該告知等の行為によって**信用を害される「他人」が特定されていることが必要**であるが、当該「他人」の名称自体が明示されていなくても、当該告知等の内容及び業界内周知の情報から、当該**告知等の相手方となった取引先において、「他人」が誰を指すのか理解できるのであれば、それで足りる**とされる（逐条不競P.152参照、東京地判H 18.7.6「養魚用飼料添加物事件」参照）。よって、本枝は不適切ではない。

2 ○ 不２条１項21号、逐条不競P.152、東京地判H 27.9.25参照

解法 競争関係にある他人の営業上の信用を害する虚偽の事実を流布等する行為は、不正競争となる（不２条１項21号）。ここで、**「虚偽の事実」とは客観的事実に反する事実**をいうところ、**そこにいう事実は証拠等により虚偽か否かが判断可能な客観的事項**をいい、事実ではない主観的な見解ないし判断、証拠等による証明になじまない物事の価値、善悪、優劣についての批評や論議ないし法的な見解の表明は、事実を摘示するものではなく、意見ないし論評の表明の範ちゅうに属すると解すべきである（逐条不競P.152、東京地判H 27.9.25参照）。したがって、競争関係にある他人の営業上の信用を害する内容を流布しても、それが証拠等による証明になじまない価値判断に基づく意見表明であれば、信用毀損に係る不正競争（同号）には該当しない。よって、本枝は不適切ではない。

3 ○ 不２条１項21号、小野・松村（下）P.115参照

解法 競争関係にある他人の営業上の信用を害する虚偽の事実を告知等する行為は、不正競争となる（不２条１項21号）。ここで、相手方に対して、直接虚偽事実を告知することは、**社会が与える外部的評価である信用に影響しない**から、同号に該当しない（小野・松村（下）P.115参照）。よって、本枝は不適切ではない。

4 × 不２条１項21号、茶園不競P.128、東京高判H 14.6.26「パチスロ機記者会見事件」参照

解法 競争関係にある他人の営業上の信用を害する虚偽の事実を告知等する行為は、不正競争となる（不２条１項21号）。ここで、**虚偽性の判断基準としては、その受け手が、陳述・掲載された事実について真実と反するような誤解をするかどうか**によって決すべきであり、具体的には、受け手がどのような者であって、どの程度の予備知識を有していたか、当該陳述・掲載がどのような状況で行われたか等の点を踏まえつつ、当該受け手の普通の注意と聞き方や読み方を基準として判断されるべきであると解されている（茶園不競P.128、東京高判H 14.6.26「パチスロ機記者会見事件」参照）。よって、本枝は最も不適切なものである。

5　◎　不2条1項21号、小野・松村（下）P.225～226参照、新・注解不競P.740、大阪高判S 55.7.15「階段滑り止め事件」参照

解　法　第三者に対する産業財産権侵害の警告について、当該行為が産業財産権侵害でなかった場合の損害賠償責任については、営業誹謗行為（不2条1項21号）があるものとして、他に相当な理由がない限り行為者には過失があったものと推認することが相当であるとするものがある（小野・松村（下）P.225～226参照、大阪高判S 55.7.15「階段滑り止め事件」参照）。また、誹謗者の過失の推認をくつがえすに足る相当の理由は、極めて厳格なものにならざるを得ず、専門家の弁理士の意見、鑑定に従ってもそれだけでは相当の理由とは認められないのであり、ほとんどの場合過失を肯定されることになる（新・注解不競P.740参照、大阪高判S 55.7.15「階段滑り止め事件」参照）。したがって、本枝において、過失が否定されるとは限らない。よって、本枝は不適切ではない。

R3-著不6　(4) 不正競争全般

実施日　／　／　／

不正競争防止法上のドメイン名に係る不正競争に関し、次のうち、最も適切なものは、どれか。

田1　ドメイン名に係る不正競争に該当する行為は、商品等表示に係る不正競争に重ねて該当することはない。

田2　ドメイン名に係る不正競争の保護対象については、周知性を要件としている。

田3　ドメイン名に係る不正競争となり得る行為は、ドメイン名を使用する権利を取得し、保有し、若しくは譲渡し、又はそのドメイン名を使用する行為である。

田4　ドメイン名の取得の過程でドメイン名の運用指針に係る違反があったとしても、不正の利益を得る目的でなく、他人に損害を加える目的でもなければ、そのドメイン名を使用する権利の取得は、ドメイン名に係る不正競争に該当することはない。

田5　自己の氏名からなるドメイン名を使用する権利を取得する行為は、その氏名が著名人と同一であっても、ドメイン名に係る不正競争に該当することはない。

R3-著不6

最も適切なもの→○、そうでないもの→×

1 ☒ 富山地判H 12.12.6「JACCS事件」、小野・松村（上）P.151参照

解法 **ドメイン名の不正取得・使用については、不2条1項19号によっても規制されるが、同時に同項1号又は2号における商品等表示として規制の対象となることがある**（富山地判H 12.12.6「JACSS事件」、小野・松村（上）P.151参照）。したがって、ドメイン名に係る不正競争（不2条1項19号）に該当する行為は、商品等表示に係る不正競争に重ねて該当することがある。よって、本枝は適切ではない。

2 ☒ 不2条1項19号、逐条不競P.137参照

解法 図利加害目的で、他人の特定商品等表示と同一若しくは類似のドメイン名を使用する権利を取得等する行為は、不正競争となる（不2条1項19号）。すなわち、**同号の保護対象に周知性は要件とされていない**（逐条不競P.137参照）。したがって、ドメイン名に係る不正競争（不2条1項19号）の保護対象については、周知性を要件としていない。よって、本枝は適切ではない。

3 ☒ 不2条1項19号

解法 **図利加害目的で、他人の特定商品等表示と同一若しくは類似のドメイン名を使用する権利を取得し、若しくは保有し、又はそのドメイン名を使用する行為は、不正競争となる**（不2条1項19号）。すなわち、ドメイン名を使用する権利を「譲渡」する行為は、同号に規定されていない。したがって、ドメイン名に係る不正競争（不2条1項19号）となり得る行為は、ドメイン名を使用する権利を取得し、保有し、若しくは譲渡し、又はそのドメイン名を使用する行為ではない。よって、本枝は適切ではない。

4 ◯ 不2条1項19号

解法 **「不正の利益を得る目的で、又は他人に損害を加える目的で」、他人の特定商品等表示と同一若しくは類似のドメイン名を使用する権利を取得等する行為は、不正競争となる**（不2条1項19号）。また、ドメイン名の取得の過程でドメイン名の運用指針に係る違反があった場合の例外規定もない。したがって、ドメイン名の取得の過程でドメイン名の運用指針に係る違反があったとしても、不正の利益を得る目的でなく、他人に損害を加える目的でもなければ、そのドメイン名を使用する権利の取得は、ドメイン名に係る不正競争に該当することはない。よって、本枝は最も適切なものである。

5 ☒ 不19条1項各号参照、不2条1項19号、田村不競P.275参照

解法 図利加害目的で、他人の特定商品等表示と同一若しくは類似のドメイン名を使用する権利を取得等する行為は、不正競争となる（不2条1項19号）。ここで、**ストロング・マーク（識別力の強いマーク）であって著名な表示であれば、ドメイン名の取得者によほどの特段の事情のないかぎり、原則として図利加害目的が認められる**（田村不競P.275参照）。また、ドメイン名に係る不正競争（不2条1項19号）については適用除外規定が設けられていない（不19条1項各号参照）。したがって、自己の氏名からなるドメイン名を使用する権利を取得する行為であっても、その氏名が著名人と同一であって、図利加害目的が認められれば、ドメイン名に係る不正競争に該当することがある。よって、本枝は適切ではない。

R3-著不8　(4) 不正競争全般

実施日　/　/　/

不正競争防止法上の限定提供データに関し、次のうち、最も適切なものは、どれか。

田1　会費を払いさえすれば誰でも提供を受けられるデータについては、限定提供データに該当することはない。

田2　保有者が管理しているデータの全部ではなく一部だけが提供される場合、当該一部のデータが限定提供データに該当することはない。

田3　限定提供データに関し、その相当量蓄積されている情報が無償で公衆に利用可能となっている情報と同一であれば、その限定提供データを取得する行為は、限定提供データに係る不正競争防止法上の規制の対象となることはない。

田4　秘密として管理されている情報については、限定提供データに該当することがある。

田5　不正の利益を得る目的で、又はその限定提供データ保有者に損害を加える目的で、人を欺いて限定提供データを取得する行為は、刑事罰の対象となる。

R3-著不8

最も適切なもの→○、そうでないもの→×

1 ☒ 不2条7項、逐条不競P.48

解　法 法上の限定提供データに該当するためには、限定提供性（業として特定の者に提供する）が要件の1つとされている（不2条7項）。ここで、「特定の者」とは、一定の条件の下でデータ提供を受ける者を指し、特定されていれば、実際にデータ提供を受けている者の数の多寡に関係なく本要件を満たすと考えられる。例えば、会費を払えば誰でも提供を受けられるデータについて、会費を払って提供を受ける者が該当する（逐条不競P.48）。したがって、会費を払いさえすれば誰でも提供を受けられるデータについては、限定提供データに該当することがある。よって、本枝は適切ではない。

2 ☒ 不2条7項、逐条不競P.49参照

解　法 法上の限定提供データに該当するためには、相当蓄積性（電磁的方法により相当量蓄積され）が要件の1つとされている（不2条7項）。ここで、「相当量」は、個々のデータの性質に応じて判断され、保有者が管理しているデータの一部が提供されたときは、その一部について、蓄積されることで生み出される付加価値、利活用の可能性、取引価格、収集・解析に当たって投じられた労力・時間・費用等を勘案し、それにより当該一部について蓄積され、価値が生じている場合は、相当蓄積性があるものと判断される（逐条不競P.49参照）。したがって、保有者が管理しているデータの全部ではなく一部だけが提供される場合であっても、当該一部のデータが限定提供データに該当することがある。よって、本枝は適切ではない。

3 ◙ 不19条1項8号ロ

解　法 形式上は不2条1項11号～16号の不正競争（限定提供データに係る不正競争）となる場合でも、その相当量蓄積されている情報が無償で公衆に利用可能となっている情報と同一の限定提供データを取得する行為については、適用除外の対象となる（不19条1項8号ロ）。したがって、限定提供データに関し、その相当量蓄積されている情報が無償で公衆に利用可能となっている情報と同一であれば、その限定提供データを取得する行為は、限定提供データに係る不正競争防止法上の規制の対象となることはない。よって、本枝は最も適切なものである。

4 ☒ 不2条7項かっこ書

解　法 「限定提供データ」とは、業として特定の者に提供する情報として電磁的方法により相当量蓄積され、及び管理されている技術上又は営業上の情報をいうが（不2条7項）、当該「技術上又は営業上の情報」からは、秘密として管理されているものが除かれている（同項かっこ書）。すなわち、営業秘密と限定提供データの重複を避けるため、営業秘密を特徴づける「秘密として管理されているもの」を限定提供データから除外している（逐条不競P.51参照）。したがって、秘密として管理されている情報については、限定提供データに該当することはない。よって、本枝は適切ではない。

5　☒　不21条参照

解　法　**詐欺等の不正の手段により限定提供データを取得する行為**（不2条1項11号）**は、刑事罰の対象とならない**（不21条参照、逐条不競P.102参照）。したがって、不正の利益を得る目的で、又はその限定提供データ保有者に損害を加える目的で、人を欺いて限定提供データを取得する行為は、刑事罰の対象とならない。よって、本枝は適切ではない。

チェック　限定提供データに関する規律は民事措置の対象であるが、まだ事例の蓄積も少ない中で、事業者に対して過度の萎縮効果を生じさせないよう、刑事罰の対象とはなっていない（逐条不競P.102参照）。

R3-著不9　(4) 不正競争全般

実施日 ／ ／ ／

不正競争防止法上の技術的制限手段に関し、次のうち、最も適切なものは、どれか。

田1　技術的制限手段のうち記録を制限するものは、影像、音、又はプログラムを対象とし、それらに当たらない情報を対象とするものは、技術的制限手段に該当することはない。

田2　技術的制限手段により制限されているプログラムの実行について、当該技術的制限手段の効果を妨げることでそれを可能にするようなサービスを提供する行為は、技術的制限手段の無効化機能を有する装置の譲渡等と異なり、不正競争に該当することはない。

田3　技術的制限手段の無効化機能を有する不正に生成されたシリアルコードを記録した媒体を譲渡する行為は、技術的制限手段の無効化機能を有するプログラムを記録した媒体の譲渡等と異なり、不正競争に該当することはない。

田4　技術的制限手段の無効化機能を有する装置を製造する行為は、目的を問わず、不正競争に該当することはない。

田5　技術的制限手段の無効化機能を有する装置を輸出する行為は、そのような機能を有する装置の輸入と異なり、不正競争に該当することはない。

R3-著不9

最も適切なもの→○、そうでないもの→×

1 ☒ 不2条8項

解法 法上の技術的制限手段に該当するためには、電磁的方法により影像、音、プログラム「その他の情報」の記録等を制限する手段であることが要件とされている（不2条8項）。したがって、技術的制限手段のうち記録を制限するもののうち、影像、音、又はプログラムに当たらない情報を対象とするものであっても、技術的制限手段に該当することがある。よって、本枝は適切ではない。

2 ☒ 不2条1項17号・18号

解法 技術的制限手段により制限されているプログラムの実行等を当該技術的制限手段の効果を妨げることにより可能とする機能を有する装置等を譲渡等する行為又は「影像の視聴等を当該技術的制限手段の効果を妨げることにより可能とする役務（サービス）を提供する行為」は、不2条1項17号・18号の対象となる。したがって、技術的制限手段により制限されているプログラムの実行について、当該技術的制限手段の効果を妨げることでそれを可能にするようなサービスを提供する行為は、技術的制限手段の無効化機能を有する装置の譲渡等と同様に、不正競争に該当することがある。よって、本枝は適切ではない。

3 ☒ 不2条1項17号・18号、逐条不競P.126〜127参照

解法 技術的制限手段の効果を妨げることにより可能とする機能を有するプログラム又は「指令符号」を記録した記録媒体等を譲渡等する行為等は、不2条1項17号・18号の対象となる。すなわち、技術的制限手段の無効化に直接寄与するような技術的制限手段の効果を妨げる機能を有する符号（不正に生成、入手されたシリアルコード等）を提供する行為は不正競争とされる（逐条不競P.126〜127参照）。したがって、技術的制限手段の無効化機能を有する不正に生成されたシリアルコードを記録した媒体を譲渡する行為は、技術的制限手段の無効化機能を有するプログラムを記録した媒体の譲渡等と同様に、不正競争に該当することがある。よって、本枝は適切ではない。

4 ◎ 不2条1項17号・18号、逐条不競P.127参照

解法 技術的制限手段の効果を妨げる装置等を「製造」する行為は、不2条1項17号・18号の対象とならない（逐条不競P.127参照）。したがって、技術的制限手段の無効化機能を有する装置を製造する行為は、目的を問わず、不正競争に該当することはない。よって、本枝は最も適切なものである。

5 ☒ 不2条1項17号・18号

解法 技術的制限手段の効果を妨げる装置等を譲渡し、引き渡し、譲渡若しくは引渡しのために展示し、「輸出し」、若しくは輸入する行為等は、不2条1項17号・18号の対象となる。したがって、技術的制限手段の無効化機能を有する装置を輸出する行為は、そのような機能を有する装置の輸入と同様に、不正競争に該当することがある。よって、本枝は適切ではない。

R3-著不10　(4) 不正競争全般

実施日 ／ ／ ／

不正競争防止法に関し、次のうち、最も適切なものは、どれか。

1　不正競争による営業上の利益の侵害に係る訴訟において、当事者の保有する営業秘密が公開されることにより当該当事者の事業活動に著しい支障が生ずることが明らかである場合、裁判所が、裁判官の全員一致の決定により、当該当事者本人の尋問の全体が終了するまで公衆を入廷させない措置をとることができる。

2　品質誤認行為に係る不正競争に対する差止めの請求権者は、原則として当該不正競争をする者と競争関係にあり、営業上の利益を害される者であるが、市場においてそのような者が複数存在する場合には、それぞれが請求権者となる。

3　不正競争による営業上の利益の侵害に係る訴訟において、裁判所が相当な損害額を認定することができるのは、損害が生じたことが認められるものの当該損害の性質上その額を立証することが極めて困難な場合に限られる。

4　不正競争による営業上の利益の侵害に係る訴訟において、裁判所が営業秘密の保護のために発することができる秘密保持命令は、命令を受けた者以外の者に当該営業秘密を開示してはならない旨を命ずるものに限られる。

5　他人の不正競争により営業上の利益を侵害されるおそれがある者が、当該他人に対して、侵害の予防のみならず、侵害の予防に必要な行為を請求した訴訟において、裁判所は、当該他人が不正競争の目的又は不正の目的を有している場合に限り、当該請求を認容することができる。

R3-著不10

最も適切なもの→○、そうでないもの→×

1 ☒ 不13条5項

解法 不正競争による営業上の利益の侵害に係る訴訟において、所定の場合に、裁判所は、裁判官の全員一致により、決定で、当該事項の尋問を公開しないで行うことができるが（不13条1項）、**「当該事項の尋問」が終了したときは、再び公衆を入廷させなければならない**（同条5項）。したがって、本枝において、裁判所が、裁判官の全員一致の決定により、「当該当事者本人の尋問の全体」が終了するまで公衆を入廷させない措置をとることができるわけではない。よって、本枝は適切ではない。

2 ◎ 不3条1項、逐条不競P.148参照

解法 **品質誤認行為に係る不正競争**（不2条1項20号）**の差止請求権の主体は、同号の誤認惹起行為によって「営業上の利益を侵害され、又は侵害されるおそれがある者」**（不3条1項）**であり、通常、競争関係にある事業者がこれに該当すると考えられる**（逐条不競P.148参照）。また、市場においてそのような者が複数存在する場合の例外もない。したがって、品質誤認行為に係る不正競争に対する差止めの請求権者は、原則として当該不正競争をする者と競争関係にあり、営業上の利益を害される者であるが、市場においてそのような者が複数存在する場合には、それぞれが請求権者となる。よって、本枝は最も適切なものである。

3 ☒ 不9条

解法 不正競争による営業上の利益の侵害に係る訴訟において、損害が生じたことが認められる場合において、損害額を立証するために必要な事実を立証することが**「当該事実の性質上」**極めて困難であるときは、裁判所は、口頭弁論の全趣旨及び証拠調べの結果に基づき、相当な損害額を認定することができる（不9条）。したがって、不正競争による営業上の利益の侵害に係る訴訟において、裁判所が相当な損害額を認定することができるのは、損害が生じたことが認められるものの「当該損害の性質上」その額を立証することが極めて困難な場合に限られるわけではない。よって、本枝は適切ではない。

4 ☒ 不10条1項柱書、逐条不競P.191参照

解法 不正競争による営業上の利益の侵害に係る訴訟において、裁判所が営業秘密の保護のために発することができる秘密保持命令は、**①当該営業秘密を当該訴訟の追行の目的以外の目的で使用すること、②当該営業秘密に係るこの項の規定による命令を受けた者以外の者に開示することの２点を禁止している**（不10条1項柱書、逐条不競P.191参照）。したがって、不正競争による営業上の利益の侵害に係る訴訟において、裁判所が営業秘密の保護のために発することができる秘密保持命令は、命令を受けた者以外の者に当該営業秘密を開示してはならない旨を命ずるものに限られない。よって、本枝は適切ではない。

5　☒　不３条２項参照

解　法　**不正競争によって営業上の利益を侵害されるおそれがある者は、その営業上の利益を侵害するおそれがある者に対し、その侵害の予防を請求することができ**（不３条１項）、**その請求をするに際し、侵害の予防に必要な行為を請求することができる**が（同条２項）、その営業上の利益を侵害するおそれがある者が不正競争の目的又は不正の目的を有している場合に限られる旨の規定はない。したがって、他人の不正競争により営業上の利益を侵害されるおそれがある者が、当該他人に対して、侵害の予防のみならず、侵害の予防に必要な行為を請求した訴訟において、裁判所は、当該他人が不正競争の目的又は不正の目的を有している場合に限り、当該請求を認容することができるわけではない。よって、本枝は適切ではない。

Point Pickup

[不2条1項1号～3号・19号の要件の比較]

	周知性	他人	自己	行為	混同	主観的要件	除外
1号	周知	商品等表示	同一・類似の商品等表示	使用等	○	×	－
2号	著名	商品等表示	同一・類似の商品等表示	使用等	×	×	－
3号	×	商品形態	形態模倣商品	譲渡等	×	×	商品の機能を確保するために不可欠な形態
19号	×	特定商品等表示	同一・類似のドメイン名	取得保有使用	×	図利加害目的	－

R2-著不10　(4) 不正競争全般

不正競争防止法第２条第１項第21号の不正競争（虚偽の事実の告知又は流布による信用毀損）に関し、次のうち、最も不適切なものは、どれか。

田１　「競争関係にある他人の営業上の信用を害する虚偽の事実を告知し、又は流布する行為」において、「競争関係」とは、行為者と当該「他人」との双方の営業につき、その需要者又は取引者を共通にする可能性があることで足りる。

田２　「営業上の信用」とは、営業活動に関する経済上の外部的評価をいい、その営業によって提供される商品や役務の社会的評価、又は、その者の支払能力や営業能力等に関する社会的信頼が含まれる。

田３　「告知」とは、一定の事実を特定の者に知らせることをいい、「流布」とは、一定の事実を不特定又は多数の人に知られるような形で広めることをいう。

田４　他人の営業上の信用を害する虚偽の事実を告知又は流布する行為であっても、告知又は流布された内容が当該行為者自身による虚構でなく、第三者が虚構したものである場合には、当該行為は不正競争に該当しない。

田５　不正競争防止法第２条第１項第３号の不正競争（商品形態の模倣に係る不正競争）については、民事上の救済と刑事罰の両方が規定されているが、信用毀損行為に関する不正競争については、民事上の救済のみが規定されている。

R2-著不10

最も不適切なもの→×、そうでないもの→○

1 ○ 逐条不競P.151

解法 「競争関係」(不2条1項21号)は、双方の営業につき、その需要者又は取引者を共通にする可能性があることで足りる(逐条不競P.151)。したがって、本枝において、「競争関係」とは、行為者と当該「他人」との双方の営業につき、その需要者又は取引者を共通にする可能性があることで足りる。よって、本枝は不適切ではない。

2 ○ 山本P.226参照

解法 「営業上の信用」(不2条1項21号)とは、営業活動に関する経済上の外部的評価をいい、その営業によって提供される商品や役務の社会的評価、又は、その者の支払能力や営業能力に関する社会的信頼が含まれる(山本P.226参照)。よって、本枝は不適切ではない。

3 ○ 逐条不競P.153

解法 「告知」(不2条1項21号)とは、自己の関知する事実を、特定の人に対して個別的に伝達する行為をいう(逐条不競P.153)。したがって、前段は適切である。また、「流布」(同号)とは、事実を不特定の人又は多数の人に対して知られるような態様において広める行為をいう(逐条不競P.153)。したがって、後段も適切である。よって、本枝は不適切ではない。

4 × 不2条1項21号、逐条不競P.152

解法 競争関係にある他人の営業上の信用を害する虚偽の事実を告知し、又は流布する行為は、不正競争となる(不2条1項21号)。ここで、「虚偽の事実」とは、客観的真実に反する事実のことであるため、行為者自らが虚構したものであると、他人が虚構したものであるとを問わず、これに含まれることとなる(逐条不競P.152参照)。したがって、他人の営業上の信用を害する虚偽の事実を告知又は流布する行為は、告知又は流布された内容が当該行為者自身による虚構でなく、第三者が虚構したものである場合であっても、当該行為は不2条1項21号の不正競争に該当する。よって、本枝は最も不適切なものである。

5 ○ 不3条等、不21条2項3号

解法 商品形態の模倣に係る不正競争(不2条1項3号)については、民事上の救済と刑事罰の両方が規定されている(不3条等、不21条2項3号)。したがって、前段は適切である。一方、信用毀損に関する不正競争(不2条1項21号)については、民事上の救済は規定されているが(不3条等)、刑事罰は規定されていない(不21条2項各号参照、逐条不競P.246参照)。したがって、後段も適切である。よって、本枝は不適切ではない。

R1-著不10　(4) 不正競争全般

不正競争防止法上の不正競争に関し、次のうち、最も適切なものは、どれか。

田 1　**甲**社の従業員である**乙**は、**甲**社から貸し出されているUSBメモリのパスワードを、**丙**に漏洩した。**乙**の行為は、技術的制限手段に係る不正競争となる。

田 2　**甲**社は、イギリスの国旗を印刷したハンカチを日本において製造し、日本製であることを明確に示したタグを付けて販売している。**甲**社の行為は、原産地の誤認の惹起に係る不正競争となる。

田 3　**甲**社は、電気用品安全法所定の検査を受けていない電子ブレーカに、同法の規定する技術基準に適合している旨同法所定の適合検査で証明されたことを示す表示であるPSE表示を付して、販売を行っている。**甲**社の行為は、品質の誤認の惹起に係る不正競争となる。

田 4　**甲**社は、その社長である**乙**の**丙**社に対する個人的な恨みから、競争関係の存在しない**丙**社の営業上の信用を害する虚偽の事実を流布し、**丙**社は営業上の利益を侵害された。**甲**社の行為は、信用の毀損に係る不正競争となる。

田 5　スマートフォンを製造販売する**甲**社は、客観的な事実に基づき、競合他社である**乙**社の製造販売するスマートフォンと比較して、その性能や品質について**甲**社の製品がより優れていることを内容とした比較広告を雑誌に掲載した。これにより、**乙**社のスマートフォンの売上げが減少した。**甲**社の行為は、信用の毀損に係る不正競争となる。

R1-著不10

最も適切なもの→○、そうでないもの→×

1 ☒ 不2条1項17号、田村不競P.388参照

解法 営業上用いられている技術的制限手段により制限されている影像の視聴等を当該技術的制限手段の効果を妨げることにより可能とする機能を有する装置等を譲渡等する行為は、不正競争となる（不2条1項17号)。しかし、**技術的制限手段の回避に必要なＩＤやパスワードを提供する行為は、同号の不正競争とならない**（田村不競P.388参照)。したがって、甲社の従業員である乙が甲社から貸し出されているUSBメモリのパスワードを丙に漏洩する行為は、技術的制限手段に係る不正競争とならない。よって、本枝は適切ではない。

2 ☒ 不2条1項20号、不競コンメンタールP.186

解法 商品にその商品の原産地について誤認させるような表示をした商品を譲渡等する行為は、不正競争に該当する（不2条1項20号)。しかし、**ある表示のみを取り出せば誤認的表示と解される場合でも、誤認の可能性を打ち消す表示が併記されていることにより、表示全体を観察すれば誤認のおそれは生じないと判断されることもある**（不競コンメンタールP.186)。本枝において、ハンカチに印刷されたイギリスの国旗自体は誤認的表示と解されるが、日本製であることを明確に示したタグは誤認の可能性を打ち消す表示といえるため、表示全体を観察すれば誤認のおそれは生じないといえる。したがって、甲社の行為は、原産地の誤認の惹起に係る不正競争とならない。よって、本枝は適切ではない。

3 ◎ 不2条1項20号、大阪地判H 24.9.13「電子ブレーカ事件」、逐条不競P.145

解法 商品にその商品の品質について誤認させるような表示をした商品を譲渡する行為は，不正競争となる（不2条1項20号)。ここで、大阪地判H 24.9.13「電子ブレーカ事件」では、**「PSE表示は、電気用品安全法の規定する技術基準に適合している旨同法所定の適合検査で証明されたことを示す表示であり、電子ブレーカにとって不2条1項20号が規定する『品質』に関する表示に該当するとした上で、電気用品安全法所定の検査を受けていない電子ブレーカに付したPSE表示は、品質を誤認させるような表示である」**と判示している（逐条不競P.145参照)。したがって、本枝において、甲社の行為は、品質の誤認の惹起に係る不正競争となる。よって、本枝は最も適切なものである。

4 ☒ 不2条1項21号

解法 **「競争関係にある」他人の営業上の信用を害する虚偽の事実を告知し、又は流布する行為は、不正競争となる**（不2条1項21号)。**すなわち、本号の適用には、競争関係が存在することを要件とする**（逐条不競P.151)。したがって、本枝において、甲社の行為は、丙社と競争関係が存在しないため、信用の毀損に係る不正競争とならない。よって、本枝は適切ではない。

5 ☒ 不2条1項21号、逐条不競P.152参照

解法 **不2条1項21号にいう「虚偽の事実」とは、客観的真実に反する事実のことをいう**（逐条不競P.152参照)。本枝の場合、甲社は、客観的な事実に基づき、比較広告を雑誌に掲載している。したがって、甲社の行為は、信用の毀損に係る不正競争とならない。よって、本枝は適切ではない。

H30-著不3　(4) 不正競争全般

不正競争防止法に関し、次のうち、最も不適切なものは、どれか。

田 1　DVDの暗号解除装置を組み込んだDVDプレーヤーを販売する行為は、不正競争となる。

田 2　防衛省が国防上の理由からアクセスを制限しているデータベースについて、アクセスを可能とするプログラムを提供する行為は、不正競争とならない。

田 3　パリ条約同盟国の事業者の日本における輸入総代理店が、当該事業者により当該同盟国において登録されている商標と同一の商標を、当該登録に関する権利に係る商品に付して、代理店契約終了後に正当な理由なく当該事業者の承諾を得ず、日本で当該商品を販売する行為は、当該商標が日本の需要者に周知でなければ、不正競争とならない。

田 4　他人が登録を受けたドメイン名が著名企業の商号と類似する場合において、当該企業を誹謗するウェブサイトを開設する目的で、当該他人からドメイン名の使用許諾を受ける行為は、不正競争となる。

田 5　転売の目的で、著名企業の商号と類似するドメイン名を取得する行為は、刑事罰の対象とならない。

H30-著不3

最も不適切なもの→×、そうでないもの→○

1 ○ 不2条1項17号かっこ書

解　法 営業上用いられている技術的制限手段により制限されている影像の視聴等を当該技術的制限手段の効果を妨げることにより可能とする機能を有する装置を譲渡等する行為は、不正競争となる（不2条1項17号）。ここで、**本号の「装置」には、当該装置を組み込んだ機器が含まれる**（同号かっこ書）。すなわち、**DVDの暗号解除装置を組み込んだDVDプレーヤーも本号の対象となる**（逐条不競P.125参照）。したがって、本枝の行為は、不正競争となる。よって、本枝は不適切ではない。

2 ○ 不2条1項17号、逐条不競P.121参照

解　法 **事業活動と関係のない技術的制限手段、例えば、防衛上の目的で用いられている暗号等は、「営業上用いられている技術的制限手段」**（不2条1項17号）**に含まれない**（逐条不競P.121参照）。したがって、防衛省が国防上の理由からアクセスを制限しているデータベースについて、アクセスを可能とするプログラムを提供する行為は、不正競争とならない。よって、本枝は不適切ではない。

3 × 不2条1項22号

解　法 パリ条約の同盟国等において商標に関する権利を有する者の代理人等又はその行為の日前1年以内に代理人等であった者が、正当な理由がないのに、その権利を有する者の承諾を得ないでその権利に係る商標と同一又は類似の商標をその権利に係る商品等と同一又は類似の商品等に使用等する行為は、不正競争となる（不2条1項22号）。すなわち、**権利に係る商標が周知であるかどうかは無関係である**（新・注解不競P.813参照）。したがって、本枝の行為は、当該商標が日本の需要者に周知でなければ、不正競争とならないわけではない。よって、本枝は最も不適切なものである。

4 ○ 不2条1項19号、逐条不競P.139～140参照

解　法 他人に損害を加える目的等で、他人の特定商品等表示と同一又は類似のドメイン名を使用する権利を取得等する行為は、不正競争となる（不2条1項19号）。ここで、**「取得」する行為には、登録機関からドメイン名の登録を認められた第三者からドメイン名の使用許諾を受ける場合も含まれる**（逐条不競P.139～140参照）。したがって、本枝において、他人からドメイン名の使用許諾を受ける行為は、不正競争となる。よって、本枝は不適切ではない。

5 ○ 不21条2項各号参照

解　法 **不正の利益を得る目的等で、他人の特定商品等表示と同一又は類似のドメイン名を使用する権利を取得等する行為**（不2条1項19号）**は、刑事罰の対象とならない**（不21条2項各号参照、逐条不競P.246参照）。したがって、転売の目的で、著名企業の商号と類似するドメイン名を取得する行為は、刑事罰の対象とならない。よって、本枝は不適切ではない。

H30-著不４　(4) 不正競争全般

実施日 ／ ／ ／

不正競争防止法に関し、次のうち、最も適切なものは、どれか。

□1　かばんの製法について特許権を有する者が、当該特許を無効にすべき旨の審決が確定したにもかかわらず、当該製法を用いて製造したかばんについて、「特許発明の実施品」である旨を記載したちらしを配布する行為は、不正競争となる。

□2　事業者が、商品の広告にその品質を誤認させるような記載をしている場合、当該広告の記載を信じてその商品を購入した一般消費者は、不正競争防止法に基づく損害賠償を請求できる。

□3　他人の周知な商品等表示と類似の商品等表示を使用する行為は、不正競争となるが、他人の著名な商品等表示と類似の商品等表示を使用する行為は、不正競争とならない。

□4　他人の商品の形態を模倣して商品を製造する行為は、その製造した商品が販売されていなくても、不正競争となる。

□5　靴の製造業者が靴の販売業者の営業上の信用を害する虚偽の事実を流布する行為は、不正競争とならない。

H30-著不4

最も適切なもの→○、そうでないもの→×

1 ○ 不２条１項20号、大阪地判Ｈ24.11.8「巻き爪矯正具事件」参照

解法　商品の広告にその商品の品質について誤認させるような表示をする行為は、不正競争となる（不２条１項20号）。ここで、**一般に商品に付された特許の表示は、同号が規定する「品質」の表示といえ、実際には特許発明の実施品ではなくなったにもかかわらず、特許発明の実施品であるかのようにした表示は、品質を誤認させるような表示であるとされている**（大阪地判Ｈ24.11.8「巻き爪矯正具事件」参照、逐条不競P.145参照）。したがって、本枝において、特許を無効にすべき旨の審決が確定したにもかかわらず、「特許発明の実施品」である旨を記載したちらしを配布する行為は、不正競争となる。よって、本枝は最も適切なものである。

2 × 不４条、小野・松村（下）P.194参照

解法　**損害賠償請求権は、「営業上の利益を侵害された者」に与えられるものであるため**（不４条）、**営業者でない消費者には与えられていない**（小野・松村（下）P.194参照）。したがって、本枝において、一般消費者は、不正競争防止法に基づく損害賠償を請求できない。よって、本枝は適切ではない。

3 × 不２条１項１号・２号

解法　他人の商品等表示として需要者の間に広く認識されている（周知な）ものと同一又は類似の商品等表示を使用する行為は、他人の商品又は営業と混同を生じさせる場合には、不正競争となる（不２条１項１号）。また、**自己の商品等表示として他人の著名な商品等表示と同一又は類似のものを使用する行為も、不正競争となる**（同項２号）。よって、本枝は適切ではない。

4 × 不２条１項３号、不競コンメンタールP.91参照

解法　模倣した商品を製造するだけの行為、すなわち、**模倣行為自体は、不２条１項３号の不正競争とならない**（不競コンメンタールP.91参照、逐条不競P.84参照）。したがって、他人の商品の形態を模倣して商品を製造する行為は、その製造した商品が販売されていなければ、不正競争とならない。よって、本枝は適切ではない。

5 × 不２条１項21号、茶園不競P.124～125参照

解法　競争関係にある他人の営業上の信用を害する虚偽の事実を告知し、又は流布する行為は、不正競争となる（不２条１項21号）。ここで、**本号における行為者には、相手方と同種の業務を営む者だけでなく、流通段階を異にする者も含まれるため、例えば、製造業者が他の商品の販売業者の営業を誹謗する場合にも本号は適用される**（茶園不競P.124～125参照）。したがって、靴の製造業者が靴の販売業者の営業上の信用を害する虚偽の事実を流布する行為は、不正競争となる。よって、本枝は適切ではない。

H30-著不５ （4）不正競争全般

不正競争防止法に関し、次のうち、最も不適切なものは、どれか。

田１　外国公務員贈賄罪については、日本国民が国外で罪を犯した場合にも、刑事罰の対象となる。

田２　商品として開発・販売された他人のデータベースをコピーして、同一のデータベースを販売する行為は、不正競争とならない。

田３　各種商品を販売するウェブサイトを運営する事業者が、その販売する商品を紹介する目的で、著名な商品名を当該ウェブサイトに掲載する行為は、不正競争とならない。

田４　他人の商品の形態を模倣した商品を譲渡する行為は、その形態が商品の機能を確保するために不可欠なものであるとしても、不正競争となる。

田５　不正の目的をもって、商品、役務又はその広告等に、原産地、品質、内容等について誤認させるような表示をする行為は、刑事罰の対象となる。

H30-著不5

最も不適切なもの→×、そうでないもの→○

1 ○ 不21条8項

解法 外国公務員贈賄罪（不18条1項、不21条2項7号）については、日本国民が国外で罪を犯した場合にも、刑事罰の対象となる（不21条8項、刑3条、逐条不競P.284参照）。よって、本枝は不適切ではない。

2 ○ 不2条1項3号、小野・松村（上）P.278参照、逐条不競P.80

解法 他人の商品の形態を模倣した商品を譲渡等する行為は、不正競争となる（不2条1項3号）。しかし、データベースは、「形態」の概念によって不正競争行為をとらえた同号の保護の対象には含まれず（小野・松村（上）P.278参照）、データベースのいわゆるデッドコピーに関する規定も設けられていない（逐条不競P.80）。したがって、商品として開発・販売された他人のデータベースをコピーして、同一のデータベースを販売する行為は、不正競争とならない。よって、本枝は不適切ではない。

3 ○ 不2条1項2号、逐条不競P.76、札幌地判H 26.9.4「食べログ事件」参照

解法 自己の商品等表示として他人の著名な商品等表示と同一又は類似のものを使用等する行為は、不正競争となる（不2条1項2号）。すなわち、同号の対象となるのは、著名な商品等表示を「自己の商品等表示として」使用した場合に限られる（逐条不競P.76）。また、札幌地判H 26.9.4「食べログ事件」では、飲食店（本件店舗）を経営する原告が、ウェブサイト（本件サイト）を運営管理している被告に対し、本件サイト内のウェブページに本件店舗に関する情報（店舗の名称を含む。）を掲載していることが同号の不正競争行為に該当すると主張した事案において、被告が自己の商品等表示として原告の商品等表示と同一・類似のものを使用していると認めることはできないとされている（逐条不競P.76参照）。したがって、各種商品を販売するウェブサイトを運営する事業者が、その販売する商品を紹介する目的で、著名な商品名を当該ウェブサイトに掲載する行為は、不正競争とならない。よって、本枝は不適切ではない。

4 × 不2条1項3号かっこ書

解法 他人の商品の形態を模倣した商品を譲渡等する行為は、不正競争となるが（不2条1項3号）、当該「商品の形態」からは、当該商品の機能を確保するために不可欠な形態が除かれている（同号かっこ書）。したがって、他人の商品の形態を模倣した商品を譲渡する行為は、その形態が商品の機能を確保するために不可欠なものであるときは、不正競争とならない。よって、本枝は最も不適切なものである。

5 ○ 不21条2項1号

解法 不正の目的をもって、商品、役務又はその広告等に、原産地、品質、内容等について誤認させるような表示をする行為（不2条1項20号）は、刑事罰の対象となる（不21条2項1号）。よって、本枝は不適切ではない。

H29-著不7　(4) 不正競争全般

実施日　/　/　/

不正競争防止法上の不正競争に関し、次のうち、最も不適切なものは、どれか。

□1　**甲**は、**乙**社に対し、映画のDVDに付されたコピープロテクションを回避するための装置を有償で譲渡した。**乙**社が、コピープロテクションの研究のためにその装置を入手した場合は、**乙**社が営利会社であっても、**甲**の行為は、不正競争とならない。

□2　**甲**が販売している装置が、映画のDVDに付されたコピープロテクションを回避することを可能とする機能を有している場合であっても、それ以外の機能も有している場合には、**甲**の当該装置の販売行為は、不正競争とならない。

□3　**甲**は、映画のDVDに付されたコピープロテクションを回避することのみを可能とするプログラムを作成した。**甲**が、そのプログラムを無料で少数の友人のみに譲渡した場合であっても、**甲**の譲渡行為は、不正競争となる。

□4　**甲**社が、**乙**社が脱税しているという情報を**乙**社の経理責任者から得て、**乙**社の顧客に告知した。**甲**社が、その情報が真実であると確信していた場合であっても、実際には虚偽であったときは、**甲**社の行為は、不正競争となる。

□5　**甲**社が、**乙**社の周知なロゴマークを付したボールペンを製造し、自らの顧客に無償で提供した。そのボールペンが**乙**社の商品であるとの誤認を生じさせるときは、**甲**社の行為は、不正競争となる。

H29-著不7

最も不適切なもの→×、そうでないもの→○

1 ○ 不19条1項9号、不競コンメンタールP.455

解法 本枝の場合、甲の行為は、形式上は不2条1項17号の不正競争となる。しかし、**技術的制限手段の試験又は研究のために用いられる同号に規定する装置を譲渡する行為については、適用除外の対象となる**（不19条1項9号）。また、**試験又は研究のために用いる主体は限定されていない**（不競コンメンタールP.455）。したがって、乙社が、コピープロテクションの研究のためにその装置を入手した場合は、乙社が営利会社であっても、甲の行為は、不正競争とならない。よって、本枝は不適切ではない。

2 × 不2条1項17号かっこ書

解法 営業上用いられている技術的制限手段により制限されている影像の視聴等を当該技術的制限手段の効果を妨げることにより可能とする機能を有する装置を譲渡する行為は、**当該装置が当該機能以外の機能を併せて有する場合であっても、影像の視聴等を当該技術的制限手段の効果を妨げることにより可能とする用途に供するために行うものであれば、不正競争となる**（不2条1項17号かっこ書）。したがって、本枝において、甲が販売している装置が、コピープロテクションを回避することを可能とする機能以外の機能も有している場合であっても、甲の当該装置の販売行為は、不正競争となり得る。よって、本枝は最も不適切なものである。

3 ○ 不2条1項17号、逐条不競P.72参照、小野・松村（下）P.36参照

解法 営業上用いられている技術的制限手段により制限されている影像の視聴等を当該技術的制限手段の効果を妨げることにより可能とする機能を有するプログラムを記録した記録媒体又は記憶した機器を譲渡する行為は、不正競争となる（不2条1項17号）。ここで、**「譲渡」とは、有償、無償を問わない**（逐条不競P.72参照）。また、**特定少数の者に対して行われる「譲渡」も対象になる**（小野・松村（下）P.36参照）。したがって、本枝において、甲が、プログラムを無料で少数の友人のみに譲渡した場合であっても、甲の譲渡行為は、不正競争となる。よって、本枝は不適切ではない。

4 ○ 不2条1項21号、不競の法律相談Ⅱ P.69参照

解法 競争関係にある他人の営業上の信用を害する虚偽の事実を告知する行為は、不正競争となる（不2条1項21号）。ここで、**告知者が真実であると主観的な見解をもっていたとしても、結果的に客観的な事実に反していれば、本号の「虚偽の事実」に該当する**（不競の法律相談Ⅱ P.69参照）。したがって、本枝において、甲社が、その情報が真実であると確信していた場合であっても、実際には虚偽であったときは、甲社の行為は、不正競争となる。よって、本枝は不適切ではない。

5 ○ 不2条1項1号、逐条不競P.72参照、茶園不競P.32参照

解法 他人の商品等表示として需要者の間に広く認識されている（周知な）ものと同一又は類似の商品等表示を使用した商品を譲渡して、他人の商品等と混同を生じさせる行為は、不正競争となる（不2条1項1号）。ここで、**「譲渡」とは、有償、無償を問わない**（逐条不競P.72参照）。また、**「混同」とは、商品等の出所に関する誤認を意味する**（茶園不競P.32参照）。したがって、本枝において、ボールペンが乙社の商品であるとの誤認を生じさせるときは、甲社の無償で提供する行為は、不正競争となる。よって、本枝は不適切ではない。

H29-著不8 (4) 不正競争全般

実施日 ／ ／ ／

不正競争防止法上の不正競争に関し、次のうち、最も不適切なものは、どれか。

1　**甲**社が、自社の製造・販売するエアコンに「消費電力が従来よりも約50%減少」という表示を付して販売した。**甲**社の実験において、消費電力の減少の事実は確認されたが、減少率が約20%でしかなかった場合、**甲**社の行為は不正競争となる。

2　**甲**社が、**乙**社の無添加化粧品には着色料・保存料が使用されているという虚偽の事実を、自社の販売する化粧品のパンフレットに掲載して頒布した。**甲**社が、**乙**社に損害を与える目的で行った場合であっても、**甲**社の行為は、不正競争防止法上の刑事罰の対象とならない。

3　**甲**社が、自社の製造・販売するスピーカーの広告に、著名な音楽評論家が長年愛用していると記載する行為は、それが虚偽の事実である場合でも、商品の品質に関する表示ではないため、不正競争とならない。

4　**甲**社の営業秘密を**乙**が窃取し、九州地方のみで使用することを条件に、これを**丙**に開示した。開示のとき、**丙**が、その情報が窃取された営業秘密であることを知らず、かつ知らなかったことにつき重大な過失がなかった場合、後にそのことを知ったとしても、九州地方で使用している限り、**丙**の使用行為は、不正競争とならない。

5　**甲**社の従業員である**乙**が、金銭を得る目的で、**甲**社の営業秘密が記載された文書を複製し、その複製物を**丙**社に売り渡した。**甲**社からの告訴がない場合であっても、**乙**の行為は、不正競争防止法上の刑事罰の対象となる。

H29-著不8

最も不適切なもの→×、そうでないもの→○

1 ○ 不2条1項20号、大阪高判H17.4.28「ろうそく事件」

解法 商品にその商品の品質等について誤認させるような表示をした商品を譲渡する行為は、不正競争となる（不2条1項20号）。例えば、大阪高判H17.4.28「ろうそく事件」では、**販売するろうそくに、火を消したときに生じるにおいが50%減少している等の表示をしている事案において、実験結果を前提としても、消しにおいは従来商品と比較して約13%減少したにとどまることが認められる等として、同号の「品質等誤認表示」に当たると判断されている**（新・注解不競P.731参照）。したがって、本枝において、消費電力の減少の事実は確認されたが、減少率が約20%でしかなかった場合、甲社の行為は不正競争となる。よって、本枝は不適切ではない。

2 ○ 不21条2項各号参照

解法 **競争関係にある他人の営業上の信用を害する虚偽の事実を告知し、又は流布する行為**（不2条1項21号）**は、刑事罰の対象とならない**（不21条2項各号参照、逐条不競P.151参照）。したがって、本枝において、甲社が、乙社に損害を与える目的で行った場合であっても、甲社の行為は、不正競争防止法上の刑事罰の対象とならない。よって、本枝は不適切ではない。

3 × 不2条1項20号、不競コンメンタールP.180～181参照

解法 商品の広告にその商品の品質等について誤認させるような表示をする行為は、不正競争となる（不2条1項20号）。ここで、**専門家等の保証・推奨の事実も、それが品質を表示する機能を発揮している場合には、「品質」に含まれる**（不競コンメンタールP.180～181参照）。そのため、本枝において、著名な音楽評論家が長年愛用しているとの記載は、商品の品質に関する表示に含まれ得る。したがって、甲社の行為は、それが虚偽の事実である場合には、不正競争となり得る。よって、本枝は最も不適切なものである。

4 ○ 不2条1項6号、不19条1項6号

解法 本枝の場合、丙は、営業秘密を開示された後に、窃取された営業秘密であることを知って使用しているため、丙の行為は、形式上は不2条1項6号の不正競争となる。しかし、**形式上は同号の不正競争となる場合でも、取引によって営業秘密を取得した者が、その取得した時にその営業秘密について営業秘密不正取得行為が介在したこと等を知らず、かつ、知らないことにつき重大な過失がないときは、その取引によって取得した権原の範囲内においてその営業秘密を使用等する行為については、適用除外の対象となる**（不19条1項6号）。また、使用地域の限定条件付きで営業秘密を取得したとすれば、その限定条件内での使用が当該取引による権原の範囲内となる（茶園不競

P.90～91参照)。したがって、九州地方のみで使用することを条件に営業秘密を開示された丙が、九州地方で使用している限り、丙の使用行為は、適用除外の対象となるので、不正競争とならない。よって、本枝は不適切ではない。

5　◎　不21条1項3号ロ・4号、同条5項参照

解法　本枝において、甲社の従業員である乙が、金銭を得る目的で、甲社の営業秘密が記載された文書を複製し、その複製物を丙社に売り渡す行為は、刑事罰の対象となる（不21条1項3号ロ・4号)。また、**同項3号ロ・4号の罪は、告訴がなくても公訴を提起することができる**（同条5項参照)。したがって、甲社からの告訴がない場合であっても、乙の行為は、不正競争防止法上の刑事罰の対象となる。よって、本枝は不適切ではない。

Point Pickup

[不2条1項20号（原産地等誤認惹起行為）の条文構造]

<table>
<tr><td rowspan="6">商品</td><td colspan="3" rowspan="3">商品に</td><td rowspan="6">その商品の</td><td>原産地</td><td rowspan="6">について誤認させるような表示を</td><td rowspan="3">する行為</td></tr>
<tr><td>品質</td></tr>
<tr><td>内容</td></tr>
<tr><td rowspan="3">商品の</td><td colspan="2">広告に</td><td>製造方法</td><td rowspan="3">した商品を譲渡等する行為</td></tr>
<tr><td rowspan="2">取引に用いる</td><td>書類に</td><td>用途</td></tr>
<tr><td>通信に</td><td>数量</td></tr>
<tr><td rowspan="4">役務</td><td colspan="3">役務に</td><td rowspan="4">その役務の</td><td>質</td><td rowspan="4">について誤認させるような表示を</td><td rowspan="2">する行為</td></tr>
<tr><td rowspan="3">役務の</td><td colspan="2">広告に</td><td>内容</td></tr>
<tr><td rowspan="2">取引に用いる</td><td>書類に</td><td>用途</td><td rowspan="2">して役務を提供する行為</td></tr>
<tr><td>通信に</td><td>数量</td></tr>
</table>

H28-著不10　(4) 不正競争全般

不正競争防止法上の不正競争に関し、次のうち、最も不適切なものは、どれか。

田1　日本製のタオルに「U.S.A.」というししゅう（刺繍）を施して販売する行為は、当該タオルに日本製である旨が明確に表示されているときは、原産地について誤認させる不正競争には該当しない。

田2　競争関係にある他人の営業上の信用を低下させるために、当該他人の法令違反行為について真実を流布する行為は、不正競争には該当しない。

田3　ライバル事業者の取引先各社に対して、当該事業者の商品が自らの特許権を侵害している旨の警告書を送付する行為は、後日特許権侵害の事実はなかったと判明したとしても、当該送付に先立ち弁理士に相談していたのであれば、不正競争には該当しない。

田4　他人に対してドメイン名を高値で転売する目的で、当該他人の商標と類似するドメイン名を使用する権利を取得し、ウェブサイトを開設する行為は、当該他人を中傷する意図でなされたものでないとしても、不正競争に該当する。

田5　技術的制限手段の効果を妨げる機能を有する装置の部品一式を販売する行為は、当該部品一式からその装置を容易に組み立てることができる場合には、不正競争に該当する。

H28-著不10

最も不適切なもの→×、そうでないもの→○

1 ○ 不2条1項20号、不競コンメンタールP.186～187・P.193参照

解　法　商品にその商品の原産地について誤認させるような表示をした商品を譲渡等する行為は、不正競争に該当する（不2条1項20号）。しかし、**ある表示のみを取り出せば誤認的表示と解される場合でも、誤認の可能性を打ち消す表示が併記されていることにより、表示全体を観察すれば誤認のおそれは生じないと判断されることもある。例えば、単に「England」とのみ刺繍のある洋服生地に、「日本製」と明確に表示する場合には、誤認排除の効果を認める余地がある**（不競コンメンタールP.186～187・P.193参照）。したがって、本枝の行為は、当該タオルに日本製である旨が明確に表示されているときは、原産地について誤認させる不正競争には該当しない。よって、本枝は不適切ではない。

2 ○ 不2条1項21号

解　法　競争関係にある他人の営業上の信用を害する**「虚偽の事実」**を流布等する行為は、不正競争に該当する（不2条1項21号）。すなわち、**本号に関しては、真実であれば何らの責任も発生しない**（茶園不競P.127）。したがって、本枝において、真実を流布する行為は、不正競争には該当しない。よって、本枝は不適切ではない。

3 × 不2条1項21号、新・注解不競P.783・P.971参照

解　法　**自己の特許権を侵害している旨を競争者の取引先等に警告することは、特許権侵害を構成しないときは、虚偽の事実の告知・流布であり、不2条1項21号に該当する**（新・注解不競P.783参照）。また、**弁理士を通じて警告を発した行為が同号に該当するとされた事案もある**（新・注解不競P.971参照）。したがって、本枝の行為は、警告書の送付に先立ち弁理士に相談していたとしても、不正競争に該当し得る。よって、本枝は最も不適切なものである。

4 ○ 不2条1項19号、不競コンメンタールP.148参照

解　法　不正の利益を得る目的で、又は他人に損害を加える目的で、他人の特定商品等表示と同一若しくは類似のドメイン名を使用する権利を取得等し、又はそのドメイン名を使用する行為は、不正競争に該当する（不2条1項19号）。ここで、**自己の保有するドメイン名を不当に高額な値段で転売する目的は、「不正の利益を得る目的」にあたる**（不競コンメンタールP.148参照）。したがって、本枝の行為は、他人に対してドメイン名を高値で転売する目的がある以上、当該他人を中傷する意図でなされたものでないとしても、不正競争に該当する。よって、本枝は不適切ではない。

5 ○ 不2条1項17号かっこ書

解　法　営業上用いられている技術的制限手段により制限されている影像の視聴等を当該技術的制限手段の効果を妨げることにより可能とする機能を有する装置を譲渡等する行為は、不正競争に該当する（不2条1項17号）。ここで、**本号の「装置」には、当該装置の部品一式であって容易に組み立てることができるものが含まれる**（同号かっこ書）。したがって、本枝の行為は、装置の部品一式からその装置を容易に組み立てることができる場合には、不正競争に該当する。よって、本枝は不適切ではない。

H27-45　(4) 不正競争全般

実施日 ／ ／ ／

不正競争防止法の不正競争に関し、次のうち、最も適切なものは、どれか。

□1　**甲**が経営する飲食店の店名が著名となっている場合に、**乙**が草野球チームのチーム名に当該店名と同一の名称を使用する行為は、不正競争となる。

□2　**甲**の商品等表示**A**が周知となるよりも前から、**乙**が、表示**A**を知らずに、表示**A**を付した商品を、**甲**と同一の地域で販売していた場合、**甲**の表示**A**が周知となった後に、**乙**が表示**A**の使用を継続する行為は、不正競争となる。

□3　**甲**の著名表示と類似する表示を、**乙**が自己の商品等表示として商品に付した場合、**乙**がその商品を国内では販売せず、輸出のみを行っているとしても、**乙**の行為は不正競争となる。

□4　**甲**の商品等表示と同一のドメイン名について、**乙**が、図利加害目的なく登録を受けた場合には、**乙**が後に、**甲**の信用を失墜させる目的で当該ドメイン名を使用したとしても、**乙**の行為は不正競争とならない。

□5　**甲**の商品は安全性に問題があるという虚偽の事実を、**乙**が、メールを使用して不特定多数の者に知らせる行為は、**甲**と**乙**が競争関係になくとも、不正競争となる。

H27-45

最も適切なもの→○、そうでないもの→×

1 ☒ 不2条1項1号かっこ書・2号

解 法 自己の商品等表示として他人の著名な商品等表示と同一又は類似のものを使用する行為は、不正競争となる（不2条1項2号）。しかし、**商品等表示とは、人の業務に係る商品又は営業を表示するものをいう**ため（同項1号かっこ書）、乙が草野球チームのチーム名に甲が経営する著名な飲食店の店名と同一の名称を使用する行為は、「商品等表示として」使用する行為とはいえない。したがって、本枝の行為は、不正競争となるわけではない。よって、本枝は適切ではない。

2 ☒ 不19条1項3号

解 法 **形式上は不2条1項1号の不正競争となる場合でも、①他人の商品等表示が周知となる前から②その商品等表示と同一又は類似の商品等表示を不正の目的でなく使用した商品を譲渡等する行為については、適用除外の対象となる**（不19条1項3号）。本枝において、乙は、①甲の商品等表示Aが周知となるよりも前から、②Aを知らずに、Aを付した商品を販売しているため、乙の行為は適用除外の対象となる。したがって、甲のAが周知となった後に、乙がAの使用を継続する行為は、不正競争となるわけではない。よって、本枝は適切ではない。

3 ◎ 不2条1項2号

解 法 **自己の商品等表示として他人の著名な商品等表示と同一又は類似のものを使用した商品を「輸出」する行為は、不正競争となる**（不2条1項2号）。したがって、甲の著名表示と類似する表示を、乙が自己の商品等表示として商品に付した場合、乙がその商品を国内では販売せず、輸出のみを行っているとしても、乙の行為は不正競争となる。よって、本枝は最も適切なものである。

4 ☒ 不2条1項19号、逐条不競P.137参照

解 法 他人に損害を加える目的で、他人の特定商品等表示と同一又は類似のドメイン名を使用する行為は、不正競争となる（不2条1項19号）。また、**「他人に損害を加える目的」とは、他者に対して財産上の損害、信用の失墜といった有形無形の損害を与える目的を指す**（逐条不競P.137参照）。したがって、甲の商品等表示と同一のドメイン名について、乙が、図利加害目的なく登録を受けた場合でも、乙が後に、甲の信用を失墜させる目的で当該ドメイン名を使用すれば、乙の行為は不正競争となり得る。よって、本枝は適切ではない。

5 ☒ 不2条1項21号

解 法 「競争関係にある」他人の営業上の信用を害する虚偽の事実を告知し、又は流布する行為は、不正競争となる（不2条1項21号）。すなわち、**本号の適用には、競争関係が存在することを要件とする**（逐条不競P.151）。したがって、甲の商品は安全性に問題があるという虚偽の事実を、乙が、メールを使用して不特定多数の者に知らせる行為は、甲と乙が競争関係になければ、不正競争とならない。よって、本枝は適切ではない。

H26-8　(4) 不正競争全般

実施日　/　/　/

不正競争防止法上の技術的制限手段に関し、次のうち、最も適切なものは、どれか。

田1　会社から貸与されている携帯電話のパスワードを、従業員が第三者に漏洩することは、技術的制限手段に係る不正競争となる。

田2　映画に施されている技術的制限手段を解除することは、技術的制限手段に係る不正競争となる。

田3　アクセスを制限されている会社のコンピュータに外部から許諾なくアクセスすることは、技術的制限手段に係る不正競争となる。

田4　音楽の著作物に施されている技術的制限手段を解除するプログラムを無償で譲渡することは、技術的制限手段に係る不正競争となる。

田5　技術的制限手段に反応しないDVD再生機器を販売することは、技術的制限手段に係る不正競争となる。

H26-8

最も適切なもの→○、そうでないもの→×

1 ☒ 不２条１項17号・18号参照

解　法　**「会社から貸与されている携帯電話のパスワードを、従業員が第三者に漏洩すること」は、技術的制限手段に係る不正競争とならない**（不２条１項17号・18号参照）。よって、本枝は適切ではない。

2 ☒ 逐条不競P.127参照

解　法　**不正競争防止法による規制においては、無効化行為そのものは対象とされていない**（逐条不競P.127参照）。したがって、映画に施されている技術的制限手段を解除することは、技術的制限手段に係る不正競争とならない。よって、本枝は適切ではない。

3 ☒ 不２条１項17号・18号参照

解　法　**「アクセスを制限されている会社のコンピュータに外部から許諾なくアクセスすること」は、技術的制限手段に係る不正競争とならない**（不２条１項17号・18号参照）。よって、本枝は適切ではない。

4 ◯ 不２条１項17号、逐条不競P.72参照

解　法　営業上用いられている技術的制限手段により制限されている影像又は音の視聴等を当該技術的制限手段の効果を妨げることにより可能とする機能を有するプログラムを記録した記録媒体等を譲渡等する行為は、不２条１項17号の不正競争となる。また、**「譲渡」とは、有償、無償を問わない**（逐条不競P.72参照）。したがって、音楽の著作物に施されている技術的制限手段を解除するプログラムを無償で譲渡することは、技術的制限手段に係る不正競争となる。よって、本枝は最も適切なものである。

5 ☒ 不２条１項17号かっこ書、逐条不競P.129～130参照

解　法　本来の機能として技術的制限手段の無効化以外の機能を有する装置であって、記録や視聴等の制限をするために付されている信号を検知しない装置等**（いわゆる無反応機器）については、その提供行為は、技術的制限手段を無効化する用途に供するためのもの**（不２条１項17号かっこ書）**ではないと考えられる**ため、同号の規制対象とはならない（逐条不競P.129～130参照）。したがって、技術的制限手段に反応しないＤＶＤ再生機器を販売することは、技術的制限手段に係る不正競争とならない。よって、本枝は適切ではない。

H26-17　(4) 不正競争全般

フランスのシャンパーニュ地方に所在するシャンパン製造会社**甲**社は、日本でも著名なシャンパン**A**、日本でも周知なプレミアムシャンパン**B**を製造している。総代理店**乙**社が温度管理をしたコンテナで**A**及び**B**を日本に輸入して販売している。

不正競争防止法に関し、次のうち、最も適切なものは、どれか。

田 1　スペインでシャンパーニュ製法により製造された発泡性ぶどう酒に、シャンパンという表示を付して販売することは、不正競争とならない。

田 2　日本のある地方で、発泡性ぶどう酒をシャンパンと呼び慣わしていた場合、その地方産の発泡性ぶどう酒にシャンパンと表示して販売することは、不正競争とならない。

田 3　フランスで製造された自転車を輸入して、**A**のブランドで販売することは、不正競争となる。

田 4　**甲**社の製造した**A**をフランスで購入して、船便により温度管理のなされていないコンテナで日本に輸入して販売することは、不正競争となる。

田 5　日本で、**B**という店名のワイン・バーを経営することは、不正競争とならない。

H26-17

最も適切なもの→○、そうでないもの→×

1 ☒ 不２条１項20号

解　法 商品等にその商品の原産地等について誤認させるような表示をした商品を譲渡等する行為は、不２条１項20号の不正競争となる。したがって、スペインでシャンパーニュ製法により製造された発泡性ぶどう酒に、シャンパンという表示を付して販売することは、不正競争となる。よって、本枝は適切ではない。

2 ☒ 不２条１項20号、不19条１項１号かっこ書、逐条不競P.231参照

解　法 商品等にその商品の原産地等について誤認させるような表示をした商品を譲渡等する行為は、不２条１項20号の不正競争となる。ここで、形式上は同号の不正競争となる場合でも、商品の普通名称を普通に用いられる方法で表示をした商品を譲渡等する行為については、原則として適用除外の対象となる(不19条１項１号)。しかし、ぶどうを原料又は材料とする物の原産地の名称であって、普通名称となったもの（シャンパン等）は、適用除外の対象とならない（同号かっこ書、逐条不競P.231参照)。したがって、日本のある地方で、発泡性ぶどう酒をシャンパンと呼び習わしていた場合、その地方産の発泡性ぶどう酒にシャンパンと表示して販売することは、不正競争となる。よって、本枝は適切ではない。

3 ◎ 不２条１項２号

解　法 自己の商品等表示として他人の著名な商品等表示を使用した商品を譲渡等する行為は、不２条１項２号の不正競争となる。本枝において、Aは日本でも著名な商品表示となっている。したがって、フランスで製造された自転車を輸入して、Aのブランドで販売することは、不正競争となる。よって、本枝は最も適切なものである。

4 ☒ 不２条１項各号参照

解　法 「甲社の製造したAをフランスで購入して、船便により温度管理のなされていないコンテナで日本に輸入して販売すること」は、いずれの不正競争にもならない（不２条１項各号参照)。よって、本枝は適切ではない。

5 ☒ 不２条１項１号

解　法 他人の商品等表示として需要者の間に広く認識されているものと同一又は類似の商品等表示を使用して、他人の商品又は営業と混同を生じさせる行為は、不２条１項１号の不正競争となる。本枝において、日本で周知な商品表示Bと同一の表示を使用してワイン・バーを経営することは、甲社の商品と混同を生じさせると考えられる。したがって、本枝の行為は、不正競争とならないわけではない。よって、本枝は適切ではない。

H25-33　(4) 不正競争全般

実施日 / / /

不正競争防止法に関し、次のうち、最も不適切なものは、どれか。

□1　技術的制限手段に対する不正競争行為として規制対象となる装置の譲渡であっても、当該技術的制限手段の試験研究のためにその装置が用いられる場合には、不正競争とならない。

□2　ある商品等表示が他人の著名表示となった時点において、旧来から当該表示を使用していた者は、その時点以後も、当該表示と同一の表示を不正の目的なく使用し続ける場合、不正競争とならない。

□3　著名な商品等表示を使用するフランチャイズシステムにおいて、不正競争防止法上の請求権を有するのは、フランチャイザーに限られない。

□4　国産の商品であるのに、特定の外国の文字を用いた文を当該商品に表示するなどして外国製であるかのように暗示する行為は、不正競争とならない。

□5　商品形態の模倣行為は、不正競争となるとともに、著作権侵害になることもある。

H25-33

最も不適切なもの→×、そうでないもの→○

1 ○ 不19条1項9号

解法 **形式上は不2条1項17号・18号の不正競争となる場合でも、技術的制限手段の試験又は研究のために用いられる同項17号・18号に規定する装置を譲渡する行為については、適用除外の対象となる**（不19条1項9号）。したがって、本枝における装置の譲渡は、不正競争とならない。よって、本枝は不適切ではない。

2 ○ 不19条1項4号

解法 **形式上は不2条1項2号の不正競争となる場合でも、他人の商品等表示が著名になる前からその商品等表示と同一の表示を使用する者が当該表示を不正の目的でなく使用する行為については、適用除外の対象となる**（不19条1項4号）。したがって、本枝において、他人の著名表示と同一の表示を不正の目的なく使用し続ける場合には、不正競争とならない。よって、本枝は不適切ではない。

3 ○ 東京地判H 12.7.18「リズシャルメル事件」

解法 東京地判H 12.7.18「リズシャルメル事件」では、**不2条1項2号所定の不正競争行為に対して不3条、不4条に基づき差止め及び損害賠償を求め得る主体について、「フランチャイズ契約により結束した企業グループにおいては、フランチャイズチェーンの主宰者たるフランチャイザー及びその傘下のフランチャイジーが、請求の主体となり得る。」**と判示している。したがって、本枝において、不正競争防止法上の請求権を有するのは、フランチャイザーに限られない。よって、本枝は不適切ではない。

4 × 不2条1項20号

解法 **商品にその商品の原産地について誤認させるような表示をする行為は、不正競争となる**（不2条1項20号）。ここで、**同号の不正競争には、暗示的表示により誤認を生じさせる場合も含まれる**（小野・松村（下）P.93参照）。したがって、国産の商品であるのに、特定の外国の文字を用いた文を当該商品に表示するなどして外国製であるかのように暗示する行為は、不正競争となる。よって、本枝は最も不適切なものである。

5 ○ 不2条1項3号、著10条1項4号、逐条不競P.81参照

解法 他人の商品の形態を模倣した商品を譲渡等する行為は、不正競争となる（不2条1項3号）。また、**商品の形態が、著作権法の美術の著作物**（著10条1項4号）**に該当する場合には、著作権法の保護が認められる**（逐条不競P.81参照）。したがって、商品形態の模倣行為は、不正競争となるとともに、著作権侵害になることもある。よって、本枝は不適切ではない。

H25-59　(4) 不正競争全般

実施日 ／　／　／

不正競争防止法に関し、次のうち、最も適切なものは、どれか。

田1　大量の電子メールを送りつけて他人の営業を妨害する行為は、不正競争となる。

田2　インターネット上の虚偽広告は、不正競争防止法により規制されず、不当景品類及び不当表示防止法で規制される。

田3　海賊版のソフトウェアを購入して使用する行為は、不正競争とならない。

田4　海外の登録機関に登録されているドメイン名の不正使用があったとしても、不正競争防止法が適用されることはない。

田5　不正競争防止法により不正使用行為から保護されるドメイン名は、日本国内において著名性又は周知性を有するものに限られる。

H25-59

最も適切なもの→○、そうでないもの→×

1 ☒ 不２条１項各号参照

解　法　「大量の電子メールを送りつけて他人の営業を妨害する行為」は、いずれの不正競争にもならない（不２条１項各号参照）。よって、本枝は適切ではない。

2 ☒ 不２条１項20号

解　法　インターネット上の虚偽広告は、「商品等の広告にその商品の品質等について誤認させるような表示」（不２条１項20号）に該当する。したがって、インターネット上の虚偽広告は、不正競争防止法により規制される。よって、本枝は適切ではない。

チェック　不当景品類及び不当表示防止法では、虚偽広告に対する法的規制を行っている（小野・松村（下）P.62参照）。

3 ◎ 不２条１項各号参照

解　法　「海賊版のソフトウェアを購入して使用する行為」は、いずれの不正競争にもならない（不２条１項各号参照）。よって、本枝は最も適切なものである。

4 ☒ 不２条10項参照、小野・松村（下）P.52参照

解　法　ドメイン名の定義（不２条10項）に従えば、現在各種の登録機関に登録されているすべてのドメイン名が包含されるので、海外の登録機関で登録されているドメイン名にも、不正競争防止法の適用をすることが可能である（小野・松村（下）P.52参照）。したがって、海外の登録機関に登録されているドメイン名の不正使用があった場合、不正競争防止法が適用されることがある。よって、本枝は適切ではない。

5 ☒ 不２条１項19号参照

解　法　図利加害目的で、他人の特定商品等表示と同一又は類似のドメイン名を使用等する行為は、不正競争となる（不２条１項19号）。すなわち、同号の保護対象については、著名性又は周知性を要件としていない（逐条不競P.137参照）。したがって、不正競争防止法により不正使用行為から保護されるドメイン名は、日本国内において著名性又は周知性を有するものに限られない。よって、本枝は適切ではない。

R4-著不８　差止請求、損害賠償等

実施日　／　／　／

不正競争防止法に関し、次のうち、最も適切なものは、どれか。

田１　不正競争防止法第２条第１項第１号の商品等表示に係る不正競争に対して、営業上の利益を侵害されたとして差止請求をすることができる者には、その商品等表示に係る使用許諾を受けた者が含まれることはない。

田２　故意又は過失により不正競争を行って他人の営業上の利益を侵害した者は、その損害賠償責任を負うが、営業秘密を使用する行為に限り、その差止請求権が時効により消滅した後の使用行為によって生じた損害について、その責任を負わない。

田３　営業秘密に係る不正競争につき損害賠償を請求する際に、技術上の秘密の場合とそうでない秘密の場合とで、適用できる不正競争防止法第５条の損害の額の算定に係る規定に違いはない。

田４　裁判所の命ずる信用回復の措置の対象となる不正競争には、技術的制限手段に係る不正競争は含まれていない。

田５　不正競争による営業上の利益の侵害に係る訴訟において、損害が生じたことが認められる場合、損害額を立証するために必要な事実を立証することが当該事実の性質上極めて困難であるときは、裁判所は、口頭弁論の全趣旨及び証拠調べの結果に基づき、相当な損害額を認定することができる。

R4-著不8

最も適切なもの→○、そうでないもの→×

1 ☒ 不３条１項、逐条不競P.161参照

解法 不正競争によって営業上の利益を侵害される者は、その営業上の利益を侵害する者に対し、差止請求をすることができる（不３条１項）。ここで、**判例上、ライセンシーも、差止請求の請求権者として認められている**（逐条不競P.161参照）。したがって、不２条１項１号の商品等表示に係る不正競争に対して、営業上の利益を侵害されたとして差止請求をすることができる者には、その商品等表示に係る使用許諾を受けた者が含まれることがある。よって、本枝は適切ではない。

2 ☒ 不４条但書

解法 故意又は過失により不正競争を行って他人の営業上の利益を侵害した者は、これによって生じた損害を賠償する責めに任ずる（不４条本文）。ただし、消滅時効（不15条）により差止請求権（不３条１項）が消滅した後にその**営業秘密又は「限定提供データ」**を使用する行為によって生じた損害については、この限りでない（不４条但書）。したがって、故意又は過失により不正競争を行って他人の営業上の利益を侵害した者は、その損害賠償責任を負うが、営業秘密を使用する行為に「限り」、その差止請求権が時効により消滅した後の使用行為によって生じた損害について、その責任を負わないわけではない。よって、本枝は適切ではない。

3 ☒ 不５条１項かっこ書

解法 **侵害組成物の譲渡数量を基準とする損害額の推定規定**（不５条１項）**が適用されるのは、営業秘密に係る不正競争**（不２条１項４号～９号）**にあっては、技術上の秘密に関するものに限られている**（不５条１項かっこ書）。したがって、営業秘密に係る不正競争につき損害賠償を請求する際に、技術上の秘密の場合とそうでない秘密の場合とでは、適用できる不５条の損害の額の算定に係る規定に違いがある。よって、本枝は適切ではない。

4 ☒ 不14条

解法 **信用回復の措置は、全ての不正競争の類型が対象とされる**（不14条、逐条不競P.200参照）。したがって、裁判所の命ずる信用回復の措置の対象となる不正競争には、技術的制限手段に係る不正競争（不２条１項17号・18号）が含まれている。よって、本枝は適切ではない。

5 ◎ 不９条

解法 **不９条の通り**である。すなわち、不正競争による営業上の利益の侵害に係る訴訟において、損害が生じたことが認められる場合において、損害額を立証するために必要な事実を立証することが当該事実の性質上極めて困難であるときは、裁判所は、口頭弁論の全趣旨及び証拠調べの結果に基づき、相当な損害額を認定することができる（不９条）。よって、本枝は最も適切なものである。

R2-著不8　差止請求、損害賠償等

実施日　/　/　/

不正競争防止法における救済に関し、次のうち、最も適切なものは、どれか。。

田1　地方公共団体や国は、不正競争に対する差止めの請求権者となることができない。

田2　他人の不正競争により営業上の信用を害された者が当該他人に対して損害賠償のみを請求した訴訟において、裁判所は、必要があると認めるときは、その裁量により、当該他人に対し、損害賠償に代えて謝罪広告の掲載を命じることができる。

田3　営業秘密の不正使用行為に対する差止請求権には消滅時効は規定されていないが、損害賠償請求権には消滅時効が規定されている。

田4　裁判所が、不正競争による営業上の利益の侵害に係る訴訟において、証拠に営業秘密に該当する情報が含まれる場合に、当該営業秘密の使用及び開示を禁止する秘密保持命令を発したが、その後、その情報が営業秘密の要件を満たさなくなった場合、当該秘密保持命令は無効となる。

田5　他人のドメイン名を不正の利益を得る目的で使用した者に対する損害賠償請求においては、いわゆるライセンス料相当額（当該ドメイン名の使用に対し受けるべき金銭に相当する額）の金銭を損害額として賠償請求することができる。

R2-著不8

最も適切なもの→○、そうでないもの→×

1 ☒ 不3条1項、逐条不競P.160 ～ 161参照

解　法 不正競争に対し差止請求をすることができるのは、不正競争によって「営業上の利益を侵害され、又は侵害されるおそれがある者」であるところ（不3条1項）、**地方公共団体や国であっても、事業活動を行う者である限り、請求権者となり得る**（逐条不競P.160 ～ 161参照）。したがって、地方公共団体や国は、不正競争に対する差止めの請求権者となることができないわけではない。よって、本枝は適切ではない。

2 ☒ 不14条、逐条不競P.200参照

解　法 故意又は過失により不正競争を行って他人の営業上の信用を害した者に対しては、**裁判所は、「その営業上の信用を害された者の請求により」、損害の賠償に代え、又は損害の賠償とともに、その者の営業上の信用を回復するのに必要な措置を命ずることができる**（不14条）。ここで、信用回復の措置としては、新聞等への謝罪広告が認められている（逐条不競P.200参照）。しかし、本枝の場合、営業上の信用を害された者は、損害賠償のみを請求しており、信用回復の措置を請求していない。したがって、裁判所は、「その裁量により」、損害賠償に代えて謝罪広告の掲載を命じることはできない。よって、本枝は適切ではない。

3 ☒ 不15条1項、民724条

解　法 **不正競争行為に対する損害賠償請求権**（不4条）**には、消滅時効が規定されている**（民724条）。したがって、後段は適切である。しかし、**不2条1項4号～9号の不正競争のうち、営業秘密の不正使用行為に対する差止請求権**（不3条1項）**にも、消滅時効が規定されている**（不15条1項）。したがって、前段は適切ではない。よって、本枝は適切ではない。

4 ☒ 不11条1項・4項、不競コンメンタールP.360参照

解　法 **秘密保持命令は、秘密保持命令の申立者又は秘密保持命令を受けた者の申立てに対する裁判により取り消され**（不11条1項）、**取消しが確定するまで効力が存続するため**（同条4項）、**発令以後、事実関係に変更が生じ既に発令の要件を満たさなくなったような場合であっても、取消しの手続を経て命令を取り消すことを要する**（不競コンメンタールP.360参照）。したがって、本枝において、営業秘密の使用及び開示を禁止する秘密保持命令が発せられ、その後、その営業秘密に該当した情報が営業秘密の要件を満たさなくなった場合でも、秘密保持命令は無効とならない。よって、本枝は適切ではない。

5 ◎ 不5条3項5号

解　法 他人のドメイン名を不正の利益を得る目的で使用する行為は、不2条1項19号の不正競争となる。また、同号の不正競争によって営業上の利益を侵害された者は、故意又は過失により自己の営業上の利益を侵害した者に対し、**当該侵害に係るドメイン名の使用に対し受けるべき金銭の額に相当する額の金銭を、自己が受けた損害の額としてその賠償を請求することができる**（不5条3項5号）。したがって、他人のドメイン名を不正の利益を得る目的で使用した者に対する損害賠償請求においては、いわゆるライセンス料相当額の金銭を損害額として賠償請求することができる。よって、本枝は最も適切なものである。

R1-著不8　差止請求、損害賠償等

実施日　／　／　／

不正競争防止法上の救済に関し、次のうち、最も不適切なものは、どれか。

田1　不正な原産地の表示に関する不正競争については、不正な表示を付した商品の譲渡数量に、単位数量当たりの利益額を乗じて得られた額が、損害額とみなされることはない。

田2　侵害者の利益の額を損害の額と推定する規定は、商品の用途について誤認させるような表示が付された商品が譲渡された場合について適用され得る。

田3　自己の商品形態を模倣された事業者は、模倣商品の販売の差止請求とともに請求する場合に限り、当該商品形態を模倣するために使用した装置の廃棄を請求することができる。

田4　外国において商標に関する権利を有する者の代理人による当該商標の使用による不正競争によって、営業上の利益を侵害された者が、侵害者に対して損害賠償を請求する場合、受けた損害の額として、使用料相当額を請求することができるとする規定は、設けられていない。

田5　秘密保持命令の申立てを却下した裁判に対しては、即時抗告をすることができる。

R1-著不8

最も不適切なもの→×、そうでないもの→○

1 ◎ 不5条1項

解法 **侵害行為を組成した物の譲渡数量に、単位数量当たりの利益額を乗じて得られた額を、損害額とすることができるのは、「不2条1項1号～16号・22号」の不正競争に対する損害賠償請求に限られる**（不5条1項）。したがって、不正な原産地の表示に関する不正競争（不2条1項20号）については、不正な表示を付した商品の譲渡数量に、単位数量当たりの利益額を乗じて得られた額が、損害額とみなされることはない。よって、本枝は不適切ではない。

2 ◎ 不5条2項

解法 商品の用途について誤認させるような表示が付された商品を譲渡する行為は、不2条1項20号の不正競争となる。ここで、**侵害者の利益の額を損害の額と推定する規定**（不5条2項）**は、不2条1項に規定する不正競争の類型全てを対象としている**（逐条不競P.170参照）。したがって、侵害者の利益の額を損害の額と推定する規定は、商品の用途について誤認させるような表示が付された商品が譲渡された場合について適用され得る。よって、本枝は不適切ではない。

3 ◎ 不3条2項、逐条不競P.161参照

解法 **商品形態の模倣に係る不正競争**（不2条1項3号）**によって営業上の利益を侵害された者は、差止めの請求**（不3条1項）**をするに際し、侵害の行為に供した設備の除却等を請求することができる**（同条2項）。ここで、**「侵害の行為に供した設備」とは、他人の商品形態を模倣するための製造機械等をいう**（逐条不競P.161参照）。したがって、自己の商品形態を模倣された事業者は、模倣商品の販売の差止請求とともに請求する場合に限り、当該商品形態を模倣するために使用した装置の廃棄を請求することができる。よって、本枝は不適切ではない。

4 ☒ 不5条3項6号

解法 **不2条1項22号の不正競争によって営業上の利益を侵害された者は、故意又は過失により自己の営業上の利益を侵害した者に対し、当該侵害に係る商標の使用に対し受けるべき金銭の額に相当する額の金銭を、自己が受けた損害の額としてその賠償を請求することができる**（不5条3項6号）。したがって、外国において商標に関する権利を有する者の代理人による当該商標の使用による不正競争によって、営業上の利益を侵害された者が、侵害者に対して損害賠償を請求する場合、受けた損害の額として、使用料相当額を請求することができるとする規定は、設けられている。よって、本枝は最も不適切なものである。

5 ◎ 不10条5項

解法 **不10条5項の通り**である。すなわち、秘密保持命令の申立てを却下した裁判に対しては、即時抗告をすることができる（不10条5項）。よって、本枝は不適切ではない。

H29-著不10 差止請求、損害賠償等

不正競争防止法に関し、次のうち、最も不適切なものは、どれか。

田1　裁判所の秘密保持命令に違反して、その対象となった営業秘密を使用する行為は、刑事罰の対象となる。

田2　不正競争行為により他人の営業上の信用を害した者に対して、裁判所は、当該行為が過失による場合であっても、その信用を回復するのに必要な措置を命じることができる。

田3　外国の国旗と類似のものを商標として使用した商品を販売したとしても、刑事罰の対象にはならない。

田4　他人の著名な商品表示を付した商品を販売する者に対し、当該行為により営業上の利益を侵害された者は、当該商品の販売差し止めとともに、その廃棄を請求することもできる。

田5　非営利事業を行う者であっても、他人の不正競争行為によりその信用を害された場合には、当該行為の差止めを請求することができる。

H29-著不10

最も不適切なもの→×、そうでないもの→○

1 ○ 不21条2項6号

解法 秘密保持命令（不10条1項）に違反して、秘密保持命令の対象となっている営業秘密について当該訴訟の追行の目的以外に使用する行為は、刑事罰の対象となる（不21条2項6号、逐条不競P.274参照）。よって、本枝は不適切ではない。

2 ○ 不14条

解法 故意又は「過失により」不正競争を行って他人の営業上の信用を害した者に対しては、裁判所は、その営業上の信用を害された者の請求により、損害の賠償に代え、又は損害の賠償とともに、その者の営業上の信用を回復するのに必要な措置を命ずることができる（不14条）。したがって、本枝において、裁判所は、当該行為が過失による場合であっても、その信用を回復するのに必要な措置を命じることができる。よって、本枝は不適切ではない。

3 × 不21条2項7号

解法 外国の国旗と類似のものを当該国の許可を受けることなく商標として使用した商品を譲渡する行為（不16条1項）は、刑事罰の対象となる（不21条2項7号）。したがって、本枝の行為は、刑事罰の対象にならないわけではない。よって、本枝は最も不適切なものである。

4 ○ 不3条2項

解法 不正競争によって営業上の利益を侵害され、又は侵害されるおそれがある者は、差止めの請求（不3条1項）をするに際し、侵害の行為を組成した物の廃棄等を請求することができる（同条2項）。ここで、他人の著名な商品表示を付した商品を販売する行為は、不2条1項1号又は2号の不正競争となり得る。また、著名表示を付した商品は、「侵害の行為を組成した物」に該当する（山本P.256参照）。したがって、本枝において、営業上の利益を侵害された者は、当該商品の販売差し止めとともに、その廃棄を請求することもできる。よって、本枝は不適切ではない。

5 ○ 不3条1項、逐条不競P.160～161参照

解法 不正競争によって営業上の利益を侵害され、又は侵害されるおそれがある者は、その営業上の利益を侵害する者等に対し、差止めを請求することができる（不3条1項）。ここで、「利益」には、事業活動における信用が含まれる。また、判例上、非営利事業を目的とする者にも請求主体性が認められている（逐条不競P.160～161参照）。したがって、非営利事業を行う者であっても、他人の不正競争行為によりその信用を害された場合には、当該行為の差止めを請求することができる。よって、本枝は不適切ではない。

H28-著不8　差止請求、損害賠償等

実施日　／　／　／

不正競争防止法上の救済に関し、次のうち、最も不適切なものは、どれか。

田1　侵害者の利益の額を損害の額と推定する規定は、営業秘密に係る不正競争のうち、技術上の秘密と関わりのない営業秘密に関するものについては適用されない。

田2　営業秘密に係る不正競争により営業上の利益を侵害されるおそれのある者は、その利益を侵害するおそれのある者に対し、その侵害の停止又は予防を請求するに際し、当該営業秘密を用いて製造された製品の廃棄を請求できる。

田3　不正競争による営業上の利益の侵害に係る訴訟において、物を生産する方法についての営業秘密の保有者が、当該営業秘密が相手方によって使用されていると主張する場合、当該相手方は、自己の重要な営業秘密が含まれているときには自らの実施する生産方法の具体的態様を明らかにする義務を負わない。

田4　不正競争による営業上の利益の侵害に係る訴訟において、侵害行為の立証のため必要な書類に営業秘密が含まれている場合でも、当該書類は裁判所による提出命令の対象となりうる。

田5　不正競争による営業上の利益の侵害に係る訴訟において、裁判所による秘密保持命令が発せられた場合でも、当該秘密保持命令を受けた者は、秘密保持の対象とされた営業秘密を、当該訴訟を追行する目的で使用することができる。

H28-著不8

最も不適切なもの→×、そうでないもの→○

1 ☒ 不5条2項、不競コンメンタールP.314参照

解法 侵害者の利益の額を損害の額と推定する規定（不5条2項）は、同条1項の場合と異なり、不2条1項各号所定の不正競争類型すべてにつき適用され、**技術上の情報以外の情報に関する営業秘密の侵害に対して適用された裁判例もある**（不競コンメンタールP.314参照、東京地判H 15.11.13「人材派遣業顧客名簿事件」）。したがって、侵害者の利益の額を損害の額と推定する規定は、営業秘密に係る不正競争のうち、技術上の秘密と関わりのない営業秘密に関するものについては適用されないわけではない。よって、本枝は最も不適切なものである。

2 ◎ 不3条2項かっこ書、逐条不競P.161参照

解法 **不正競争によって営業上の利益を侵害されるおそれがある者は、その営業上の利益を侵害するおそれがある者に対し、その侵害の停止又は予防の請求**（不3条1項）**をするに際し、「侵害の行為により生じた物」の廃棄等を請求することができる**（同条2項かっこ書）。ここで、**「侵害の行為により生じた物」とは、営業秘密等を用いて製造された製品等をいう**（逐条不競P.161参照）。したがって、本枝において、当該営業秘密を用いて製造された製品の廃棄を請求できる。よって、本枝は不適切ではない。

3 ◎ 不6条、逐条不競P.182参照

解法 不正競争による営業上の利益の侵害に係る訴訟において、不正競争によって営業上の利益を侵害され、又は侵害されるおそれがあると主張する者が侵害の行為を組成したものとして主張する方法等の具体的態様を否認する場合、相手方において明らかにすることができない「相当の理由」があるときは、相手方は、自己の行為の具体的態様を明らかにする義務を負わない（不6条）。ここで、**自己の具体的態様の内容に営業秘密が含まれている場合等には、「相当の理由」がある**（逐条不競P.182参照）。したがって、本枝において、当該相手方は、自己の重要な営業秘密が含まれているときには自らの実施する生産方法の具体的態様を明らかにする義務を負わない。よって、本枝は不適切ではない。

4 ◎ 不7条1項、不競コンメンタールP.335

解法 裁判所は、不正競争による営業上の利益の侵害に係る訴訟においては、提出を拒む「正当な理由」があるときを除き、当事者の申立てにより、当事者に対し、当該侵害行為について立証するため必要な書類の提出を命ずることができる（不7条1項）。ここで、**書類の中に営業秘密が含まれているとしても、そのことをもって直ちに「正当な理由」が認められるわけではないとの理解が一般的である**（不競コンメンタールP.335）。したがって、本枝において、当該書類に営業秘密が含まれている場合でも、裁判所による提出命令の対象となりうる。よって、本枝は不適切ではない。

5 ◎ 不10条1項柱書、逐条不競P.191参照

解法 **秘密保持命令は、①当該営業秘密を当該訴訟の追行の目的「以外の」目的で使用すること、②当該営業秘密に係る秘密保持命令を受けた者以外の者に開示することの2点を禁止している**（不10条1項柱書、逐条不競P.191参照）。したがって、本枝において、当該秘密保持命令を受けた者は、秘密保持の対象とされた営業秘密を、当該訴訟を追行する目的で使用することができる。よって、本枝は不適切ではない。

H27-36　差止請求、損害賠償等

不正競争防止法上の救済に関し、次のうち、最も適切なものは、どれか。

田１　製造工程に関する営業秘密の使用による不正競争については、その工程によって製造された製品の販売によって得た利益が損害額とみなされる。

田２　原産地を誤認させるような虚偽の表示が付された商品を販売すると、刑事罰の対象となる。

田３　試験研究目的で大学の研究者が他人の営業秘密を使用しても、差止めの対象とならない。

田４　営業秘密の不正使用者が複数存在している場合、ある不正使用者に対する差止請求権が消滅すれば、他の不正使用者に対する差止請求権も消滅する。

田５　営業秘密の使用による不正競争については、当該営業秘密の使用料相当額についての損害賠償を請求することができない。

H27-36

最も適切なもの→○、そうでないもの→×

1 ☒ 不5条2項

解 法 不正競争によって営業上の利益を侵害された者が故意又は過失により自己の営業上の利益を侵害した者に対しその侵害により自己が受けた損害の賠償を請求する場合において、その者がその侵害の行為により利益を受けているときは、その利益の額は、その営業上の利益を侵害された者が受けた損害の額と**「推定される」**(不5条2項)。したがって、本枝において、その製造工程によって製造された製品の販売によって得た利益が損害額と「みなされる」わけではない。よって、本枝は適切ではない。

2 ◎ 不21条2項5号

解 法 **商品等にその商品の原産地等について誤認させるような虚偽の表示をする行為は、刑事罰の対象となる**(不21条2項5号)。よって、本枝は最も適切なものである。

3 ☒ 不3条1項、不19条1項各号参照

解 法 不正競争によって営業上の利益を侵害され、又は侵害されるおそれがある者は、その営業上の利益を侵害する者等に対し、差止めを請求することができる(不3条1項)。ここで、**大学の研究者が他人の営業秘密を使用する行為は、不2条1項4号～9号の不正競争となり得る**。また、**試験研究目的で営業秘密を使用する行為については、適用除外の対象とならない**(不19条1項各号参照)。したがって、試験研究目的で大学の研究者が他人の営業秘密を使用すると、差止めの対象となり得る。よって、本枝は適切ではない。

チェック 技術的制限手段の試験又は研究のために用いられる不2条1項17号・18号に規定する装置等を譲渡等する行為については、適用除外の対象となる(不19条1項9号)。

4 ☒ 不15条1項、新・注解不競P.1200～1201参照

解 法 不2条1項4号～9号の不正競争のうち、営業秘密を使用する行為に対する差止請求権(不3条1項)については、消滅時効が適用される(不15条1項)。ここで、**不15条1項の効果は、個々の不正使用者への差止請求権に対し個別に発生するものであり、ある特定の不正使用者に対する請求権は消滅したが、他の不正使用者に対する請求権は存続するという事態も生じる**(新・注解不競P.1200～1201参照、田村不競P.354～355参照)。したがって、本枝において、ある不正使用者に対する差止請求権が消滅しても、他の不正使用者に対する差止請求権も消滅するわけではない。よって、本枝は適切ではない。

5 ☒ 不5条3項3号

解 法 不2条1項4号～9号の不正競争によって営業上の利益を侵害された者は、故意又は過失により自己の営業上の利益を侵害した者に対し、当該侵害に係る**営業秘密の使用に対し受けるべき金銭の額に相当する額の金銭を、自己が受けた損害の額としてその賠償を請求することができる**(不5条3項3号)。したがって、営業秘密の使用による不正競争について、当該営業秘密の使用料相当額についての損害賠償を請求することができないわけではない。よって、本枝は適切ではない。

H26-18　差止請求、損害賠償等

不正競争防止法上の救済に関し、次のうち、最も適切なものは、どれか。

1　信用回復措置は、信用や名声を害する目的をもって不正競争をした者に対してのみ請求することができる。

2　製造方法を誤認させる表示をした者に対する損害賠償請求においては、その者がその行為によって得ている利益の額が損害額と推定される。

3　営業秘密の不正使用をした者に対する損害賠償請求権は、その事実が発生した時から3年で消滅する。

4　他人のドメイン名を不正の利益を得る目的で使用した者に対する損害賠償請求は、その損害額に関する立証をすることができないときは、認められない。

5　他人の著名な商品等表示を使用した者に対する差止請求においては、その使用の停止を求めることはできるが、当該商品等表示を付した商品の廃棄を求めることはできない。

H26-18

最も適切なもの→○、そうでないもの→×

1 ☒ 不14条

解法 信用回復措置を請求することができるのは、「故意又は過失により」不正競争を行って他人の営業上の信用を害した者に対してであって（不14条）、「信用や名声を害する目的をもって」不正競争をした者に対してのみではない。よって、本枝は適切ではない。

2 ◎ 不5条2項

解法 不正競争によって営業上の利益を侵害された者が故意又は過失により自己の営業上の利益を侵害した者に対しその侵害により自己が受けた損害の賠償を請求する場合において、その者がその侵害の行為により利益を受けているときは、その利益の額は、その営業上の利益を侵害された者が受けた損害の額と推定される（不5条2項）。また、製造方法を誤認させる表示をする行為は、不2条1項20号の不正競争となる。したがって、本枝において、製造方法を誤認させる表示をした者がその行為によって得ている利益の額が損害額と推定される。よって、本枝は最も適切なものである。

3 ☒ 不4条但書、不15条1項1号

解法 不15条の規定により差止請求権（不3条1項）が消滅した後にその営業秘密を使用する行為によって生じた損害については、損害賠償の請求をすることができない（不4条但書）。ここで、不15条では、不2条1項4号～9号の不正競争のうち、営業秘密を使用する行為に対する差止請求権（不3条1項）は、その行為を行う者がその行為を継続する場合において、営業秘密保有者がその事実及びその行為を行う者を知った時から3年間行わないとき（不15条1項1号）、又はその行為の開始の時から20年を経過したとき（同項2号）は消滅すると規定している。したがって、営業秘密の不正使用をした者に対する損害賠償請求権は、その事実が発生した時から3年で消滅するわけではない。よって、本枝は適切ではない。

4 ☒ 不5条3項5号

解法 他人のドメイン名を不正の利益を得る目的で使用する行為は、不2条1項19号の不正競争となる。ここで、同号の不正競争によって営業上の利益を侵害された者は、故意又は過失により自己の営業上の利益を侵害した者に対し、当該侵害に係るドメイン名の使用に対し受けるべき金銭の額に相当する額の金銭を、自己が受けた損害の額としてその賠償を請求することができる（不5条3項5号）。したがって、本枝において、その損害額に関する立証をすることができないときは、認められないわけではない。よって、本枝は適切ではない。

5 ☒ 不3条

解法 不正競争によって営業上の利益を侵害され、又は侵害されるおそれがある者は、その営業上の利益を侵害する者等に対し、その侵害の停止等を請求することができ（不3条1項）、その請求をするに際し、侵害の行為を組成した物の廃棄等を請求することができる（同条2項）。また、他人の著名な商品等表示を使用する行為は、不2条1項1号又は2号の不正競争となり得る。したがって、本枝において、使用の停止を求めることができ、当該商品等表示を付した商品の廃棄を求めることもできる。よって、本枝は適切ではない。

H25-5　差止請求、損害賠償等

不正競争防止法に関し、次のうち、最も適切なものは、どれか。

田1　事業者が、不特定かつ多数の消費者に対して、商品の品質を誤認させるような広告をしている場合、適格消費者団体は、不正競争防止法に基づき当該行為の差止めを請求することができる。

田2　侵害組成物の譲渡数量を基準とする損害額の推定規定（不正競争防止法第5条第1項）は、顧客名簿が営業秘密となっている場合には、適用されない。

田3　商品の品質について誤認させるような虚偽の表示をした者に対して刑事罰を科すためには、告訴が必要である。

田4　不適切な比較広告により商品の品質について誤認させるような表示を行っている者に対して、当該比較広告において比較対象とされた商品を販売する競業者が信用回復措置請求をするときには、損害賠償請求とともになされなければならない。

田5　事業者は、自らの商号と同一のドメイン名を登録し使用している第三者に対し、そのドメイン名の登録の移転を請求することができる。

H25-5

最も適切なもの→○、そうでないもの→×

1 ☒ 不３条、山本P.249参照

解　法 不正競争防止法に基づき差止めを請求することができるのは、不正競争によって営業上の利益を侵害され、又は侵害されるおそれがある者である（不３条）。ここで、**消費者団体は、そもそも営業とは無関係であることから差止請求権の主体には該当しない**（山本P.249参照）。したがって、本枝において、適格消費者団体は、不正競争防止法に基づき当該行為の差止めを請求することができない。よって、本枝は適切ではない。

2 ◎ 不５条１項かっこ書

解　法 **侵害組成物の譲渡数量を基準とする損害額の推定規定**（不５条１項）**が適用されるのは、不２条１項４号～９号の不正競争にあっては、「技術上の秘密」に関するものに限られている**（不５条１項かっこ書）。すなわち、顧客名簿等の営業上の秘密に関するものについては、対象とならない（逐条不競P.167参照）。したがって、侵害組成物の譲渡数量を基準とする損害額の推定規定は、顧客名簿が営業秘密となっている場合には、適用されない。よって、本枝は最も適切なものである。

3 ☒ 不21条２項５号・５項参照

解　法 **商品の品質について誤認させるような虚偽の表示をした者に対しては、刑事罰が科せられるが**（不21条２項５号）、**同号の罪は、告訴がなくても公訴を提起することができる**（同条５項参照）。したがって、商品の品質について誤認させるような虚偽の表示をした者に対して刑事罰を科すためには、告訴は必要でない。よって、本枝は適切ではない。

4 ☒ 不14条

解　法 **故意又は過失により不正競争を行って他人の営業上の信用を害した者に対しては、裁判所は、その営業上の信用を害された者の請求により、「損害の賠償に代え」、又は損害の賠償とともに、その者の営業上の信用を回復するのに必要な措置を命ずることができる**（不14条）。したがって、本枝において、競業者が信用回復措置請求をするときには、損害賠償請求とともになされなければならないわけではない。よって、本枝は適切ではない。

5 ☒ 新・注解不競P.648

解　法 **不２条１項19号の不正競争に対する救済措置として、ドメイン名登録の移転を認める規定はない**（新・注解不競P.648）。したがって、事業者は、自らの商号と同一のドメイン名を登録し使用している第三者に対し、そのドメイン名の登録の移転を請求することができない。よって、本枝は適切ではない。

R4-著不7　適用除外、罰則等

不正競争防止法に関し、次のうち、最も適切なものは、どれか。

田1　不正の目的をもって、他人の商品等表示として周知のものと同一又は類似の商品等表示を使用する不正競争は、その未遂も刑事罰の対象である。

田2　不正の目的をもって、他人の商品等表示として周知のものと同一又は類似の商品等表示を使用する不正競争については、告訴がなくても公訴を提起することができる。

田3　不正の利益を得る目的で、他人の特定商品等表示と同一又は類似のドメイン名を使用する権利を取得する不正競争は、刑事罰の対象である。

田4　不正の目的をもって、競争関係にある他人の営業上の信用を害する虚偽の事実を告知する不正競争は、刑事罰の対象である。

田5　不正競争防止法の定める秘密保持命令に係る違反については、告訴がなくても公訴を提起することができる。

R4-著不7

最も適切なもの→○、そうでないもの→×

1 ☒ 不21条2項1号・4項参照

解法 不正の目的をもって、他人の商品等表示として周知のものと同一又は類似の商品等表示を使用する不正競争（不2条1項1号）は、刑事罰の対象となる（不21条2項1号）。しかし、**同項の罪の未遂は、刑事罰の対象とならない**（同条4項参照）。したがって、不正の目的をもって、他人の商品等表示として周知のものと同一又は類似の商品等表示を使用する不正競争は、その未遂は刑事罰の対象ではない。よって、本枝は適切ではない。

2 ◎ 不21条2項1号・5項参照

解法 不正の目的をもって、他人の商品等表示として周知のものと同一又は類似の商品等表示を使用する不正競争（不2条1項1号）は、刑事罰の対象となる（不21条2項1号）。また、**同号の罪は、告訴がなくても公訴を提起することができる**（同条5項参照）。したがって、不正の目的をもって、他人の商品等表示として周知のものと同一又は類似の商品等表示を使用する不正競争については、告訴がなくても公訴を提起することができる。よって、本枝は最も適切なものである。

3 ☒ 不21条2項各号参照

解法 不正の利益を得る目的で、他人の特定商品等表示と同一又は類似の**ドメイン名を使用する権利を取得する不正競争**（不2条1項19号）**は、刑事罰の対象とならない**（不21条2項各号参照、逐条不競P.246参照）。よって、本枝は適切ではない。

4 ☒ 不21条2項各号参照

解法 **競争関係にある他人の営業上の信用を害する虚偽の事実を告知する不正競争**（不2条1項21号）**は、刑事罰の対象とならない**（不21条2項各号参照、逐条不競P.246参照）。したがって、不正の目的をもって、競争関係にある他人の営業上の信用を害する虚偽の事実を告知する不正競争は、刑事罰の対象ではない。よって、本枝は適切ではない。

5 ☒ 不21条2項6号・5項

解法 **秘密保持命令**（不10条）**に係る違反は、刑事罰の対象となる**（不21条2項6号）。また、同号の罪は、**告訴がなければ公訴を提起することができない**（同条5項）。したがって、不正競争防止法の定める秘密保持命令に係る違反については、告訴がなければ公訴を提起することができない。よって、本枝は適切ではない。

H30-著不１　適用除外、罰則等

不正競争防止法における適用除外等に関し、次のうち、最も不適切なものは、どれか。

田１　山梨県の甲州市で製造される発泡性ぶどう酒に、甲州産シャンパンという表示を付して販売することは、甲州産と記載されている以上、需要者はその発泡性ぶどう酒がシャンパーニュ産であると誤認しないので、不正競争防止法第２条第１項第20号の適用除外となる。

田２　他人の商品等表示が周知性を獲得する以前から、その商品等表示と同一の商品等表示を使用していた場合、当該同一の商品等表示を不正の目的なく使用する行為は、不正競争防止法第２条第１項第１号の適用除外となる。

田３　日本国内において最初に販売された日から起算して３年を経過した商品については、その商品の形態を模倣した商品の譲渡を行ったとしても、不正競争防止法第２条第１項第３号の適用除外となる。

田４　不正の目的なく自己の氏名を商品等表示として使用する行為は、その氏名が他人の商品等表示として周知性を獲得している場合であっても、不正競争防止法第２条第１項第１号の適用除外となる。

田５　他人の周知な商品等表示と同一の商品等表示の使用について不正競争防止法第２条第１項第１号の適用が除外される場合、当該使用により営業上の利益を侵害されるおそれのある者は、当該使用する者に対して、自己の商品との混同を防ぐのに適当な表示を付すよう請求できる。

第３章　適用除外、罰則等

H30-著不1

最も不適切なもの→×、そうでないもの→○

1 ☒ 不19条1項1号かっこ書、逐条不競P.231参照

解法 形式上は不2条1項20号の不正競争となる場合でも、商品の普通名称を普通に用いられる方法で表示をした商品を譲渡等する行為については、原則として適用除外の対象となる（不19条1項1号）。しかし、**ぶどうを原料又は材料とする物の原産地の名称であって、普通名称となったもの（シャンパン等）は、適用除外の対象とならない**（同号かっこ書、逐条不競P.231参照）。したがって、山梨県の甲州市で製造される発泡性ぶどう酒に、甲州産シャンパンという表示を付して販売することは、不2条1項20号の適用除外とならない。よって、本枝は最も不適切なものである。

平成30年法改正に対応させるため、問題文を一部修正した。

2 ○ 不19条1項3号

解法 **形式上は不2条1項1号の不正競争となる場合でも、他人の商品等表示が周知となる前からその商品等表示と同一又は類似の商品等表示を不正の目的でなく使用等する行為については、適用除外の対象となる**（不19条1項3号）。したがって、本枝の行為は、不2条1項1号の適用除外となる。よって、本枝は不適切ではない。

3 ○ 不19条1項5号イ

解法 **形式上は不2条1項3号の不正競争となる場合でも、日本国内において最初に販売された日から起算して3年を経過した商品について、その商品の形態を模倣した商品を譲渡等する行為については、適用除外の対象となる**（不19条1項5号イ）。したがって、本枝の商品については、その商品の形態を模倣した商品の譲渡を行ったとしても、不2条1項3号の適用除外となる。よって、本枝は不適切ではない。

4 ○ 不19条1項2号

解法 他人の商品等表示として周知なものと同一又は類似の商品等表示を使用して、他人の商品又は営業と混同を生じさせる行為は、不正競争となる（不2条1項1号）。しかし、**形式上は同号の不正競争となる場合でも、自己の氏名を不正の目的でなく使用等する行為については、適用除外の対象となる**（不19条1項2号）。したがって、本枝の行為は、不2条1項1号の適用除外となる。よって、本枝は不適切ではない。

5 ○ 不19条2項

解法 自己の氏名を不正の目的でなく使用等する行為（不19条1項2号）又は他人の商品等表示が周知となる前からその商品等表示と同一又は類似の商品等表示を不正の目的でなく使用等する行為（同項3号）によって**営業上の利益を侵害され、又は侵害されるおそれがある者は、当該使用する者等に対し、自己の商品等との混同を防ぐのに適当な表示を付すべきことを請求することができる**（同条2項）。したがって、本枝において、自己の商品との混同を防ぐのに適当な表示を付すよう請求できる。よって、本枝は不適切ではない。

巻末付録

条文別頻出度ランク表
（条約、著作権法、不正競争防止法）

※　過去10年分の短答式筆記試験において、出題が多い場合はA、出題が少ない場合はB、出題されていない場合はCと表示しています。

◆パリ条約

条文番号	頻出度	条文番号	頻出度	条文番号	頻出度
1条	B	5条C(3)	B	7条	B
2条	A	5条D	C	7条の2	B
3条	B	5条の2	C	8条	B
4条A	A	5条の3	B	9条	B
4条B	B	5条の4	B	10条	C
4条C(1)	A	5条の5	C	10条の2	C
4条C(2)	B	6条	B	10条の3	C
4条C(3)	C	6条の2(1)	B	11条	B
4条C(4)	A	6条の2(2)	C	12条	C
4条D(1)	B	6条の2(3)	B	13条	C
4条D(2)	B	6条の3(1)(a)	B	14条	C
4条D(3)	B	6条の3(1)(b)	B	15条	C
4条D(4)	B	6条の3(1)(c)	B	16条	C
4条D(5)	B	6条の3(2)	B	17条	C
4条E(1)	B	6条の3(3)	C	18条	C
4条E(2)	A	6条の3(4)	C	19条	C
4条F	A	6条の3(5)(6)	C	20条	C
4条G(1)	A	6条の3(7)	C	21条	C
4条G(2)	A	6条の3(8)	C	22条	C
4条H	B	6条の3(9)	C	23条	C
4条I	B	6条の3(10)	C	24条	C
4条の2	A	6条の4	C	25条	C
4条の3	B	6条の5A	A	26条	C
4条の4	B	6条の5B	B	27条	C
5条A(1)	B	6条の5C	B	28条	C
5条A(2)(3)	B	6条の5D	C	29条	C
5条A(4)(5)	B	6条の5E	B	30条	C
5条B	B	6条の5F	B		
5条C(1)	B	6条の6	B		
5条C(2)	C	6条の7	B		

◆PCT

条文番号	頻出度	条文番号	頻出度	条文番号	頻出度
1条	C	31条	B	61条	C
2条	B	32条	B	62条	C
3条	C	33条	A	63条	C
4条	B	34条	A	64条	C
5条	B	35条	B	65条	C
6条	B	36条	A	66条	C
7条	B	37条	B	67条	C
8条	B	38条	B	68条	C
9条	A	39条	B	69条	C
10条	B	40条	C		
11条	B	41条	B		
12条	B	42条	B		
13条	B	43条	C		
14条	A	44条	C		
15条	B	45条	C		
16条	B	46条	C		
17条	A	47条	B		
18条	A	48条	C		
19条	A	49条	C		
20条	A	50条	C		
21条	B	51条	C		
22条	B	52条	C		
23条	B	53条	C		
24条	B	54条	C		
25条	C	55条	C		
26条	B	56条	C		
27条	B	57条	C		
28条	B	58条	C		
29条	C	59条	C		
30条	C	60条	C		

◆PCT規則

条文番号	頻出度	条文番号	頻出度	条文番号	頻出度	条文番号	頻出度
第1規則	C	第26規則	B	第49規則	C	第74規則	C
第2規則	C	第26規則の2	A	第49規則の2	C	第76規則	C
第3規則	B	第26規則の3	B	第49規則の3	A	第77規則	C
第4規則	A	第26規則の4	C	第50規則	C	第78規則	C
第5規則	C	第27規則	C	第51規則	C	第79規則	B
第6規則	C	第28規則	C	第51規則の2	B	第80規則	B
第7規則	C	第29規則	C	第52規則	C	第81規則	C
第8規則	B	第30規則	B	第53規則	A	第82規則	C
第9規則	C	第31規則	B	第54規則	B	第82規則の2	C
第10規則	C	第32規則	C	第54規則の2	A	第82規則の3	C
第11規則	B	第33規則	A	第55規則	B	第82規則の4	C
第12規則	B	第34規則	B	第57規則	A	第83規則	C
第12規則の2	C	第35規則	C	第58規則	B	第84規則	C
第13規則	B	第36規則	C	第58規則の2	C	第85規則	C
第13規則の2	C	第37規則	B	第59規則	B	第86規則	C
第13規則の3	C	第38規則	A	第60規則	B	第87規則	C
第14規則	C	第39規則	C	第61規則	A	第88規則	C
第15規則	B	第40規則	C	第62規則	B	第89規則	C
第16規則	B	第40規則の2	C	第62規則の2	B	第89規則の2	C
第16規則の2	C	第41規則	B	第63規則	B	第89規則の3	C
第17規則	B	第42規則	B	第64規則	A	第90規則	A
第18規則	B	第43規則	C	第65規則	C	第90規則の2	A
第19規則	A	第43規則の2	B	第66規則	A	第91規則	B
第20規則	A	第44規則	B	第67規則	B	第92規則	B
第21規則	C	第44規則の2	C	第68規則	A	第92規則の2	C
第22規則	C	第45規則	B	第69規則	A	第93規則	C
第23規則	C	第45規則の2	A	第70規則	A	第93規則の2	C
第23規則の2	C	第46規則	A	第71規則	A	第94規則	C
第24規則	C	第47規則	C	第72規則	A	第95規則	C
第25規則	C	第48規則	A	第73規則	C	第96規則	C

◆TRIPs協定

条文番号	頻出度	条文番号	頻出度	条文番号	頻出度
1条	B	31条	A	60条	C
2条	B	31条の2	B	61条	B
3条	B	32条	B	62条	B
4条	B	33条	B	63条	C
5条	B	34条	B	64条	C
6条	B	35条	C	65条	C
7条	C	36条	C	66条	C
8条	B	37条	C	67条	C
9条	C	38条	C	68条	C
10条	C	39条	B	69条	B
11条	C	40条	C	70条	C
12条	C	41条	B	71条	C
13条	C	42条	B	72条	C
14条	C	43条	B	73条	C
15条	A	44条	B		
16条	B	45条	B		
17条	B	46条	B		
18条	C	47条	C		
19条	B	48条	C		
20条	B	49条	C		
21条	B	50条	A		
22条	B	51条	B		
23条	B	52条	B		
24条	B	53条	C		
25条	A	54条	C		
26条	B	55条	C		
27条	A	56条	C		
28条	B	57条	C		
29条	A	58条	C		
30条	B	59条	B		

◆ジュネーブ改正協定

条文番号	頻出度
1条	B
2条	C
3条	B
4条	C
5条	A
6条	B
7条	C
8条	B
9条	B
10条	A
11条	B
12条	B
13条	C
14条	B
15条	B
16条	B
17条	B
18条	C
19条	C
20条	C
21条	C
22条	C
23条	C
24条	C
25条	C
26条	C
27条	C
28条	C
29条	C
30条	C
31条	C
32条	C
33条	C
34条	C

◆国際出願法

条文番号	頻出度
1条	C
2条	B
3条	B
4条	B
5条	A
6条	A
7条	C
8条	C
9条	B
10条	B
11条	C
12条	B
13条	C
14条	C
15条	C
16条	B
17条	B
18条	B
18条の2	C
19条	A
20条	C
21条	C

◆著作権法

条文番号	頻出度
1条	C
2条1項1号	A
2条1項2号	A
2条1項3号	B
2条1項4号	B
2条1項5号	B
2条1項6号	B
2条1項7号	C
2条1項7号の2	B
2条1項8号	C
2条1項9号	C
2条1項9号の2	C
2条1項9号の3	C
2条1項9号の4	C
2条1項9号の5	C
2条1項9号の6	C
2条1項9号の7	C
2条1項9号の8	C
2条1項10号	C
2条1項10号の2	C
2条1項10号の3	C
2条1項11号	A
2条1項12号	A
2条1項13号	C
2条1項14号	C
2条1項15号	B
2条1項16号	C
2条1項17号	C
2条1項18号	C
2条1項19号	C
2条1項20号	C

条文番号	頻出度
2条1項21号	C
2条1項22号	C
2条1項23号	C
2条1項24号	C
2条1項25号	C
2条2項	B
2条3項	B
2条4項	C
2条5項	B
2条6項	C
2条7項	B
2条8項	C
2条9項	C
3条	C
4条	B
4条の2	C
5条	C
6条	B
7条	C
8条	C
9条	C
9条の2	C
10条1項1号	B
10条1項2号	C
10条1項3号	B
10条1項4号	B
10条1項5号	B
10条1項6号	B
10条1項7号	C
10条1項8号	B
10条1項9号	C

条文番号	頻出度
10条2項	C
10条3項	A
11条	C
12条	A
12条の2	A
13条	B
14条	A
15条	A
16条	A
17条	A
18条1項	A
18条2項	B
18条3項	B
18条4項	C
19条	A
20条	A
21条	A
22条	B
22条の2	B
23条	B
24条	B
25条	A
26条	B
26条の2	A
26条の3	A
27条	B
28条	A
29条	B
30条	B
30条の2	B
30条の3	B

条文番号	頻出度
30条の4	A
31条	C
32条	A
33条	A
33条の2	C
33条の3	C
34条	C
35条	A
36条	B
37条	B
37条の2	C
38条	A
39条	B
40条	B
41条	B
42条	A
42条の2	C
42条の3	C
43条	C
44条	C
45条	B
46条	A
47条	B
47条の2	C
47条の3	C
47条の4	B
47条の5	C
47条の6	B
47条の7	B
48条	B
49条	B

条文番号	頻出度
50条	B
51条	B
52条	B
53条	B
54条	B
56条	C
57条	C
58条	C
59条	A
60条	A
61条	B
62条	B
63条	B
63条の2	C
64条	A
65条	B
66条	C
67条	B
67条の2	C
68条	C
69条	C
70条	C
71条	C
72条	C
73条	C
74条	C
75条	B
76条	C
76条の2	C
77条	C
78条	C

条文番号	頻出度
78条の2	C
79条	B
80条	B
81条	C
82条	C
83条	C
84条	B
86条	C
87条	C
88条	C
89条	A
90条	C
90条の2	B
90条の3	B
91条	B
92条	B
92条の2	B
93条	C
93条の2	C
93条の3	C
94条	C
94条の2	C
94条の3	C
95条	C
95条の2	C
95条の3	B
96条	B
96条の2	C
96条の3	C
97条	C
97条の2	C

条文番号	頻出度
97条の3	B
98条	B
99条	C
99条の2	B
100条	B
100条の2	C
100条の3	C
100条の4	C
100条の5	B
101条	B
101条の2	B
101条の3	C
102条	B
102条の2	C
103条	B
104条	C
104条の2	C
104条の3	C
104条の4	C
104条の5	C
104条の6	C
104条の7	C
104条の8	C
104条の9	C
104条の10	C
104条の10の2	C
104条の10の3	C
104条の10の4	C
104条の10の5	C
104条の10の6	C
104条の10の7	C

条文番号	頻出度
104条の10の8	C
104条の11	C
104条の12	C
104条の13	C
104条の14	C
104条の15	C
104条の16	C
104条の17	C
105条	C
106条	C
107条	C
108条	C
109条	C
110条	C
111条	C
112条	B
113条1項	B
113条2項	C
113条3項	C
113条4項	C
113条5項	B
113条6項	C
113条7項	C
113条8項	B
113条9項	C
113条10項	C
113条11項	B
113条の2	C
114条	C
114条の2	C
114条の3	C

条文番号	頻出度
114条の4	C
114条の5	C
114条の6	C
114条の7	C
114条の8	C
115条	B
116条	B
117条	B
118条	C
119条	B
120条	C
120条の2第1号	C
120条の2第2号	C
120条の2第3号	C
120条の2第4号	C
120条の2第5号	B
120条の2第6号	C
121条	C
121条の2	C
122条	C
122条の2	C
123条	B
124条	C

◆不正競争防止法

条文番号	頻出度
1条	C
2条1項1号	A
2条1項2号	A
2条1項3号	A
2条1項4号	A
2条1項5号	B
2条1項6号	A
2条1項7号	A
2条1項8号	A
2条1項9号	B
2条1項10号	B
2条1項11号	C
2条1項12号	C
2条1項13号	C
2条1項14号	C
2条1項15号	C
2条1項16号	C
2条1項17号	A
2条1項18号	B
2条1項19号	A
2条1項20号	A
2条1項21号	A
2条1項22号	B
2条2項	C
2条3項	C
2条4項	A
2条5項	B
2条6項	A
2条7項	B
2条8項	B
2条9項	C
2条10項	B
2条11項	C
3条	A
4条	A
5条	A
5条の2	C
6条	B
7条	B
8条	C
9条	B
10条	A
11条	B
12条	C
13条	B
14条	A
15条	A
16条	C
17条	C
18条	C
19条1項1号	A
19条1項2号	B
19条1項3号	A
19条1項4号	B
19条1項5号	A
19条1項6号	A
19条1項7号	C
19条1項8号	B
19条1項9号	B
19条2項	B
19条の2	C
20条	C
21条1項1号	C
21条1項2号	C
21条1項3号	B
21条1項4号	B
21条1項5号	C
21条1項6号	C
21条1項7号	C
21条1項8号	C
21条1項9号	C
21条2項1号	B
21条2項2号	B
21条2項3号	B
21条2項4号	C
21条2項5号	B
21条2項6号	B
21条2項7号	B
21条3項	C
21条4項	B
21条5項	A
21条6項	C
21条7項	C
21条8項	B
21条9項	C
21条10項	C
21条11項	C
21条12項	C
22条	C
23条	C
24条	C
25条	C
26条	C
27条	C
28条	C
29条	C
30条	C
31条	C
32条	C
33条	C
34条	C
35条	C
36条	C
37条	C
38条	C
39条	C
40条	C

資料

番号対照一覧表
主な参考文献
凡例

〈番号対照一覧表〉

（グレーの網掛け）は、短答過去問「特許法・実用新案法・意匠法・商標法」に収録。

（水色の網掛け）は、短答過去問「条約・著作権法・不正競争防止法」に収録。

平成25年度

番号	科目	頁
1	特	21
2	意	677
3	商	975
4	条	165
5	不	433
6	商	863
7	特	409
8	意	749
9	不	363
10	特	427
11	条	119
12	意	607
13	商	895
14	特	471
15	特	107
16	条	201
17	意	611
18	著	249
19	条	187
20	特	495
21	商	977
22	条	121
23	特	223
24	著	301
25	意	669
26	特	319
27	特	241
28	不	331
29	商	875
30	意	751
31	特	49
32	特	23
33	不	415
34	条	13
35	意	765
36	商	921
37	特	87
38	意	753
39	著	225
40	特	387
41	商	813
42	特	165
43	意	613
44	条	167
45	特	473
46	商	1007
47	著	285
48	特	243
49	商	839
50	特	389
51	著	287
52	条	123
53	特	275
54	特	429
55	意	655
56	条	125
57	特	321
58	特	201
59	不	417
60	商	815

平成26年度

番号	科目	頁
1	特	163
2	特	311
3	条	111
4	特	491
5	特	469
6	意	775
7	意	631
8	不	411
9	著	281
10	商	983
11	商	1003
12	意	777
13	特	405
14	意	605
15	意	633
16	条	161
17	不	413
18	不	431
19	意	745
20	特	221
21	特	425
22	商	971
23	特	493
24	特	385
25	特	105
26	商	859
27	条	163
28	特	239
29	特	199
30	商	919
31	条	113
32	特	315
33	著	223
34	商	873
35	特	19
36	条	11
37	商	861
38	条	115
39	意	747
40	特	407
41	不	361
42	著	299
43	商	973
44	条	39
45	商	837
46	条	199
47	特	83
48	意	691
49	特	271
50	特	131
51	著	245
52	特	273
53	不	329
54	商	1005
55	著	283
56	意	653
57	条	185
58	意	705
59	実	521
60	条	117

平成27年度

番号	科目	頁
1	特	463
2	商	833
3	著	297
4	特	195
5	特	17
6	条	103
7	商	811
8	特	381
9	特	357
10	著	219
11	条	197
12	意	627
13	実	519
14	特	383
15	商	915
16	特	235
17	特	403
18	意	651
19	特	103
20	意	535
21	条	157
22	特	467
23	不	327
24	意	597
25	条	35
26	条	105
27	特	309
28	不	341
29	意	629
30	特	329
31	意	601
32	特	129
33	意	741
34	商	857
35	商	893
36	不	429
37	特	159
38	商	1001
39	不	359
40	意	743
41	商	967
42	著	279
43	商	835
44	特	423
45	不	409
46	商	871
47	条	107
48	著	243
49	著	221
50	条	183
51	特	45
52	条	37
53	条	159
54	商	969
55	意	767
56	特	269
57	特	79
58	意	689
59	条	109
60	特	489

平成28年度

科目	番号	頁
特実	1	505
	2	517
	3	156
	4	307
	5	487
	6	43
	7	401
	8	219
	9	353
	10	101
	11	191
	12	355
	13	127
	14	459
	15	14
	16	421
	17	265
	18	461
	19	379
	20	76
意匠	1	533
	2	703
	3	591
	4	593
	5	625
	6	687
	7	649
	8	735
	9	763
	10	737
商標	1	807
	2	809
	3	981
	4	831
	5	913
	6	939
	7	889
	8	855
	9	965
	10	999
条約	1	95
	2	97
	3	99
	4	101
	5	195
	6	181
	7	33
	8	19
	9	153
	10	155
著不	1	311
	2	313
	3	275
	4	277
	5	241
	6	325
	7	339
	8	427
	9	357
	10	407

平成29年度

科目	番号	頁
特実	1	483
	2	70
	3	41
	4	485
	5	299
	6	375
	7	125
	8	515
	9	151
	10	377
	11	233
	12	303
	13	261
	14	11
	15	453
	16	263
	17	351
	18	187
	19	455
	20	457
意匠	1	531
	2	701
	3	581
	4	585
	5	771
	6	589
	7	773
	8	761
	9	731
	10	733
商標	1	997
	2	803
	3	961
	4	869
	5	887
	6	911
	7	877
	8	927
	9	805
	10	963
条約	1	85
	2	87
	3	89
	4	91
	5	93
	6	193
	7	9
	8	31
	9	149
	10	151
著不	1	217
	2	295
	3	271
	4	239
	5	273
	6	355
	7	401
	8	403
	9	323
	10	425

平成30年度

科目	番号	頁
特実	1	38
	2	297
	3	257
	4	9
	5	349
	6	259
	7	503
	8	371
	9	214
	10	373
	11	449
	12	481
	13	451
	14	231
	15	182
	16	99
	17	121
	18	513
	19	417
	20	399
意匠	1	529
	2	675
	3	570
	4	623
	5	667
	6	575
	7	577
	8	759
	9	769
	10	729
商標	1	799
	2	1009
	3	995
	4	825
	5	957
	6	853
	7	801
	8	909
	9	827
	10	959
条約	1	77
	2	79
	3	81
	4	83
	5	191
	6	177
	7	7
	8	29
	9	145
	10	147
著不	1	437
	2	353
	3	395
	4	397
	5	399
	6	213
	7	215
	8	263
	9	267
	10	269

令和元年度

科目	番号	頁
特実	1	369
	2	295
	3	33
	4	119
	5	345
	6	177
	7	443
	8	7
	9	253
	10	445
	11	255
	12	447
	13	211
	14	97
	15	147
	16	327
	17	64
	18	347
	19	415
	20	501
意匠	1	527
	2	699
	3	561
	4	647
	5	563
	6	665
	7	567
	8	757
	9	725
	10	727
商標	1	795
	2	797
	3	823
	4	979
	5	901
	6	851
	7	905
	8	885
	9	955
	10	993
条約	1	69
	2	71
	3	73
	4	75
	5	179
	6	175
	7	17
	8	5
	9	139
	10	142
著不	1	209
	2	211
	3	261
	4	237
	5	293
	6	321
	7	335
	8	423
	9	349
	10	393

令和２年度

科目	番号	頁
特実	1	115
	2	249
	3	367
	4	58
	5	441
	6	175
	7	479
	8	395
	9	142
	10	343
	11	229
	12	499
	13	413
	14	287
	15	95
	16	291
	17	29
	18	206
	19	251
	20	397
意匠	1	525
	2	695
	3	556
	4	619
	5	661
	6	683
	7	645
	8	721
	9	755
	10	723
商標	1	791
	2	991
	3	793
	4	821
	5	925
	6	899
	7	883
	8	847
	9	951
	10	953
条約	1	59
	2	61
	3	63
	4	65
	5	67
	6	173
	7	25
	8	27
	9	135
	10	137
著不	1	257
	2	205
	3	259
	4	235
	5	291
	6	333
	7	319
	8	421
	9	347
	10	391

令和３年度

科目	番号	頁
特実	1	55
	2	283
	3	5
	4	477
	5	203
	6	137
	7	335
	8	339
	9	91
	10	27
	11	323
	12	437
	13	170
	14	411
	15	247
	16	365
	17	511
	18	113
	19	391
	20	439
意匠	1	671
	2	545
	3	550
	4	617
	5	659
	6	681
	7	641
	8	713
	9	715
	10	717
商標	1	787
	2	789
	3	817
	4	935
	5	923
	6	845
	7	881
	8	945
	9	947
	10	989
条約	1	49
	2	51
	3	53
	4	55
	5	57
	6	171
	7	3
	8	15
	9	131
	10	133
著不	1	305
	2	307
	3	233
	4	289
	5	309
	6	379
	7	343
	8	381
	9	385
	10	387

令和４年度

番号	科目	頁
特実	1	3
	2	431
	3	109
	4	277
	5	51
	6	167
	7	475
	8	359
	9	245
	10	25
	11	331
	12	279
	13	89
	14	497
	15	135
	16	363
	17	225
	18	507
	19	333
	20	435
意匠	1	693
	2	537
	3	540
	4	615
	5	657
	6	679
	7	637
	8	707
	9	709
	10	711
商標	1	781
	2	783
	3	865
	4	841
	5	897
	6	931
	7	879
	8	941
	9	943
	10	985
条約	1	41
	2	43
	3	45
	4	47
	5	189
	6	169
	7	21
	8	23
	9	127
	10	129
著不	1	303
	2	251
	3	255
	4	227
	5	231
	6	367
	7	435
	8	419
	9	371
	10	375

〈主な参考文献〉

青本	：特許庁編『工業所有権法（産業財産権法）逐条解説〔第21版〕』（発明推進協会、2020）
特実審査基準	：『特許・実用新案審査基準』（特許庁ホームページ）
PCTハンドブック	：『PCT国際調査及び予備審査ハンドブック』（特許庁ホームページ）
H 29PCT概要	：『PCT国際出願制度の概要－特許協力条約（PCT）に基づく国際出願の仕組み－平成29年度』（特許庁ホームページ）
注解特	：中山信弘編著『注解特許法〔第３版〕上巻・下巻』（青林書院、2000）
茶園条約	：茶園成樹編『知的財産関係条約』（有斐閣、2015）
パリ講話	：後藤晴男著『パリ条約講話〔第13版〕』（発明協会、2007）
ボーデン	：ボーデンハウゼン著『注解パリ条約』（AIPPI日本部会、1968）
図解パリ	：荒木好文著『図解パリ条約』（発明協会、1999）
橋本	：橋本良郎著『特許協力条約逐条解説〔改訂第８版〕』（発明協会、2000）
下道・淺見	：下道晶久・淺見節子著『PCTの活用と実務〔改訂版〕』（発明推進協会、2020）
下道	：下道晶久著『出願人のための特許協力条約（PCT）〔改訂版〕』（発明協会、2010）
佐々木	：佐々木眞人著『特許協力条約概説』（経済産業調査会、2022）
尾島	：尾島明著『逐条解説TRIPS協定』（日本機械輸出組合、1999）
加戸	：加戸守行著『著作権法逐条講義〔７訂新版〕』（著作権情報センター、2021）
ハンドブック	：著作権法令研究会編著『実務者のための著作権ハンドブック〔第９版〕』（著作権情報センター、2014）
中山著作	：中山信弘著『著作権法〔第３版〕』（有斐閣、2020）

著作入門　：島並良・上野達弘・横山久芳著『著作権法入門〔第３版〕』（有斐閣、2021）
著作コンメンタール１・２・３
：半田正夫・松田政行編著『著作権法コンメンタール１・２・３〔第２版〕』（勁草書房、2015）
小倉・金井Ⅰ・Ⅱ・Ⅲ：小倉秀夫・金井重彦編著『著作権法コンメンタール〔改訂版〕Ⅰ・Ⅱ・Ⅲ』（第一法規、2020）
作花　：作花文雄著『詳解著作権法〔第５版〕』（ぎょうせい、2018）
半田　：半田正夫著『著作権法概説〔第16版〕』（法学書院、2015）
著作要説　：松村信夫・三山峻司著『著作権法要説　実務と理論〔第２版〕』（世界思想社、2013）
高林著作　：高林龍著『標準著作権法〔第４版〕』（有斐閣、2019）
渋谷著作　：渋谷達紀著『著作権法』（中央経済社、2013）
茶園著作　：茶園成樹編『著作権法〔第３版〕』（有斐閣、2021）
著作権の法律相談Ⅰ・Ⅱ
：TMI総合法律事務所編『著作権の法律相談Ⅰ・Ⅱ』（青林書院、2016）
知財判例集　：大渕哲也・茶園成樹・平嶋竜太・蘆立順美・横山久芳著『知的財産法判例集〔第２版〕』（有斐閣、2015）
逐条不競　：経済産業省知的財産政策室編『逐条解説不正競争防止法〔令和元年７月１日施行版〕』（経済産業省ホームページ）
一問一答不競　：経済産業省経済産業政策局知的財産政策室編著『一問一答不正競争防止法〔平成17年改正版〕』（商事法務、2005）
山本　：山本庸幸著『要説不正競争防止法〔第４版〕』（発明協会、2006）
新・注解不競　：小野昌延編著『新・注解不正競争防止法〔第３版〕上巻・下巻』（青林書院、2012）
不競コンメンタール：金井重彦・山口三恵子・小倉秀夫編著『不正競争

防止法コンメンタール〔改訂版〕』（レクシスネクシス・ジャパン、2014）

訴訟要論不商　：竹田稔・服部誠著『知的財産権訴訟要論（不正競業・商標編）〔第４版〕』（発明推進協会、2018）

田村不競　：田村善之著『不正競争法概説〔第２版〕』（有斐閣、2003）

小野・松村（上）・（下）
：小野昌延・松村信夫著『新・不正競争防止法概説〔第３版〕上巻・下巻』（青林書院、2020）

渋谷不競　：渋谷達紀著『不正競争防止法』（発明推進協会、2014）

茶園不競　：茶園成樹編『不正競争防止法〔第２版〕』（有斐閣、2019）

不競の法律相談Ⅰ・Ⅱ：小野昌延・山上和則・松村信夫編『不正競争の法律相談Ⅰ・Ⅱ』（青林書院、2016）

〈凡例〉

特	：特許法
実	：実用新案法
意	：意匠法
商	：商標法
国願法	：特許協力条約に基づく国際出願等に関する法律
特施令	：特許法施行令（他の法において同じ）
特施規	：特許法施行規則（他の法において同じ）
特登令	：特許登録令（他の法において同じ）
特登令施規	：特許登録令施行規則（他の法において同じ）
著	：著作権法
不	：不正競争防止法
憲	：日本国憲法
民	：民法
民訴	：民事訴訟法
刑	：刑法
刑訴	：刑事訴訟法
行審	：行政不服審査法
行訴	：行政事件訴訟法
独禁法	：私的独占の禁止及び公正取引の確保に関する法律
パリ	：パリ条約
PCT	：特許協力条約
PCT規則	：特許協力条約に基づく規則
TRIPs	：知的所有権の貿易関連の側面に関する協定
ジュネーブ	：意匠の国際登録に関するハーグ協定のジュネーブ改正協定
ハーグ共通規則	：ハーグ協定の1999年改正協定及び1960年改正協定に基づく共通規則
マドプロ	：マドリッド協定の議定書
マドプロ規則	：マドリッド協定の議定書に基づく規則
STLT	：商標法に関するシンガポール条約

2023年版 弁理士試験 体系別 短答過去問
条約・著作権法・不正競争防止法

2004年12月10日 第1版 第1刷発行
2022年11月25日 第19版 第1刷発行
編著者●株式会社 東京リーガルマインド
LEC総合研究所 弁理士試験部

発行所●株式会社 東京リーガルマインド
〒164-0001 東京都中野区中野4-11-10
アーバンネット中野ビル
LECコールセンター 0570-064-464
受付時間 平日9：30～20：00/土・祝10：00～19：00/日10：00～18：00
※このナビダイヤルは通話料お客様ご負担となります。
書店様専用受注センター TEL 048-999-7581 / FAX 048-999-7591
受付時間 平日9：00～17：00/土・日・祝休み
www.lec-jp.com/

本文デザイン●エディポック
印刷・製本●倉敷印刷株式会社

 ISBN978-4-8449-9590-6

この度は、「2023年版 弁理士試験 体系別短答過去問」を
ご購入いただき、誠にありがとうございます。

応募フォームより簡単なアンケートにご協力いただいた方に、
以下の特典をプレゼントいたします。

特典 LEC専任講師が伝授「得点力アップ短答過去問活用法」Web動画視聴

■ なっとく！の蛍光ペンを使った短答過去問集の学習法
担当講師：宮口 聡 LEC専任講師

■ 苦手にしない！下三法攻略のための攻略ポイント
担当講師：納冨 美和 LEC専任講師

■ 新傾向に見える!? 旧試験タイプ問題の読み取り方
担当講師：佐藤 卓也 LEC専任講師

■ 独学者必見！知識が広がる体系別過去問の使い方
担当講師：馬場 信幸 LEC専任講師

●応募方法

専用フォームよりお申込みください

専用フォームに必要事項を入力し、簡単なアンケートにお答えいただくと、
上記の特典を無料で受け取れます。
応募フォームより必要事項を入力の上、受付完了メールに掲載されたURLから特典動画公開ページへお進みください。

応募アドレスはこちら
lec.jp/benrishi/MD09589/

受付・配信開始：2022年11月7日
応募期限　：2023年12月31日
Web動画配信終了日：2023年12月31日

MP23002

書籍・教材訂正情報のご案内

平素は、LEC の講座・書籍をご利用いただき、ありがとうございます。

LECでは、弁理士受験生の皆様に正確な情報をご提供するため、書籍・教材の制作に際し、慎重なチェックを重ね、誤りのない教材を制作するよう努めておりますが、残念ながら現時点では、一部の書籍・教材について、若干の誤りや誤字などが生じております。

ご利用の皆様には、ご迷惑をお掛けしますことを深くお詫び申し上げます。

書籍・教材発行後に判明いたしました訂正情報については、ウェブサイトの「書籍・教材訂正情報」に順次掲載させていただきます。

また、誤りや誤字についてお気づきの方もウェブサイト「書籍・教材訂正情報」より投稿ができます。

書籍・教材に関する訂正情報につきましては、お手数ですが、こちらにてご確認いただければと存じます。

書籍・教材訂正情報 ウェブサイト

LEC 弁理士 訂正 ← 検索キーワード

〈弁理士講座のご案内〉

LEC弁理士講座 合格者の声

氏名	久住 愛美 さん	年齢（合格当時）	21歳
職業（合格当時）	学生		
主な受講コース	LEC 弁理士 1年合格ベーシックコース		

就職活動を優位に進めるために難関資格に挑戦！

私の中で大学受験は、精神的にもとても大変でした。就職活動ではこのような苦しい思いをせず、むしろ自分の就職先の選択肢が増えるように、難関資格に挑戦したいと考えていました。また、将来は大学で学んだことを直接活かせる仕事をしたいという思いもありました。そこで、学科の中にあった知的財産法を専門とする弁理士の資格を目指すことに決めました。

大学在学中の短期間で合格しようと考えていたため、予備校に入ろうと思っていました。その際、同じく弁理士を目指す大学の友人もLECに通学しており、お薦めを受けていました。パンフレットを見て合格実績がとても高いことを知って、私もLECを選びました。

納富先生の「1年合格ベーシックコース」を受講しました。1番良かったのは毎日のスケジュール表です。1回に学ぶ量が均等になるよう調整されており、安心してやるべきことに集中できました。話もとても聞き取りやすく、欠席した際や聞き直しのときにWebフォローを利用していましたが、倍速にしてもしっかり聞き取れました。

弁理士の勉強をしていて、先生方や受講生など、多くの社会人の方とお会いする機会がありました。お話を聞いていると、知財の世界は面白い！と、私にとって勉強の刺激になっていました。

氏名	中元 佐紀 さん	年齢（合格当時）	31歳
職業（合格当時）	会社員		
主な受講コース	LEC 弁理士 1年合格ベーシックコース		

先生の教えに従い効率よく一発合格！

長年、特許事務所で事務員として働いていましたが、30歳になったことを機に、今後のキャリアについて考えるようになりました。知的財産管理技能検定2級を取得することにより事務としてのスキルアップはできましたが、より主体的に特許出願などの仕事に携わるためには弁理士取得がやはり不可欠と考え、資格取得を目指すようになりました。

可能な限り短期間で取得することを目標としていたため、予備校に通うことはマストだと考えていたところ、職場の方を通して宮口先生をご紹介いただきました。一発合格者を多く輩出されているクラスでもあったことから、LECで受講することにしました。

入門講座からハイレベルな知識が多く、テキストを眺めるだけだとついていけるか不安になりましたが、宮口先生の講義がとてもわかりやすく、身近な例え話などを交えながらご説明くださったので、講義に行くのが楽しみになりました。わかりづらい条文は図なども用いて表現くださったり、一定のルールに従って蛍光ペンでテキストを彩ったり、視覚的にも脳裏に残りやすい講義でした。

短期間で弁理士試験に合格するのは夢物語だと思っていましたが、宮口先生に導かれるままに、「これをやりなさい」と言われたことに全て従っていったら一発合格することができました！

スマートフォン・タブレットからはQRコードでのアクセスが便利です。 

自慢のメールマガジン配信中！（登録無料）

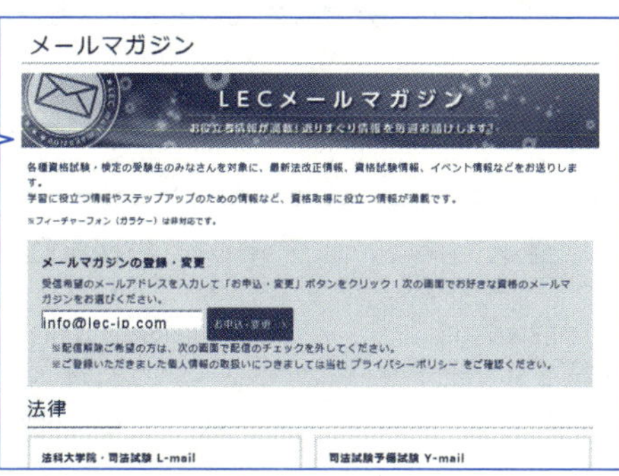

LEC講師陣が毎週配信！　最新情報やワンポイントアドバイス，改正ポイントなど合格に必要な知識をメールにて毎週配信。

www.lec-jp.com/mailmaga/

LEC E学習センター

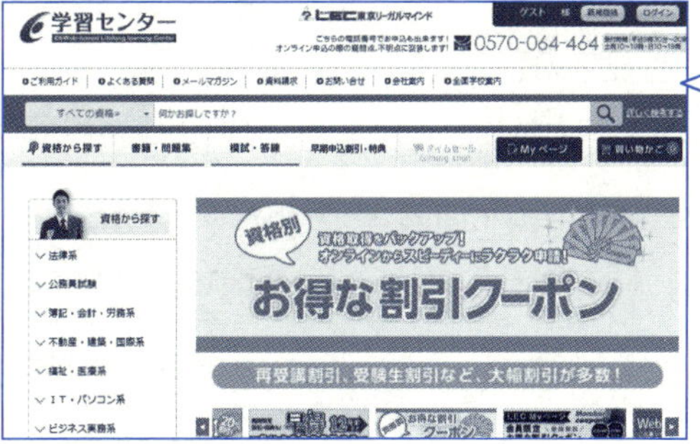

新しい学習メディアの導入や，Ｗｅｂ学習の新機軸を発信し続けています。また，ＬＥＣで販売している講座・書籍などのご注文も，いつでも可能です。

online.lec-jp.com/

LEC 電子書籍シリーズ

LECの書籍が電子書籍に！　お使いのスマートフォンやタブレットで，いつでもどこでも学習できます。

※動作環境・機能につきましては，各電子書籍ストアにてご確認ください。

www.lec-jp.com/ebook/

LEC書籍・問題集・レジュメの紹介サイト **LEC書籍部** **www.lec-jp.com/system/book/**

- LECが出版している書籍・問題集・レジュメをご紹介
- 当サイトから書籍などの直接購入が可能（*）
- 書籍の内容を確認できる「チラ読み」サービス
- 発行後に判明した誤字等の訂正情報を公開

＊商品をご購入いただく際は，事前に会員登録（無料）が必要です。
＊購入金額の合計・発送する地域によって，別途送料がかかる場合がございます。

※資格試験によっては実施していないサービスがありますので，ご了承ください。

LEC全国学校案内

＊講座のお問合せ，受講相談は最寄りのLEC各校へ

LEC本校

北海道・東北

札　幌本校 ☎011(210)5002
〒060-0004 北海道札幌市中央区北4条西5-1　アスティ45ビル

仙　台本校 ☎022(380)7001
〒980-0022 宮城県仙台市青葉区五橋1-1-10　第二河北ビル

関東

渋谷駅前本校 ☎03(3464)5001
〒150-0043 東京都渋谷区道玄坂2-6-17　渋東シネタワー

池　袋本校 ☎03(3984)5001
〒171-0022 東京都豊島区南池袋1-25-11　第15野萩ビル

水道橋本校 ☎03(3265)5001
〒101-0061 東京都千代田区神田三崎町2-2-15　Daiwa三崎町ビル

新宿エルタワー本校 ☎03(5325)6001
〒163-1518 東京都新宿区西新宿1-6-1　新宿エルタワー

早稲田本校 ☎03(5155)5501
〒162-0045 東京都新宿区馬場下町62　三朝庵ビル

中　野本校 ☎03(5913)6005
〒164-0001 東京都中野区中野4-11-10　アーバンネット中野ビル

立　川本校 ☎042(524)5001
〒190-0012 東京都立川市曙町1-14-13　立川MKビル

町　田本校 ☎042(709)0581
〒194-0013 東京都町田市原町田4-5-8　町田イーストビル

横　浜本校 ☎045(311)5001
〒220-0004 神奈川県横浜市西区北幸2-4-3　北幸GM21ビル

千　葉本校 ☎043(222)5009
〒260-0015 千葉県千葉市中央区富士見2-3-1　塚本大千葉ビル

大　宮本校 ☎048(740)5501
〒330-0802 埼玉県さいたま市大宮区宮町1-24　大宮GSビル

東海

名古屋駅前本校 ☎052(586)5001
〒450-0002 愛知県名古屋市中村区名駅4-6-23　第三堀内ビル

静　岡本校 ☎054(255)5001
〒420-0857 静岡県静岡市葵区御幸町3-21　ペガサート

北陸

富　山本校 ☎076(443)5810
〒930-0002 富山県富山市新富町2-4-25　カーニープレイス富山

関西

梅田駅前本校 ☎06(6374)5001
〒530-0013 大阪府大阪市北区茶屋町1-27　ABC-MART梅田ビル

難波駅前本校 ☎06(6646)6911
〒542-0076 大阪府大阪市中央区難波4-7-14　難波フロントビル

京都駅前本校 ☎075(353)9531
〒600-8216 京都府京都市下京区東洞院通七条下ル2丁目
東塩小路町680-2　木村食品ビル

京　都本校 ☎075(353)2531
〒600-8413　京都府京都市下京区烏丸通仏光寺下ル
大政所町680-1 第八長谷ビル

神　戸本校 ☎078(325)0511
〒650-0021 兵庫県神戸市中央区三宮町1-1-2　三宮セントラルビル

中国・四国

岡　山本校 ☎086(227)5001
〒700-0901 岡山県岡山市北区本町10-22　本町ビル

広　島本校 ☎082(511)7001
〒730-0011 広島県広島市中区基町11-13　合人社広島紙屋町アネクス

山　口本校 ☎083(921)8911
〒753-0814 山口県山口市吉敷下東 3-4-7　リアライズⅢ

高　松本校 ☎087(851)3411
〒760-0023 香川県高松市寿町2-4-20　高松センタービル

松　山本校 ☎089(961)1333
〒790-0003 愛媛県松山市三番町7-13-13　ミツネビルディング

九州・沖縄

福　岡本校 ☎092(715)5001
〒810-0001 福岡県福岡市中央区天神4-4-11　天神ショッパーズ福岡

那　覇本校 ☎098(867)5001
〒902-0067 沖縄県那覇市安里2-9-10　丸姫産業第2ビル

EYE関西

EYE 大阪本校 ☎06(7222)3655
〒530-0013　大阪府大阪市北区茶屋町1-27　ABC-MART梅田ビル

EYE 京都本校 ☎075(353)2531
〒600-8413　京都府京都市下京区烏丸通仏光寺下ル
大政所町680-1 第八長谷ビル

LEC提携校

＊提携校はLECとは別の経営母体が運営をしております。
＊提携校は実施講座およびサービスにおいてLECと異なる部分がございます。

北海道・東北

八戸中央校【提携校】 ☎0178(47)5011
〒031-0035　青森県八戸市寺横町13　第1朋友ビル　新教育センター内

弘前校【提携校】 ☎0172(55)8831
〒036-8093　青森県弘前市城東中央1-5-2
まなびの森　弘前城東予備校内

秋田校【提携校】 ☎018(863)9341
〒010-0964　秋田県秋田市八橋鯲沼町1-60
株式会社アキタシステムマネジメント内

関東

水戸校【提携校】 ☎029(297)6611
〒310-0912　茨城県水戸市見川2-3092-3

所沢校【提携校】 ☎050(6865)6996
〒359-0037　埼玉県所沢市くすのき台3-18-4　所沢K・Sビル
合同会社LPエデュケーション内

東京駅八重洲口校【提携校】 ☎03(3527)9304
〒103-0027　東京都中央区日本橋3-7-7　日本橋アーバンビル
グランデスク内

日本橋校【提携校】 ☎03(6661)1188
〒103-0025　東京都中央区日本橋茅場町2-5-6　日本橋大江戸ビル
株式会社大江戸コンサルタント内

新宿三丁目駅前校【提携校】 ☎03(3527)9304
〒160-0022　東京都新宿区新宿2-6-4　KNビル　グランデスク内

東海

沼津校【提携校】 ☎055(928)4621
〒410-0048　静岡県沼津市新宿町3-15　萩原ビル
M-netパソコンスクール沼津校内

北陸

新潟校【提携校】 ☎025(240)7781
〒950-0901　新潟県新潟市中央区弁天3-2-20　弁天501ビル
株式会社大江戸コンサルタント内

金沢校【提携校】 ☎076(237)3925
〒920-8217　石川県金沢市近岡町845-1　株式会社アイ・アイ・ピー金沢内

福井南校【提携校】 ☎0776(35)8230
〒918-8114　福井県福井市羽水2-701　株式会社ヒューマン・デザイン内

関西

和歌山駅前校【提携校】 ☎073(402)2888
〒640-8342　和歌山県和歌山市友田町2-145
KEG教育センタービル　株式会社KEGキャリア・アカデミー内

中国・四国

松江殿町校【提携校】 ☎0852(31)1661
〒690-0887　島根県松江市殿町517　アルファステイツ殿町
山路イングリッシュスクール内

岩国駅前校【提携校】 ☎0827(23)7424
〒740-0018　山口県岩国市麻里布町1-3-3　岡村ビル　英光学院内

新居浜駅前校【提携校】 ☎0897(32)5356
〒792-0812　愛媛県新居浜市坂井町2-3-8　パルティフジ新居浜駅前店内

九州・沖縄

佐世保駅前校【提携校】 ☎0956(22)8623
〒857-0862　長崎県佐世保市白南風町5-15　智翔館内

日野校【提携校】 ☎0956(48)2239
〒858-0925　長崎県佐世保市椎木町336-1　智翔館日野校内

長崎駅前校【提携校】 ☎095(895)5917
〒850-0057 長崎県長崎市大黒町10-10　KoKoRoビル
minatoコワーキングスペース内

沖縄プラザハウス校【提携校】 ☎098(989)5909
〒904-0023　沖縄県沖縄市久保田3-1-11
プラザハウス　フェアモール　有限会社スキップヒューマンワーク内

※上記は2022年10月1日現在のものです。

書籍の訂正情報の確認方法とお問合せ方法のご案内

このたびは，弊社発行書籍をご購入いただき，誠にありがとうございます。
万が一誤りと思われる箇所がございましたら，以下の方法にてご確認ください。

1 訂正情報の確認方法

発行後に判明した訂正情報を順次掲載しております。
下記サイトよりご確認ください。

www.lec-jp.com/system/correct/

2 お問合せ方法

上記サイトに掲載がない場合は，下記サイトの入力フォームより
お問合せください。

lec.jp/system/soudan/web.html

フォームのご入力にあたりましては，「Web教材・サービスのご利用について」の
最下部の「ご質問内容」に下記事項をご記載ください。

- 対象書籍名（○○年版，第○版の記載がある書籍は併せてご記載ください）
- ご指摘箇所（具体的にページ数の記載をお願いします）

お問合せ期限は，次の改訂版の発行日までとさせていただきます。
また，改訂版を発行しない書籍は，販売終了日までとさせていただきます。

※インターネットをご利用になれない場合は，下記①～⑤を記載の上，ご郵送にてお問合せください。
①書籍名，②発行年月日，③お名前，④お客様のご連絡先（郵便番号，ご住所，電話番号，FAX番号），⑤ご指摘箇所
送付先：〒164-0001 東京都中野区中野4-11-10 アーバンネット中野ビル
株式会社東京リーガルマインド 出版部 訂正情報係

- 正誤のお問合せ以外の書籍の内容に関する質問は受け付けておりません。
  また，書籍の内容に関する解説，受験指導等は一切行っておりませんので，あらかじめご了承ください。
- お電話でのお問合せは受け付けておりません。